La guerre
qu'on ne voit pas venir

Nathalie Loiseau

La guerre qu'on ne voit pas venir

Éditions de
L'Observatoire

ISBN : 979-10-329-2517-1
Dépôt légal : 2022, octobre

170 *bis*, boulevard du Montparnasse, 75014 Paris

Introduction

> « Parce qu'elle dépend essentiellement de la volonté des citoyens, parce qu'elle suppose un effort permanent, la démocratie n'est jamais acquise. »
>
> Pierre MENDÈS FRANCE

Il n'est pas rare de commencer un livre par un avertissement. Je demanderai humblement au lecteur la patience d'en lire trois.

Bien des événements que vous lirez dans cet essai vous paraîtront au mieux curieux, au pire difficiles à croire. Pourtant, rien de ce qui est raconté ici n'est sorti de mon imagination. Il faut simplement se rendre à l'évidence : dans le fracas du monde contemporain, la réalité dépasse souvent la fiction. Si la frontière entre les faits et le *fake* est parfois devenue floue, c'est à la fois parce que la désinformation fleurit et s'épanouit partout – ce sera l'un des sujets de cet ouvrage –, mais aussi en raison de l'irruption du saugrenu, de l'inédit, de l'improbable dans le monde réel et sous nos yeux. Qui aurait osé imaginer qu'un fanatique de l'Arizona à demi nu et coiffé de fourrure, Jake Angeli, envahirait le Capitole avec d'autres partisans d'un président américain lui-même assez inimaginable ? Pourtant les images ont fait le tour du monde. Dans quel cerveau fiévreux aurait-on inventé qu'un dictateur aux abois, le Biélorusse Alexandre Loukachenko, transformerait ses consulats au Moyen-Orient en tour-opérateurs et lancerait des milliers d'hommes, de femmes et d'enfants à l'assaut de la frontière polonaise pour faire chanter les pays européens ? Encore une fois, nous avons tous été les témoins incrédules de cet incroyable événement. Ce livre en décrit bien d'autres et veille avec scrupule à coller à la vérité, même lorsqu'elle semble invraisemblable.

Deuxième précaution à laquelle je suis tenue : il est à peu près certain que ce récit sera dépassé lorsque vous le lirez. Je le regrette par avance, mais je vois mal comment éviter cet écueil. La réalité dont je veux vous parler, celle des interférences étrangères dans la vie de nos démocraties, trouve chaque jour une nouvelle illustration et prend à chaque instant une forme inédite : campagnes de désinformation, manipulation des opinions publiques, instrumentalisation des réseaux sociaux, encouragements à la discorde, cyberattaques, chantages au prix de l'énergie, à la livraison de blé ou aux flux migratoires, infiltrations dans les milieux de la politique, des affaires et de la recherche... Il sera question de tout cela dans cet ouvrage, qui prétend d'autant moins à l'exhaustivité que les phénomènes qu'il décrit n'auront pas cessé au jour de sa parution. C'est ainsi que lorsque j'ai commencé à écrire ces pages, j'avais choisi l'Ukraine comme exemple saisissant autant que méconnu des opérations russes de guerre hybride. J'avais alors le sentiment de décrire une zone et des pratiques ignorées car éloignées des préoccupations de la plupart de mes futurs lecteurs. Lorsque j'ai terminé l'écriture de ce livre, la Russie avait envahi à la fois l'Ukraine et les conversations, et la question des ingérences étrangères le devant de la scène. Je n'ai ni la moindre prescience ni quelque maîtrise que ce soit sur ce qu'il adviendra entre le bouclage du manuscrit et la publication de ces lignes. Me voici contrainte d'accepter par avance d'être dépassée par la réalité que j'aurai essayé de vous décrire.

La troisième mise en garde n'est ni la plus anodine ni la plus plaisante. En un mot comme en cent, voici trois ans que je serine la même chose : nous, Européens, croyons vivre en paix, protégés depuis plus d'un demi-siècle des tumultes du monde. Pourtant, sous nos yeux mais sans que nous y ayons pris garde, on nous a déclaré la guerre. Voyez ce que disait en juin 2021, avec une franchise confondante, Dinara Toktosunova, la *chief executive officer* (CEO, ou directrice générale) de l'agence de presse spécialisée dans la vidéo Ruptly, propriété de Russia Today basée à Berlin et responsable de RT Deutsch, dans une interview diffusée par Arte Journal : « La Troisième Guerre mondiale se joue dans le domaine de l'information et, dans ces conditions, nous sommes tous engagés dans cette guerre. »

Formule à l'emporte-pièce dont les patrons de médias en quête de notoriété raffolent ? Rodomontade un brin provocatrice, bien dans le style de la Russie poutinienne ? Comme il était doux de le croire et de ne se préoccuper de rien. Comme il était confortable de faire l'impasse sur un autre avertissement, la « doctrine Guerassimov », du nom du général chef d'état-major des armées russes, qui publiait ceci en 2013 :

« On observe au XXIe siècle une tendance à l'effacement des distinctions entre l'état de guerre et l'état de paix. [...] Les moyens non militaires ont vu leur rôle s'accroître pour atteindre des objectifs stratégiques et politiques et, dans de nombreux cas, dépassent de loin par leur efficacité la force des armes. Les méthodes de lutte utilisées mettent désormais l'accent sur une large gamme de moyens politiques, économiques, informationnels, humanitaires, ainsi que d'autres moyens non militaires, réalisés par l'implication du potentiel de protestation de la population. Tout ceci est complété par des moyens militaires dissimulés, y compris par la mise en œuvre de manifestations d'opposition dans la sphère de l'information[1]. »

Encore faut-il se souvenir que ce que décrit alors Guerassimov ne correspond pas - pas à l'époque du moins - à la stratégie de la Russie, mais aux arrière-pensées qu'il prête à l'Occident. Force est de constater que le Kremlin a fait des intentions prêtées à d'autres sa propre ligne de conduite. On prendra soin de relever que c'est le même général Guerassimov qui dirige aujourd'hui les forces armées russes dans la guerre d'Ukraine.

Après des années passées au service de la politique étrangère de la France, une entrée en politique et mon mandat de députée européenne, où j'ai choisi de traiter plus particulièrement des questions de sécurité, de défense, de relations internationales, mais aussi d'ingérences étrangères dans nos démocraties, grâce à une commission spéciale que le Parlement européen a créée tout exprès, je ne pouvais pas ignorer ce type d'avertissement ni fermer les yeux sur la mise en œuvre, de plus en plus flagrante, de cette guerre hybride.

Voici comment j'interpelais Josep Borrell, le haut représentant pour les Affaires étrangères et la Politique de sécurité de l'Union européenne, en juillet 2021, à Strasbourg, lors de la session plénière du Parlement européen :

« Monsieur le haut représentant,

« J'ai une question à vous poser. Sommes-nous encore vraiment en paix ? Quand la désinformation déferle chaque jour sur l'Europe, quand les cyberattaques se succèdent, quand dans ce Parlement même certains élus faussement patriotes récitent la propagande de Moscou ou de Pékin sans en changer une virgule, on doit se rendre à l'évidence : nos démocraties sont harcelées par des régimes autoritaires qui ne supportent pas ce que représente l'Europe, un espace unique de liberté, de prospérité et de solidarité.

« Alors si nous sommes d'accord sur le constat, j'ai une autre question à vous poser, Monsieur le haut représentant : face aux attaques contre nos démocraties, quel est votre plan de bataille ? Pour exposer l'ampleur de la désinformation importée et en paraphrasant Staline : l'Europe, combien de divisions ? Pour contrer les cyberattaques, comment proposez-vous d'organiser la solidarité entre États membres, cette solidarité que permettent les traités européens ? Comment comptez-vous imposer des représailles à ceux qui harcèlent nos démocraties et se livrent pour le moment à une guerre *low cost* ?

« Monsieur le haut représentant, ne nous dites pas ce que vous faites déjà, car nous le savons, nous l'apprécions mais nous sommes convaincus qu'il faut faire plus. Si c'est une question de moyens humains ou matériels, dites-le-nous. Si c'est une question d'outils juridiques, dites-le-nous. Ce Parlement sert à cela et ce Parlement, en tout cas l'écrasante majorité de ses membres, a pour première mission de protéger nos démocraties. »

Un an plus tard, je ne changerais pas un mot au constat et regrette qu'il ait fallu une guerre, celle faite à l'Ukraine, pour qu'à tous les niveaux, national, européen, mais aussi à l'échelle des citoyens que nous sommes, nous commencions à agir pour répondre à cette autre guerre qui ne dit pas son nom. Pourtant en Europe on a pris l'habitude de protéger beaucoup de choses : la qualité de notre alimentation, grâce à des normes sanitaires exigeantes, notre intimité numérique, grâce au règlement sur la protection des données personnelles, notre environnement, l'eau dans laquelle nous nous baignons, l'air que nous respirons, la propriété intellectuelle ou l'appellation géographique de ce que nous cultivons... Il reste un bien précieux que nous n'avons pas encore assez protégé, comme si rien ne le menaçait et que son existence allait de soi : notre liberté.

Or, que voyons-nous ? De plus en plus, des puissances autoritaires et inamicales utilisent notre espace de liberté comme terrain de jeu, dans l'espoir de nous diviser et de nous affaiblir.

Les cyberattaques, contre nos services publics les plus stratégiques, contre des entreprises grandes ou petites mais aussi contre des campagnes électorales, se sont multipliées.

La désinformation touche tous les sujets, de la Covid aux droits des femmes et des minorités en passant par les crises géopolitiques à nos portes, ou même le Brexit. Nous ne sommes pas en reste, dans chacun de nos pays, pour voir fleurir et circuler les contrevérités les plus aberrantes et les plus toxiques. Mais certaines d'entre elles n'ont rien de *made in France*. Elles trouvent ailleurs ou bien leur source, ou bien leur amplificateur, et relèvent de tentatives de manipulation malveillantes.

Ajoutons à cela les opérations d'influence auxquelles se livrent certaines puissances étrangères dans les milieux politiques, économiques et universitaires de nos pays. Beaucoup de ces tentatives échouent, mais lorsqu'elles réussissent, c'est notre souveraineté, notre indépendance et nos libertés de choix qui sont atteintes.

On dira que cela a toujours existé. C'est parfaitement exact. Mais aujourd'hui la puissance du numérique amplifie et accélère considérablement nos vulnérabilités et l'impact des attaques qui nous ciblent. Grâce au numérique, en effet, l'espace et le temps n'existent plus. Une fausse information peut faire le tour du monde sans rencontrer d'autre frontière que celle de la langue parlée par ceux qui la liront. Et ce tour du monde, elle peut le faire en quelques fractions de seconde. Cela, cette porosité et cette fulgurance dans la circulation de l'information, vraie ou fausse, neutre ou malveillante, nous ne l'avions jamais vécu et nous n'avons guère eu le temps d'y réfléchir ni de nous y préparer, avant que des acteurs mal intentionnés ne s'en emparent et n'en tirent avantage : sur les réseaux sociaux, les faux comptes et les trolls prolifèrent. Les efforts d'autorégulation des plateformes se sont montrés aussi inégaux qu'insuffisants, et nous laissent exposés à toutes les formes de manipulations. Notre dépendance toujours plus forte au numérique rend les cyberattaques toujours plus dangereuses. En un mot, notre ouverture au monde est à la fois notre richesse et notre point faible.

Nous devons analyser en profondeur d'où viennent les attaques contre nos démocraties. Nous devons tirer les leçons de ce qui se passe à la fois au grand jour et dans l'ombre. Et nous devons agir.

Protéger nos démocraties passe par une information et une transparence complètes sur les menaces qui les visent. Les faits appartiennent à tout le monde. À chacun, ensuite, de se faire son opinion.

Première partie

Covid, guerre en Ukraine, fous de Dieu : les fauves sont lâchés

1
La Russie

« La Russie fait partie de la culture européenne. Je ne peux pas imaginer mon pays isolé de l'Europe et de ce qu'on a coutume d'appeler le monde civilisé. Aussi, il m'est difficile de penser à l'Otan comme à un ennemi. Je n'écarterais pas la possibilité que la Russie rejoigne l'Otan. Pourquoi pas ? »

Vladimir POUTINE, 5 mars 2000.

Mais qu'est-ce qui lui a pris ?

Qu'est-il arrivé à Vladimir Poutine ?

Quel besoin a-t-il eu d'envahir l'Ukraine et de s'aliéner les démocraties occidentales ? Quel besoin avait-il, aussi, de leur faire une guerre sourde, à ces démocraties, une guerre de l'information, de l'influence, de l'ingérence, depuis de longues années ? Qu'avait-il à y gagner, que craignait-il de perdre ?

Car enfin, souvenons-nous. Au début de sa présidence, le maître du Kremlin a caressé l'idée de... rejoindre l'Otan. Certes, cela paraît loin. Au siècle dernier, littéralement. Succédant à Boris Eltsine, qui a assumé un rapprochement spectaculaire avec l'Occident, Vladimir Poutine arrive au pouvoir au début de l'année 2000. Certes, l'ancien président a déçu le peuple russe. Certes, le passé kgébiste de Vladimir Poutine le prépare mal à entrer dans la famille du monde libre, ce que l'avenir confirmera. Pourtant, et c'est lui qui le raconte, lors de sa première rencontre avec Bill Clinton au Kremlin, il lui propose : « Nous devrions considérer l'option que la Russie puisse rejoindre l'Otan[1]. » La confidence n'a pas vocation à rester secrète, puisqu'il la livre dès le mois de mars 2000 dans sa première interview à un journaliste étranger[2].

Mais, il y avait un « mais » et de taille. Hors de question pour Vladimir Poutine de voir l'Otan continuer à s'étendre à l'est en direction d'anciennes républiques soviétiques. Il n'est pas parvenu à empêcher l'accession des pays baltes, mais entend bien qu'on en reste là. Il n'a jamais reçu de véritable assurance en ce sens, contrairement à ce qu'il affirme, car reconnaître à la Russie un droit de veto sur l'entrée de nouveaux membres dans l'Alliance atlantique était et reste inacceptable. Beaucoup en Europe reprennent malheureusement ce faux reproche d'une promesse non tenue. Certains le font de bonne foi. Pas tous.

Ce que cherchait Poutine en jouant avec l'idée de rejoindre l'Otan, c'était de faire changer profondément la nature même de l'Alliance atlantique, née pour contrer le péril soviétique. Ce qu'il voulait, c'était obtenir une voix au chapitre sur l'architecture de sécurité du continent européen et, surtout, garder le contrôle sur ce qui s'y passait à l'est. Ce qu'il espérait aussi, plus fondamentalement, c'était redresser une Russie en crise. Et de ce point de vue, l'heure n'était pas à la confrontation, du moins au début de son premier mandat.

Puis vint le temps des révolutions de couleur : révolution des Roses en Géorgie en 2003, révolution orange en Ukraine en 2004 ; le Kremlin commença à perdre du terrain et vit l'attrait pour l'Occident en général et l'Europe en particulier progresser à ses portes. Pour Poutine, une seule explication possible : les anciennes républiques soviétiques étaient la cible d'opérations d'influence sans précédent de la part de la CIA. Que des peuples puissent librement aspirer à un autre modèle que celui qu'ils avaient subi, qu'ils contestent que le soleil se trouve forcément à Moscou et qu'il faille vivre dans son orbite ne l'effleura pas un instant. Pour le président russe, son pays avait eu tort de baisser la garde et avait été pris par surprise dans un jeu d'influence où l'Ouest avait gagné la première manche. À partir de là, Vladimir Poutine commença à se préparer au deuxième set. Puis vint le sommet de Bucarest de 2008, où l'Otan s'engagea à terme, sans que l'échéance soit précisée, à accueillir la Géorgie et l'Ukraine. À Moscou, ce fut l'affolement, le raidissement, le repli puis l'offensive.

Guerre en Géorgie en 2008, en Ukraine dès 2014. Vladimir Poutine se fixe un objectif : ne plus laisser reculer l'influence russe ni avancer l'attrait pour l'Ouest. Il remâche cette analyse d'Henry Kissinger sur l'effondrement de l'Union soviétique : « Aucune grande puissance ne s'est jamais désintégrée aussi radicalement et aussi rapidement sans avoir été vaincue par les armes[3]. » Il faut d'urgence regagner du terrain, se méfier de ce poison démocratique qui infiltre les marges de l'ancien empire et risque de gagner le cœur de la Russie. Il faut surtout prendre le contre-pied systématique de la « doctrine Gorbatchev », jugée responsable de l'écroulement de l'Union soviétique. Gorbatchev avait voulu « passer par-dessus tout ce qui divise[4] » et se rapprocher de l'Ouest en laissant l'Europe centrale et orientale, puis la RDA se libérer du joug communiste. Il espérait éviter toute contagion plus à l'est et préserver un modèle soviétique réformé. Un putsch raté plus tard, l'URSS s'écroulait.

Aussi, pour Vladimir Poutine, dès lors que la Géorgie, puis l'Ukraine ont démontré leur volonté de se dégager du joug russe, et bien avant la guerre de 2022, il faut agir, vite et fort, quelles qu'en soient les conséquences pour les relations avec l'Europe et les États-Unis. Peu importent les sanctions, peu importent les tensions, ce qu'il faut, c'est sauver ce qui reste de l'Empire, décourager toutes les anciennes républiques soviétiques de suivre l'exemple des Baltes, de se tourner trop ostensiblement vers l'Occident et vers la démocratie. L'Arménie en paye le prix, qui a cru, avec son Premier ministre Nikol Pachinian, pouvoir prendre ses distances d'avec les oligarques prorusses et s'aventurer vers une démocratie plus mature. Le conflit du Haut-Karabakh, que l'Azerbaïdjan n'aurait jamais pu réveiller en septembre 2020 sans l'assentiment de Moscou, lui a rappelé à quel point elle dépendait du bon vouloir du Kremlin : le cessez-le-feu n'est intervenu que tardivement, lorsque Erevan était déjà à genoux et Bakou proche d'une victoire totale. C'est à ce moment-là, et seulement à ce moment, quand l'Arménie démocratique ne pouvait plus survivre sans l'aide de Moscou, que Vladimir Poutine a imposé un cessez-le-feu, respecté aussitôt qu'il l'a ordonné. Depuis, ce sont les Russes qui assurent seuls la mission de préserver cette trêve imparfaite, de manière imparfaite. Ils sont désormais en terrain conquis.

À l'inverse, Vladimir Poutine soutient sans nuances le dictateur biélorusse Alexandre Loukachenko. Il le contraint à sortir de son ambiguïté antérieure, faite de va-et-vient incessants entre Moscou et l'Europe. Depuis qu'il a truqué les résultats des élections de 2020 pour se maintenir au pouvoir, et abattu sur sa population une répression particulièrement brutale, Alexandre Loukachenko est dans la main du président russe. Peu importe à Vladimir Poutine d'être associé à un dirigeant devenu un paria de la communauté internationale, dès lors qu'il l'a convaincu de ne plus quitter le giron de Moscou et que la démocratie ne semble pas près de l'emporter à Minsk.

De même, la Russie dépêche des « gardiens de la paix » au Kazakhstan dès que le régime, en proie à des rivalités de pouvoir et menacé par l'exaspération des manifestants face à la hausse des prix et la corruption endémique, le lui demande. Moscou dénonce une « ingérence extérieure » imaginaire pour justifier celle, bien réelle, des troupes russes.

Écouter Vladimir Poutine avant même l'invasion de l'Ukraine permet de mesurer le chemin parcouru entre son accession au pouvoir et aujourd'hui. Depuis plusieurs années, ses discours ne sont plus que des mises en garde. À l'Europe, dans son discours annuel en avril 2021, il assène : « J'espère que personne n'aura l'idée de franchir une ligne rouge. [...] Nous ne voulons pas couper les ponts. Mais si quelqu'un prend nos bonnes intentions pour de l'indifférence ou de la faiblesse et a l'intention de saccager ou même de faire sauter ces ponts, qu'il sache que la réponse de la Russie sera rapide, asymétrique et dure. »

C'est donc sur un mode agressif-défensif que s'exprime le maître du Kremlin. Il ne se contente pas d'essayer de garder le contrôle sur l'arrière-cour fantasmée de la Russie. Ce qu'il lui faut, c'est affaiblir son voisinage, quel qu'il soit, et d'abord son voisinage démocratique. Ce qu'il craint, c'est un double déclin : celui de l'influence de la Russie dans le monde, alors qu'il cherche à la maintenir coûte que coûte pour rester « à la table » ou au moins « à l'égal » des grandes puissances, et celui de modèle autoritaire dont il est le symbole. Il a de bonnes raisons de redouter cette double déchéance, tant les performances de la Russie laissent à désirer dans tous les domaines : trou noir démographique, faiblesse économique, inégalités sociales, étouffement des libertés ; Moscou a peu à offrir à ceux qui voudraient l'admirer, au moment même où la Chine supplante la Russie dans la rivalité avec les États-Unis. Il faut donc exister coûte que coûte et, plutôt que de s'attaquer au voisin chinois, déjà trop puissant pour la vieille Russie, donner des coups de canif aux démocraties qui, elles, continuent insolemment à tenir le choc dans le fracas du monde.

Le rôle des « révolutions de couleur » dans le changement de posture russe est particulièrement éclairant. En témoigne l'évolution de la ligne éditoriale de Russia Today. À l'origine, en 2005, cette chaîne de télévision d'information a été conçue dans le but de donner une bonne image de la Russie. C'est donc sans conteste et dès le départ un instrument de propagande officielle. Vladimir Poutine s'en était ouvert en 2005 devant des militants nationalistes : « Je regarde souvent les chaînes étrangères et presque partout ils racontent la même chose sur la Russie : crise politique et dépression économique. » Russia Today est donc une arme destinée à défendre un pays en déclin qui se sent mal aimé. Lors de son lancement, ses dirigeants redisent la même chose que Vladimir Poutine : « En Occident, la Russie est associée à trois mots : communisme, neige et pauvreté. Nous aimerions présenter une image plus complète de la vie dans notre pays. [...] Nous devons promouvoir la Russie à l'étranger, sinon nous aurons toujours l'air d'être des ours en train de hurler et de rôder[5]. » À partir de 2009, Russia Today devient RT et son objectif principal évolue : il ne s'agit plus de promouvoir la Russie (c'est un échec), mais de discréditer les démocraties de l'Ouest, en recrutant pour cela des Occidentaux, journalistes, experts ou personnalités qui participent à cette entreprise de dénigrement délibéré. Moscou passe de la défense à l'attaque. Le nombre de journalistes est multiplié par dix.

Le mouvement s'accélère en 2011 : les printemps arabes font craindre au Kremlin une vague mondiale de soulèvements populaires contre des régimes autoritaires. Une fois de plus, Vladimir Poutine ne croit pas à un mouvement populaire spontané. Pour lui, c'est certain, si le monde arabe bouge, c'est le fruit d'une manipulation occidentale. En décembre de la même année, les élections législatives en Russie même donnent lieu à des manifestations de mécontentement dans plusieurs villes du pays. C'est là, persuadé que le péril démocratique se rapproche, se sentant menacé, que le Kremlin va se mettre à contre-attaquer.

Dès lors, tout est bon pour s'en prendre au modèle démocratique, cet objet votant non identifié qui plie mais ne rompt pas, se confronte aux crises les plus diverses, s'affaiblit mais, pour l'heure, résiste et se redresse. Plutôt mieux que l'autocratie russe.

Bilan provisoire : depuis 2014, la Russie a conduit des campagnes de manipulation de l'information sur les réseaux sociaux dans au moins 70 pays, sept langues, au travers de 300 plateformes et forums Internet[6].

Tous les sujets clivants sont exploités. Brexit ? RT soutient les *Brexiters*, au point d'envisager le recrutement de Nigel Farage, et fustige l'Union européenne. En Allemagne, c'est l'arrivée des réfugiés syriens dont RT se saisit pour distiller son venin. En Équateur, Actualidad RT emploie l'ancien président Rafael Correa, aux États-Unis l'ancien gouverneur du Minnesota Jesse Ventura, dont la particularité est d'accuser George W. Bush d'être à l'origine du 11-Septembre...

Le casting est souvent hasardeux : Alain Soral, le polémiste d'extrême droite antisémite, commente le débat présidentiel Sarkozy-Hollande sur RT America en 2012. Thierry Meyssan couvre la guerre en Syrie, lui qui a déliré sur le 11-Septembre et soutient Bachar al-Assad. Peu importe, la vérité factuelle n'est pas l'objectif. Il faut du sensationnel, du clivant, de la polémique.

Arrive le morceau de choix pour une chaîne de ce genre : l'épidémie de Covid. Qu'on se remémore les premiers mois de 2020, qui trouvèrent les pays occidentaux saisis de stupeur, à l'évidence mal préparés à faire face à une pandémie. Affolés, divisés, lents dans leurs prises de décision, les pays occidentaux ont donné un piteux spectacle, mendiant les masques et les respirateurs sur le tarmac des aéroports chinois, dans un mélange peu ragoûtant de chacun pour soi et de sauve-qui-peut. Au même moment montait une petite musique, celle de l'efficacité supposée des régimes autoritaires pour affronter une crise de grande ampleur. Quoi de mieux qu'un État regardant vers le temps long pour planifier ses besoins autrement qu'à court terme, sans être entravé ni par les échéances électorales ni par les risques d'alternance ou les débats démocratiques ? Quoi de plus salutaire au fond que l'exercice de l'autorité sans fard et sans contestation possible pour imposer le confinement, la quarantaine et les restrictions des libertés nécessaires à la protection de la santé publique ? Voilà ce qu'on commença à entendre en Europe, où les regards se tournèrent avec admiration vers Pékin et vers Moscou.

L'admiration redoubla lorsque la Russie annonça la mise au point d'un vaccin. En France, l'événement eut un retentissement tout particulier. Pensez donc, des cinq pays membres permanents du Conseil de sécurité de l'ONU, la France était la seule à ne pas avoir réussi à développer son propre vaccin, alors que la Russie, oui - même elle, ce pays dépassé par tant d'autres, qu'il s'agisse de son PIB ou de sa capacité d'innovation, la Russie, elle, y était parvenue ! Touchée depuis longtemps par la maladie du déclinisme, habilement distillée par des experts en regards rétrospectifs et en nostalgie politique, la France voyait son pessimisme intuitif confirmé au-delà de ses désespérances. Non seulement l'Allemagne, le Royaume-Uni et les États-Unis avaient réussi là où Sanofi et Pasteur, les fleurons français, avaient profondément déçu, mais la Russie tirait son épingle du jeu et affichait fièrement la découverte d'un vaccin baptisé Spoutnik V.

C'est en août 2020 que Vladimir Poutine lui-même en fait l'annonce : la Russie a mis au point le « premier » vaccin contre le coronavirus. « Assez efficace, donnant une immunité durable, deux ans », affirme le maître du Kremlin au cours d'une conférence de presse, alors que l'Institut de recherche Gamaleïa d'épidémiologie et de microbiologie annonce d'emblée « plus de 90 % d'efficacité » contre le virus.

Très vite, le vaccin russe déclenche des effets secondaires... sur le débat politique en Europe. Pourquoi, mais pourquoi donc n'est-il pas autorisé tout de suite, en tout cas beaucoup plus vite, par l'Agence européenne des médicaments ? Un complot, sans doute, de la part d'antirusses primaires, ou bien de Big Pharma, à moins que ce ne soient les mêmes, allez savoir. C'est du moins ce que Moscou laisse entendre et ce que d'autres, beaucoup, ont repris sans trop d'hésitation ni beaucoup de recul.

Certains pays commandèrent Spoutnik V sans attendre. La Hongrie de Viktor Orbán, la Serbie d'Aleksandar Vučić ou le Premier ministre slovaque Igor Matovič s'empressèrent de commander, parfois en secret, le précieux sérum. En Slovaquie, l'affaire a laissé des traces, car ni la présidente ni une partie du gouvernement n'étaient informées de cet achat clandestin. Ivan Korčok, l'expérimenté ministre des Affaires étrangères de Bratislava, qualifia le vaccin Spoutnik « d'outil de guerre hybride » de la Russie, dès le début de l'année 2021, ce qui est assez précoce pour être relevé[7]. De même, en République tchèque voisine, le président Zeman, connu pour sa proximité avec Moscou, annonçait passer commande et son Premier ministre de l'époque, Andrej Babiš, réfléchissait à passer outre l'autorisation des autorités sanitaires… et l'avis de son propre ministre de la Santé. En Autriche, le chancelier d'alors Sebastian Kurz se montrait mieux disant et promettait de commander 300 000, puis 500 000, puis 200 000 doses d'un vaccin dont il ne savait… rien. Retenez ces noms, aucun n'est indifférent : chacun a contribué à sa façon, depuis des années, à promouvoir les intérêts de la Russie en Europe. Chacun s'est cru obligé, au cœur d'une pandémie sans précédent, sans aucune légitimité scientifique, de faire confiance à l'aveugle à un vaccin *made in Russia*.

En France, les oppositions qui n'en savaient pas davantage s'indignèrent - en tout cas certaines d'entre elles, pas toutes, on y reviendra sans doute - que le gouvernement ne saute pas à pieds joints sur cette aubaine. Petit florilège des déclarations outrées de politiques visionnaires : « On s'est interdit le vaccin Spoutnik V par idéologie, par russophobie[8] », s'indigne Jordan Bardella, du Rassemblement national (RN). Au même moment, Jean-Luc Mélenchon lui faisait écho, appelant à « aller à toutes les portes sans faire de l'idéologie » et affirmant sans ciller que le vaccin russe avait « fait ses preuves ». Tranquillement, il allait jusqu'à déclarer, interrogé pour savoir s'il était prêt à se passer de l'avis des experts : « Si j'étais président de la République, c'est exactement ce que je ferais[9]. » Renaud Muselier, président, alors Les Républicains, de la région PACA, annonçait en avril 2021 (au moment même où la Slovaquie dénonçait la livraison de lots défectueux) une « précommande de 500 000 doses » auprès de l'ambassade de Russie en France et prévoyait qu'il serait « le premier livré », même s'il prenait la précaution de préciser qu'il attendrait tout de même l'avis de l'Agence européenne des médicaments. Juin 2021 : Jean-Marie Le Pen, 92 ans, déclarait - enfin - accepter de se faire vacciner, mais « seulement avec le Spoutnik V ». Contre toute attente, l'étrange papesse des antivax français, Alexandra Henrion-Caude, après s'être usé la voix à propager les pires alertes et les plus grossières désinformations sur les dangers supposés des vaccins contre la Covid, affirmait tout à trac et sans explication claire qu'un seul trouvait grâce à ses yeux, celui produit par la Russie. C'est d'ailleurs avec une cohérence qu'on ne lui trouve pas toujours qu'elle choisit de s'exprimer avec régularité sur le site Web pro-Kremlin Sputnik. Pourtant d'un sérieux difficilement comparable, le spécialiste du monde russe Jacques Rupnik tirait, lui, son chapeau : « Poutine a plutôt bien réussi son coup, car il n'impose rien et ne répond qu'à ceux qui le sollicitent[10]. »

De son côté, le président Emmanuel Macron tenait bon et dénonçait « des velléités de déstabilisation russes, chinoises, d'influence par le vaccin », ce que Jean-Yves Le Drian, alors ministre des Affaires étrangères, formulait avec encore plus de clarté : « C'est plus un moyen de propagande et de diplomatie agressive qu'un moyen de solidarité et d'aide sanitaire. » On ne saurait mieux dire.

Car la réalité était troublante : la plus grande opacité a entouré la date exacte à laquelle la Russie a déposé le dossier du vaccin Spoutnik V auprès de l'Agence européenne des médicaments. Du côté de Moscou, on entendit vite des critiques très vives, accusant l'Union européenne de retarder indûment le processus d'homologation et de politiser sans raison une réponse sanitaire à la pandémie. Du côté d'Amsterdam, qui abrite le siège de l'Agence européenne des médicaments, on se garda bien de polémiquer publiquement, par souci d'éviter précisément toute exploitation politique de la situation, mais on fit remarquer posément, en réponse aux questions, que le dossier présenté par la Russie demeurait tristement incomplet, qu'il comportait des anomalies et qu'il n'était dès lors pas possible à l'Agence de se prononcer sur un vaccin dont elle savait si peu de choses.

La question reste ouverte aujourd'hui encore : pourquoi Moscou n'a-t-il pas réellement cherché à commercialiser son vaccin en Europe ? A-t-il délibérément tenté de cacher quelque chose, ou bien d'enrayer un processus en créant la confusion et la discorde parmi les Européens ? La Russie voulait-elle vraiment, pouvait-elle vraiment exporter son vaccin vers ses voisins européens ? À ce jour, il reste impossible de répondre à cette question. À ce jour, Spoutnik V n'est pas non plus homologué par l'Organisation mondiale de la santé (OMS). Une inspection menée par cette dernière a mis en doute les conditions de surveillance du processus de fabrication et le contrôle de qualité du Spoutnik V.

Longtemps, on a cru que la seule limite du vaccin russe tenait à des capacités de production nationale restreintes. Les 50 pays qui s'étaient décidés à commander des doses de Spoutnik V ont, en effet, tous connu des problèmes de livraison. Parmi eux, le Guatemala n'aurait reçu que 10 % des doses achetées, annulant finalement sa commande. Sans doute était-ce la raison pour laquelle la campagne de vaccination de la population russe se montrait si lente (5 % de la population russe ayant reçu une dose en mars 2021, contre 10 % dans l'Union européenne et 30 % aux États-Unis à la même date), alors même que Spoutnik avait été le premier vaccin découvert et que le système russe devait être suffisamment « musclé » pour convaincre sans peine sa population. Sauf que...

Sauf que la Russie a peur de son vaccin. En septembre 2021, seul un tiers de la population russe en avait reçu au moins une dose, 29 % des Russes étant totalement vaccinés. 34 % des personnes sondées en Russie refusent d'être vaccinées avec Spoutnik V[11]. Les chiffres des morts officielles de la Covid sont aussi peu fiables que les statistiques russes en général, mais à l'automne 2021, ils s'élevaient à plus de 1 200 par jour, la moyenne quotidienne de nouveaux décès la plus élevée au monde[12]. Depuis le début de l'épidémie, 9,5 millions de Russes auraient été contaminés et 527 000 morts seraient à déplorer.

C'est donc un échec cuisant que connaissent les autorités russes dans la lutte contre la pandémie. Cet échec, le régime de Moscou s'est attaché à le masquer autant que possible et, surtout, à le relativiser. Il a fallu, absolument, ardemment, contre toute logique, contre la vérité elle-même, essayer de faire croire que l'Occident, notamment l'Europe, s'en sortait encore plus mal. Et il a fallu, viscéralement, activement, que Moscou s'emploie à rendre plus difficile la lutte contre la pandémie à l'ouest de ses frontières, par tous les moyens possibles, de la désinformation aux cyberattaques contre les systèmes hospitaliers.

La programmation de RT en donne d'innombrables exemples, d'interviews de sportifs refusant de se faire vacciner aux reportages complaisants sur les antivax en Allemagne. La chaîne gouvernementale russe fut parmi les premières à propager la thèse complotiste d'une pandémie imaginaire inventée par Bill Gates dans le but inavoué d'étendre son influence.

Moins connu, un autre groupe de médias russe n'en est pas moins actif en matière de désinformation vaccinale et de tentative de discrédit des vaccins occidentaux.

Tsargrad Media, c'est son nom, opère à perte, mais peu lui importe. Il est la propriété de Konstantin Malofeïev, oligarque proche de Poutine, mais aussi contact privilégié en Russie d'Aymeric Chauprade lorsqu'il était encore au Front national, de Marine Le Pen et de Thierry Mariani, désormais député européen RN. Il est arrivé à Malofeïev de ratisser plus large et d'inviter à Moscou Christine Boutin ou Claude Guéant.

Début mars 2021, une porte-parole du département d'État américain lâche une bombe. Elle annonce que les États-Unis ont identifié trois publications en ligne dirigées par les services russes et cherchant à accentuer la défiance vaccinale en Amérique. Elle cite News Front, New Eastern Outlook et OrientalReview. (Un quatrième, Rebel Inside, contrôlé par l'armée russe, est largement un site dormant.) L'ambassade de Russie à Washington a formellement démenti ces accusations.

Restons sur la Covid, mais passons aux cyberattaques. En octobre 2020, en pleine campagne électorale américaine, le FBI et le Cybersecurity and Infrastructure Security Agency (CISA) se sont inquiétés que des hôpitaux américains soient la cible d'un rançongiciel[13]. Des médias ont repris l'information et fait connaître son origine, russe, son appellation, Ryuk, et l'utilisation du réseau informatique criminel TrickBot. En novembre 2020, Microsoft a désigné Strontium, un groupe de hackers qui semblent bénéficier de l'appui du gouvernement russe, comme source d'une campagne d'espionnage de plusieurs laboratoires travaillant sur la Covid.

Aujourd'hui, pourtant, c'est en Russie même qu'on trouve la plus forte défiance vaccinale, en dépit de tous les efforts déployés par le Kremlin pour soutenir et amplifier les mouvements antivaccins ailleurs, en Europe pour l'essentiel. Voici l'arroseur arrosé, même si les campagnes de désinformation russes ont laissé des traces partout où elles sont passées, et qu'elles se poursuivent encore.

C'est que la désinformation *made in Russia* est une affaire ancienne. Il faut rendre à César ce qui appartient à César ou plutôt au tsar de toutes les Russies ce qui a été inventé dans son Empire. Car c'est au tout début du XXe siècle, dans la Russie tsariste, qu'est née la désinformation, arme de la police politique de l'époque, l'Okhrana. Sa pire opération reste sans doute encore l'invention pure et simple des *Protocoles des Sages de Sion*. Publié pour la première fois en Russie en 1903, le texte dénonce un complot dans lequel des Juifs et des francs-maçons seraient de mèche pour conquérir le monde. L'idée n'est pas neuve, et reprend d'autres exemples de littérature complotiste et antisémite antérieurs. Ceux qui sont à l'origine de la diffusion des *Protocoles* prétendent que le texte proviendrait du premier congrès sioniste qui s'est réuni en Suisse en 1897. On reste effaré de la vitesse, de l'étendue et de la durée de propagation de ce texte venimeux : *Les Protocoles des Sages de Sion* sont traduits dans toute l'Europe, brandis par des politiques à Vienne, puis à Londres, à Paris et, enfin, à Berlin où Hitler s'y réfère. Aux États-Unis, Henry Ford leur accorde à la fois un crédit absolu et une large diffusion. Dans le monde arabe, la référence aux *Protocoles des Sages de Sion* est fréquente. Ils figurent, par exemple, dans la charte du Hamas. Pourtant, dès le début des années 1920, nombreux sont ceux qui tentent de démonter la supercherie de ce texte forgé de toutes pièces. Mais le poison complotiste et antisémite sera plus puissant que les efforts de manifestation de la vérité. Jusqu'à aujourd'hui, des tenants de l'ultra-droite et d'autres militants antisémites, antisionistes, anti-américains ou antimondialistes continuent à maintenir une forme d'ambiguïté autour de l'authenticité de ce pamphlet entièrement fabriqué.

En inventant *Les Protocoles des Sages de Sion*, la police secrète du tsar donnait corps à ce qui deviendrait le fantasme du complot « judéo-bolchevique ». L'Union soviétique reprendra le flambeau sous un autre angle et s'adonnera aux délices de l'agit-prop dont Trotski sera le chantre, avant de recourir aux campagnes d'intoxication en tous genres. L'URSS, prenant dignement la suite de la Russie tsariste, n'a jamais hésité à mentir à sa propre population pour s'en assurer le contrôle. Producteur de masse de mensonges d'État, Moscou ne s'est pas contenté de les diffuser sur son marché intérieur, mais a rapidement appris à en faire des produits d'exportation. Fausses rumeurs (l'assassinat de Kennedy par la CIA, entre autres), infiltration d'organisations de jeunesse, de syndicats, et recours à des agents d'influence ont marqué l'histoire de la relation entre l'Union soviétique et le monde occidental.

Ainsi, en juillet 1983, dans un petit journal indien, *Patriot*, sort une nouvelle pour le moins sensationnelle :

le virus du Sida aurait été inventé par un scientifique américain, dans un laboratoire du Pentagone, dans le but de venir à bout de la population afro-américaine et des homosexuels. Pas moins que cela. Le nom du laboratoire ? Fort Detrick, Maryland. Ce nom vous dit quelque chose ? On retrouvera le même laboratoire accusé par la propagande chinoise d'être à l'origine de la Covid. Les complotistes ont beau avoir de l'imagination, il leur arrive de copier les uns sur les autres. Mais revenons à 1983. Cette affirmation farfelue, sans aucun élément factuel de nature à l'étayer, parue dans un petit journal peu connu en Inde, va, quelques années plus tard, se retrouver partout à travers l'Afrique, après avoir été d'abord relancée par un quotidien russe en 1985, avant qu'en 1986, deux scientifiques d'Allemagne de l'Est publient un rapport où ils affirment pouvoir démontrer que le Sida a été fabriqué aux États-Unis. Qui est derrière cette campagne ? Pour le *New York Times*, pas de doute : le département A du KGB, spécialisé dans la désinformation. Le nom de cette campagne : opération Infektion. L'objectif ? Créer la confusion, au cœur de l'opinion publique de l'adversaire, sur un sujet de préoccupation majeure. On verra que la tactique sera reprise chaque fois que possible, avec de plus en plus de sophistication et d'efficacité. Il aura fallu quatre ans au KGB pour propager cette fausse rumeur, qui apparaît dans les médias occidentaux en 1987. Aujourd'hui il faudrait entre quatre heures et quatre jours pour atteindre le même résultat. À l'époque communiste, d'après le témoignage d'anciens du KGB, on estime à 15 000 le nombre d'agents qui, en Union soviétique et à l'étranger, travaillaient à temps plein ou à temps partiel à cette désinformation.

La Russie postcommuniste n'a pas perdu la main, loin de là. La grande différence avec l'ère soviétique ou avec la propagande chinoise tient au fait que la stratégie d'influence russe a renoncé à exporter quelque idéologie que ce soit. Elle ne cherche ni à convertir ni à convaincre, simplement à intimider ceux qui voudraient la critiquer, à semer le doute et la confusion et à affaiblir ses concurrents. La Russie de Poutine a compris très vite la puissance de l'arme de la désinformation pour lutter contre tous ceux qu'elle voit comme ses ennemis - et ils sont nombreux.

Dans la panoplie de la désinformation russe, on trouve tout d'abord des mensonges à peine voilés - sans effort particulier de vraisemblance, car le but n'est pas d'être cru -, ce qu'on désigne en russe sous le terme *vranyo*. Alexandre Soljenitsyne l'a parfaitement décrit en son temps, lui à qui l'on attribue ces phrases célèbres : « Nous savons qu'ils mentent. Ils savent qu'ils mentent. Ils savent que nous savons qu'ils mentent. Nous savons qu'ils savent que nous savons qu'ils mentent. Et pourtant ils persistent à mentir. » Dans cette catégorie, on rangera les inventions autour du crash du vol MH17 de la Malaysian Airlines en Ukraine en 2014, de l'empoisonnement de l'ancien agent russe Sergueï Skripal et de sa fille à Salisbury, en 2018, ou de la tentative d'assassinat d'Alexeï Navalny en Russie, en août 2020. Ces mensonges transparents ont un but : celui d'intimider les critiques et de montrer que Moscou s'affranchit de toutes les règles, même de celles de la vérité, pour imposer les siennes.

Naturellement, depuis le début de la guerre d'Ukraine, on ne compte plus ces exercices éhontés de *vranyo* : la guerre n'en serait pas une mais seulement une « opération spéciale », le régime de Volodymyr Zelensky serait un repaire de néonazis, les nationalistes ukrainiens auraient bombardé le théâtre de Marioupol, Kiev préparerait des armes chimiques...

D'autres demi-mensonges (ou demi-vérités, c'est selon) ont pour but d'entretenir une forme d'ambiguïté permanente, de flou, qui permet à la Russie de poursuivre ses objectifs stratégiques. Ainsi, en Syrie, il a fallu que Vladimir Poutine monte lui-même au créneau lorsqu'en 2013, le régime de Bachar el-Assad avec lequel il était allié fut accusé d'avoir perpétré une attaque chimique contre son propre peuple dans la banlieue de Damas, tuant une centaine de civils. Comme le rappelle le site Conspiracy Watch[14], le président russe publie alors en catastrophe une tribune dans le *New York Times*, en date - ironie du sort - du 11 septembre 2013. « Personne ne doute que du gaz a bien été utilisé en Syrie », écrit-il. C'est vrai, Vladimir Poutine ne prétend pas le contraire. La suite s'éloigne brutalement de la réalité : « Mais il y a toutes les raisons de croire qu'il n'a pas été utilisé par l'armée syrienne, mais par les forces d'opposition, afin de provoquer l'intervention de leurs puissants parrains qui aimeraient s'aligner avec les fondamentalistes. » C'est délirant, tout viendra prouver que c'est bien le régime qui agresse son peuple avec des armes interdites, mais le but du président russe est atteint : dénoncer à l'avance une intervention occidentale qui n'aura finalement pas lieu (on se souvient de la volte-face de Barack Obama qui, après avoir fixé une « ligne rouge », l'a laissé franchir allègrement) et instiller le doute sur la responsabilité de l'attaque chimique.

Même chose en Ukraine, où la fiction en vertu de laquelle les séparatistes du Donbass de 2014 n'étaient que des Ukrainiens ordinaires et ne bénéficiaient d'aucun soutien des troupes russes a été entretenue dans le but de forcer Kiev à accorder à la région un statut d'autonomie et de l'empêcher de rejoindre l'Otan. De même, comme le fait remarquer Chris Bort dans un papier très intéressant pour la Fondation Carnegie pour la paix internationale[15], en niant une ingérence de la Russie officielle dans l'élection américaine de 2016, mais en reconnaissant que des hackers russes individuels auraient pu être actifs, Moscou a fait mine de reconnaître à moitié l'origine de l'ingérence, tout en instaurant avec Washington un agenda de discussion sur la non-ingérence mutuelle en matière de politique intérieure que la Russie souhaitait aborder depuis un long moment et dans lequel, de son point de vue, tout se vaut.

Pourtant, la méthode connaît parfois des ratés. Arrêtons-nous sur un loupé spectaculaire, survenu le 26 février 2022, dans le contexte des tout premiers jours de la guerre d'Ukraine. L'agence de presse russe RIA Novosti publie alors un éditorial du chroniqueur Pyotr Akopov intitulé « L'avènement de la Russie et du nouveau monde ». La publication est accidentelle : elle ne devait intervenir qu'au moment de la victoire russe sur l'Ukraine. Or le texte est sorti deux jours après le début de l'offensive et resté suffisamment longtemps sur le site de l'agence pour être archivé partout à travers le monde. En France, la Fondapol a pris la peine de le traduire, à juste titre puisqu'il renseigne sur la propagande et le projet politique de Vladimir Poutine au début de la guerre. Il y est question de russification intégrale de l'Ukraine et de la Biélorussie, juste réparation après la « dislocation contre nature » de l'URSS, et prélude à un « nouveau monde ». On y affirme que « le projet européen s'effondrera à moyen terme » et que « [la] Chine, l'Inde, l'Amérique latine, l'Afrique, le monde islamique et l'Asie du Sud-Est, tous considèrent que l'Occident n'est [plus] le maître de l'ordre mondial et n'est [plus] celui qui définit les règles du jeu ». Voilà ce qu'une victoire éclair de la Russie en Ukraine devait démontrer à la face du monde. Voilà aussi ce que le récit russe essayait d'imposer comme « vérité alternative ». L'enlisement militaire de Moscou et le raté de communication qui ont fait sortir ce texte trop tôt montrent qu'il reste des grains de sable dans une machine de réaffirmation de la puissance russe qui n'a pas encore dit son dernier mot.

Quant à discréditer les concurrents de la Russie, en particulier les démocraties occidentales, c'est devenu un thème majeur des médias officiels russes. Une fois par semaine, le dimanche soir, la première chaîne de télévision russe diffuse l'émission *Vesti Nedeli* (« Nouvelles de la semaine »), qu'anime Dmitri Kisselev, par ailleurs patron de Rossia Segodnia, la maison mère de RIA Novosti et l'incarnation du contrôle des médias officiels par Vladimir Poutine. Pour lui, le monde est simple : l'Otan agresse la Russie, l'armée russe, invincible, protège la nation menacée. « Nos forces sont capables de réduire les États-Unis en un tas de cendres radioactives. [...] La Russie n'est pas viable sans Poutine. » Ses compliments au leader russe ont d'autant plus de poids que, jeune journaliste, il avait un profil contestataire. Qu'il ait pu être récupéré par Poutine interroge sur le rapport à l'argent et au confort de bien des journalistes russes qui ont « préféré le glamour aux droits de l'homme », comme les accuse une de leurs anciennes consœurs[16]. En tous cas, il n'y va pas de main morte, comme le relève *Le Point* dans le portrait qu'il lui consacre[17]. « L'objectivité est un mythe. La Russie a besoin qu'on l'aime. » C'est ainsi que Kisselev définit la ligne éditoriale de l'agence de presse russe le jour où il en prend la tête.

Toutefois, la tâche de mener le combat contre les valeurs et les positions occidentales est surtout revenue aux deux grands vecteurs officiels de propagande russe à l'étranger, Sputnik et RT, jusqu'à l'interdiction de diffusion prononcée contre eux par l'Union européenne et le Royaume-Uni à la faveur de la guerre d'Ukraine. Officiellement, les deux organismes sont indépendants l'un de l'autre. À l'origine, l'initiative de créer Russia Today vient de Mikhaïl Lessine, alors conseiller pour les médias de Vladimir Poutine, retrouvé mort en 2015 dans une chambre d'hôtel à Washington après être tombé en disgrâce[18]. À ses côtés, Alexeï Gromov, porte-parole du président. L'un et l'autre choisissent une toute jeune journaliste de 25 ans, Margarita Simonyan, et la propulsent à la direction de Russia Today. Elle devient plus tard rédactrice en chef de la nouvelle agence Rossia Segodnia, qui coiffe à la fois Sputnik (la radio et le site Web) et RT. À leur création, les deux médias ont pour mission de redorer l'image de la Russie à l'international. La tâche est difficile, voire impossible. L'audience stagne, le risque d'échec est réel. Face aux difficultés rencontrées, RT et Sputnik se tournent alors vers tout autre chose. En 2012, Margarita Simonyan donne une interview au quotidien *Kommersant*. On pourrait difficilement être plus clair qu'elle ne l'est à l'époque :

« Pourquoi la Russie a-t-elle besoin de RT ? Pourquoi, en tant que contribuable, je devrais vous soutenir ?

– Eh bien, à peu près pour la même raison que ce pays a besoin d'un ministère de la Défense. Pourquoi en avez-vous besoin, en tant que contribuable ?

– Vraiment ? Sommes-nous en guerre en ce moment ?

– En ce moment précis, nous ne sommes en guerre avec personne. Mais en 2008 nous combattions. Le ministère de la Défense se battait en Géorgie. Nous, nous conduisons la guerre de l'information et, qui plus est, contre tout le monde occidental. Commencer à construire une arme seulement quand la guerre a déjà commencé est impossible. C'est la raison pour laquelle le ministère de la Défense ne combat personne en ce moment, mais est prêt à se battre. Tout comme nous. »

En résumé, s'il n'est pas possible d'être entendu lorsqu'on dit du bien de la Russie, autant essayer de l'être en dépréciant l'image de l'Europe et des États-Unis. À l'évidence, il existe un public pour cela, au cœur même de l'Occident.

L'audience de RT et de Sputnik en Europe, jusqu'à la suspension de leur diffusion, s'est concentrée pour l'essentiel sur les publics sensibles aux visions politiques de l'extrême droite et de l'extrême gauche, ainsi que sur la masse des conspirationnistes. Ces derniers dénoncent jour après jour d'innombrables complots imaginaires et soupçonnent les médias *mainstream* de participer à une grande manipulation fantasmée. Pourtant, ce n'est pas le moindre des paradoxes, ils ont foncé tête baissée dans les filets des médias affiliés au Kremlin. Il faut dire que le choix éditorial de RT et de Sputnik a longtemps « eu tout pour plaire », si l'on peut dire : Occupy Wall Street, Black Lives Matter, sécessionnisme catalan, violences antimigrants en Allemagne, Gilets jaunes en France, violences policières, aucun de ces thèmes n'a été inventé par Moscou, tous ont une existence réelle et méritent une couverture médiatique. Seulement, le traitement que leur réservent les médias d'État russes, fait de dramatisation, de systématisme et d'exagération, construit un récit univoque et décliniste : les sociétés occidentales démocratiques seraient fracturées, fragiles et inaptes à surmonter leurs tensions internes. De la même manière, il n'y aurait jamais rien de bon à attendre de l'Union européenne (dépeinte comme antidémocratique et inefficace) ou de l'Otan (le retrait d'Afghanistan a fait l'objet d'une large couverture qui a complaisamment insisté sur l'échec de l'Alliance atlantique, dans un pays où l'on se rappelle tout autant l'échec soviétique). RT a nié l'empoisonnement de Sergueï Skripal et de sa fille à Salisbury en 2018, celui d'Alexeï Navalny en Russie en 2020, ou félicité le dictateur biélorusse Loukachenko pour avoir détourné un avion européen de la compagnie Ryanair, qui effectuait un vol entre deux capitales européennes, Athènes et Helsinki, afin d'enlever un jeune blogueur biélorusse d'opposition, Roman Protassevitch et de le mettre en prison en mai 2021.

Rudy Reichstadt le rappelle dans *Franc-Tireur*[19] : la journaliste britannique Sara Firth a travaillé pour RT et en est partie en 2014, après avoir vu la façon dont la chaîne avait traité le crash du vol MH17, abattu par des séparatistes prorusses au Donbass : « J'ai vu comment nous étions en train de couvrir cette information. J'ai su que je devais partir. Il n'y avait aucun respect des faits. Nous avons diffusé des témoignages accusant le gouvernement ukrainien. » Il relève aussi qu'après les attentats terroristes qui ont endeuillé la France en 2015, RT Deutsch a donné la parole à un complotiste notoire, Christoph Hörstel, qui a accusé le président Hollande et la CIA de tirer profit des attentats. Même écho sur RT UK, où l'on entend que les attentats sont commis par des groupes « financés, armés et entraînés par les services secrets occidentaux » et que « Daesh est une création des États-Unis contre les États-nations qui résistent à l'hégémonie américaine et israélienne ». Les thèses complotistes mettant en doute l'origine des attentats du 11-Septembre trouvent aussi un accueil bienveillant sur RT. Pourtant, Alain Juillet, ancien directeur du renseignement et responsable de l'intelligence économique en France, est un invité régulier de RT, et n'hésite pas à faire route des années durant avec l'outil de propagande de la Russie de Poutine.

Dénoncer la ligne éditoriale et les mensonges de RT n'est pas sans risque, en tout cas celui de l'intimidation. Nicolas Tenzer, spécialiste en relations internationales, à la tête du site d'information Desk Russie, en a fait l'expérience, comme il en a témoigné dans *Le Monde*[20] : poursuivi en diffamation par RT, il demande instamment que les démocraties occidentales se dotent de législations adéquates pour lutter contre les « procédures-bâillons », le *slapping* (anglicisme et néologisme bâti sur l'acronyme de *strategic lawsuits against public participation,* « poursuites stratégiques contre la mobilisation publique »), utilisées par des acteurs étrangers pour essayer de museler ceux qui les exposent. Nicolas Tenzer a été poursuivi en justice pour deux tweets, par un organe de propagande qui n'a cessé de proférer de la désinformation volontaire. Il n'est pas le seul, et relève à juste titre qu'au Royaume-Uni, la journaliste d'investigation Catherine Belton, autrice de *Putin's People*[21], a été poursuivie ainsi que son éditeur par quatre oligarques et une société russes. Depuis un moment, le Parlement européen alerte contre ces procédures-bâillons uniquement destinées à faire taire les critiques de régimes peu regardants sur les droits de l'homme ou sur le droit tout court, mais qui se servent du droit des pays occidentaux et font de nos justices des instruments pour asseoir leur influence.

RT n'est pas qu'une seule chaîne, c'est aujourd'hui un réseau de chaînes internationales qui diffusent soit depuis Moscou, soit localement à travers le monde, dans une multitude de langues, une chaîne de production documentaire, une agence de vidéos à la demande, vingt-cinq bureaux dans dix-huit pays, six médias en ligne. En 2017, selon une enquête d'Ipsos, les chaînes de RT étaient regardées par 100 millions de personnes par semaine (davantage que la BBC, France 24 ou Deutsche Welle TV) et employaient 2 500 salariés. Même ordre de grandeur pour Sputnik (2 300 salariés), qui dispose de 31 sites. RT en France, jusqu'à sa suspension, c'étaient 136 employés, dont 70 journalistes. Un choix politique assumé : soutenir les souverainistes. Un autre, plus insidieux : couvrir les tensions au sein de la société française. Une vidéo sur cinq mises en ligne par RT France entre novembre 2018 et septembre 2019 concerne les Gilets jaunes[22]. Sur la même période, la couverture des manifestations à Hong Kong est neuf fois moins importante. Quant à traiter du mécontentement en Russie, il ne faudrait tout de même pas exagérer. Margarita Simonyan, elle, ne cache pas ce qui la motive : « Nous travaillons pour l'État, nous défendons notre patrie. [...] L'arme de l'information est une arme comme une autre[23] », déclare-t-elle. Le ministre de la Défense russe, Sergueï Choïgou, considère pour sa part RT comme « une composante des forces armées ». Au moins, c'est clair. Emmanuel Macron ne s'y était d'ailleurs pas trompé lorsqu'il avait dénoncé dès 2017, à Versailles, en présence de Vladimir Poutine, un « organe d'influence et de propagande ».

Le patriotisme n'est pas le seul moteur. La manipulation de l'information est aussi devenue une industrie florissante. Et comme toujours en Russie, un secteur économique porteur produit ses oligarques. Au premier rang de la filière *fake news*, Evgueni Prigojine. Arrêtons-nous un instant sur le portrait de cet acteur clé de la politique d'influence de Moscou. Il naît, en 1961, dans ce qui s'appelle encore Leningrad. On sait peu de choses de ses études, si ce n'est qu'il a dû fréquenter l'école du crime. Après une première condamnation à 18 ans pour vol, à 20 ans il écope de douze ans de colonie pénitentiaire pour un cocktail détonnant : vol à main armée en bande organisée, escroquerie, proxénétisme sur mineurs. Il est libéré en 1990, au moment où l'Union soviétique s'écroule. C'est l'occasion de redémarrer à zéro. Il se lance alors dans la restauration, d'abord modestement : il vend des hot-dogs. Le succès vient vite et voici celui que l'on va surnommer « le cuisinier de Poutine » à la tête d'une chaîne de fast-food. Il fonde aussi le premier casino de Saint-Pétersbourg.

Ce qui va tout changer dans la vie de Prigojine, c'est sa rencontre avec Vladimir Poutine, le nouveau maire de Saint-Pétersbourg. Très vite, en effet, il ne se contente plus de bouis-bouis bon marché. Voici un restaurant de luxe, dans l'ancienne Leningrad, où il invite l'ancien agent du KGB, alors que sa femme dirige dans la ville un magasin haut de gamme. Rapidement, une fois arrivé à la présidence, Poutine va favoriser Prigojine en lui octroyant de plus en plus de contrats publics. L'entreprise de l'ancien gangster assure ainsi la restauration de l'armée russe, des écoles de Moscou, puis celle du Kremlin. Voilà pour la vitrine.

Dans l'arrière-boutique, Prigojine se diversifie. On le sait aujourd'hui financier principal du groupe Wagner, cette nébuleuse de mercenaires qui agissent pour le compte de Moscou là où la Russie officielle ne veut pas laisser d'empreintes digitales. Crimée, Donbass, Libye, Syrie, Madagascar, Mozambique, Centrafrique, Mali : les hommes de Wagner se comptent par milliers, leurs victimes aussi. Viols, arrestations arbitraires, torture, déplacements forcés de population, exécutions sommaires, les mercenaires de Wagner enchaînent les crimes de guerre en toute impunité puisque, cynisme suprême, officiellement, en Russie, le groupe Wagner n'existe pas. Le groupe, qui n'a pas d'existence légale, qui n'est pas formellement dirigé par Prigojine, bénéficie toutefois des largesses et du soutien constant de l'État russe : base d'entraînement commune avec la direction générale du renseignement russe (GRU), soutien des services consulaires et de santé russes, logistique, transport... Quand Moscou se rapproche d'un pays où il souhaite étendre son influence ou dont il convoite les richesses, Wagner est là pour faire le sale boulot[24]. Et gare à ceux qui enquêtent sur les activités de cette holding de milices privées : en juillet 2018, trois journalistes russes sont morts en Centrafrique alors qu'ils faisaient des recherches sur les activités minières du groupe Wagner.

Le travail de Prigojine ne se limite pas à fournir des soldats de fortune pour servir les rêves impérialistes de Moscou. Car ces rêves, on l'a vu, ne consistent pas seulement à reconquérir l'influence perdue de l'ex-Union soviétique, même si ce moteur-là est puissant. Ce que cherche Vladimir Poutine, c'est faire reculer l'Occident, le faire sortir de l'arrière-cour de la Russie, lui faire céder du terrain là où il est encore présent en dehors de ses frontières, et discréditer, affaiblir, combattre un modèle démocratique qui dérange l'autoritarisme du Kremlin. Là encore, Prigojine est un allié précieux. Sorti de ses fourneaux ou de ses activités paramilitaires, il préside aux destinées de l'Agenstvo Internet Issledovany, plus connue sous sa dénomination anglaise : l'Internet Research Agency (IRA), navire amiral des usines à trolls russes qui inondent Internet de désinformation à base de commentaires et de contenus destinés à s'immiscer dans la vie politique et le débat public des pays cibles.

C'est en Ukraine qu'il s'est fait la main en assurant la coordination des attaques médiatiques contre le mouvement Euromaïdan de 2014. Mais c'est aux États-Unis qu'il donne toute sa mesure en jouant un rôle de premier plan dans l'ingérence russe dans la campagne présidentielle de 2016 : les employés de l'IRA multiplient les faux messages de soutien à Donald Trump. Le FBI poursuit Prigojine et propose 250 000 dollars à quiconque aidera à l'arrêter. Il figure parmi les treize Russes inculpés le 16 février 2018 par le procureur spécial américain Robert Mueller, chargé de l'enquête sur les soupçons d'ingérence russe durant la campagne présidentielle. Prigojine dément et tente, dans une lettre pour une fois officielle, envoyée au FBI en mars 2021 et rendue publique, d'épaissir le rideau de fumée le concernant : « De toute évidence, le FBI déforme les faits et utilise des procédés frauduleux. C'est une situation amusante : les fraudeurs essaient frauduleusement de m'accuser de fraude, moi qui suis clair comme de l'eau de roche. » Il réclame même pas moins de 50 milliards de dollars de compensations aux États-Unis pour ce qu'il estime être des poursuites injustifiées.

L'élection présidentielle russe de 2018 est, pour Prigojine, l'occasion de rendre à nouveau service à Vladimir Poutine en mettant en œuvre sur les réseaux sociaux une violente campagne de dénigrement qui vise le candidat communiste Pavel Groudinine. Il s'en prend également à Alexeï Navalny, avec d'autant plus de virulence que, dans son combat contre la corruption, Navalny a ciblé l'entreprise de restauration collective de Prigojine, Concord, en l'accusant d'avoir livré de la nourriture frelatée aux cantines des écoles de Moscou.

Les activités de désinformation de Prigojine à l'étranger reprennent et visent désormais l'influence de la France en Afrique, en particulier là où le groupe Wagner est présent ou souhaite s'implanter. À Bangui, les campagnes de dénigrement se succèdent et, au Sahel, les thèses complotistes accusant les soldats de Barkhane de livrer des armes aux djihadistes, qu'ils sont pourtant venus combattre, instillent le poison du soupçon auprès de populations qui ne savent plus à qui se fier, et subissent les assauts des groupes armés. Les dirigeants sahéliens ne condamnent et ne contredisent que mollement ces opérations de désinformation pourtant délétères. Au fond, elles les arrangent quand elles permettent de détourner l'exaspération populaire dont ils sont ou risquent d'être la cible. Le sentiment antifrançais est ainsi cultivé avec constance par les réseaux de Prigojine, qui s'appuient sur quelques activistes arrivistes prêts à crier « À bas la France, vive la Russie » du moment que cela rapporte.

Aujourd'hui, sur le plan médiatique, les activités de Prigojine sont rassemblées autour d'un groupe, Patriot, composé de onze médias directement dépendants de lui et de 130 médias partenaires[25]. La manipulation de l'information figure au cœur du système. Ainsi, l'agence de presse RIA FAN est-elle dirigée par un des responsables de l'IRA. Elle produit des contenus prêts à être diffusés. Un exemple, au hasard ? L'image du motard burkinabé brandissant un drapeau russe juste après le coup d'État qui a renversé le président Kaboré, diffusée à tout va par RIA FAN. Radio Lengo Songo en Centrafrique ? Dans la galaxie Prigojine.

Mais il n'y a pas que les médias qui comptent pour le cuisinier du Kremlin. Dans sa holding de l'ingérence, il a récemment ajouté une nouvelle corde à son arc, comme l'ont signalé *Le Monde*[26] et *Marianne*[27] : la FBI. L'acronyme ne laisse rien au hasard, puisque la police fédérale américaine poursuit et offre une forte récompense pour toute information menant à l'arrestation d'Evgueni Prigojine. Mais il s'agit cette fois de la Foundation to Battle Injustice, une fausse ONG montée par le champion des fermes à trolls pour fourrer une fois de plus le nez de Moscou dans les affaires des démocraties. Son fonds de commerce officiel est tout à fait présentable : à en croire ses promoteurs, il s'agirait de « financer une campagne informationnelle sur le sujet de la violence policière », dénoncer « l'arbitraire juridique » ainsi que les « persécutions politiques ». En Russie, il y aurait de quoi faire. Mais c'est aux États-Unis et en France que « la FBI » entend opérer car « c'est dans les pays occidentaux, notamment aux États-Unis, que les droits de l'homme et les libertés sont le plus souvent violés ». Pour Nicolas Quénel, qui a interrogé des experts des opérations d'influence, le rôle d'Evgueni Prigojine dans cette « FBI » ne fait aucun doute. Son nom figure sur le site de l'ONG bidon, qui fait l'éloge d'un « philanthrope [...] honnête et responsable ». Les États-Unis sont une cible de choix. Ainsi, « la FBI » met en avant une « victime de l'arbitraire américain », Oksana Vovk, *alias* Mira Terada, dont il n'est pas explicitement dit qu'elle a été poursuivie pour trafic de drogue, mais documente aussi d'autres victimes plus réelles, en particulier afro-américaines, de violences policières. En France, le site de « la FBI » affiche une liste de quatorze cas médiatiques dont la fausse ONG prétend s'occuper. On y trouve Adama Traoré ou Steve Maia Caniço. Elle assure également travailler avec Amnesty International, qui dément pourtant toute forme de coopération. L'objectif de « la FBI » reste en tout cas le même que celui des autres opérations d'influence russes : pourrir le débat public des pays démocratiques et montrer au public russe l'Occident comme un lieu où police et justice ne seraient que des outils de la violence d'État. Rien à envier à la Russie, en quelque sorte. La fausse ONG contacte ainsi des victimes de violences policières, ou bien leurs avocats, des ONG ou des journalistes qui enquêtent sur le sujet, et leur promet soutien, visibilité et financements. Au-delà, quiconque se considère victime d'une injustice peut tenter sa chance. Enfin pas tout à fait tout le monde. Priorité est donnée à ceux qui servent les intérêts russes. J'ignore si c'est lié, mais il a suffi que j'enquête depuis près de deux ans sur les ingérences étrangères dans nos démocraties pour que le réseau Prigojine s'intéresse à moi et cherche à me nuire, en mobilisant « sa » FBI. Je le prends comme un hommage, en tout cas un encouragement à poursuivre mes efforts.

Aujourd'hui pourtant, la Russie est confrontée à un défi de taille, celui de toucher la jeunesse. RT et Sputnik n'y suffisant pas, d'autres excroissances des médias d'État russes ont été mises au point : Ruptly et sa filiale Makkick Media, basées à Berlin, produisent du contenu en ligne en anglais, comme In The Now ou Soapbox. Ruptly est cependant liée à RT et a été dirigée jusqu'en 2017 par l'actuelle directrice de RT France, Xenia Fedorova. Le monde de la propagande russe est décidément petit. Dans le domaine des contenus destinés aux jeunes, on trouve aussi Wasted et Redfish, qui allient sujets de société et d'actualité. La Russie est aussi de plus en plus présente sur TikTok et avait investi Instagram avant que le réseau ne lui ferme ses portes. Nous reviendrons plus loin dans ce livre sur les méthodes employées, qui changent en permanence. Écrire sur les fermes à trolls en 2022 relève presque de l'Histoire, tant l'arsenal de la guerre informationnelle évolue vite. Ce qui reste constant en revanche, c'est la double obsession du régime de Vladimir Poutine : ramener dans son giron les brebis ex-soviétiques égarées et combattre la démocratie. Moscou demeure le champion toutes catégories en matière d'ingérence. Il n'est pas le seul.

2

La Chine

« Peu importe qu'ils me haïssent, pourvu qu'ils me craignent. »

CICÉRON

En Chine, la tradition de la propagande est au moins aussi vieille que le maoïsme. Il s'agit même d'une mission consubstantielle au Parti communiste chinois (PCC) depuis sa conquête du pouvoir. Les actions de propagande ont ainsi été déployées au fil des décennies, à usage interne autant qu'externe. Dans un pays où la vie politique n'existe pas en dehors des rivalités internes au PCC, pas plus que le pluralisme des médias, l'information ne sert à rien d'autre qu'à maîtriser l'image des dirigeants auprès de la population et de la Chine auprès du monde extérieur. Le département de la Propagande du PCC a donc la charge de contrôler étroitement les médias d'État, tandis qu'à l'international, un vaste réseau de diffuseurs et d'opérateurs agit sous la tutelle à la fois du Bureau de l'information du ministère des Affaires étrangères et du département du Travail du Front uni, qui dépend directement du Comité central du PCC. On peut ajouter à cela qu'à l'étranger, les diasporas chinoises constituent une cible prioritaire, autant comme relais d'influence utiles à encourager que comme foyers potentiels de dissidence à surveiller.

Tel est le décor, depuis des décennies. Cependant, ces dernières années, le ton a changé.

Un nationalisme beaucoup plus marqué se développe en parallèle d'une concentration du pouvoir dans les mains de Xi Jinping. Voilà la Chine décidée à mener une politique étrangère assertive et de moins en moins encline à une quelconque ouverture démocratique. Immanquablement, une telle évolution entre en conflit avec des pays démocratiques qui n'étaient jusque-là pour Pékin que des partenaires commerciaux indispensables et des pourvoyeurs de technologie bienvenus.

Ajoutons à cela la répression de plus en plus brutale contre les minorités. Le Tibet en a déjà souffert, mais le pouvoir de Xi Jinping s'en prend désormais violemment aux Ouïghours du Xinjiang, ramène par la force Hong Kong sous sa coupe et menace Taïwan. Il est loin le temps où la plus grande audace occidentale consistait à se demander s'il fallait recevoir ou non le dalaï-lama, de manière officielle ou non officielle. Aujourd'hui, nos opinions publiques ne savent plus où donner de la tête quand il s'agit des atteintes aux droits de l'homme en Chine. Or en face, Pékin n'est plus le pays en développement prêt à subir des critiques pourvu que le commerce et les investissements continuent. Le PCC détient désormais des moyens humains, techniques et financiers colossaux pour contrer ses détracteurs et imposer son propre récit.

En matière de politique étrangère, ce récit a un but : faire croire que la Chine se contente de résister à des provocations extérieures, quitte à brouiller les pistes. En mer de Chine par exemple, les revendications chinoises sont à la fois vagues et considérables. En pratique, comme le relève François Godement, un des meilleurs sinologues français, il est difficile d'identifier ce que Pékin n'y revendique pas. Malgré un nombre toujours croissant d'incidents territoriaux, notamment avec le Vietnam, Pékin entretient le flou et évite de laisser les traces d'un engagement militaire formel au sens strict. Récemment, lors d'une confrontation avec l'Inde au Ladakh, alors même que, pour une fois, nul ne peut nier que c'est l'Armée populaire de libération qui en a pris l'initiative, les militaires chinois ont fait usage de couteaux et de bâtons, en évitant soigneusement les armes à feu... Ainsi, Pékin peut répéter à l'envi qu'elle ne « tire jamais en premier », selon la formule consacrée, et continuer à montrer du doigt l'agressivité supposée des États-Unis et de leurs alliés.

La doctrine militaire de l'Armée populaire de libération distingue trois types de guerres qui peuvent être menées par des moyens non militaires : la guerre de l'opinion publique via les médias, la guerre psychologique contre les adversaires et le *lawfare* (usage stratégique et intéressé du droit sur l'échiquier international) pour affaiblir l'ennemi. Dorénavant, Pékin tire sur les trois leviers, en même temps.

Au centre du dispositif figure le Front uni, un des piliers du régime chinois. Il est organisé en douze départements, qui visent douze types de cibles différentes :

les partis politiques minoritaires, des individus sans affiliation politique, les intellectuels, les minorités ethniques, les religions, les entreprises privées, les travailleurs urbains, les étudiants à l'étranger et ceux qui sont rentrés, Hong Kong et Macao, Taïwan, le Xinjiang, la diaspora. Le Front uni a, en effet, pour mission première d'identifier et de sérier les personnes et les organisations en fonction de leurs positions et de leur utilité pour le PCC, de les mobiliser en soutien aux objectifs du parti, en rassemblant des informations, en diffusant un récit contrôlé et, si nécessaire, en exerçant une forme de coercition. L'objectif premier est de lutter contre les « cinq poisons » qui inquiètent la Chine : la dissidence politique – en réalité : le jeu politique démocratique –, à Hong Kong en particulier, le mouvement du Falun Gong, l'indépendantisme taïwanais, les autonomismes tibétain et ouïghour. Ainsi, à l'automne 2019, Pékin lance une campagne acharnée de dénigrement contre les manifestants de Hong Kong. D'innombrables comptes chinois sur les réseaux sociaux dénoncent un prétendu saccage de la ville par les manifestants, ou relayent l'infox selon laquelle ils offriraient une prime allant jusqu'à 2,5 millions de dollars à quiconque tuerait un officier de police. C'est probablement à partir de cette date que la Chine bascule dans les campagnes de désinformation de masse en ligne, prenant exemple sur les méthodes russes.

Tout de suite après, le démarrage de la pandémie de la Covid plonge Pékin dans une deuxième crise, comme le relève Jake Wallis, analyste au pôle de recherche et de veille cyber de l'ASPI, l'institut australien de politique stratégique, en juin 2020 dans *The Strategist*. Confronté à un risque de troubles économiques et sociaux internes, le régime ne peut pas prendre le risque supplémentaire que la pandémie ait un impact négatif sur ses aspirations géopolitiques. À partir de ce moment et dans une forme de précipitation, les vagues de désinformation et les opérations d'influence parties de Chine s'accélèrent et mobilisent à la fois l'appareil diplomatique traditionnel, les médias d'État et les réseaux sociaux. Recours aux trolls, aux bots, aux publicités politiques, aux médias conspirationnistes, attaques systématiques contre les médias *mainstream* étrangers, tout est bon.

Les recettes russes sont revues à la sauce chinoise. Avec une particularité, la diplomatie agressive, que Pékin va développer avec autant de brutalité que d'assurance, sans pour autant qu'elle soit efficace : ainsi, les porte-parole du Wai Jiao Bu (le ministère chinois des Affaires étrangères), Zhao Lijian et Hua Chunying, rompent avec les usages diplomatiques traditionnels et, via Twitter, reprennent des sites ouvertement complotistes comme globalresearch.ca ou thegrayzone.com. L'un et l'autre diffusent en outre une fausse vidéo, qui fera le tour du Net, et qui montre des Italiens en train de chanter en remerciement pour l'aide médicale chinoise, au moment où l'Europe est accusée d'avoir laissé tomber ce pays sévèrement frappé par la Covid.

En réalité, tout ce qui touche à la Covid en Chine oscille entre goût du secret et désinformation. Cela commence par le retard pris à rendre publique l'émergence de l'épidémie dans le pays, ses symptômes exacts et son origine, quitte à imposer le silence à tous les lanceurs d'alerte. Encore aujourd'hui, la Chine maintient une politique de secret délibérée sur l'ampleur de la pandémie et de ses conséquences : arrivée des différents variants, nouvelles contaminations, effets réels du confinement très strict qui s'étend à travers le pays... On sait seulement que des dizaines de millions d'habitants ont été contraints par la force de rester chez eux. On constate, même si les statistiques chinoises manquent de fiabilité, un essoufflement très net de la croissance depuis le dernier trimestre 2021. Le nombre officiel de morts de la Covid, 5 000 environ en mai 2022, n'a aucune vraisemblance. Alors que les États-Unis, beaucoup moins peuplés, déclarent un million de décès, le taux de mortalité chinois serait 800 fois inférieur au taux américain. Qui peut le croire ? Pourtant, ces chiffres ont été très rarement mis en cause et beaucoup d'analystes ont salué l'efficacité du modèle chinois de lutte anti-Covid. En réalité, Pékin a cessé de reporter sérieusement le nombre de décès depuis deux ans, ce qui oblige les comparaisons internationales à laisser la Chine de côté. En novembre 2020, une étude universitaire compare 22 pays et exclut la République populaire. En janvier 2021, une autre étude couvre 77 pays et cherche à nouveau à obtenir les statistiques chinoises. Comme le décrit George Calhoun dans *Forbes*[1], pour la Chine, les adresses mail ne fonctionnaient pas et renvoyaient un message automatique : « Nous sommes désolés de vous informer que nous ne disposons pas des données que vous demandez. » L'étude de juillet 2021 du *Journal of the American Medical Association* couvre 67 pays, mais rien sur la Chine. En septembre 2021, la Chine est le seul territoire au monde avec le Groenland et le Sahara occidental à ne fournir aucune donnée.

Et naturellement, on se souvient de la disparition des données du laboratoire de l'institut de virologie de Wuhan comme de l'obstruction opposée à l'OMS. D'après les statistiques officielles chinoises, le Hubei, où se situe Wuhan, rassemble 97 % des morts de la Covid. Toutes les morts décomptées au Hubei auraient eu lieu entre le 1er janvier et le 31 mars 2020. Ensuite, plus de données.

Il est donc impossible de mesurer l'efficacité du modèle chinois de confinement et de zéro Covid sur la santé de la population. Il y a à cela une raison politique : Xi Jinping a accolé son nom à cette politique, au point qu'elle est quasiment devenue un dogme. Elle ne peut donc pas échouer, encore moins au moment où il se représente pour un nouveau mandat. Donc silence.

De son côté, *The Economist* a tenté de modéliser la propagation de l'épidémie en Chine et considère que le pays sous-estimerait le nombre de morts de la Covid de 17 000 %. D'après ces calculs, les victimes chinoises de la pandémie avoisineraient 1,7 million de personnes.

Or la destruction des données ou leur caractère inaccessible ne sont pas seulement un problème pour Pékin mais pour le monde entier. Cela déforme notre compréhension de la pandémie, de ses effets et de la meilleure manière d'y répondre.

Mais la propagande chinoise va plus loin. Au-delà du « Circulez, il n'y a rien à voir », appliqué à la Covid en Chine, elle s'emploie à reporter la faute et la critique sur d'autres. C'est là qu'on retrouve Zhao Lijian, un des porte-parole du ministère chinois des Affaires étrangères, son goût pour Twitter et pour la provocation. Le voilà qui affirme en mars 2020 que l'origine du virus est américaine et que le gouvernement des États-Unis tente de le cacher. « Connaît-on le patient zéro aux États-Unis ? De quand date-t-il ? Combien de personnes a-t-il contaminées ? Il est possible que ce soient les États-Unis qui aient importé la Covid à Wuhan. Soyez transparents ! Publiez vos données ! Les États-Unis nous doivent une explication ! » La diplomatie du loup guerrier vient de naître, elle va connaître une période florissante – à défaut de rencontrer les succès escomptés.

Toutes les institutions sont mises à contribution. Le 10 août 2021, un groupe de think-tanks chinois désignent les États-Unis comme un « pays en échec » et les soupçonnent d'être à l'origine de la pandémie. Leur rapport s'intitule « *America Ranked First ?!: The Truth About America's Fight Against Covid-19* ». Il s'en prend aux efforts de l'administration américaine, estimant que sa politique de prévention et de contrôle de la pandémie, ainsi que les mesures sanitaires décidées, sont prises « en dépit de la science et du bon sens » et expliquent l'échec des États-Unis. Quant aux enquêtes américaines sur l'origine de la maladie, elles ne sont que du « terrorisme sur le traçage du virus ».

Pendant ce temps, Pékin dissémine des récits conspirationnistes au sujet de l'origine du coronavirus. Selon un article publié en mars 2020 par *Le Quotidien du peuple* (*Peoples Daily*, organe de propagande officiel du Comité central du PCC), le patient zéro de la Covid serait un soldat américain ayant séjourné à Wuhan. La même thèse revient sur YouTube et des forums de discussion, qui font allusion à une opération de guerre bactériologique. Très vite, les projecteurs chinois sont braqués sur Fort Detrick, un site de recherche militaire américain situé dans le Maryland et qui fait l'objet de fantasmes complotistes depuis déjà quatre décennies. Les accusations s'accélèrent à partir de mai 2021, au moment où le président Joe Biden annonce son intention de relancer l'enquête sur l'origine du virus : mille contenus sont alors diffusés par des responsables officiels chinois entre mai et octobre 2021 pour jeter le soupçon sur Fort Detrick, exploitant ce qu'on appelle un « *data void* », c'est-à-dire un sujet encore peu traité sur Internet qui permet de saturer rapidement les moteurs de recherche avec des contenus controversés sans risque d'être confronté à des opinions différentes. Le 11 août 2021, l'ambassade de Suisse à Pékin est obligée de dénoncer l'invention de toutes pièces du personnage d'un biologiste suisse, Wilson Edwards, dont les prétendus travaux sont repris en masse par les médias chinois. Il aurait publié sur les origines de la Covid et, bien sûr, nié une origine chinoise. Problème : il n'a jamais existé. Facebook a ainsi dû fermer 500 comptes qui propageaient cette absurdité. Au moment où la Chine s'inquiète que l'OMS demande à effectuer une véritable enquête de terrain, la propagande redouble. « Si elle est réellement indépendante, l'OMS doit exiger que Washington ouvre les portes de son laboratoire P4 de Fort Detrick », martèle par exemple le *Global Times*, média ultranationaliste proche du pouvoir. Les ambassades de Chine à l'étranger relaient. Les loups guerriers sont lâchés.

J'ai tenté d'interroger l'ambassadeur de Chine à Bruxelles, auditionné au Parlement européen le 21 septembre 2020, sur cette nouvelle pratique, agressive, de la diplomatie publique, qui n'a pas épargné la France puisque son collègue parisien avait également pris notre pays pour cible, s'attirant une convocation au Quai d'Orsay. Voici ce que je lui ai dit :

« Monsieur l'Ambassadeur,

« Votre ambassade s'est plainte que la Chine était victime de désinformation s'agissant de la pandémie de la Covid. Il y a donc un point sur lequel nous sommes d'accord, et je m'en réjouis, c'est que la désinformation, tout comme la propagande agressive, n'ont pas leur place entre des pays qui se disent attachés à poursuivre un partenariat mutuellement bénéfique.

« C'est pourquoi je voudrais rappeler brièvement quelques outrances, que je ne qualifierais pas de dérapages, puisqu'elles ont donné le sentiment d'être parfaitement synchronisées et nullement improvisées, auxquelles la diplomatie chinoise s'est laissée entraîner. À plusieurs reprises, votre diplomatie s'est permis des déclarations qui n'ont aucun rapport ni avec la diplomatie, ni avec la vérité. Je cite quelques exemples : le site de l'ambassade de Chine en France a osé écrire, entre autres, que "les personnels soignants des maisons de retraite ont abandonné leurs postes du jour au lendemain, ont déserté collectivement, laissant mourir leurs pensionnaires de faim et de maladie". Malgré des protestations innombrables, il n'y a eu aucune excuse publique. Au contraire, la même ambassade n'a cessé de dénigrer l'Europe, jugeant son attitude face à la pandémie, "irresponsable et agressive", sans jamais saluer l'aide massive et rapide que l'Union européenne a fournie à la Chine. La même ambassade a aussi asséné que certains en Occident "perdaient confiance dans la démocratie libérale" et "devenaient psychologiquement fragiles".

« Alors je voudrais vous rassurer, Monsieur l'Ambassadeur : dans cette pièce, il y a des Européens qui croient profondément dans leur système démocratique et qui sont psychologiquement en pleine forme. Dans cette pièce, il n'y a aucun ennemi de la Chine, mais des Européens qui demandent à être respectés et qui dénonceront sans jamais se laisser intimider toutes les tentatives de désinformation et de propagande agressive dont ils feront l'objet. Le pays d'où je viens a été l'un des tout premiers pays occidentaux à reconnaître la Chine populaire, l'année même de ma naissance. Mon pays n'a pas changé d'avis, mais aujourd'hui, c'est le comportement de la Chine que je ne reconnais pas. »

Parmi les diplomates « loups guerriers », la compétition est féroce pour attirer l'attention et les bonnes grâces du pouvoir chinois. En Inde, le consul général à Calcutta, Zha Liyou, n'a pas manqué d'imagination lorsqu'il a assuré sur Twitter que la Covid-19 avait pu être importée en Chine depuis les États-Unis via une cargaison de langoustes du Maine atterries sur le marché aux poissons de Wuhan en novembre 2019. En Suède, l'ambassadeur Gui Congyou s'est montré tellement odieux qu'il a été convoqué par le ministère des Affaires étrangères suédois quarante fois en deux ans. Parmi ses innombrables dérapages, il a comparé la Suède à un boxeur poids léger et la Chine à un poids lourd. « Le poids léger n'écoute rien, continue à provoquer et débarque de force dans la maison du poids lourd. Qu'est-ce que le poids lourd va faire, à votre avis ? » Des journalistes suédois écrivant sur la Chine se sont plaints de leur côté d'avoir été filés dans les rues de Stockholm. L'agression, sans doute fabriquée, en septembre 2018 d'un touriste chinois a trouvé un écho phénoménal dans la presse chinoise et a été suivie d'un avertissement du ministère des Affaires étrangères à Pékin aux touristes qui souhaiteraient se rendre en Suède… Qu'a fait la Suède pour mériter cela ? Défendre bec et ongles la démocratie et les droits de l'homme, constituer un rival à Huawei en matière de 5G, accorder l'asile à des Tibétains, des Ouïghours et des membres du Falun Gong ? Sans doute un peu de tout cela. Pékin n'a pas pris de gants, mais mal lui en a pris. L'image de la Chine s'est effondrée en Suède, Stockholm a été la première capitale à fermer son institut Confucius, le jumelage entre Göteborg et Shanghai a pris fin et Huawei, comme ZTE, ont été interdits.

L'ambassadeur de Chine en Suède n'a rien d'un cas isolé. Dans une note interne, l'administration chinoise propose en effet de cibler « les démocraties constitutionnelles occidentales », les droits de l'homme, l'indépendance des médias, la participation de la société civile et les autres valeurs fondatrices de ces démocraties. Un rapport de l'Institut de recherche stratégique de l'École militaire (IRSEM) relève qu'entre mars 2019 et mars 2020, le nombre de comptes Twitter d'ambassades, de consulats et d'ambassadeurs chinois à travers le monde a crû de 250 %[2]. Le nombre de leurs abonnés augmente en outre de manière tellement rapide (fois vingt en vingt-quatre heures) qu'il est permis de douter de leur authenticité. Les loups guerriers opèrent 449 comptes sur Twitter et sur Facebook. Entre juin 2020 et février 2021, ils ont posté 950 000 contenus[3]. Pourtant, l'agressivité des diplomates chinois tend plutôt à desservir leur cause et à les isoler. Mais Pékin a d'autres leviers. À commencer par l'audiovisuel public.

Attention, quand il s'agit de la Chine, les chiffres donnent facilement le vertige. En 2013, Pékin contrôlait 3 000 chaînes de télévision publique, 150 chaînes de télévision payante, 2 500 stations de radio, 2 000 journaux, 10 000 magazines, plus de trois millions de sites Internet[4]. En 2016, le régime chinois crée China Global Television Network (CGTN), qui va devenir un instrument de propagande d'une puissance exceptionnelle. En langue anglaise, le *China Daily* et le *Global Times* sont les organes officiels les plus diffusés. Le *Global Times* est à la fois un relais des loups guerriers, l'instrument d'un homme en particulier, son rédacteur en chef, l'inamovible et combatif Hu Xijin, propagateur de fausses nouvelles peu regardant. En 2009, Pékin annonçait consacrer 6,5 milliards de dollars pour mettre à niveau ses médias officiels. En comparaison, les États-Unis en dépensent par an 700 millions pour des diffusions médias internationales. En 2020, la Chine a dépensé 60 millions de dollars aux États-Unis pour promouvoir son image, à travers notamment la filiale américaine de CGTN et le *China Daily*, d'après l'association OpenSecrets.

Les médias officiels chinois s'efforcent d'adapter leur discours à un public international auquel ils sont en général peu habitués. Ainsi, en juin 2021, le patron de China Media Group, qui rassemble les médias d'État CRI et CGTN, a déclaré vouloir cibler la jeunesse via un nouveau « studio d'influenceurs », et chercher à mettre en place des contenus sur mesure en fonction des différents auditoires plutôt qu'une approche « prêt-à-porter » qui n'a pas forcément donné tous ses fruits. L'agence de presse Xinhua s'est essayée à l'humour en diffusant sur Twitter une vidéo intitulée « Mourir de rire peut attendre » où un agent secret, James Pond, cherche sans les trouver les preuves de l'espionnage international de la Chine et ne trouve que celles de la CIA. L'effort est poussif, le résultat peu convaincant.

Mais les médias d'État chinois présentent un point faible : bien connus des États étrangers dans lesquels ils opèrent, ils font l'objet d'une vigilance particulière. Ainsi, CGTN a perdu son autorisation de diffusion au

Royaume-Uni en février 2021, sur décision du régulateur britannique, après avoir enfreint la réglementation en diffusant une vidéo de confessions forcées. Il a tout de même fallu une campagne de militants des droits humains pour aboutir à cette décision. CGTN s'est alors engouffrée dans une brèche du système réglementaire français et diffuse désormais depuis notre territoire. Les proches de victimes de confessions forcées se sont à nouveau mobilisés et ont saisi l'Autorité de régulation de la communication audiovisuelle et numérique (ARCOM) en même temps qu'ils portaient plainte en France contre CGTN en raison d'interviews contraintes d'enfants ouïghours. Treize personnalités chinoises et étrangères, « victimes de confessions forcées diffusées par les télévisions chinoises », ont également saisi Eutelsat, l'opérateur européen de satellites, pour lui demander de reconsidérer sa décision de diffuser les chaînes publiques chinoises, par une lettre ouverte portée par l'ONG Safeguard Defenders.

C'est pourquoi la Chine communiste investit désormais également dans des médias privés. Le 30 juillet 2021, Sinopsis, le département de sinologie de l'université Charles de Prague a publié une étude de Filip Jirouš et Petra Ševčíková consacrée à China News Service (CNS), la deuxième agence de presse chinoise, qui domine l'information en langue chinoise à l'étranger et en particulier en Europe. CNS s'adresse à un réseau de médias en principe privés et destinés aux diasporas chinoises qui aident à diffuser la propagande officielle de Pékin. Parfois, CNS ne se contente pas de diffuser ses dépêches, mais possède ou finance en sous-main ces médias officiellement privés. En Europe, on peut citer Cina in Italia, ou bien la coopération instaurée en Espagne entre l'agence de presse espagnole EFE et Ouhua News, qui reprend clairement la propagande du PCC chinois. En France, Nouvelles d'Europe est le plus important groupe de presse à destination de la diaspora en Europe et s'appuie également sur une maison d'édition, Horizon Oriental. En Belgique, c'est Capital News qui essaye de toucher à la fois la diaspora chinoise et les décideurs belges. Parfois, ces réseaux se réveillent et s'activent. Cela a été le cas lorsque le président du Sénat tchèque s'est rendu en visite à Taïwan en 2020. Il a fait l'objet d'une violente campagne de dénigrement au travers de la déclinaison suisse de CNS.

Nous voici donc un peu plus loin de la propagande classique et un peu plus près des opérations d'influence déguisées. Sans surprise, la Chine a pris goût aux techniques russes les plus éprouvées et recourt, elle aussi, aux trolls, aux bots et à toutes les formes de faux comptes possibles sur les réseaux sociaux. Elle ne prend guère de peine pour masquer ses méthodes. Ainsi, dès que Zhao Lijian, le porte-parole du Wai Jiao Bu, a relayé pour la première fois une fausse information sur l'origine prétendument américaine du virus de la Covid, en mars 2020, le nombre de ses *followers* a été multiplié par vingt dans les jours qui ont suivi. Il est permis de douter du caractère naturel de cette progression, comme du nombre de *likes* affiché par des comptes de CGTN, qui n'a pas, mais alors vraiment pas assez d'abonnés pour cela. La plateforme d'analyse des données de l'ASPI, Unitracker, a relevé des schémas inhabituels dans les retweets de comptes Twitter diplomatiques chinois à de nombreuses reprises. Une étude du Digital Forensic Center a identifié un réseau de faux comptes en croissance rapide qui félicitaient tous la Chine pour son aide médicale à la Serbie en contraste avec la réponse apportée par l'Union européenne[5]. Une étude similaire est arrivée à des résultats comparables sur les réseaux sociaux italiens, y compris le gonflement artificiel de l'audience du compte officiel de l'ambassade de Chine à Rome. Dans une autre étude, le média en ligne *ProPublica* a repéré plus de 10 000 faux comptes Twitter diffusant des messages de propagande chinois.

Naturellement, Taïwan est la cible régulière des attaques de Pékin : désinformation, cyberattaques, ingérence, capture des élites, la République populaire n'épargne aucun moyen pour tenter d'affaiblir son voisin et lui livrer une véritable guerre psychologique, en particulier à chaque élection et de manière de plus en plus intense depuis 2018. La Chine mobilise ses trolls, des soutiens du PCC mais aussi des youtubeurs taïwanais qui, contre espèces sonnantes et trébuchantes, acceptent de diffuser des contenus biaisés, émotionnels et orientés. Que Pékin échoue à chaque fois, voire de plus en plus, à influer sur le cours de la démocratie taïwanaise ne paraît pas décourager ses efforts, bien au contraire. Ils parviennent tout juste à semer le trouble, mais c'est sans doute déjà une victoire pour Pékin. Une étude sur les élections taïwanaises de 2020 conclut que près de la moitié des électeurs avaient une vision confuse des programmes des candidats en raison de la multitude des opérations de manipulation de l'information[6]. Le parallèle avec l'Ukraine saute aux yeux et il a de quoi effrayer : d'année en année, Pékin juge de plus en plus insupportable l'expérience démocratique réussie de Taïwan à ses portes, et accroît la menace militaire. Selon que nous parviendrons ou non à empêcher la Russie de vaincre en Ukraine, le sort de Taïwan sera très différent. Nul doute que la Chine observe avec minutie la manière dont nous réagissons aujourd'hui pour calibrer ses actions de demain.

Ailleurs dans le monde, Pékin ne cache pas son intérêt pour l'accès aux matières premières et le contrôle des routes commerciales stratégiques nécessaires au bon fonctionnement de son appareil productif. Prêts, investissements, partenariats, nouvelle route de la soie : l'emprise chinoise sur un nombre croissant de pays est aujourd'hui bien mesurée. Ce qui l'est moins, c'est le type de services que la Chine rend depuis des années, qui l'installent souvent au cœur du système de décision de pays souverains. Un rapport du think-tank américain Heritage Foundation, paru en 2020, relève que la Chine a bâti 1 865 bâtiments gouvernementaux en Afrique depuis 1966, dont 24 résidences de chefs d'État, 26 parlements et 19 ministères des Affaires étrangères. Hua Wei et ZTE ont construit 14 réseaux de télécommunications gouvernementales sensibles[7]. En janvier 2018, une enquête du

Monde a révélé que le siège de l'Union africaine (UA) à Addis-Abeba, construit par une entreprise chinoise, avait été truffé de micros et les systèmes informatiques dotés de backdoors systématiques[8]. Chaque nuit, les données recueillies au siège de l'UA étaient envoyées sur un serveur à Shanghai.

C'est aussi au travers des organisations internationales, en particulier du système onusien, que la Chine exerce son influence. Quoi de plus normal, en effet, que le pays le plus peuplé du monde soit bien représenté dans les institutions clés du multilatéralisme ? La question se pose toutefois lorsque la présence de Pékin vise à siniser les normes internationales et passe par un noyautage en règle des organisations qui les définissent et qui les mettent en œuvre. Beaucoup a déjà été dit sur l'OMS, sur Tedros Adhanom Ghebreyesus, son directeur général, et sur l'influence de la Chine dans cette organisation. Sans doute ne sait-on pas encore tout et découvrira-t-on au fil du temps à quel point Pékin a investi pour assurer son influence au sein de l'OMS et quelles conséquences cette présence massive peut avoir sur la capacité de l'organisation onusienne à tenir tête à la Chine sur les enjeux de santé, en particulier s'agissant de la Covid. Le rapport de l'IRSEM déjà cité relève la variété des efforts déployés par Pékin pour s'assurer de son influence dans un nombre toujours croissant d'organisations internationales. Aucun pays ne dispose d'autant de postes de direction dans les agences onusiennes. La Chine en dirige en effet quatre à l'été 2021 ; l'Organisation des Nations unies pour le développement industriel (ONUDI), l'Organisation pour l'alimentation et l'agriculture (FAO), l'Organisation de l'aviation civile internationale (OACI) et l'Union internationale des télécommunications (UIT). Le Conseil économique et social de l'ONU (ECOSOC) est aujourd'hui considéré comme « chinois ». Aucun autre pays n'oserait y nommer un ressortissant qui affirme sans ambages, comme le fit l'un des responsables chinois, que « les intérêts nationaux chinois prévalent naturellement ». Force est de constater qu'en raison du barrage imposé par l'ECOSOC, dont le Comité sur les ONG décide *de facto* de la présence des organisations représentatives des sociétés civiles à l'ONU, et par le Conseil des droits de l'homme, au sein duquel un Chinois siège au comité consultatif qui choisit les experts, les ONG qui défendent les droits de l'homme ou les droits des minorités en Chine se voient empêchées d'accéder à des forums onusiens. À l'ONUDI, qu'un ancien vice-ministre chinois des Affaires étrangères a dirigé de 2013 à 2021, les liens avec Huawei sont étroits, comme à l'UIT, et la nouvelle route de la soie est régulièrement saluée avec déférence. Pékin a aussi la main lourde à la FAO, à l'OACI, à l'UIT, au Conseil des droits de l'homme ou à Interpol. Autre objectif régulièrement atteint par la Chine dans les organisations internationales : la marginalisation de Taïwan, décidée et poursuivie sans débat ni transparence.

Je m'en voudrais de passer sous silence le contrôle des diasporas chinoises à l'étranger (40 à 60 millions de personnes à en croire les chiffres officiels chinois,

10 millions d'après des sources officielles américaines), enjeu majeur pour la République populaire de Chine. Le département du Travail et du Front uni est de plus en plus présent au sein des ambassades de Chine et cherche à créer un écosystème favorable aux intérêts de Pékin dans les communautés chinoises à l'étranger, par le biais d'une kyrielle d'associations qui lui sont liées. Le Front uni peut ainsi apporter une aide financière à des entrepreneurs chinois de la diaspora, mais également identifier les meilleurs vecteurs pour diffuser sa propagande ou poursuivre les voix qui expriment des critiques vis-à-vis de Pékin.

Les premiers pays où le Front uni s'est mobilisé massivement sont l'Australie, qui s'en est émue, et le Canada, qui a également réagi. En janvier 2022, un tribunal fédéral canadien a jugé l'une des branches du Front uni, le Bureau des affaires des Chinois d'outremer, comme engagé dans des activités d'espionnage contraires aux intérêts du Canada. Le juge s'est appuyé sur l'administration de l'immigration du Canada, pour qui « la nature des interactions entre le Bureau des affaires des Chinois d'outremer et la diaspora chinoise, les informations rassemblées et l'usage qui peut être fait de ces informations relèvent d'activités clandestines ». Le département de la Justice américain a, quant à lui, poursuivi cinq agents chinois pour avoir surveillé, harcelé et espionné des personnes résidant aux États-Unis. On note aujourd'hui des efforts, de moindre ampleur, en Europe, notamment en Norvège, où un ancien espion chinois d'origine ouïghoure qui s'y est réfugié fait l'objet d'un harcèlement des autorités chinoises. Leur message est clair : « Quel que soit l'endroit où tu peux voir la lune, nous te trouverons. »

Le harcèlement des Chinois de l'étranger se poursuit également en ligne. En mars 2021, Facebook a révélé qu'un collectif de hackers, connu sous les noms de Evil Eye et Earth Empusa, basé en Chine, utilisait de faux comptes pour cibler les Ouïghours hors de Chine. Le groupe paraissait doté de moyens significatifs lui permettant d'être constamment présent en ligne, ce qui fait penser qu'il s'agit d'une entreprise soutenue par les autorités chinoises.

On aura aussi en tête que l'aide médicale de la Chine à des pays étrangers pour faire face à la Covid n'est pas venue sans contrepartie. Fin 2020, Pékin a retardé une livraison significative de vaccins à la Turquie. Au même moment, la Chine faisait pression sur Ankara pour faciliter la déportation des Ouïghours qui avaient trouvé refuge sur son sol. Les deux pays ont nié qu'il y ait un lien entre l'un et l'autre, mais le doute subsiste. Au Pakistan, l'ex-Premier ministre Imran Khan, interrogé sur la cause ouïghoure, dont on se serait attendu qu'il la défende, s'est borné à une réponse laconique : « Nous acceptons la version chinoise de la situation[9]. » L'Arabie saoudite, les Émirats arabes unis et l'Égypte sont réputés avoir arrêté, détenu et déporté des Ouïghours. La journaliste Anne Applebaum décrit le processus dans un article de grande qualité publié par *The Atlantic* : « Pour les autocrates et les régimes tentés par l'autoritarisme à travers le monde, les Chinois offrent un package qui ressemble à ça : acceptez de suivre la ligne de la Chine sur Hong Kong, le Tibet, les Ouïghours et les droits de l'homme plus largement. Achetez des équipements de surveillance chinois. Acceptez des investissements chinois massifs, de préférence dans des entreprises que vous contrôlez personnellement ou qui peuvent au moins vous payer un dessous-de-table. Et là, asseyez-vous et détendez-vous, sachant que quelle que soit la mauvaise image que vous avez dans la communauté internationale des défenseurs des droits de l'homme, vous et vos amis vous maintiendrez au pouvoir[10]. »

Reste à comprendre quel rapport entretiennent entre elles l'ingérence russe et l'ingérence chinoise. Évoluent-elles en parallèle, rivalisent-elles ou composent-elles l'une avec l'autre ? On a longtemps vu la Chine essayer de copier la désinformation russe. Il semble aujourd'hui que ce soit Moscou qui s'inspire de Pékin pour clore l'accès de sa population à l'information libre et accentuer son contrôle social. Plus largement, les experts débattent à l'infini de la question de savoir si la Chine a choisi oui ou non de s'allier avec la Russie. Souvent, en tout cas en Europe, on ne veut pas y croire, on préfère la méthode Coué : l'axe Moscou-Pékin serait fragile, une véritable alliance ne serait ni dans l'intérêt de Moscou, aux prises à trop gros pour lui, ni dans celui de Pékin, la course folle de Vladimir Poutine et son aventurisme guerrier ne faisant pas les affaires du géant économique et commercial chinois. Ce raisonnement nous rassure car il nous ressemble. Pourtant, le 4 février dernier, la Russie et la

Chine ont publié une déclaration conjointe promettant un partenariat « sans limites » et « supérieur aux alliances politiques et militaires de la guerre froide ».

Sur le front de la propagande en tout cas, la Chine a déjà choisi son camp, celui de la Russie. Depuis plusieurs années, les médias chinois reprennent des contenus de RT et de Sputnik sur la Syrie, l'Afrique ou même sur les tensions en mer de Chine. Aujourd'hui, alors que la Chine officielle prétend rester à distance de la guerre d'Ukraine et au moment où des médias russes sont bloqués en Europe, Pékin a bel et bien pris parti en relayant pour l'amplifier la désinformation prorusse. NewsGuard, une organisation qui traque la propagande en ligne, a publié un rapport, début mai 2022, alertant sur l'impact des acteurs de la propagande chinoise en ligne en faveur des thèses russes concernant l'Ukraine[11]. Par exemple, l'agence officielle Xinhua, qui emploie l'expression « opération spéciale » pour qualifier l'invasion de l'Ukraine comme le font les médias russes, a affirmé que les États-Unis avaient mené en Ukraine des expériences sur des chauves-souris. On voit bien l'idée, l'esprit et le sous-entendu, et on voit bien pourquoi une telle fable conviendrait autant à Pékin qu'à Moscou. Précédemment, les médias chinois avaient repris l'accusation russe en vertu de laquelle l'Ukraine aurait abrité des laboratoires d'armes bactériologiques américains, affirmé que l'armée russe ne portait pas de responsabilité dans le massacre de civils à Boutcha ou dans le bombardement d'une maternité à Marioupol. Vu de Pékin, tout est simple : les Ukrainiens sont des nazis, il n'y a pas de guerre mais les Russes sont des héros. Et tout est la faute des États-Unis et de l'Otan. Dans tous les cas, la propagande russe est reprise mot pour mot et amplement relayée. Au moment où RT et Sputnik sont interdits de diffusion en Europe, la Chine, dont les médias officiels sont déjà bien implantés (la page Facebook de CGTN en anglais a 117 millions d'abonnés, en français 20 millions, *China Daily* 104 millions et *The Global Times* 67 millions), prend donc le relais. Aujourd'hui, d'après NewsGuard, 77 % des vidéos diffusées sur YouTube et contenant de la désinformation viennent de médias d'État chinois. Les trois quarts.

En décembre 2021, après le sommet pour la démocratie organisé par Joe Biden, le discours chinois est monté d'un cran et a montré les autorités de Pékin sous un nouveau jour : « La démocratie est devenue depuis longtemps une arme de destruction massive utilisée par les États-Unis pour s'ingérer dans les autres pays », affirme un communiqué du porte-parole du Wai Jiao Bu, le ministère chinois des Affaires étrangères. Comme Moscou, Pékin s'inquiète des « révolutions de couleur ». Comme la Russie, la Chine veut « s'opposer résolument à toutes sortes de pseudo-démocraties ».

La Chine dispose de moyens colossaux qui menacent de faire entrer la manipulation de l'information dans sa deuxième révolution industrielle. Restent pourtant, pour Moscou comme pour Pékin, des éléments de faiblesse intrinsèques que tous les moyens du monde ne pourront pas contrer. Pour la Russie, les atrocités commises en

Ukraine ont réduit à néant des années de propagande sourde à son profit. L'exercice de la force brute a ruiné le *soft power* de Moscou en quelques semaines. Pour la Chine, les ratés de la politique zéro Covid mettent à mal le récit d'un pays autoritaire mais efficace, tandis que la méconnaissance de la psychologie des opinions publiques étrangères limite l'impact de ses opérations de propagande. Rarement l'image de la Chine n'a été aussi mauvaise qu'aujourd'hui. Mais le régime de Pékin considère que le temps joue pour lui et ne cherche plus forcément à séduire. Comme le rappelle le rapport de l'IRSEM, les dirigeants chinois ont sans doute lu Machiavel : « Il est plus sûr d'être craint que d'être aimé. »

3

La Turquie

> « Ce que je dis trois fois est absolument vrai. »
>
> Lewis Carroll, *La Chasse au Snark.*

Depuis plusieurs années, la Turquie de Recep Tayyip Erdoğan a rejoint le vaste club des pays soucieux de diffuser largement leur message politique à l'étranger, mais aussi celui, plus restreint, des régimes qui n'hésitent pas à recourir à la désinformation comme à l'ingérence pour parvenir à leurs objectifs. Information orientée ou manipulée, déformation des faits, influence sur les diasporas turques... C'est un dispositif délibéré qui est à l'œuvre et qui s'inspire des expériences russe, iranienne et chinoise. Son impact est de plus en plus sensible. Ses cibles : les audiences de culture musulmane en Europe et au Maghreb.

Que cherche le régime d'Ankara ? Tout d'abord à défendre ses positions, comme tout pays le ferait à sa place, même si – surtout si – la politique étrangère de Recep Tayyip Erdoğan n'est pas tout à fait celle de ses alliés de l'Otan : Méditerranée orientale, Chypre, Libye, Syrie, Caucase, peuple kurde, relations avec la Russie, les dissonances avec l'Europe et les États-Unis sont légion. Si Ankara veut éviter les reproches et les remontrances de ses partenaires occidentaux, il lui faut travailler leurs opinions publiques.

Vient ensuite le choix d'une posture victimaire, recyclage d'un « complexe de Sèvres[1] » en vertu duquel la Turquie aurait été humiliée après la Première Guerre mondiale et chercherait légitimement à retrouver sa grandeur passée. Le parallèle est éclairant entre le narratif d'Ankara et celui de Moscou (la Russie humiliée après l'effondrement de l'Union soviétique) ou de Pékin (le souvenir cuisant des traités inégaux imposés à la Chine). Ce type de récit présente un double avantage pour celui qui le pratique : il nourrit la fibre nationaliste de l'opinion publique intérieure, indispensable pour continuer à faire accepter un régime politique autoritaire ; il impose en outre à ses interlocuteurs occidentaux une culpabilité héritée du passé qui justifierait de les prendre pour cible.

À cela s'ajoute la difficulté des autorités turques à assumer leur responsabilité dans la suspension *de facto* des négociations d'adhésion à l'Union européenne. Ankara ne veut pas reconnaître que ce sont ses propres dérives politiques - en particulier la répression et les atteintes aux droits humains - qui l'éloignent de l'Union européenne. Il est donc commode pour le régime d'Erdoğan de rejeter la faute sur les réticences de l'Europe, qui sont réelles, et d'en faire un prétexte pour se montrer peu coopératif.

Depuis le coup d'État avorté de 2016, une autre obsession, un autre prétexte, hante le régime de Recep Tayyip Erdoğan : traquer et confondre les gülénistes[2], terme générique commode qui permet d'essayer de faire taire toute critique, en Turquie ou à l'étranger. Surveiller la diaspora, l'encourager au vote conservateur dans les élections turques, donner des consignes de vote dans les pays où elle est installée ne fait pas peur au Parti de la justice et du développement (AKP) d'Erdoğan et à ceux qui en sont proches. Ce qui rejoint la définition exacte de l'ingérence.

Au-delà, le régime d'Ankara rêve d'étendre le « modèle turc » et sa synthèse islamo-nationaliste au reste du monde sunnite. Pour cela, l'AKP au pouvoir cajole le sud de la Méditerranée - quitte à se réconcilier avec l'Égypte - séduit en Afrique subsaharienne et en Asie centrale, prend fait et cause pour le Hamas à Gaza, les Rohingyas en Birmanie, mais s'implique assez peu en soutien des Ouïghours en Chine, de crainte de s'aliéner la Chine.

Le régime d'Ankara va plus loin et s'attaque à des pays comme la France, à la fois en raison du nombre de Français de confession ou de culture musulmane, mais aussi parce que les valeurs de laïcité sur lesquelles repose le modèle français se situent à des années-lumière des choix opérés par les autorités turques. Par son attachement à la démocratie et au droit de croire ou de ne pas croire, la France représente le contraire de la Turquie islamiste et autoritaire, qui la prend pour cible à chaque occasion. En octobre 2020, après l'assassinat de Samuel Paty, Recep Tayyip Erdoğan s'en prend ainsi violemment à Emmanuel Macron et à son combat contre le séparatisme islamiste, mettant en doute sa « santé mentale » et l'invitant à « se faire soigner ». Un an plus tard, il récidive lors de l'examen de la loi sur le séparatisme, qu'il qualifie de « coup de guillotine contre la démocratie ».

C'est là que l'attitude de la Turquie dévie et dérape par rapport aux politiques d'influence classiques. Il faut imposer un récit, s'immiscer dans le débat national des pays qui y résistent, si nécessaire intimider, parfois insulter...

On a vu proliférer en France, et ailleurs en Europe, les Loups gris, ces représentants d'une organisation ultranationaliste et ultraviolente, à l'origine de massacres en Turquie mais aussi de la tentative d'assassinat du pape Jean-Paul II en 1981. Armés, liés à la pègre turque, ils ont malgré tout réussi à s'implanter en Europe, où ils sont prompts à s'en prendre aux Kurdes ou aux Arméniens. On les retrouve en Autriche, en Suède, aux Pays-Bas, en Belgique, en Allemagne et en France. Ils paraissent jouir d'une impunité troublante en Turquie même. En France, ils n'ont cessé d'opérer des actions violentes contre des cibles d'origine arménienne, tout en s'efforçant de pénétrer la vie politique locale en fondant au moins un parti (Parti égalité et justice) et en faisant partie dès l'origine du Conseil pour la justice, l'égalité et la paix (COJEP), une « ONG » utilisée par l'AKP, le parti au pouvoir à Ankara, pour peser sur le débat politique français. Le gouvernement français a dissous le mouvement des Loups gris à la suite d'affrontements violents avec des membres de la communauté arménienne près de Lyon en 2020. Ses membres restent cependant présents sur le territoire français. Il serait temps, et le Parlement européen l'a demandé, que l'ensemble des États européens interdisent les associations liées aux Loups gris en Europe.

Plus largement, il n'est pas facile de critiquer le président Erdoğan en France, comme *Le Point* en a fait l'expérience. En 2018, l'hebdomadaire fait sa une sur « le dictateur ». Le président turc n'apprécie pas, le dit publiquement. Des partisans de l'AKP en France arrachent les affiches du *Point* et menacent les kiosquiers. Un an plus tard, le magazine récidive et titre « L'éradicateur », en référence aux actions de la Turquie en Syrie. Erdoğan porte plainte contre le magazine.

Le président turc, ses ministres, ses parlementaires et les responsables de l'AKP n'hésitent pourtant pas à se mêler au débat national français. Ils sont relayés par de hauts fonctionnaires turcs zélés, des think-tanks et des intellectuels du régime, telle Hilal Kaplan, qui affirme être régulièrement mal traitée en France à cause de son voile.

Les médias d'État turcs ne sont pas en reste, qu'il s'agisse de la chaîne d'État TRT ou de l'agence de presse Anadolu. La désinformation ne leur fait pas peur : en mars 2020, Anadolu a ainsi largement relayé une infox prétendant qu'une femme avait été poignardée en France parce qu'elle portait le voile. En avril, c'est l'affirmation que des médecins français envisageraient de tester un vaccin contre la Covid sur des « cobayes » africains qui fait le tour des médias turcs. En septembre 2021, l'agence publie un long texte en français dont le titre affiche la couleur, celle d'une critique directe de la laïcité à la française : « Le gouvernement français met en danger la laïcité en se perdant dans sa définition. » On y lit que l'interdiction des signes ostentatoires à l'école, votée en 2004, « a mis la laïcité à rude épreuve » et qu'elle subit « d'énormes pressions de la part des partisans d'une laïcité excluante qui ne laisse place à aucune diversité ». Plutôt qu'une dépêche d'agence, on est face à un tract militant. Et on nage en pleine ingérence.

D'autres médias « alternatifs », le site medyaturk.info, violemment hostile au monde occidental, ou Media France TV, diffusent chez nous une vision turque inamicale à l'endroit de notre pays.

C'est donc avec une certaine inquiétude qu'on apprend, début avril 2022, l'ouverture d'un site en français du réseau étatique TRT, qui veut devenir tout simplement « une plateforme incontournable du paysage médiatique français ». Sa devise, « Vérité, objectivité, originalité », paraît séduisante. La chaîne flirte toutefois avec le néocomplotisme et la réinformation quand elle annonce vouloir « exposer ce qui reste dans l'ombre » et présenter « le monde comme vous aimeriez le voir ».

Il ne fait pas bon non plus être Kurde et habiter en Europe, comme ma collègue Evin Incir, une députée européenne social-démocrate suédoise, en a fait l'expérience. C'est avec une rare violence que les nationalistes turcs s'en prennent à elle, l'accusant d'être un relais du Parti des travailleurs du Kurdistan (PKK) en Europe, ce que rien ne corrobore et qu'elle conteste fermement. Sans scrupule, l'extrême droite suédoise reprend à son compte les accusations formulées par Ankara.

La Turquie s'inspire, en outre, des méthodes déjà testées par la Russie et par la Chine. En juin 2020, sur les 32 000 comptes que Twitter suspend et qui sont liés à des États, 7 340 sont turcs. Il y a donc de faux comptes. Mais il en existe aussi des vrais et une kyrielle d'influenceurs proturcs s'emploient à passer des messages. Vis-à-vis de la France, ils sont peu amènes : ils critiquent la politique africaine de Paris, un compte Twitter (@leon_mrt) fort de plus de 100 000 *followers* ayant, par exemple, twitté sur le sujet plus de dix fois par jour pendant les premiers mois de 2022. En contrepoint, les mêmes influenceurs vantent les succès de la diplomatie turque en Afrique. Les influenceurs proturcs poursuivent le procès en islamophobie intenté à la France et plus largement à l'Occident, comme le fait le compte Twitter TR Diplomacy, souvent relayé par des bots. Ces mêmes influenceurs ont largement contribué à propager des appels au boycott des produits français après l'assassinat de Samuel Paty et le discours de fermeté des autorités françaises vis-à-vis du séparatisme islamiste. Fin octobre 2020, ces messages atteignaient un volume quotidien supérieur à 40 000. Pourtant, Erdoğan avait déclaré que « Twitter est la pire menace pour la société », quand il y avait été pris à partie. Il a manifestement changé d'avis.

La Turquie utilise aussi un canal nouveau, même s'il est marginal, mais auquel elle donne une forte visibilité : celui des Français musulmans, maghrébins ou africains d'origine, à moins qu'il ne s'agisse de convertis, qui quittent la France pour trouver un pays conforme à leurs attentes en Turquie. C'est le cas par exemple de Davut Paşa, converti et ancien responsable du Collectif contre l'islamophobie en France (CCIF)[3] en Alsace où il était imam dans une mosquée de la Diyanet[4] et qui appelle sur son compte à la hijra[5] en Turquie, tout en critiquant la France de façon virulente. Il se dit « étranger dans son propre pays ». En tout, une dizaine d'influenceurs français, souvent d'origine maghrébine, mettent en scène sur la Toile leur expatriation heureuse en Turquie. Les profils sont-ils réels ou inventés de toutes pièces ? On y voit l'archétype de l'entrepreneur pieux qui vante sa réussite. On trouve aussi Zia, Franco-Tunisienne de 25 ans, installée à Istanbul et dont la chaîne YouTube rassemble 40 000 abonnés, ou bien Fodil Mahani, passé de Dubaï à Antalya, 70 000 abonnés sur YouTube.

D'une manière générale, les Français musulmans, qu'ils soient d'origine turque ou non, sont une cible de choix pour la stratégie d'influence turque. Recep Tayyip Erdoğan l'a déclaré lui-même à Paris en 2018 : « Les musulmans de France sont sous ma protection. Ceux qui vous touchent me touchent. » À l'époque, le défunt Conseil français du culte musulman est d'ailleurs présidé par un Franco-Turc, Ahmet Ogras, dont la proximité avec le président Erdoğan ne fait pas de doute, tout comme son hostilité déclarée à la reconnaissance du génocide arménien. Homme d'affaires sans aucune formation théologique, il est d'abord propulsé à la tête du Comité de coordination des musulmans turcs de France en 2011, avec l'appui de l'ambassade de Turquie en France. Il est considéré comme le contact privilégié de l'AKP dans notre pays.

La Turquie s'appuie sur une nébuleuse d'associations, d'écoles et de mosquées liées à la Diyanet, l'administration turque en charge des affaires religieuses. Le pays est en outre le premier fournisseur d'imams détachés, 150 en moyenne, soit plus que ceux d'Algérie et du Maroc pris ensemble. D'autres vecteurs d'influence relèvent d'un *soft power* classique : football, séries turques, musique, nourriture halal.

En lien avec le régime turc se côtoient donc les tenants d'un islam identitaire (ex-CCIF, Des Dômes & des Minarets, Marwan Muhammad), des universitaires sensibles à cette vision de la religion musulmane (François Burgat), des footballeurs engagés en faveur d'un islam assertif (Jacques Faty) ou des personnages populaires comme le comédien Omar Sy, actif contre les violences policières, contre les discriminations, mais qui a aussi relayé, sans doute de bonne foi, le hashtag « Erdoğan avec les Rohingyas ». La Turquie s'essaye, avec un certain succès, à aimanter une « islamosphère » française.

Les thèmes de prédilection sont à la fois traditionnels et plus actuels. Parmi les premiers, la négation du génocide arménien et l'hostilité au PKK tiennent la corde. Plus récente, la dénonciation de l'islamophobie, qui veille à mettre en exergue tout incident impliquant un musulman et à dénoncer un prétendu « deux poids, deux mesures » des réactions des autorités. Les médias et les relais d'influence turcs ont ainsi largement soutenu le comité Adama, en référence à Adama Traoré. La laïcité française fait l'objet d'attaques régulières. Les caricatures de *Charlie Hebdo* réveillent une dénonciation systématique du « blasphème envers le Prophète ». La lutte contre le séparatisme est contestée et dénigrée, présentée comme une initiative hostile à l'islam. Les attaques violentes se multiplient contre les partisans d'un islam de France qui se libérerait du contrôle extérieur de l'islam « consulaire » (où la Turquie joue un rôle important).

Ankara et ses relais diffusent, en outre, la thèse d'un « racisme d'État » propice à encourager toutes les formes de discrimination. Les autorités turques dressent un parallèle entre les discriminations rencontrées par certains musulmans en Europe et le fait que la Turquie resterait à la porte de l'Union européenne, victime supposée, elle aussi, d'une forme de discrimination.

Ainsi, le 3 mai 2022, au Parlement européen à Strasbourg, le COJEP International accueillait une conférence consacrée à l'islamophobie en France[6], où s'est exprimé Elias d'Imzalène, qui appelle à « l'émancipation des musulmans ». Fondateur du site Islam&Info, « l'info par le musulman pour le musulman », sa page Facebook est suivie par plus de 50 000 abonnés. Ce militant salafiste n'est pas précisément un modéré. Il critique « cette horrible école laïque qui doit être abandonnée », milite contre la mixité, pour la création de banques et d'une monnaie communautaires, dénonce « l'islamophobie d'État », la « répression coloniale de la police » et en appelle à « l'élaboration d'une théologie de la résistance au pouvoir du pays ». Il déteste l'extrême droite, qui le lui rend bien – pourtant, il est un de leurs épouvantails préférés, tant il représente la caricature de l'islam qu'ils aiment à propager.

Qu'un profil de ce type soit invité au Parlement européen n'est pas anodin. Qu'il le soit par le COJEP encore moins. Le COJEP International lui a d'ailleurs accolé François Burgat, islamologue mentionné plus haut, et Feïza Ben Mohamed. Cette étoile montante est à la fois la correspondante en France de l'agence officielle de presse turque Anadolu France, mais aussi une proche du CCIF désormais dissout et une candidate malheureuse aux législatives en 2017 en France, frappée d'une inéligibilité de trois ans pour ne pas avoir déposé son compte de campagne. Le compagnonnage entre Feïza Ben Mohamed et la Turquie est ancien, bien qu'elle s'en défende, et le soutien d'Ankara à l'ex-CCIF également. Mais qu'est-ce au juste que le COJEP ? ONG présente dans quatorze pays d'Europe, sa raison d'être est de « lutter contre toutes les formes de racisme, de xénophobie, de violence, d'intolérance et de discrimination », tout en plaidant pour... l'adhésion de la Turquie à l'Union européenne, contre la reconnaissance du génocide arménien, contre les « terroristes kurdes », et en chantant les louanges du président Erdoğan. Son siège est à Strasbourg, mais on la trouve partout : auprès de l'Union européenne, du Conseil de l'Europe, de l'Organisation pour la sécurité et la coopération en Europe (OSCE), dans les universités où elle propose son aide aux étudiants précaires... Derrière une vitrine de respectabilité, quelques faits liés au COJEP font sursauter. Son ancien vice-président, Veysel Filiz, proche des Loups gris, un temps diplomate turc, a profité de son poste à l'ambassade de Turquie à Bruxelles pour surveiller et menacer des opposants à l'AKP et la Belgique l'a désigné *persona non grata*. Il était ensuite devenu porte-parole d'une autre association islamiste proturque, EMISCO, où on l'a vu prendre parti pour un militant condamné en Grèce pour antisémitisme, puis dénoncer « l'islamophobie du gouvernement Macron » ou relayer l'appel du régime turc au boycott de la France. Sa brillante carrière a connu un passage à vide lorsqu'il a été arrêté à la frontière bulgare en possession de 100 kilos d'héroïne.

Autre thème de prédilection de l'ingérence turque, comme de l'ingérence russe en France, chaque incident susceptible d'être qualifié de « violence policière » est amplifié et exploité. Le discours turc revient aussi fréquemment sur l'accusation de « colonialisme » dirigée contre la France, qu'il s'agisse de l'Algérie, de l'Afrique subsaharienne ou de la Libye. Les personnalités engagées dans la tentative d'organisation d'un islam de France sont décrites comme « des néo-harkis de l'islam ».

Certes, ces débats agitent la société française et ne sont pas nés en dehors de nos frontières. Mais l'empressement avec lequel les autorités et toute la chaîne des officiels et des proches du régime de l'AKP y participent, l'attisent et l'enveniment, relève clairement d'une forme d'ingérence « décomplexée ». D'autant plus que le Parti (politique) égalité et justice, proche de l'AKP au pouvoir à Ankara, vise la diaspora turque et plus largement les musulmans français. Aux législatives de 2017, il a présenté une soixantaine de candidats. Il prône la suppression des lois qui encadrent le port du foulard islamique, dénonce l'islamophobie - encore elle - rejette l'assimilation et la dépravation des mœurs françaises, et promeut le communautarisme. Que ce débat ait lieu en France, personne ne l'ignore. Qu'il soit encouragé par un ou plusieurs pays étrangers ne peut pas nous laisser indifférents.

La France n'est pas seule à faire l'objet de toutes les attentions de la Turquie. La Bulgarie s'en est émue, car le pays abrite une minorité turque et soupçonne Ankara et l'AKP de s'intéresser de trop près à ses électeurs ainsi qu'aux partis qui les représentent. « La Bulgarie attend des institutions turques qu'elles s'abstiennent catégoriquement d'actions de propagande et de messages politiques liés au processus électoral dans notre pays pendant le second tour des élections présidentielles », a dû réclamer le gouvernement bulgare en novembre 2021[7]. L'Allemagne, qui accueille la plus importante diaspora turque en Europe, est une cible à la fois privilégiée et consentante, qui hésite toujours à hausser le ton en dépit ou à cause des attaques sporadiques dont elle est l'objet, Angela Merkel ayant déjà été traitée de nazie par le président Erdoğan. Les Pays-Bas ont montré plus de fermeté en interdisant un meeting électoral de l'AKP en 2017 sur leur sol. La réunion, à laquelle participait le ministre turc des Affaires étrangères, Mevlüt Çavuşoğlu, a été délocalisée. À Metz.

Depuis des années, des meetings similaires se sont tenus en France. En 2015, Erdoğan lui-même était venu au Zénith de Strasbourg s'adresser à 15 000 militants, hommes d'un côté, femmes de l'autre, officiellement contre le terrorisme, en réalité un mois avant les élections législatives en Turquie. Le choix de Strasbourg ne doit rien au hasard. On a déjà vu que la ville abrite le siège du COJEP. Le Grand Est rassemble de très nombreux Français d'origine turque et Strasbourg permet en outre de rayonner vers l'Allemagne voisine. Strasbourg est aussi le siège du Millî Görüş en France. Cette organisation politico-religieuse turque est exclusivement destinée à un public européen. Elle gère plus de 500 mosquées en Europe, plus de 70 en France. C'est un relais incontestable de l'AKP et de l'islamisme turc en France, qui s'appuie sur plusieurs dizaines de milliers de membres. À Strasbourg, son projet de construire la plus grande mosquée d'Europe, la mosquée Eyyûb Sultan, a avancé sans bruit jusqu'à ce qu'en 2021, la décision prise par la nouvelle maire de la ville de lui attribuer une subvention de plusieurs millions d'euros ait suscité une réaction défavorable du ministre de l'Intérieur. Ce choix est, en effet, intervenu au moment même où le Millî Görüş refusait de signer la charte des principes de l'islam de France. L'association a finalement retiré sa demande de subvention.

Dernier exemple, mais la liste est déjà longue, les ELCO, c'est-à-dire les « enseignements langue et culture d'origine ». Créés dans les années 1970, réformés en 2021, ils prévoient que les enseignants en charge soient nommés et dépêchés par les pays d'origine. Autant dire que les idées politiques, philosophiques et religieuses de ces enseignants sont parfois très éloignées des conceptions universalistes et laïques françaises. C'est notamment le cas pour les enseignants turcs désignés par Ankara.

La France a choisi de réformer le système des enseignants et celui des imams détachés. Elle a mis en garde Ankara contre la tentation d'intervenir dans les élections françaises. L'élection présidentielle de 2022 vient de s'achever. Il est encore trop tôt pour savoir si Recep Tayyip Erdoğan a ou non diffusé des consignes de vote. Ce que l'on sait toutefois, c'est qu'il est en mesure de le faire. C'est, au sens propre, un risque d'ingérence et, comme tel, il doit être connu, mesuré et combattu.

Sans aucun doute possible, le réseau d'influence du régime islamo-conservateur de Recep Tayyip Erdoğan est à la fois puissant et actif en Europe, notamment dans notre pays. En 2021, Emmanuel Macron n'a pas hésité à percer l'abcès en exigeant publiquement des « clarifications » et en évoquant des « ingérences ». « Évidemment, il y aura des tentatives d'ingérence pour la prochaine élection. C'est écrit et les menaces ne sont pas voilées[8]. »

Directeur d'études à l'EHESS, Hamit Bozarslan est l'auteur d'un ouvrage passionnant paru en 2021[9]. Il y décrit comment la Russie, l'Iran et la Turquie, en dépit de leurs différences et de leurs désaccords, roulent dans la même direction, celle de l'affaiblissement des démocraties à l'extérieur de leurs frontières, tant leurs dirigeants, au fond, se ressemblent, comme le résume parfaitement la revue *Esprit*[10] : culte d'un chef infaillible investi d'une « mission historique », « pureté » de la nation trop longtemps humiliée et volonté de revanche face à l'Occident, démocrate et corrupteur, volonté de venger les frustrations des empires et de dominer le monde, utilisation du fait religieux, mise en place d'une réalité alternative sur laquelle les faits n'ont pas d'effet. La politique intérieure et la politique extérieure constituent un seul front et la violence à l'extérieur des frontières est légitime.

Ne pas voir ces points communs, ne pas comprendre que, pour se maintenir au pouvoir, les dirigeants turcs ont des recettes comparables aux recettes russes et une hostilité marquée vis-à-vis du fait démocratique comme des pays qui l'incarnent, c'est sous-estimer un risque, s'aveugler sur une menace qui exige au contraire une parfaite lucidité de notre part et une volonté claire de ne pas nous laisser manipuler.

4

Les dieux sont tombés sur la tête

« Le XXIe siècle sera spirituel
ou ne sera pas. »

Cette phrase attribuée à Malraux ne figure dans aucune de ses œuvres. Elle demeure pourtant, comme un hommage à son talent prophétique sans doute, mais aussi comme un effort pour mettre de la raison dans ce qui n'en a guère : l'instrumentalisation forcenée du fait religieux comme idéologie alternative depuis le début de notre siècle. C'est à cela que nous assistons, c'est cela que nous subissons. Et s'il est une ingérence qui se joue des frontières, c'est bien celle-ci.

Dans les méandres de la mondialisation, le religieux a trouvé sa place. Quoi de moins national en effet qu'une foi qui unit des centaines de millions de croyants, quoi de plus exportable et de moins résistible ? Le religieux reprend le dessus alors qu'on avait cru au triomphe du matérialisme, de l'individualisme et du séculier dans nos sociétés comme dans nos modes de vie. Sans doute occupe-t-il un espace laissé vacant dans le vide de la pensée. Quelle idéologie fait encore vibrer les foules et battre les cœurs ? Aucune. Quelle philosophie nous confronte au monde d'aujourd'hui en nous aidant à le comprendre ? Pas une seule.

Pourtant un constat s'impose : loin de chercher à rassembler, nombre de discours et de pratiques religieuses ont eu tendance à se radicaliser et encouragent bien trop souvent la division plutôt que l'unité, le combat plutôt que la concorde. Les radicaux de toute obédience tiennent le haut du pavé et saturent l'espace du débat public mondial. Qu'en dire ? Ce n'est pas l'objet de ce livre. Si j'en parle ici, c'est pour décrire et chercher à comprendre comment ces mouvements religieux radicaux tentent d'imposer leurs vues en se défiant des frontières et des cultures, dans une démarche d'ingérence continue et souvent dangereuse.

Par où commencer ? Par l'office du dimanche matin à l'église de Toutes-les-Nations de Colorado Springs, aux États-Unis, décrit en détail par le *New York Times*[1]. Le journal s'étonne que des prêcheurs évangélistes continuent à contester la victoire de Joe Biden à l'élection de 2020. Je comprends l'émotion de la presse américaine, mais ce sont d'autres propos qui me frappent et m'inquiètent. « Je crois que Dieu est en train de pousser le monde vers un moment décisif », déclare le prédicateur, William J. Federer, qui a aussi essayé, sans succès, de se faire élire au Congrès sous l'étiquette républicaine. Il poursuit : « Ô surprise, un état d'esprit anti-chrétien a été libéré à travers le pays et à travers le monde. » Voilà qui va plus loin que la seule politique intérieure, même si le simple fait qu'un nombre significatif de pasteurs évangélistes continuent à prétendre que Donald Trump s'est fait voler la victoire, versent dans le conspirationnisme et menacent le fonctionnement démocratique, pose évidemment problème. Mais c'est la croisade internationaliste de ces agitateurs et les ravages quelle est susceptible de commettre qui me troublent davantage.

Les mêmes évangélistes (pas tous et pas une majorité sans doute, mais assez nombreux, riches et puissants pour qu'on les ait à l'esprit) se sont activement opposés aux mesures anti-Covid, depuis le confinement jusqu'au vaccin. En France, les évangélistes sont relativement peu nombreux, même s'ils progressent, en particulier aux Antilles et dans les communautés d'origine africaine. Mais on trouve aussi chez les antivax français une part non négligeable de catholiques intégristes, dont l'hostilité aux mesures sanitaires et à la vaccination a été et demeure farouche. Ce qu'ils disent rejoint un autre pasteur de Colorado Springs, Garrett Graupner : non aux restrictions anti-Covid, non à l'avortement, non à l'identité de genre et ses nuances, non à l'enseignement de l'antiracisme dans les écoles. Et non à un président pourtant élu, en insistant sur son manque de légitimité. Cela vous paraît familier ? À moi aussi. Quelque chose vous frappe ? Oui, comme vous, me voici qui dresse l'oreille : une fois encore, on s'en prend aux droits des femmes et des minorités. Autant le dire tout de suite : personne plus que les femmes n'est la cible des opérations de manipulation de l'information. Et malheureusement les attaques les plus virulentes se font souvent sous le couvert de mouvements religieux, même s'ils ne sont pas les seuls. Avant de revenir à eux, revenons à elles, les femmes, justement. Faisons un détour, même s'il s'agit de parler de la moitié de l'humanité.

Un tour sur la Toile et cela saute aux yeux : le monde numérique est encore plus violent à l'égard des femmes que ne l'est le monde réel. Pour elles, c'est la double peine : d'abord se battre deux fois plus pour que leur voix soit écoutée. À peine entendues, les attaques qu'elles subissent sont deux fois plus virulentes.

C'est le cas des femmes politiques (la campagne présidentielle l'a amplement démontré) et de la plupart des personnalités féminines, quel que soit leur champ d'expertise. Songeons-y un instant : il n'y a aucune connotation négative à parler d'un homme public. Une femme publique, en revanche...

Le sujet inquiète l'ONU, qui a dénoncé en avril 2021 des « campagnes de désinformation sexiste en ligne qui se multiplient contre les femmes journalistes, les femmes politiques et les défenseuses de l'égalité des sexes qui s'expriment sur les questions féministes ». En quelques mois, on a vu une rumeur malveillante sur Brigitte Macron devenir virale. Déjà, en 2017 et 2018, Jacinda Ardern, la Première ministre néo-zélandaise, et Michelle Obama avaient été ciblées par des infox prétendant qu'elles étaient nées hommes[2]. En 2013, c'est Laura Boldrini, ancienne présidente de la Chambre des députés italienne, sur qui on a fait courir le bruit quelle aurait dansé en sous-vêtements à la télévision. En 2018, en Irak, une candidate aux élections parlementaires, Intidhar Ahmed Jassim, harcelée par des internautes qui prétendaient l'avoir reconnue sur une sextape, a dû renoncer à se présenter. Que ces rumeurs ne soient pas crédibles n'est pas l'essentiel, ni pour celles qui les subissent ni pour ceux qui les répandent. Elles encouragent les insultes, le dénigrement, voire le cyberharcèlement. L'objectif ? Tenter de réduire des femmes au silence, de les décourager et de les évincer de la sphère publique.

Le problème est sérieux, il est général. L'objet de ce livre n'est toutefois ni d'en faire le tour ni surtout de se limiter à la manière dont les personnalités féminines sont maltraitées par certains internautes. J'aurais beaucoup à raconter, mais là n'est pas mon sujet.

Ma préoccupation est à la fois plus étroite et plus vaste. Ce livre s'intéresse aux ingérences étrangères, à ceux qui les pratiquent et à ceux qui en sont la cible. Or il est frappant de dresser ce constat : chaque fois qu'un pays étranger s'adonne à une activité d'ingérence, quel qu'en soit l'auteur et quelle qu'en soit la cible, les droits des femmes et ceux des minorités, notamment sexuelles, sont dans le viseur.

Les experts sont formels et pointent la « désinformation genrée », comme le fait David Salvo du German Marshall Fund : les candidates à des élections sont davantage ciblées par des opérations de manipulation de l'information que les hommes par les régimes autoritaires, la Russie la première, qui misent sur une stratégie de division sociale par le genre et d'affaiblissement des démocraties en semant le doute sur la capacité des femmes à gouverner. En Allemagne, pendant la campagne de 2021, la candidate verte Annalena Baerbock a ainsi été ciblée de manière disproportionnée par les médias russes, comme l'a démontré une étude d'Avaaz[3]. Soyons néanmoins optimistes : elle a fait mieux que résister, elle est aujourd'hui la personnalité politique la plus populaire d'Allemagne, notamment en raison de sa position de fermeté vis-à-vis de la Russie.

Au-delà des attaques sur les individus, le propos général est à peu près toujours le même. Les sociétés occidentales auraient donné trop de place aux droits des femmes et à ceux des LGBT, preuve de leur décadence. Un sursaut, un retour aux valeurs traditionnelles serait pour elles le seul moyen de retrouver leur grandeur passée. C'est là que le phénomène religieux ressurgit.

Alors oui, bien sûr, pas besoin d'aller bien loin, hélas, pour entendre ce genre de discours, ni d'accuser des forces obscures et étrangères de l'inoculer en cachette au cœur de nos sociétés. Nous n'avons encore vaincu ni le sexisme ni l'homophobie, et nos sociétés contemporaines doivent se rendre à l'évidence : ni les droits des femmes ni ceux des LGBT ne sont à l'abri de reculs parfois brutaux. La situation en Pologne est glaçante de ce point de vue : zones « LGBT *free* », quasi-interdiction de l'interruption volontaire de grossesse, au péril de la vie des femmes... Le pouvoir polonais a la main très lourde. Mais, puisque nous parlons de la Pologne, ayons à l'esprit que ce qui se passe à Varsovie déborde les frontières. Connaissez-vous Ordo Iuris ? Non ? Vous devriez. Cette association de juristes ultra-conservatrice et anti-IVG est à l'origine des décisions les plus dures contre les droits des femmes et des LGBT qu'aient pris le gouvernement et la justice polonais. Maintenant que son combat contre l'avortement légal a triomphé, Ordo Iuris s'en prend au divorce et à la lutte contre les violences domestiques en Pologne, au nom... des droits humains. Mais l'ONG ne se contente plus d'influencer les décisions de Varsovie. Elle se livre désormais à un lobbying effréné auprès des institutions européennes. Elle a ainsi obtenu la suppression de la mention « égalité de genres » dans de nombreux textes européens, critique la notion de santé reproductive et étend ses connexions vers d'autres pays où l'ultra-conservatisme est actif, Croatie, Lituanie, Estonie, Slovaquie.

Régulièrement, Ordo Iuris m'écrit, comme à tous les parlementaires européens, pour m'expliquer quoi penser et surtout comment voter. Un exemple, mais il y en a beaucoup, du contenu des messages que je reçois et qui tous visent à affaiblir notre soutien au droit à un avortement légal et sûr pour toutes les femmes :

« L'Union européenne n'a pas de compétence pour intervenir dans la politique de santé des États membres.

« L'avortement n'est pas un droit humain. Les droits sexuels et reproductifs n'ont pas de fondement juridique. »

En dépit du caractère éminemment contestable de ces assertions, Ordo Iuris ne recule devant rien et m'adresse, comme à l'ensemble de mes collègues, des consignes de vote précises, avec la référence des amendements à voter et de ceux qu'il faudrait rejeter, à chaque fois que la question de l'IVG est évoquée.

À l'origine, Ordo Iuris n'était que la branche polonaise d'un réseau international basé au Brésil, qui a parfois été accusé de pratiques sectaires : Tradition, famille et propriété (TFP). Les activités de TFP incluent des entraînements paramilitaires où les exercices de tir sont réalisés sur des cibles à l'effigie de Jean-Paul II, détesté parce que « trop libéral ». En 2007, Varsovie accueillait le Congrès mondial des familles (WCF), un forum d'organisations religieuses radicales où représentants américains et russes sont très présents sous le haut patronage du président polonais de l'époque, Lech Kaczyński. TFP faisait partie de ses parrains.

Nous voici donc au cœur de l'ultra-conservatisme catholique polonais. Seulement ? Pas vraiment. Car ce WCF que les Polonais accueillent avec tant d'enthousiasme est aussi connu pour servir de canal d'influence à la fois aux chrétiens fondamentalistes américains et à la Russie de Vladimir Poutine. Le WCF est d'abord une organisation évangéliste américaine, dont l'ultra-conservateur Pat Buchanan a souvent fait l'éloge. Mais il n'est pas que cela. Un de ses fondateurs, Larry Jacobs, a déclaré que « les Russes pourraient bien être les chrétiens sauveurs du monde ». Le WCF est en fait soutenu par Konstantin Malofeïev et Vladimir Iakounine, deux oligarques proches de Vladimir Poutine. Étrangement, évangélistes américains, oligarques russes, ultra-conservateurs polonais, tout ce petit monde fait bon ménage quand il s'agit de s'en prendre aux femmes et aux minorités sexuelles. L'un des conseillers à l'organisation du Congrès mondial des familles, Alexeï Komov, travaille à la fois pour la Howard University américaine et pour Konstantin Malofeïev. En 2014, c'est à Moscou que le WCF se réunit, avec le soutien de Malofeïev et de Vladimir Iakounine. Les Polonais sont là en force, les ONG « pro-life » américaines aussi, notamment les plus radicales. Le Center for Family and Human Rights (C-Fam), qui exige l'interdiction totale de l'avortement, s'oppose aux droits des LGBT et soutient Ordo Iuris, est considéré aux États-Unis comme un « groupe haineux » et fait l'objet de l'attention du FBI. C-Fam n'hésite pas à inviter des interlocuteurs russes qui font l'apologie de la politique du Kremlin, du moment qu'il s'agit d'être hostile à l'avortement, aux droits des femmes et des LGBT. L'ensemble de ces mouvements d'extrême droite se réunissent dans une organisation sans existence publique, Agenda Europe, qui vise à pousser ses idées réactionnaires, antiféministes et anti-LGBT en Europe, en Russie et aux États-Unis.

C'est aussi par l'homophobie que l'influence russe a commencé à s'infiltrer dans la Ligue italienne. Depuis 2015 au moins, la Ligue est en contact avec la branche russe du WCF, encore elle. Matteo Salvini a toujours fait grand frais au WCF et invité le chef de sa branche russe, Alexeï Komov, à une conférence à Vérone en 2019, où se sont également rendus de hauts dignitaires de l'Église orthodoxe russe.

L'homophobie sert également de vecteur à la Russie pour essayer de maintenir son influence dans son environnement immédiat. Prenons l'exemple de la Géorgie qui, depuis la révolution des Roses de 2003, essaie de sortir de l'orbite russe, avec prudence et de grandes difficultés. La société géorgienne est naturellement tiraillée entre ses aspirations à l'ouverture et à la modernité d'une part, une culture ancestrale encore forte, portée notamment par l'Église orthodoxe, d'autre part. Ainsi, si 80 % des Géorgiens rêvent que leur pays rejoigne l'Union européenne[4], plus d'un tiers redoute que le processus ne menace les traditions et l'identité géorgiennes[5]. La désinformation russe en a fait un boulevard. Les valeurs occidentales seraient incompatibles avec les traditions géorgiennes. Cible de prédilection : les droits des LGBT. Après l'annonce d'une marche des fiertés à Tbilissi pour le 5 juillet 2021, les médias prorusses Alt-Info (média prorusse d'extrême droite plusieurs fois suspendu de Facebook pour la violence de ses propos), Obieqtivi TV, NewsFront Georgia ou Georgia and the World se sont déchaînés : l'Occident allait « imposer l'homosexualité en Géorgie ». Des hommes politiques, des prêtres, des journalistes et des activistes ont diffusé de la désinformation homophobe et anti-occidentale. S'en suivirent des manifestations extrêmement violentes contre l'organisation de la marche des fiertés. Des locaux d'associations ont été dévastés, 55 personnes ont été agressées, 53 journalistes molestés, et un caméraman est mort. Parmi les politiques à la tête de ce mouvement homophobe, on trouve Levan Vasadze, chef du parti Unité, essence, espoir, proche de l'ultranationaliste russe Alexandre Douguine, qui avait déjà organisé des « milices populaires » sous le nom de « Conseil des vrais hommes », ou Davit

Tarkhan-Mouravi, leader de l'Alliance des patriotes de Géorgie, réputé lui aussi proche de la Russie. À l'occasion de la manifestation anti-LGBT, des drapeaux européens ont été brûlés. Devant pareille violence, la Gay Pride de Tbilissi a été annulée quelques heures seulement avant son lancement.

Face à ces ingérences activement homophobes, le constat est amer : les plateformes en ligne sont encore peu mobilisées. Le Global Project Against Hate and Extremism a montré, dans deux rapports parus en janvier 2022[6], combien la désinformation anti-LGBT sur les prétendues thérapies de conversion avait fleuri sur la Toile sans réaction à la hauteur des géants du numérique, que ce soit Amazon, Google, Facebook, Twitter, YouTube ou d'autres. Le pire se trouve, comme toujours, dans des contenus exprimés dans une autre langue que l'anglais, qui font l'objet d'une modération *de facto* beaucoup moins attentive. Pourtant, ce n'est pas le moindre des paradoxes, la source de ces contenus, diffusés largement en espagnol en Amérique latine, est d'abord à chercher du côté des associations anti-LGBT américaines, comme Family Watch International[7] ou l'Alliance for Therapeutic Choice and Scientific Integrity.

On vient de voir comment le conservatisme religieux avait permis d'étranges rapprochements entre Américains, Russes et Polonais sur le dos des droits des femmes et des minorités sexuelles. Les femmes, encore elles, font aussi les frais d'une alliance improbable entre fondamentalistes chrétiens et musulmans, objectivement en phase pour mettre à mal la convention d'Istanbul. De quoi s'agit-il ? Oh, de beaucoup et de pas grand-chose à la fois. Beaucoup, car il s'agit du premier traité international qui vise à prévenir et à lutter contre les violences faites aux femmes, notamment les violences domestiques. Pas grand-chose, tant la cause semble évidente et devrait être partagée par tous et partout. Pourtant... Portée par le Conseil de l'Europe, la convention d'Istanbul a connu des débuts prometteurs, compte tenu de la prise de conscience de l'ampleur du phénomène des violences faites aux femmes, en particulier dans le cadre familial. Certes, au moment de sa rédaction, ses auteurs ont fait face à de premières réticences pour en restreindre la portée, notamment de la part du Saint-Siège. Mais la convention fut formellement signée à Istanbul le 11 mai 2011, par tous les pays membres du Conseil de l'Europe, en dehors de l'Azerbaïdjan et de la Russie. Jusque-là, tout allait presque bien. Les ratifications ont commencé et les choses se sont compliquées. La Turquie est parmi les premières à ratifier, mais décide en mars 2021, par décret présidentiel, de se retirer purement et simplement de la Convention. Le parti au pouvoir, l'AKP, s'appuie sur les propos de religieux musulmans, accuse le traité de nuire à « la structure de la famille turque » et laisse entendre que la convention serait un encouragement à l'homosexualité. Le président Erdoğan se dédouane, toujours au nom de la religion : « Dans notre religion, la violence contre les femmes est un péché. » Donc il n'y a pas de problème. À l'est et au centre de l'Europe, les ratifications font également l'objet de débats houleux et de campagnes de désinformation acharnées. En Pologne, le parti au pouvoir a, lui aussi, envisagé de dénoncer la convention, jugeant que le texte était « une création féministe qui vise à justifier l'idéologie gay ». Je me suis déplacée dans cette partie de l'Europe à ce moment précis et, partout, j'ai entendu les Églises lutter contre la convention du Conseil de l'Europe. Surtout, partout, j'ai entendu les mêmes mots, les mêmes slogans, les mêmes contrevérités destinés à discréditer ce texte. Dire qu'il y eut une campagne orchestrée par-delà les frontières nationales, c'est pour moi exprimer une certitude, une surprise et une véritable consternation. Voir l'Église orthodoxe russe et les musulmans turcs main dans la main pour éviter qu'on puisse lutter efficacement contre les violences intrafamiliales suscite chez moi une profonde incompréhension.

Il est vrai que la lecture des réseaux islamistes turcs sur Internet est de nature à faire perdre toutes ses illusions. On y trouve une critique systématique de la « dépravation » des mœurs en Occident, notamment en France, en raison du mariage pour tous, de la transsexualité ou de l'égalité femmes-hommes enseignée à l'école. Et l'on touche du doigt une autre réalité de l'ingérence religieuse dans nos démocraties, celle de l'islamisme importé qui voudrait dicter sa loi depuis l'étranger dans nos pays essentiellement laïcs. Je ne viens pas contester ici le droit de chacun à vivre selon ses choix et selon sa foi – ou son absence de foi – dans le pays dans lequel il réside, droit particulièrement bien protégé en Europe et qui ne connaît que des limites extrêmement modestes. Je n'ignore pas non plus que nos sociétés sont traversées par des revendications identitaires qui conduisent certaines minorités religieuses à vouloir s'afficher de façon plus ostensible que par le passé, et à se différencier par leur manière de pratiquer leur foi, quitte à rentrer dans une forme de communautarisme très éloigné de notre modèle universaliste. Tout cela constitue un défi, un enjeu politique et sociétal fort, face auxquels aucune réponse simpliste n'est *a priori* la bonne, que je n'aborderai pas ici. Mon propos est d'identifier et de tenter d'analyser les ingérences étrangères qui s'exercent sur nos pays, nos modèles de société et nos modèles politiques par le biais de ces exigences religieuses venues d'ailleurs, et parfois d'un autre temps.

16 octobre 2020 : Samuel Paty, professeur d'histoire et géographie en collège à Conflans-Sainte-Honorine, est poignardé et décapité par un terroriste islamiste tchétchène. Victime du terrorisme, Samuel Paty a d'abord été la cible d'une fausse accusation de la part d'une de ses élèves, et d'une campagne de calomnies sur les réseaux sociaux.

La nation française est bouleversée, le deuil est un moment de communion nationale. Le président de la République prononce devant le cercueil un discours digne et ferme le 21 octobre à la Sorbonne, où il ne lâche rien sur les principes qui font la République française. Immédiatement, il se heurte à une campagne hostile de la part d'une partie du monde musulman à l'extérieur des frontières de la France, alors même que les principaux dignitaires musulmans français ont exprimé leur horreur de l'attentat qui a coûté la vie à Samuel Paty. Des appels au boycott de produits français sont lancés en Turquie, au Pakistan, au Koweït et au Qatar. Sur les réseaux sociaux turcs, la désinformation se déchaîne. On y prétend que le gouvernement français a décidé de projeter les caricatures de Mahomet publiées par *Charlie Hebdo* sur tous les bâtiments publics. Le président Erdoğan met en cause la « santé mentale » du président français. L'université islamique al-Azhar du Caire juge « racistes » les propos tenus par Emmanuel Macron, quelque temps auparavant, contre le « séparatisme islamiste », qualifiés de « fausses accusations envers l'islam ». On appelle à « cesser les attaques contre les religions » afin de ne pas « consolider le discours de la haine ». Qu'avait visé Emmanuel Macron ? « Le séparatisme islamiste qui conduit à la déscolarisation des enfants, à des pratiques sportives et culturelles communautaristes, à l'endoctrinement, à la négation de principes comme l'égalité hommes-femmes. » Au même moment, des appels à des « représailles » contre la France se multiplient depuis le Pakistan, déclenchant des manifestations devant l'ambassade de France, le départ de nos ressortissants et des propos à la fois radicaux et truffés de contrevérités de la part de responsables politiques pakistanais. La ministre des Droits de l'homme pakistanaise affirme ainsi que les enfants musulmans vont être forcés à porter un numéro en France. En Tunisie, un député du parti islamiste Al Karama, Rached Khiari, publie un message justifiant l'assassinat de Samuel Paty. En Malaisie, l'ancien Premier ministre Mahathir Mohamad dépasse toute limite et écrit sur Twitter que « les musulmans ont le droit de tuer des millions de Français ». C'est un déferlement de haine antifrançaise qui s'abat sur notre pays.

Pourtant, c'est aussi le moment où Daesh a été vaincu militairement et a perdu toute emprise territoriale en Syrie et en Irak, avec l'aide de la coalition internationale, à laquelle la France participe. Le danger terroriste commence à décroître, mais il est toujours là et l'idéologie radicale sur laquelle il s'appuie également.

Ce livre ne se hasardera pas à écrire l'histoire du terrorisme islamiste. Elle a été tentée par d'autres, plus érudits que moi et qui ont eu du mal à se mettre d'accord. Elle n'est sans doute pas encore achevée, hélas, et il convient en tout état de cause de l'aborder avec humilité, tant il est difficile d'expliquer l'inexplicable. C'est avec la même humilité que j'essaierai seulement, à petites touches, d'évoquer l'utilisation que les groupes djihadistes ont pu faire des outils les plus classiques de la propagande et de la guerre psychologique pour chercher des soutiens dans nos pays européens et démocratiques. Est-ce utile de le faire ? Je le crois, car si nous sommes la cible de campagnes d'influence extérieures, toutes ne proviennent pas d'acteurs étatiques. La propagande djihadiste en est le meilleur ou le pire exemple. Et si le terrorisme islamiste n'a que de très lointains rapports avec la religion de Mahomet, il s'en réclame néanmoins et entre donc dans la catégorie du prosélytisme religieux appliqué aux sociétés qu'il prend pour cibles, y compris la nôtre.

À la pointe du radicalisme islamiste donc, les groupes djihadistes ont compris depuis longtemps comment diffuser leur propagande par-delà les frontières. Dès 2005, Ayman al-Zawahiri, futur chef d'Al-Qaïda, avertissait : « Nous sommes dans une bataille, et plus de la moitié de cette bataille s'effectue dans les médias. Dans la bataille médiatique, nous luttons pour conquérir les cœurs et les esprits de notre Oumma[8]. » Dix ans plus tard, en 2015, le Geneva Centre for Security Policy estimait que la présence de Daesh sur les réseaux sociaux lui avait permis de recruter 18 000 combattants étrangers dans plus de 90 pays.

À quoi ressemble cette présence ? Daesh a longtemps diffusé des « cours d'histoire » du Moyen-Orient, des articles « d'information », des « reportages » (par exemple une « visite touristique » de Mossoul où le reporter-otage John Cantlie chantait les mérites de la ville). L'État islamique disposait de son agence de communication, l'Amaq, de son organe de presse, *Al-Hayat*, de sites Internet, de forums de tchat, de revues en ligne, et se montre encore très présent sur les réseaux sociaux, en particulier Telegram. Emna Ben Arab, chercheuse et ancienne parlementaire tunisienne, a consacré une étude à la présence des djihadistes en ligne en prenant l'exemple de son propre pays[9]. On rappellera que la Tunisie a connu plus de 80 attaques terroristes sur son sol entre 2012 et 2016, et qu'elle est le pays qui a fourni à Daesh le plus grand nombre de combattants étrangers. Si Al-Qaïda passait essentiellement par des forums de discussion en ligne, Daesh a profité de l'explosion des réseaux sociaux.

En 2014, on estimait à 46 000 le nombre de comptes Twitter utilisés par des membres ou des sympathisants de l'État islamique, avec une moyenne de mille *followers* chacun. La chercheuse relève les tendances dominantes des messages diffusés : polarisation des sociétés, victimisation de la jeunesse musulmane, insistance sur le sentiment d'injustice, la haine des forces de l'ordre, la frustration vis-à-vis des autorités politiques et la défiance vis-à-vis de l'Occident. Voilà pour le fond. Pour la forme, les références aux jeux vidéo, au cinéma hollywoodien, l'appel aux émotions et la qualité technique soignée des images sont réunis pour séduire. Comment la conjonction de ces ingrédients parvient-elle à drainer vers un programme politique radical, l'application de la charia, l'abolition des frontières et la construction du califat, un public qui en est *a priori* éloigné ? La rhétorique utilisée est celle du « eux et nous », du devoir de défendre des musulmans persécutés par l'agression des non-musulmans, de « rétablir la justice » et de passer à l'acte. La violence brutale n'est alors qu'une manière de rendre justice. Elle est aussi brandie pour inquiéter l'adversaire, décourager les touristes de se rendre en Tunisie ou simplement faire parler de Daesh. La question à laquelle Emna Ben Arab n'apporte pas de réponse, c'est comment un État démocratique peut donner le change à ce type de propagande sans perdre ses valeurs.

Voici donc, brossés à très gros traits, les contours de la propagande djihadiste tels qu'on les a observés jusqu'à aujourd'hui. Peu de chances qu'elle disparaisse, mais il y a fort à parier qu'elle se transforme et s'adapte.

Que dire de la propagande islamiste produite à l'étranger à destination de notre pays, qui n'a eu de cesse, elle aussi, de s'adapter et de se transformer et qui n'a pas renoncé à influencer notre société ? Commençons par un nom qui divise, celui de Tariq Ramadan. Qu'il fasse l'objet de poursuite pour viols n'est pas mon propos, même s'il est tentant de relever la contradiction entre ce qu'il plaide et ce dont il est accusé. Incontestablement – et c'est ce qui nous intéresse –, l'islamologue suisse d'origine égyptienne est une voix qui compte pour une certaine mouvance musulmane. La question qui se pose est celle de son indépendance ou, sinon, de ses liens à des pays étrangers et, si oui, lesquels. Selon une note du Traitement du renseignement et action contre les circuits financiers clandestins (Tracfin), une agence de Bercy, rendue publique en 2019 dans un ouvrage de Christian Chesnot et Georges Malbrunot, l'islamologue percevrait 35 000 euros de frais de consultant par mois en provenance du Qatar, plus précisément de la Qatar Foundation[10]. Si c'est vrai, c'est peu pour le Qatar, mais c'est beaucoup pour un universitaire européen. Tariq Ramadan aurait rapatrié du Qatar la somme de 590 000 euros, qui lui aurait permis d'acquérir un duplex à Paris en 2017. Ses frais de justice seraient également pris en charge. Il est vrai que, depuis qu'il est accusé de viols, Tariq Ramadan a perdu la direction du centre de recherches qu'il pilotait à Doha. Le Qatar a donc officiellement pris ses distances, mais a continué à le soutenir financièrement. Compte tenu de l'aura, même ternie, de l'islamologue et de ses liens avec la mouvance des Frères musulmans, on ne peut pas ignorer qu'un pays étranger a choisi de continuer à subvenir généreusement à ses besoins.

Tariq Ramadan n'est pas le seul à bénéficier du soutien du Qatar et à intervenir dans le débat français. Prenons François Burgat. Directeur de recherche émérite au CNRS, arabisant et spécialiste du Moyen-Orient, il a longtemps été un chercheur reconnu et bien traité en France. Oui, mais, car il y a un mais, François Burgat a choisi une ligne politique bien à lui, à l'extrême gauche, et il a trouvé un sponsor, le Qatar. Il préside le Centre arabe de recherches et d'études politiques de Paris, le Carep, déclinaison francophone de l'Arab Center for Research and Policy Studies de Doha. Des fonctions bénévoles, comme le relève *Marianne*, qui interviewe un ancien militant des Frères musulmans pour qui il n'y a pas de doute : « François Burgat s'est attaché à disculper les Frères de tout sectarisme salafiste totalitaire et liberticide[11]. » À en croire l'homme interviewé, Mohamed Louizi, on est plus proche du militant que du chercheur. Pour Burgat, « le rapprochement entre islamistes et forces de gauche est le meilleur remède à la spirale de la montée des extrêmes ». C'est son avis, on le lui laisse. Mais c'est le Qatar qui paye.

Il fut un temps où l'un et l'autre, l'un en rivalité et contre l'autre, le Qatar et l'Arabie saoudite ont soutenu financièrement de façon significative des organisations islamistes intégristes en Europe. Face à l'accroissement de la vigilance financière, de l'attention des médias et des gouvernements européens, face au risque réputationnel couru par Doha et par Riyad d'être perçues comme des sponsors de l'islamisme en Europe, ces financements ont été drastiquement réduits.

Ils ont pourtant été considérables. Pendant des années, la Qatar Charity et sa filiale britannique, Nectar Trust, ont soutenu massivement des associations européennes liées aux Frères musulmans en Europe. Elle reste très présente au Moyen-Orient, en Tunisie et ailleurs en Afrique. La Qatar Charity aurait fait l'objet d'une surveillance étroite de la part des services antiterroristes occidentaux, en raison de soupçons de financement du terrorisme islamiste. On rappelle que Hanane Aboulhana, ancienne assistante du directeur général de la Qatar Charity, a été tuée par un assaut mené par le RAID alors qu'elle avait pris part à l'attentat à la prison de Condé-sur-Sarthe en mars 2019. Des liens entre l'ONG et les groupes djihadistes au Sahel comme en Syrie ont été régulièrement évoqués. En France, la Qatar Charity aurait financé sept centres islamiques, dont la mosquée de Mulhouse. C'est aussi le cas pour le lycée Averroès de Lille. À chaque fois, ce sont des Frères musulmans qui sont mis en avant et soutenus. Il semble néanmoins que la Qatar Charity ait pris la décision de lever le pied sur ses activités en Europe depuis quelques années, Doha cherchant à redorer son image et à retrouver la confiance des Occidentaux. Pour autant, l'ONG reste active dans les Balkans.

En parallèle, la Ligue islamique mondiale, organisation saoudienne proche du pouvoir de Riyad et active dans 120 pays, a diminué son implication, qui fut significative, dans le financement du prosélytisme salafiste et wahhabite en Europe. En raison d'un déficit d'image et de la vigilance croissante des États européens, la Ligue islamique mondiale s'efforce désormais de ne plus financer de lieux de culte controversés en Europe. Elle exige que les associations bénéficiaires de son aide obtiennent l'agrément des autorités locales. Cela n'empêche pas des soutiens substantiels, comme le financement d'un million d'euros accordé pour la construction de l'Institut français de civilisation musulmane de Lyon.

Cela n'empêche pas non plus d'autres canaux en provenance d'Arabie saoudite de diffuser le salafisme madkhaliste en Europe. L'université islamique de Médine dépêche de Cologne à Bruxelles en passant par Rotterdam des prédicateurs salafistes qui ont prise sur des instituts religieux européens et sont pilotés par des oulémas depuis l'Arabie saoudite. En France, l'influence des universités religieuses saoudiennes passe davantage par la traduction de leurs enseignements en ligne sur les réseaux sociaux.

D'autres pays prennent le relais, ou d'autres organisations. Prenons la Zakat House. L'institution koweïtienne est ancienne et active dans le monde entier, en Afrique et en Asie en particulier, où elle déploie des activités humanitaires. Le terme *zakat* est l'obligation de faire l'aumône prônée par la religion musulmane. D'autres obligations religieuses musulmanes sont également poussées par la Zakat House, comme par toutes les ONG islamiques actives dans les pays en développement. L'argent arrive aux destinataires, mais assorti de conditions strictes sur leur mode de vie. L'influence des

Frères musulmans sur l'institution, qui est présidée par le ministre koweïtien des Affaires islamiques, est relevée par les experts. En France, la Zakat House finance la construction de mosquées, de même que l'International Islamic Charity Organization (IICO), une ONG koweïtienne proche des Frères musulmans. Chaque fois, ce sont des centaines de milliers d'euros qui circulent. Les Balkans sont aussi une destination de choix pour les fonds koweïtiens. Toujours assortis d'une vision intégriste de l'islam, comme il se doit.

Qu'en est-il de la jeunesse musulmane européenne ? qui s'y intéresse ? qui cherche à l'influencer ? Nous ne parlerons dans ce chapitre que des mouvements religieux. Il est donc temps de donner un coup de projecteur en direction du Forum des organisations européennes musulmanes de jeunes et d'étudiants (Femyso). Si vous ne savez pas de quoi il s'agit, il n'est pas inutile que je vous le décrive. Femyso est le nom d'une association à laquelle le magazine *Marianne* a consacré une longue enquête[12] et dans laquelle je bute à chaque pas dans les institutions européennes. Vous vous souvenez peut-être d'une campagne en faveur du voile islamique diffusée au Conseil de l'Europe et qui a heurté les consciences, « *My Headscarf, My Choice* ». Ce sont eux. L'association, réputée proche des Frères musulmans, a ses entrées à Bruxelles comme à Strasbourg et reçoit des financements européens. Qu'en fait-elle ? Interviewée par Al Jazeera, la chaîne d'information en continu qatarienne, la présidente de Femyso, Hande Taner, ne mâche pas ses mots contre la laïcité à la française : « Malheureusement Paris est actuellement la capitale des préjugés occidentaux. La plus grosse exportation de la France ? Le racisme. » Pourquoi tant de haine ? Parce que la France s'est insurgée, justement, contre le fait que le Conseil de l'Europe diffuse une campagne en faveur du voile islamique, ce que Femyso considère comme « une campagne pour les droits humains ». Femyso n'est pas, loin de là, qu'une organisation de jeunesse. C'est une organisation parapluie, qui en regroupe une trentaine à travers l'Europe, toutes engagées dans la promotion d'un islam politique conservateur et proches des Frères musulmans, bien que l'association le nie farouchement et juge qu'il s'agit « d'allégations calomnieuses ». Les liens interpersonnels sont nombreux. L'ancienne présidente de Femyso, Intissar Kherigi, est la fille du leader islamiste tunisien Rached Ghannouchi. En Allemagne, l'organisation affiliée à Femyso est Millî Görüş, bras armé de l'AKP turc en Europe, en opposition à la charte des valeurs de l'islam de France. Femyso s'est d'ailleurs opposé à la dissolution du CCIF en France après l'assassinat de Samuel Paty. Tariq Ramadan est son invité régulier. Or on ne peut pas faire un pas à Bruxelles sans tomber sur Femyso, qui dénonce l'islamophobie, s'autopromeut comme interlocuteur du dialogue interreligieux, propose conférences, formations et sessions d'études à tout va.

Au total, on estime à plus de 50 millions d'euros les sommes allouées par la Commission européenne à des associations liées aux Frères musulmans entre 2007 et 2020[13]. Parmi celles-ci, Femyso, mais aussi le désormais dissous CCIF ou l'European Muslim Network créé par Tariq Ramadan. C'est beaucoup d'argent, mais c'est aussi et peut-être surtout un brevet de respectabilité qui n'a pas de prix pour ces associations militantes, nombreuses, rodées à l'exposition médiatique et à la recherche de subventions, même si elles ne représentent pas grand monde en elles-mêmes. Il y a toutefois matière à s'interroger, comme le fait le parlementaire belge Georges Dallemagne qui estime que « la Commission européenne finance des associations qui inquiètent nos services de renseignement ». La chercheuse Florence Bergeaud-Blackler a dénoncé, quant à elle, le financement par des programmes de recherche européens de projets clairement islamistes, par souci obsessionnel du « politiquement correct » et sous couvert de lutter contre l'islamophobie ou d'études sur la radicalisation[14]. Le projet Dare (« Dialogue sur la radicalisation et légalité ») est ainsi un projet de recherche qui rassemble dix-sept équipes de recherche dans treize pays et qui se concentre pour l'essentiel sur les « facteurs exogènes » (donc non religieux) de la radicalisation, en priorité la « haine anti-musulmane » et le « racisme systémique » des pays européens. Le radicalisme islamiste ? Un produit exclusif des tares de la société européenne, à en croire un projet de recherche financé... par l'Union européenne.

Reste l'organisation traditionnelle de l'islam en Europe et, singulièrement en France. Mais traditionnelle, qu'entend-on par-là ? Depuis des décennies, ce qualificatif rime avec islam consulaire. Ce qui signifie que, pendant des décennies, la France a confié l'organisation d'un de ses cultes à des pays étrangers.

Or, le 1er décembre 2021, *Le Point* révèle la proximité de Mohammed Moussaoui, président du Conseil français du culte musulman (CFCM), avec les services marocains : il y est décrit comme un agent traitant des services et on apprend qu'il bénéficierait d'un appartement fourni par le royaume du Maroc. La proximité n'était pas moindre entre Dalil Boubakeur, ancien recteur de la mosquée de Paris (1992-2020) et président, lui aussi, du CFCM (de 2003 à 2008, puis à partir de 2013), et l'État algérien. Le principe même de l'islam consulaire, sous tutelle de l'Algérie, du Maroc ou de la Turquie, interroge. Le successeur de Dalil Boubakeur à la mosquée de Paris, Chems-Eddine Hafiz, a été reçu dès son élection par le président algérien. À cette occasion, le président Tebboune a promis d'aider à la lutte contre la radicalisation, mais a fait également part de sa préoccupation contre la montée de l'islamophobie en France. Vous avez parlé d'ingérence ?

Le CFCM a souvent été paralysé par des luttes d'influence internes entre Maroc, Algérie et Turquie. À partir de 2013, pour tenter, sans succès, d'apaiser les tensions entre les trois communautés, le CFCM est doté d'une présidence tournante. Ahmet Ogras prend la tête de l'organisation en 2017. L'homme n'a pourtant aucune expérience théologique, puisqu'il dirigeait une agence de voyages organisant des séjours en Turquie. Son atout vient d'autre chose ou plutôt d'ailleurs : en 2000, il participe à la fondation de l'Union des démocrates turcs européens (UDTE), que l'AKP d'Erdoğan a parrainée. Il en dirige la branche française pendant douze ans. Après le putsch manqué de 2016, l'UDTE organise des réunions pro-Erdoğan en Allemagne. En 2012, il devient président du Comité des musulmans turcs de France. Il soutient les manifestations franco-turques organisées contre la loi qui pénalise la négation du génocide arménien. Sa femme est la cousine du président Erdoğan.

Pour autant l'islam consulaire a vocation à contrebalancer l'islam transnational de l'Union des organisations islamiques de France (UOIF), devenue Musulmans de France, proche des Frères musulmans.

Puisque nous sortons d'une élection présidentielle, une question se pose : la religion y a-t-elle joué un rôle et, si oui, des influences étrangères ont-elles transité par un canal religieux ? Quelques semaines seulement après le scrutin, il est évidemment difficile de répondre. On a vu l'islam arriver en tête des débats au début de la campagne, puis être rapidement éclipsé par les inquiétudes nées de la guerre d'Ukraine. Le sujet a été moins prégnant que certains ne l'avaient imaginé. Même l'arrivée au deuxième tour, pour la deuxième fois de suite, de la candidate du Rassemblement national n'a pas réellement relancé le débat, si ce n'est sur le port du voile, éternel objet de division en France.

Une enquête parue dans *Le Point* le 2 mai 2022, signée par Clément Pétreault, considère toutefois que des imams et des prédicateurs musulmans ont appuyé la candidature du chef de La France insoumise, Jean-Luc Mélenchon. Le journaliste en veut pour preuve les scores élevés qu'il a réalisés dans les départements populaires d'Île-de-France. Le raccourci banlieues-islam-vote Mélenchon est évidemment réducteur, même si Éric Coquerel, député Insoumis, ne le dément pas vraiment. Il assume d'avoir fait entrer dans le parti de Jean-Luc Mélenchon de nouveaux thèmes, comme la lutte contre l'islamophobie, contre les violences policières et les discriminations ou l'argumentation décoloniale. Soudain, on retrouve ici les thèmes de prédilection de certains acteurs étrangers lorsqu'ils visent la France. Je pense en particulier à la Turquie. Soudain, on se souvient de la présence des Insoumis à la marche controversée contre l'islamophobie de 2019, aux côtés de proches des Frères musulmans.

D'après un sondage IFOP publié par *La Croix* le 10 avril 2022, 69 % des musulmans interrogés déclarent avoir voté pour Jean-Luc Mélenchon. Il y a donc, beaucoup plus clairement qu'avant, un vote musulman en France. Il y a aussi eu mobilisation en sa faveur, *Le Point* citant un message ainsi rédigé : « Nous, imams et prédicateurs, appelons les citoyens français de confession musulmane à voter dès le premier tour pour le moins pire des candidats à cette élection présidentielle. » L'hebdomadaire va plus loin et relève que, d'après une enquête du Collectif contre l'islamophobie en Europe, très proche des Frères musulmans, 81 % de ses membres ayant répondu ont indiqué vouloir voter pour Jean-Luc Mélenchon. Même mobilisation pour l'Union des musulmans de France, qui annonçait vouloir présenter une centaine de candidats aux législatives, et cache mal un agenda communautariste.

Les dieux sont tombés sur la tête

C'est au prix d'une histoire mouvementée que la France a construit sa laïcité, à la fois pour protéger l'État de l'emprise religieuse et les cultes de l'emprise de l'État. C'est peu dire qu'aujourd'hui cette laïcité est soumise à rude épreuve. Il serait inconséquent de penser que les attaques qu'elle subit viennent toutes de l'extérieur de nos frontières. Mais il serait tout aussi irresponsable d'ignorer les acteurs étrangers qui prennent la liberté de jouer avec nos valeurs et d'intervenir dans nos débats sans y être invités.

5

Quand l'Occident s'en mêle et s'emmêle

> « La première victime d'une guerre, c'est la vérité. »
>
> Rudyard KIPLING

Disons-le tout de suite : désinformation et ingérences ne sont pas l'apanage des seuls régimes autoritaires. La remarque vient aux lèvres de tous ceux, en France et ailleurs, qui soutiennent d'une manière ou d'une autre Moscou ou Pékin : « Les États-Unis aussi, autant et avant, ont eu recours à la guerre psychologique. » C'est en partie vrai, même si cela n'excuse rien. C'est en partie vrai, même si le jeu des contrepouvoirs inhérent aux démocraties, la liberté de la presse, l'indépendance des juges, le rythme des alternances politiques aussi, limitent considérablement le risque qu'une tentative de manipulation soit durable et ne rencontre aucune résistance dans le monde occidental. On ne peut pas en dire autant de la Russie ou de la Chine.

Tout de même. Regardons sans ciller l'une des plus grosses opérations de désinformation que le XXIe siècle a subies, que j'ai observée – et combattue – en étant aux premières loges, lorsque j'étais porte-parole de l'ambassade de France à Washington entre 2002 et 2007. Je veux parler des prétextes invoqués par les États-Unis pour entrer en guerre contre l'Irak, notamment de l'accusation faite par l'administration Bush au régime de Saddam Hussein d'avoir fait fabriquer et conservé des armes de destruction massive. Ce qui fut massif, c'est la manière dont l'administration américaine, à commencer par le président Bush lui-même, mais aussi son vice-président, Dick Cheney, son secrétaire à la Défense, Donald Rumsfeld, son pourtant valeureux secrétaire d'État, Colin Powell, et de nombreuses sources « off » ont manié le mensonge, les approximations et les fausses informations dans l'unique objectif de préparer les esprits, déjà fortement ébranlés par le traumatisme bien réel du 11-Septembre, à une guerre en Irak.

Tout ou presque a été dit sur l'ampleur de cette campagne de désinformation. Les affirmations de la CIA, rédigées pour plaire au pouvoir politique et utilisées par lui, la scène surréaliste où Colin Powell brandit au Conseil de sécurité des Nations unies une fiole censée convaincre la communauté internationale que Saddam Hussein prépare une guerre sale, le discrédit qui s'est finalement abattu sur lui lorsqu'il s'est avéré qu'il avait menti...

J'étais aux premières loges et le spectacle était, en effet, saisissant. Sans doute n'avais-je jamais vu d'aussi près le cynisme d'une grande démocratie qu'au moment où, l'offensive américaine ayant déjà commencé et les armes de destruction massive irakiennes demeurant introuvables, George Bush et Condoleezza Rice se livrèrent, pour le dîner annuel des correspondants de presse à la Maison-Blanche où il est de tradition de faire rire, à un sketch d'un mauvais goût sans limites. Le président de la première puissance du monde et sa conseillère nationale à la Sécurité se sont fait filmer en train de faire mine de chercher ces fameuses *weapons of mass destruction* sous les tables et derrière les rideaux du Bureau ovale. Le gag était censé montrer le sens de l'humour du président des États-Unis. Au même moment, des soldats américains et des Irakiens mouraient au combat, les geôles d'Abou Ghraib étaient les témoins de sévices infâmes, l'Irak partait en morceaux et le ressentiment contre l'invasion américaine servait de berceau à la naissance de l'État islamique, contre lequel nous nous débattons encore. Mais vu de Washington, tout cela n'était qu'une bonne blague.

Aux premières loges, j'étais aussi aux avant-postes d'un combat de tous les jours contre les mensonges que l'administration Bush s'est évertuée à répandre contre la France au motif que Jacques Chirac et Dominique de Villepin s'étaient opposés à la guerre d'Irak. Les dirigeants français, convaincus que les motifs invoqués par Washington pour partir en guerre ne tenaient pas debout et certains que les conséquences de ce conflit seraient désastreuses, avaient osé faire entendre haut et fort leur désaccord et rallié une partie importante de la communauté internationale. Pour tuer leur message, l'administration Bush s'est alors employée à discréditer les messagers. C'est peu dire que les responsables américains n'ont pas ménagé leur peine pour faire naître et entretenir le *french bashing*, le dénigrement systématique de la France et de ses autorités. Tout ou presque y est passé. La France aurait fourni des passeports (ou des visas, c'est selon) à Saddam Hussein et à sa famille. Pourquoi diantre et pourquoi le dictateur irakien n'en a-t-il pas fait usage ? Mystère. Paris aurait exporté des « biens à double usage », des éclateurs à étincelles (mes connaissances techniques se sont beaucoup enrichies à l'époque, de même que mes capacités de traduction) utilisables dans les appareils à dialyse mais aussi, semble-t-il (je n'ai pas essayé), dans les centrifugeuses permettant d'enrichir de l'uranium. Renseignements pris, des équipements de cet ordre avaient effectivement été vendus à l'Irak par une entreprise... américaine, et leur vente avait été autorisée par le comité des sanctions, s'agissant de matériel médical et compte tenu de la fréquence des maladies rénales dans un pays semi-désertique.

À force de répondre chaque jour, au fil de l'eau, à cette désinformation rampante, qui déchaînait une francophobie sans précédent aux États-Unis, j'en vins assez vite à me convaincre qu'une réponse, fût-elle polie, détaillée et systématique, aux attaques dont la France faisait l'objet ne suffisait pas, et qu'il fallait trouver autre chose. Cette autre chose, ce fut une lettre ouverte, envoyée à tous les membres du cabinet Bush et à tous les parlementaires, et publiée en une du *Washington Post*. Cette lettre ouverte dénonçait, sur un ton poli mais ferme, assez inusité dans la pratique diplomatique, une campagne de désinformation systématique et organisée contre notre pays et ses dirigeants. L'effet de stupeur fonctionna. Qu'une ambassade, habituée au langage policé et aux manières feutrées, tape du poing sur la table, publiquement de surcroît, et accuse, sans formellement nommer les auteurs un à un, de hauts responsables de se livrer à un dénigrement systématique d'un pays ami et allié fit l'effet d'une bombe. À peine publiée, la lettre ouverte faisait le tour de Washington. Immédiatement, le secrétaire à la Défense Donald Rumsfeld, que pourtant nous ne désignions pas nommément, cria haut et fort que « ce n'était pas lui », accréditant du même coup la thèse que la campagne de désinformation existait bien mais qu'il n'en était pas responsable. Il était de toute façon difficile de nier que notre pays était salement pris à partie, puisque nous listions les plus grosses énormités que nous avions eu à combattre et les raisons pour lesquelles il s'agissait de mensonges grossiers. Le jour même de sa parution, Colin Powell s'étonnait de ne pas avoir reçu la lettre, qui l'attendait sur son bureau du département d'État alors qu'il effectuait un voyage officiel. Au Congrès, ceux qui ne l'avaient pas encore reçue la réclamaient, pour preuve de leur importance. Tous la lurent et beaucoup en déduisirent que l'ambassade n'aurait jamais osé frapper aussi fort si nous n'étions pas à la fois vraiment en colère et tout à fait sûrs de notre fait. Et le miracle se produisit : la campagne de désinformation s'arrêta. Ceux qui l'avaient déclenchée avaient compris qu'ils avaient intérêt à en rester là, et qu'il leur fallait éviter de se faire prendre, dans un pays où le mensonge est considéré comme une des fautes les plus impardonnables.

J'ai donc vu de près la capacité d'un pays comme les États-Unis à manipuler les opinions pour parvenir à ses fins, mais je peux aussi témoigner qu'il est possible d'y apporter une réponse et d'être entendu. C'est pour cela que je regarde sans naïveté ni complaisance les ingérences en provenance du monde occidental, pour les décrypter, les exposer et si nécessaire les combattre, sans naïveté donc, mais avec une inquiétude somme toute moindre que lorsque nous faisons face aux actions de régimes autoritaires et inamicaux.

L'histoire du siècle passé et des conflits qui l'ont traversé nous montre abondamment combien les démocraties ont eu recours sans trop d'hésitations à l'arme de la propagande. Au Royaume-Uni, dès août 1914, Lloyd George, alors Premier ministre, fut à l'origine d'un War Propaganda Bureau au sein du Foreign Office, et lui adjoignit en 1917 un Department of Enemy Propaganda pour saper le moral de l'opinion publique allemande. Pendant la Seconde Guerre mondiale, les Britanniques allèrent plus loin avec la création d'un ministère de l'Information. En 1941, à Londres, naissait un Bureau de la lutte politique (*political warfare*).

1941, c'est aussi l'année où les États-Unis entrent en guerre. Sans tarder, Eisenhower crée la Psychological Warfare Division. La guerre sera riche en intox (déstabilisation d'un adversaire en lui fournissant de fausses informations) de tous les instants et de tous les genres. La plus belle désinformation de tous les temps ? Sans aucun doute celle du lieu et du jour du débarquement allié, qui a réussi à leurrer l'armée allemande et, finalement, à la prendre de court. On le voit sans fard : la manipulation de l'information va de pair avec la guerre, elle permet de la faire par d'autres moyens, de la préparer ou de la conduire, mais elle cible la plupart du temps celui qui en est victime comme un ennemi. Elle n'a donc rien de léger et ne doit jamais être prise à la légère.

Reste une hypothèse plus sérieuse encore, celle où l'on en vient à se mentir à soi-même. Dans ce domaine, un nom vient à l'esprit, celui d'un pays martyr et d'un échec majeur de l'Occident. Ce pays, c'est l'Afghanistan. On est encore loin d'avoir tiré toutes les leçons du retrait américain de Kaboul, mais l'une d'elles s'impose : à trop vouloir prouver au monde entier que l'opération de l'Otan en Afghanistan était un succès, les États-Unis ont fini par croire à leurs mensonges et à prendre leur propre propagande pour argent comptant. Les innombrables récits vantant les succès engrangés dans le contrôle du territoire afghan, la formation de l'armée afghane ou la mise en place d'un État afghan, bâtis pour obtenir le financement, considérable, nécessaire à la poursuite des opérations, n'ont-ils pas fini par tromper les décideurs américains eux-mêmes, de même que leurs alliés ?

On sait aujourd'hui, par exemple, que la taille de l'armée afghane était largement surestimée. Que le gouvernement de Kaboul ait menti, on peut à la fois le supposer et le comprendre, puisque les financements comme les équipements dont il bénéficiait étaient directement proportionnels aux effectifs annoncés. Que les États-Unis et l'Otan ne se soient aperçus de rien doit nous conduire à nous interroger. Voulait-on vraiment savoir, savait-on et ne disait-on rien ? Et qui était ce « on » ? La puissance publique ou les innombrables contractants privés qui vivaient de la manne américaine déversée sur l'Afghanistan et n'avaient aucun intérêt ni à ce qu'elle s'arrête, ni à ce qu'elle s'amenuise, ni même à ce que leur mission s'achève par un succès puisque l'afflux financier se serait, lui aussi, interrompu ?

Les effectifs de l'armée afghane étaient donc inexacts, comme l'étaient le nombre de militaires formés, le niveau de violence du pays, l'adhésion des populations ou le contrôle du territoire. Alexandra de Hoop Scheffer du German Marshall Fund, qu'on ne peut soupçonner d'anti-américanisme primaire, y revient dans une tribune publiée par *Le Monde* le 17 août 2021. Elle rappelle aussi les énormités découvertes dans les « Afghanistan Papers », qui avaient fuité dès 2019. Sans doute ce travestissement permanent de la réalité afghane visait-il à justifier le retrait des troupes américaines décidé par Donald Trump. Sans doute fallait-il clamer haut et fort que tout allait pour le mieux dans le meilleur des mondes possibles. Hélas, Joe Biden n'a remis en question ni la décision du retrait ni les prémisses largement faussées sur lesquelles elle se fondait. Zalmay Khalilzad, ancien ambassadeur américain à Kaboul, fut le négociateur du piètre accord conclu avec les talibans, un accord qui ne pouvait mécaniquement conduire qu'à démoraliser l'armée afghane et à l'arrivée des islamistes radicaux au pouvoir. Zalmay Khalilzad, donc, n'a eu de cesse de décrire l'Afghanistan sous les jours les plus rassurants, jusqu'à la chute finale et l'entrée du pays dans le brouillard. Il coule des jours tranquilles, alors que les États-Unis ont sabordé leur crédibilité après avoir fini par croire à leurs propres mensonges.

Au-delà des États-Unis, c'est l'Otan qui a essuyé en Afghanistan son premier et son plus gros échec. Ceux qui avaient critiqué Emmanuel Macron pour avoir dénoncé une Otan « en état de mort cérébrale » confiaient, fin août 2021, qu'il avait peut-être... sous-estimé l'état de délabrement d'une Alliance qui traversait une « *near death experience* ».

Pourtant, l'Otan a largement théorisé sa doctrine en matière d'opérations d'influence. Elles sont formellement divisées en 3 branches[1] :

- la coopération civilo-militaire (CIMIC), destinée à convaincre les populations d'un territoire dominé militairement des bienfaits de cette domination ;
- le *key leader engagement* (KLE), travail d'influence auprès des chefs civils et militaires sur un théâtre donné en valorisant les chefs locaux, les leaders religieux, les acteurs économiques...
- les opérations psychologiques (PsyOps), soit la formulation et la diffusion de messages destinés à créer une perception positive auprès des populations.

Un constat s'impose : en Afghanistan comme en Irak, la pratique a sérieusement mis à mal ces belles théories. On rappellera aussi, pour faire bonne mesure, une différence essentielle entre l'Alliance atlantique et la Russie ou d'autres acteurs : l'Otan a pour principe de ne pas cacher l'origine des messages qu'elle diffuse. En théorie et pour l'essentiel. Car le Commandement central des États-Unis (Centcom) a aussi créé en ligne de nombreux avatars et des faux comptes chargés de diffuser sa propagande. Il a, par exemple, confié à l'entreprise Ntrepid l'opération Earnest Voice, destinée à contrer les narratifs islamistes via des avatars. Il est extrêmement difficile de dire dans quelle mesure la pratique est efficace.

Revenons un instant sur l'élection présidentielle américaine pour la regarder sous un autre angle. On a cherché à savoir si celle de 2020 était une redite de celle de 2016, et si la Russie viendrait à nouveau en soutien à Donald Trump contre son adversaire démocrate. On ne s'attendait pas forcément que ce soit le candidat malheureux, l'ancien président Trump, qui dénonce un vote « volé » ainsi que des ingérences étrangères dans le scrutin. On a tout vu, et plus encore, dans les jours et les semaines qui ont suivi l'élection de novembre 2020, jusqu'à l'assaut du Capitole par des partisans de Donald Trump chauffés à blanc. Tout laisse à penser qu'ils ont été manipulés par le clan républicain lui-même, sans qu'aucune puissance étrangère ait eu cette fois-là à faire quoi que ce soit pour mettre en danger la démocratie américaine.

Pourtant, on apprend aujourd'hui, grâce à la commission d'enquête du Congrès sur l'attaque du Capitole, que Mark Meadows, ancien directeur de cabinet de Trump, a faussement prétendu, dans un PowerPoint envoyé aux parlementaires américains, qu'il y aurait eu des interventions étrangères dans l'élection de 2020. Affirmations sans fondement, car en réalité le processus électoral de 2020 est probablement le plus sûr de l'Histoire, tant il a été surveillé. Phil Waldron, un colonel en retraite, a tout de même recommandé au président Trump de retarder la certification des résultats et de déclarer un état d'urgence national au motif que la Chine se serait servie « d'alliés », notamment du Venezuela, pour gagner en influence et contrôler le système de vote dans au moins vingt-huit États. Tout cela est naturellement totalement farfelu. Le National Intelligence Council, dans son rapport sur les ingérences étrangères dans l'élection de 2020, estime qu'il « n'y a pas de preuve que le Venezuela ait tenté de compromettre les infrastructures électorales. La Russie et l'Iran ont conduit des campagnes d'ingérence assertives mais rien qui a compromis le moindre aspect technique du système lui-même ».

En dépit d'une conclusion sans appel, des délires complotistes ont tout de même eu cours. En Arizona, la présidente du Sénat de l'État a fait appel à une entreprise privée, Cyber Ninjas, pour passer en revue le processus électoral et chercher des preuves d'une intervention de la Chine. Cyber Ninjas est allée jusqu'à rechercher, sans les trouver, des traces de fibres de bambou dans les bulletins de vote, qui auraient signé une forfaiture de Pékin…

Le même ex-colonel Waldron, qui n'aurait jamais dû être pris au sérieux par la Maison-Blanche, a prétendu publiquement que des serveurs basés en Espagne, en Allemagne et au Royaume-Uni avaient manipulé l'élection de 2020. Dans le même ordre d'idées, Meadows a demandé au procureur général Jeff Rosen d'enquêter sur la possibilité que des individus en Italie aient utilisé de la technologie militaire et des satellites pour falsifier le système électoral américain et changer des votes Trump en votes Biden. Voilà pour le folklore, même s'il a fait trembler la démocratie américaine sur ses bases.

D'autres histoires ont finalement fait moins de bruit, alors qu'elles attestaient d'une forme sérieuse d'intrusion américaine dans nos démocraties. Je veux parler de la façon dont la NSA a espionné des personnalités politiques européennes mais, plus encore, du rôle actif que le Danemark a joué pour lui faciliter la tâche. Claus Hjort Frederiksen, ancien ministre de la Défense du Danemark de 2016 à 2019, a ainsi confirmé que les services de renseignement de Copenhague avaient permis à la NSA américaine d'utiliser les systèmes d'écoute des câbles sous-marins pour espionner des dirigeants, dont la chancelière allemande Angela Merkel. Le fait de l'avoir confié à des journalistes à valu à l'ancien ministre d'être mis en examen dans son propre pays. On sait donc maintenant avec certitude qu'avec l'aide du Danemark, les États-Unis ont espionné des dirigeants alliés. On mesure après coup qu'ils étaient sans doute préoccupés par les liens de l'Allemagne avec la Russie. Cette inquiétude ne justifie en rien la méthode employée, ni de la part de Washington ni de celle de Copenhague.

Il faut aussi faire un sort, et nous nous y emploierons sans tarder, à une forme insidieuse de désinformation dont on préfèrerait penser qu'elle n'existe pas ou qu'elle se heurte à des bornes bien précises : celle que des entreprises privées pratiquent sans hésiter contre les institutions de notre espace démocratique. Un exemple me vient à l'esprit et il n'est pas inhabituel, puisque la cible en est l'Union européenne, si commode à blâmer lorsqu'on ne sait pas quoi dire ou que l'on a quelque chose à faire croire. La ficelle a beau être grosse, beaucoup s'en sont emparé au fil des ans et peu sont ceux qui les ont débusqués. On ne sera pas surpris que j'aie envie de m'y employer. Je citerai donc la manœuvre assez grossière à laquelle s'est livrée Lufthansa au début de l'année 2022, lorsque la compagnie aérienne allemande a fait croire qu'en raison d'une disposition de droit européen, elle se trouvait contrainte d'opérer dans l'année 18 000 vols à vide de manière à ne pas perdre ses créneaux dans les aéroports européens. La coupable de cette absurdité ? Le règlement 95/931 de l'Union européenne, sans aucun doute conçu par des technocrates bornés, insensibles au changement climatique.

Sauf que. C'est faux, entièrement. La crise de la Covid ayant eu un impact considérable sur le trafic aérien, l'Union européenne a très rapidement adapté ses règles. Dès mars 2020, la règle d'attribution des créneaux d'aéroports connue sous l'expression « *Use it or lose it* » était suspendue, précisément pour éviter les vols à vide. Elle n'a été rétablie que prudemment, partiellement et de manière flexible. Les données montrent que Lufthansa, dans le nouveau cadre, n'a besoin d'opérer aucun « vol fantôme » et qu'il s'agit de l'unique compagnie aérienne à avoir menacé de le faire, à la différence de toutes les autres. Les annonces de Lufthansa ne reposent donc sur aucune base ni légale ni factuelle. Rien ne l'oblige à voler à vide. Les motifs de la société ne sont pas connus et ils sont probablement à chercher ailleurs. Mais l'image de l'Union européenne a été écornée, à peu de frais et sans raison. Et les opinions publiques ont été manipulées. En Europe, par une entreprise européenne.

Deuxième partie

Haro sur les démocraties !

1

Personne ne sera épargné

Les États-Unis

États-Unis, 2016 : la campagne présidentielle américaine a sans doute été l'une des plus folles, des plus inattendues et des plus observées de l'Histoire récente. Elle a aussi été l'occasion de découvrir que la démocratie la plus puissante du monde pouvait faire l'objet d'une opération étrangère destinée à influencer le résultat d'une élection. Le cas américain n'est pas isolé, mais il est emblématique.

2016, donc. Barack Obama achève son second mandat, le camp démocrate choisit Hillary Clinton et pense, à tort, que la victoire sera facile, face à un nouveau venu en politique, Donald Trump. Mais rien ne va se passer comme prévu. Les démocrates ont choisi une mauvaise candidate, qui incarne ce que beaucoup d'Américains rejettent (l'élite de la côte est, l'arrogance, les petits arrangements). Elle fait une mauvaise campagne, froide, mécanique. L'Amérique des laissés-pour-compte s'entiche d'un richissime héritier, populiste, gouailleur, qui brise les codes et ose tout. On sait qui a gagné, bien que Trump ait recueilli moins de voix que Clinton.

On sait aussi que, pendant la campagne, la Russie n'est pas restée les bras croisés. Le procureur spécial Robert Mueller a, en effet, conclu son enquête en jugeant que la Russie et ses faux-nez avaient interféré « de façon écrasante et systématique » dans l'élection américaine. Il est patiemment parvenu à rassembler de nombreuses pièces du puzzle. Essayons d'en décrire quelques-unes.

Pour l'élection présidentielle de 2016, l'Internet Research Agency de Saint-Pétersbourg, financée par Evgueni Prigojine, a mobilisé sur les réseaux sociaux Facebook et Twitter plus de 4 000 comptes humains et plus de 50 000 bots, atteignant une audience de plus de 150 millions d'Américains. Un investissement aussi massif pouvait avoir deux objectifs : celui de semer la zizanie dans l'opinion américaine et celui de privilégier un candidat. L'un et l'autre ont été poursuivis concomitamment : mettre de l'huile sur le feu chaque fois qu'il était possible de faire la démonstration des faiblesses supposées du modèle démocratique et, en même temps, privilégier le candidat le plus novice, en l'occurrence Donald Trump. Bien sûr, le ministre des Affaires étrangères, Sergueï Lavrov, nie toute implication de Moscou. En octobre 2017, il déclare : « Sans la moindre preuve, nous sommes, comme vous le savez, accusés de nous être immiscés non seulement dans l'élection américaine, mais aussi dans des élections en Europe. En règle générale, il n'y a pas de limite aux fantasmes[1]. »

Pourtant, en ce même mois d'octobre 2017, l'ancien directeur de la campagne de Donald Trump, Paul Manafort, et son adjoint, Rick Gates, ont plaidé coupable et avoué avoir menti au FBI sur leurs contacts avec la Russie. Ils ont été inculpés de blanchiment et d'autres délits découlant de leurs liens avec des politiciens ukrainiens prorusses. Un autre ancien conseiller de la campagne de Trump, George Papadopoulos, a plaidé coupable : il avait bel et bien cherché à salir la candidate démocrate Hillary Clinton avec l'aide de la Russie. Un peu plus tard, l'avocat néerlandais Alex Van der Zwaan, proche de Paul Manafort, est condamné à trente jours de prison et à 20 000 dollars d'amende pour faux témoignage. Gendre d'un oligarque, il est proche de l'ancien président ukrainien russophile Viktor Ianoukovitch.

Pourquoi la Russie s'est-elle engagée contre Hillary Clinton et en faveur de Donald Trump ? Sans doute les autorités russes voulaient-elles éviter une présidente qui connaissait de près les affaires internationales et préféraient-elles un nouveau venu avec lequel les oligarques entretenaient déjà de nombreux contacts. Était-ce un motif suffisant pour que Moscou ait la main aussi lourde et dépense autant d'énergie à tenter d'influer sur un scrutin démocratique ? Il faut croire que oui.

En 2018, le procureur spécial Robert Mueller inculpe treize agents du renseignement russe et trois entités pour ingérence dans la présidentielle de 2016. Parmi eux, Prigojine est considéré comme le financier et soupçonné d'avoir dépensé plusieurs millions de dollars. L'opération a été menée par des individus sous de fausses identités, diffusant en masse des messages sur tous les sujets les plus clivants. Certains ont même organisé des meetings politiques aux États-Unis en se faisant passer pour Américains.

Le président Vladimir Poutine s'est alors essayé à un coup de bluff, en proposant à Donald Trump, lors d'une conférence de presse commune à Helsinki en juillet 2018, que Washington interroge les agents mis en cause, mais en Russie et à la condition expresse que Moscou puisse, « en réciprocité », interroger des responsables américains soupçonnés par la Russie d'activités « illégales ». Comme toujours avec le Kremlin, tout se vaut. Dès qu'une action contestable risque de lui être attribuée, le contre-feu est prêt et la Russie dénonce sans tarder un agissement prétendument comparable de la part des États-Unis. La ficelle est très grosse, mais Moscou s'y raccroche. C'est le moment que choisit Donald Trump pour affirmer, au côté de Vladimir Poutine, qu'aucune collusion pendant la campagne électorale n'a conduit à sa victoire. Vladimir Poutine a eu raison de bluffer.

Au même moment pourtant, des responsables de Facebook reviennent sur la campagne de 2016 et dénoncent l'existence sur leur réseau de manipulations coordonnées de l'information par un acteur étranger, sans nommer directement la Russie.

Donald Trump, lui, a tout fait pour discréditer l'enquête de Robert Mueller, brandissant, en juillet 2018, le soupçon de « conflit d'intérêts », criant à la chasse aux sorcières et dénonçant un « canular total ». Il va jusqu'à demander en août de la même année au ministre de la Justice de mettre un terme à l'enquête.

Le 19 octobre 2018 tombe pourtant un communiqué du département de la Justice américain : « L'objectif stratégique de ce complot présumé, qui se poursuit encore, est de semer la discorde dans le système politique américain et de saper la confiance en nos institutions démocratiques. » L'approche des élections de mi-mandat américaines de 2018 n'a pas de quoi rassurer en matière d'ingérence. S'ensuit l'inculpation d'Elena Khousainova, accusée d'avoir été la comptable d'une opération de guerre informationnelle baptisée projet Lakhta, financée une fois encore par Prigojine. Des activistes ont été rémunérés, des publicités sur les réseaux sociaux achetées, des milliers de faux comptes créés. Les thèmes clivants utilisés pour enflammer le débat n'ont pas manqué : immigration, contrôle des armes à feu, deuxième amendement, drapeau confédéré, tensions raciales, LGBT, droits des femmes. En tout, de 2016 à 2018, trente-cinq millions de dollars ont été dépensés.

C'est donc peu dire que la préparation de la présidentielle de 2020 s'est déroulée dans un climat de tension et d'extrême vigilance. On sait maintenant que les médias russes ont dépensé plus de 146 millions de dollars aux États-Unis entre 2016 et 2021. Encore ne s'agit-il que des chiffres transmis par ces médias au département américain de la Justice au titre de la loi sur l'enregistrement des agents étrangers. Le département d'État a identifié de son côté trois sites de désinformation en ligne, naturellement non déclarés au titre de la loi précitée, dirigés par les services de renseignement russes et diffusant des infox sur la Covid et les vaccins. Le Global Engagement

Center, outil des services diplomatiques américains, a cité, le 7 mars 2021, News Front, New Eastern Outlook et OrientalReview comme étant ces trois sites. Auditionné devant le Congrès, le directeur du FBI, Christopher Wray, témoigne que la Russie conduit une campagne d'ingérence « très active ».

Elle n'est pas forcément la seule. En octobre 2020, John Ratcliffe, directeur du renseignement national, avertit que la Russie et l'Iran cherchent activement à influencer le résultat des élections. À en croire Ratcliffe, qui ne fournit toutefois pas de preuves, l'Iran aurait acquis les données d'électeurs (certaines sont publiques) et les aurait utilisées pour envoyer des mails de menaces semblant venir des Proud Boys, un groupe suprémaciste blanc soutien de Trump. Ces mails auraient visé des électeurs démocrates en Alaska et en Floride, et les auraient enjoints à voter pour Donald Trump. Rien ne permet cependant de comprendre comment et pourquoi l'Iran aurait agi de la sorte. Ses capacités sont, en effet, loin d'égaler celles de la Russie et de la Chine. On ignore également sur quelles bases le renseignement américain attribue cette campagne à l'Iran. En réalité, il est tout à fait possible que le seul objectif poursuivi soit, une fois encore, de semer la discorde dans le débat américain, non de décider du résultat de l'élection.

La France

Revenons en France. On sait maintenant que notre pays constitue une cible de choix pour des interventions russes. Evgueni Prigojine et son réseau autour de l'Internet Research Agency nous portent, semble-t-il, un intérêt particulier. On prétend que Dzheykhun Aslanov, un ressortissant russe d'origine azérie connu sous le surnom de JayZ, suivrait plus particulièrement la France pour l'entreprise de désinformation de Saint-Pétersbourg. Outre-Atlantique, il est en tout cas déjà sous sanctions pour ingérence dans les élections américaines et recherché par le FBI.

C'est l'élection présidentielle de 2017 qui a permis à l'usine de trolls de Saint-Pétersbourg de donner sa pleine mesure en participant allègrement au débat politique français sous de fausses identités et via de faux comptes. Afin d'enflammer les conversations et de favoriser les opinions extrémistes, il fallait bien choisir ses sujets. Ce fut fait et l'on ne sera pas surpris d'apprendre que les mots-clés utilisés par les trolls russes en France furent les suivants : « arabe », « noir », « féminisme », « football », « gay », « vert », « gauche », « islam », « droite », « extrême droite ».

Spécialisé en communication politique, Nicolas Vanderbiest a procédé à une analyse des 800 sites les plus visités et de 8 millions de liens partagés entre novembre 2016 et avril 2017 en France, en relation avec l'élection présidentielle. Il n'identifie qu'une influence étrangère, une seule, celle de la Russie[2].

Il est vrai que les médias officiels russes ont donné le ton : le 4 février 2017, un article de Sputnik présente Emmanuel Macron comme un « agent des États-Unis » soutenu par un « lobby homosexuel très fortuné ».

Trolls russes déchaînés, médias russes offensifs, la panoplie n'est pas tout à fait complète. Le site américain de lutte contre la désinformation Mother Jones décrit également, sous la plume de Josh Harkinson, la « Légion étrangère de trolls d'extrême droite américains au service de Marine Le Pen » dans l'élection de 2017. À l'en croire, le soutien à Marine Le Pen sur les réseaux sociaux provient, entre autres, de partisans de Donald Trump très actifs sur des plateformes comme 4chan, Reddit, Discord et d'autres forums en ligne. Dans un fatras de fausses identités et de faux comptes, ils caricaturent Emmanuel Macron en marionnette de financiers juifs, prêt à faire souffrir les travailleurs et à capituler devant les terroristes islamistes. Ils inondent Internet de messages favorables à Marine Le Pen et se font si peu discrets que Facebook en vient à bannir 30 000 comptes. Mais avant d'être sortis de la plateforme, ils ont eu le temps d'y laisser des traces. Ainsi de la fausse rumeur d'un compte bancaire caché d'Emmanuel Macron aux Bahamas : elle démarre deux heures exactement avant le dernier débat télévisé entre les candidats, le 3 mai 2017, sur le forum américain 4chan, via un internaute ayant une adresse IP en Lettonie. Elle rebondit au travers du compte d'un pirate américain néonazi. Plus de 7 000 comptes Twitter pro-Trump reprennent la fausse rumeur et l'amplifient dans l'instant. Deux heures plus tard, en plateau et devant les caméras, Marine Le Pen y fait allusion. Qui a donné l'ordre de lancer l'infox, qui l'a fait circuler, avec quels moyens ? On aimerait en savoir plus sur l'itinéraire d'une *fake news* propagée à travers le monde pour servir une candidate prétendument patriote et attaquer un candidat accusé d'être le chantre de la mondialisation.

On reparlera plus loin dans ce livre de ce qu'on a appelé les MacronLeaks. On se contentera de rappeler que plusieurs tentatives de *phising*[3] de la campagne d'Emmanuel Macron ont eu lieu dès le début de l'année 2017. Le 5 mai 2017, juste avant la clôture de la campagne officielle, des documents internes aux soutiens d'Emmanuel Macron sont postés sur Pastebin et 4chan, et repris immédiatement par des comptes pro-Trump, sans doute des bots, puisque certains comptes ont twitté 150 fois en une heure. Parmi les documents diffusés, de vrais échanges de messages entre bénévoles de la campagne, mais aussi de faux documents.

Qui est à l'origine du piratage ? Difficile à dire. Beaucoup d'experts en cybersécurité regardent vers APT28, un groupe de hackers russes. Des faisceaux d'indices ont été rassemblés, mais une attribution pure et simple est toujours délicate. Une chose est sûre : il fallait des moyens financiers importants pour mener à bien une cyberattaque de cette envergure. La France n'a jamais désigné formellement les commanditaires. Mais l'influence étrangère sur l'élection est, elle, avérée.

À Versailles, le 29 mai 2017, à l'occasion de la première visite officielle de Vladimir Poutine sous son premier mandat, Emmanuel Macron revient sur l'attitude des médias d'État russes en France et met publiquement les choses au clair : « J'ai toujours eu une relation exemplaire avec les journalistes étrangers, encore faut-il qu'ils soient journalistes, répond-il à la directrice de RT France qui l'interroge. Quand des organes de presse répandent des contrevérités infamantes, ce ne sont plus des journalistes, mais des organes d'influence. »

Il est vrai que la ligne éditoriale de RT France se résume assez facilement : faire passer la France pour un pays au bord de l'explosion. « Si des gens ne sont pas contents, c'est très bien. Si en plus ils tapent sur Macron, c'est encore mieux », d'après un ancien journaliste de RT France[4]. Chaque jour, la chaîne couvre toutes les manifestations qui se déroulent dans notre pays, quelles qu'elles soient. La crise des Gilets jaunes va être son Graal.

Pendant les Gilets jaunes, l'audience de RT en France explose. D'après le mouvement citoyen Avaaz, les reportages de RT sur les Gilets jaunes postés sur YouTube sont vus plus de vingt-trois millions de fois, le double de l'audience cumulée du *Monde*, du *Figaro*, de *L'Obs* et du *Huffington Post* sur le même sujet. L'audience de la chaîne russe double entre l'automne 2018 et juin 2019. Tout y passe : reportages dans les manifestations, plateaux où les figures marquantes des Gilets jaunes ont micro ouvert sans contradicteur, critique constante de la réponse du gouvernement français ; pas de doute, RT a choisi son camp. C'est devenu une chaîne de combat.

À mesure que l'élection présidentielle française de 2022 approche, les médias russes multiplient leurs attaques contre Emmanuel Macron. Pour l'agence de presse officielle RIA Novosti, il est « aux mains de la finance mondiale et des Américains », comparé à « une escort girl de luxe qui comprend ce qu'on attend d'elle et quand[5] ». On admire la finesse et l'impartialité de ce qui essaye encore de se faire passer pour une agence de presse et on note l'écho de ces attaques d'une rare violence dans le discours de manifestants contestataires français.

Au cours de l'année 2021, la Russie applique à la campagne française à venir la même recette qu'à la campagne allemande en cours : utiliser la pandémie de Covid et attiser la défiance vaccinale d'abord, la réticence au pass sanitaire ensuite. Les médias d'État russes se mettent à marteler des messages hostiles à la politique gouvernementale de lutte contre la Covid. Ainsi, en janvier et février 2022, sur YouTube, dix-neuf des vingt vidéos les plus regardées de RT France et de Sputnik France critiquaient les vaccins ou la politique de santé du gouvernement, en particulier le pass vaccinal. Sur Twitter, neuf des dix tweets en provenance des mêmes médias les plus retwittés étaient critiques des vaccins et des laboratoires – dont, notamment, un tweet de désinformation prétendant que le taux d'infection à la Covid était le plus élevé dans les pays les plus vaccinés. *Idem* sur Facebook où la politique de santé publique française était décrite comme une forme de « totalitarisme » ou de « répression » imposée par « la classe dirigeante ».

Or l'audience de RT France sur Facebook n'avait rien de marginal. Elle était du même ordre que celle de CNews ou de France Inter, et se situait très loin devant tous les autres médias publics étrangers en matière d'engagement sur Twitter ou YouTube début 2022.

Les médias russes étaient-ils les seuls à tenir de tels propos ? Bien sûr que non. Ont-ils été à l'origine du mouvement de défiance vaccinale constaté en France ? Pas que l'on sache. Mais ce qui ne fait aucun doute, c'est qu'ils se sont activement employés à l'amplifier, entrant ainsi de plain-pied dans une forme d'ingérence. On notera d'ailleurs que nombre d'internautes militants contre la politique sanitaire du gouvernement se sont brutalement réorientés pour soutenir l'invasion russe et critiquer l'Ukraine. On n'oubliera pas non plus ces propos tenus par Christophe Deloire, secrétaire général de Reporters sans frontières, dans une émission de France Culture en juin 2021 : « Je peux témoigner, pour l'avoir vu, que les chaînes de télévision françaises ont pris des décisions éditoriales liées à la concurrence que représentait RT. Les dirigeants, en privé, le reconnaissaient : oui, j'ai fait ce choix éditorial parce qu'à défaut, RT aurait gagné du terrain et je ne pouvais pas les laisser faire. » Ainsi, un instrument de diffusion de la propagande russe est parvenu à se faire passer pour un média comme un autre, avec lequel il fallait se mettre en concurrence.

De son côté, la Chine s'est tenue soigneusement à distance de la campagne électorale française, même si sa diaspora a sans aucun doute été encouragée à voter.

Pékin préfère réserver ses attaques contre quiconque, parlementaire, journaliste, activiste ou chercheur, s'intéresse aux questions qu'elle juge sensibles, du sort des Ouïghours à Hong Kong, en passant par Taïwan.

Reste un autre acteur qui, lui, s'immisce sans hésitation dans la vie politique française : la Turquie, qui brandit chaque fois que cela l'arrange les reproches en « islamophobie » contre la France, que ce soit par les canaux officiels turcs, les médias ou les intermédiaires sensibles au discours d'Ankara. Les relais communautaires turcs établis et entretenus en France sont actionnés chaque fois que la Turquie juge utile de pousser dans le sens de ses intérêts le débat politique français. Les angles sont souvent les mêmes que ceux de la chaîne qatarienne Al Jazeera et sa déclinaison francophone et « jeune » sur le Net, AJ+ : procès intenté en islamophobie supposée de la société française, faits divers montés en épingle, question du voile ou du vêtement musulman régulièrement brandie en étendard identitaire...

L'Allemagne

En Allemagne, les médias officiels turcs s'attachent aussi à couvrir la diaspora et à traiter favorablement des partis politiques dont ils se sentent proches. C'est ainsi que le parti de niche Team Todenhöfer a fait l'objet d'une couverture médiatique complètement disproportionnée de la part de TRT Deutsch, la filiale en allemand de la télévision publique turque. Il faut dire que son leader, l'ancien membre de la CDU Jürgen Todenhöfer, avait choisi de faire campagne en faveur d'un rapprochement de l'Allemagne avec la Russie et la Turquie. Il a été encensé par les médias turcs, alors que les autres partis s'attiraient des commentaires très négatifs, en particulier les Verts, en particulier leur candidate Vanessa Rashid, d'origine kurde. Tout parti ayant des relations amicales avec les Kurdes est ainsi exposé à la vindicte des médias officiels turcs, qui ont aussi « noté » les groupements politiques et les candidats en fonction de leurs positions sur l'islam.

Comme la France, l'Allemagne a aussi eu les honneurs de la Russie, qui s'est employée de longue date à y exercer son influence. Hommes politiques, hommes d'affaires, syndicalistes, anciens citoyens d'Allemagne de l'Est... La Russie a entretenu pendant des décennies un réseau destiné à s'attirer la bienveillance de l'Allemagne, avec un succès certain. Cependant, à partir de l'annexion russe de la Crimée, Moscou a redoublé d'ardeur pour garder les réactions de Berlin sous contrôle. Première occasion : l'arrivée massive des réfugiés syriens. La Russie n'a pas tardé à surfer sur l'inquiétude ou l'incompréhension d'une partie de la population allemande pour chercher à fracturer le pays.

C'est ainsi que l'« affaire Lisa » a été inventée de toutes pièces. En janvier 2016, une adolescente de 13 ans, appartenant à la minorité des Russlanddeutsche, les Russes allemands, disparaît pendant trente heures. Puis elle ressurgit, prétend avoir été enlevée, frappée et violée par trois hommes d'origine « méridionale ». La Russie répercute et amplifie l'information, sur la première chaîne de télévision publique nationale, puis à l'international sur Sputnik et RT Deutsch. Sur les réseaux sociaux, l'histoire est largement relayée par des groupes d'extrême droite. Via Facebook, des manifestations sont organisées, regroupant des Allemands d'origine russe et des néonazis. Sergueï Lavrov accuse publiquement les autorités allemandes de ne pas jouer franc-jeu sur l'état d'insécurité du pays causé selon lui par l'arrivée massive de demandeurs d'asile. Sur l'affaire Lisa, il blâme le politiquement correct, met en cause la compétence de la police et de la justice allemandes. Finalement, l'enquête démontre que Lisa a tout inventé pour couvrir une fugue. Le mensonge d'une adolescente a donc été cyniquement exploité pour mener une campagne de désinformation, organiser des manifestations, exciter les extrêmes et créer de toutes pièces une tension diplomatique entre la Russie et l'Allemagne.

Puis, en 2017, plusieurs cyberattaques ont lieu pendant les élections législatives, que les services de sécurité allemands parviennent à contrer. Le directeur de l'agence de renseignement intérieur déclare à cette occasion : « Nous reconnaissons là une campagne dirigée par la Russie. Nos homologues tentent d'obtenir des informations pouvant être utilisées pour des opérations de désinformation ou d'influence. »

À l'approche de la fin de l'ère Merkel, au vu des incertitudes qui en découlaient, Moscou a choisi de s'intéresser de près aux élections allemandes de 2021. Aussi la chaîne RT DE (anciennement RT Deutsch) s'est-elle mise en ordre de bataille et activement mobilisée. Pendant l'année 2021, selon Thomas Schnee, correspondant de Mediapart à Berlin, RT DE est passée de 100 à 200 salariés. Son créneau éditorial ? Une autre manière de traiter l'information, les chaînes publiques allemandes étant moquées comme ennuyeuses à mourir. 80 % des contenus diffusés par RT DE ont alors concerné l'Allemagne et non la Russie. Ils étaient presque toujours négatifs. Le 26 juillet 2021, Dinara Toktosunova, rédactrice en chef de RT DE, triomphait : sa chaîne avait recueilli 21,3 millions de vues sur YouTube sur un mois, devant les médias allemands[6].

Pour Susanne Spahn, historienne et journaliste, autrice de plusieurs études sur les médias russes en Allemagne, le discours présenté suivait invariablement le même schéma : « Les démocraties sont en panne. Les élites politiques occidentales sont déconnectées de la réalité et/ou corrompues. Le système capitaliste produit essentiellement de la pauvreté et de la contestation sociale et se trouve au bord de la faillite. Pour mieux se dédouaner, la plupart des dirigeants occidentaux soignent aussi une russophobie maladive », décrypte-t-elle. Parmi les sujets les plus traités : le complotisme, l'immigration, l'insécurité et, bien sûr, la défiance vaccinale, encouragée et amplifiée par les médias d'État russes et qui a rencontré un certain succès en Allemagne, mettant en difficulté plusieurs candidats à la succession d'Angela Merkel. RT DE a ainsi été le principal producteur de contenu antivax en Allemagne en 2021, au point que, le 28 septembre 2021, de son propre chef, YouTube décidait de ne plus diffuser les vidéos de RT Deutsch, accusées de propager de la désinformation médicale, notamment un contenu très repris en vertu duquel les vaccins Pfizer auraient tué plus de personnes qu'ils n'en auraient protégées. La présidente de RT, Margarita Simonyan, s'est insurgée contre une « censure politique », alors que la décision était prise par une plateforme privée. À propos de politique, RT DE a clairement montré ses préférences pour le parti d'extrême droite AFD et, à l'extrême gauche, pour Die Linke, la cible favorite de la chaîne russe étant les Verts en raison notamment de leur opposition déclarée au projet de gazoduc Nord Stream 2.

RT DE a également essayé de raviver la peur des mouvements migratoires à la faveur du retrait américain d'Afghanistan et de la victoire des talibans à Kaboul. La chaîne n'a toutefois pas réussi à retrouver l'atmosphère qui avait entouré l'arrivée en masse de réfugiés syriens et l'épouvantail migratoire n'a pas effrayé grand monde. Elle a aussi tenté de miner la confiance de ses téléspectateurs dans le processus électoral lui-même, prétendant que l'OSCE ayant diminué la taille de son équipe dédiée aux élections allemandes, les risques de fraudes ou d'irrégularités seraient considérables. Vous trouvez ça un peu gros ? Plus encore que vous ne le pensez, puisqu'en réalité l'équipe de l'OSCE avait augmenté pour passer de trois à quatre experts, sans pour autant qu'il y ait eu le plus petit motif d'inquiétude sur la capacité des autorités allemandes à tenir des élections libres et équitables. Qu'à cela ne tienne, la chaîne russe a cherché partout les confirmations de ses craintes et monté en épingle l'affichage, par erreur, de projections de résultats par la chaîne allemande ARD ou une irrégularité mineure dans un bureau de vote de Göttingen comme preuves que des fraudes étaient en cours. Les reportages de RT DE ne sont pas restés inaperçus. Ils auraient généré plus de vingt-deux millions d'interactions sur Facebook.

Pendant ce temps, d'après le *Spiegel*, un groupe de hackers baptisé Ghostwriter, qui serait affilié au GRU, aurait hacké sept membres du Bundestag et trente et un députés des parlements des Länder allemands, en particulier les membres des groupes conservateur et social-démocrate. Ces « vagues de cyberattaques » rappellent bigrement les opérations prêtées au groupe russe Fancy Bear (APT28), qui avaient neutralisé les ordinateurs du Bundestag pendant plusieurs semaines en 2015. Peu de temps avant l'élection, le ministère des Affaires étrangères (Auswärtiges Amt) demandait formellement à la Russie de cesser ces cyberattaques et le président du Bundestag d'alors, Wolfgang Schäuble, exprimait son inquiétude sur les risques d'une ingérence étrangère massive dans le processus électoral.

Rien de tout cela ne s'est vraiment produit. Les élections se sont déroulées normalement et sans contestation. Pour autant, le poison de la défiance vaccinale et de la contestation de la politique sanitaire des Länder a été encouragé et soigneusement entretenu par les médias russes et a contribué à affaiblir le moral des Allemands tout en discréditant certains responsables politiques.

Après le scrutin, le ton est finalement monté entre RT DE et le régulateur allemand en raison de l'illégalité de la licence de diffusion serbe obtenue par RT. Margarita Simonyan, patronne de RT, a réagi à l'interdiction de diffusion décidée par le régulateur allemand par un commentaire laissant entendre qu'elle n'avait pas l'intention de s'y plier. Les autorités russes ont, quant à elles, agi en représailles en stoppant la diffusion de la Deutsche Welle en Russie.

Finalement, les sanctions décidées par l'Union européenne contre la Russie après l'invasion de l'Ukraine ont inclus la suspension de RT et de Sputnik sur l'ensemble du territoire européen.

On peut se douter que la première puissance économique d'Europe intéresse aussi la Chine. Les liens économiques et commerciaux sont puissants et Angela Merkel n'a jamais caché son souhait d'entretenir les meilleures relations possibles avec Pékin dans l'intérêt des entreprises allemandes. Même les syndicats d'outre-Rhin se montrent peu regardants lorsqu'il s'agit de soutenir un accord d'investissement avec la Chine, malgré la persistance du travail forcé. Le terrain est donc plutôt favorable pour Pékin, qui n'avait pas beaucoup à craindre de la diplomatie allemande, au moins jusqu'à l'arrivée des Verts dans la coalition. Cela n'a apparemment pas empêché les services chinois d'essayer de recruter des personnalités allemandes, ce que Berlin a fini par découvrir et dénoncer : en 2017, d'après les autorités allemandes, les services chinois ont ainsi utilisé LinkedIn et d'autres réseaux sociaux pour cibler plus de 10 000 personnes, notamment des parlementaires et des fonctionnaires, en se faisant passer pour des responsables de think-tanks ou des chasseurs de tête, et en les invitant à des voyages en Chine tous frais payés pour rencontrer des clients influents. C'est ce qu'on appelle un arrosage large, dont on ignore s'il a été efficace.

L'Italie

L'Italie n'est pas en reste, à en croire un rapport du Comité mondial pour l'État de droit Marco Pannella[7], préparé conjointement avec le centre de recherche spécialisé tchèque Sinopsis et publié en novembre 2021, qui qualifie la classe politique de notre voisin de « proie facile » pour les opérations d'influence chinoises. D'après les auteurs, des années d'investissement dans une kyrielle d'associations d'amitié sino-italiennes ont permis à Pékin « d'enrôler des personnalités de premier plan » et « la diffusion de messages de propagande qui cachent les violations sérieuses des droits humains en Chine ». La campagne, entamée depuis longtemps, s'est accélérée à la faveur de l'arrivée du Mouvement 5 étoiles sur la scène politique italienne, qui a fortement poussé pour que l'Italie rejoigne l'initiative chinoise controversée « One Belt One Road », qu'on appelle en français les nouvelles routes de la soie. Mais tous les partis politiques italiens sans exception sont visés par ces opérations d'influence. L'Institut pour la culture chinoise sert de paravent à ces opérations dirigées vers la classe politique transalpine. Il a été créé par l'ambassade de Chine à Rome avec le soutien d'un membre du parti démocrate, et réunit une centaine de parlementaires italiens, souvent de très haut niveau. Les résultats sont au rendez-vous des efforts consentis : Vito Petrocelli, qui présidait à la fois l'Institut et la commission des Affaires étrangères du Sénat italien, n'hésite pas à mettre en doute la persécution que subissent les Ouïghours en Chine[8]. Pendant ce temps, les investissements chinois dans les secteurs stratégiques italiens se sont multipliés, du port de Gênes à celui de Trieste, et dans d'innombrables entreprises.

Le Royaume-Uni

Pourquoi s'en tenir à l'Italie ? Le Parlement britannique ne méritait-il pas lui aussi toute l'attention de la Chine ? Si, bien sûr. Début janvier 2022, les parlementaires ont été avertis qu'une ressortissante chinoise du nom de Christine Lee, soupçonnée d'être un agent chinois, se livrait à des activités d'ingérence politique pour le compte de Pékin. L'avertissement, tout à fait exceptionnel dans sa forme, est venu du MI5 et a été transmis par le président (*speaker*) de la Chambre des communes, Lindsay Hoyle. Juriste, Christine Lee avait financé le député travailliste Barry Gardiner, porte-parole de son parti sur les questions de commerce international à hauteur de 180 000 livres et l'avait convaincu de recruter son fils. Elle avait aussi financé d'autres parlementaires, pour un montant total de 650 000 livres, sans dire ouvertement que l'argent qu'elle leur avait versé venait de Pékin ou de Hong Kong. De son côté, Downing Street avait distingué Christine Lee comme une bénévole exceptionnelle en raison de son engagement dans son association, British Chinese Project. Elle avait réussi en réalité à s'introduire auprès de tous les partis et à frapper à toutes les portes. L'ambassade de Chine à Londres a vivement protesté contre la mise en cause du rôle de Christine Lee, considérant qu'il s'agissait d'une campagne « de dénigrement et d'intimidation contre la communauté chinoise au Royaume-Uni ».

Les institutions européennes

Et il y a, bien sûr, les institutions européennes, qui aujourd'hui en prennent conscience, mais il leur a fallu beaucoup de temps. Ce qui se passe et se décide à Bruxelles intéresse, inquiète ou déplaît à la plupart des régimes autoritaires. L'Union européenne présente à leurs yeux plusieurs défauts irrémédiables : elle permet à vingt-sept pays de faire front, de plus en plus, face aux grands défis de notre temps, du changement climatique à la Covid en passant par l'influence économique de la Chine ou la guerre en Europe. Divisés, les mêmes vingt-sept pays ne pourraient que subir les événements, certainement pas avoir prise sur eux. Pire encore, ils agissent en respectant et en promouvant les grands principes démocratiques et vont jusqu'à dénoncer les violations des droits humains là et quand elles se produisent. Autant dire qu'investir Bruxelles, savoir ce qui s'y prépare et tenter de l'influencer est depuis un moment l'obsession de Moscou, mais aussi de Pékin, voire de Bakou ou d'autres régimes peu démocratiques.

Il faut bien admettre que, longtemps, les institutions européennes ont totalement occulté les risques de sécurité auxquels elles étaient exposées et la nécessité de les traiter. Ainsi, le 20 novembre 2020, le journaliste néerlandais Daniël Verlaan a-t-il très facilement infiltré une visioconférence organisée pendant la Covid entre ministres de la Défense européens. Comment a-t-il fait ? Un jeu d'enfants. La ministre néerlandaise Ank Bijleveld s'était, en effet, prise en photo en train de participer à la conférence et avait posté son cliché sur les réseaux sociaux, sans prendre garde qu'on pouvait y lire très distinctement le login et le mot de passe nécessaires pour se connecter à la réunion. Daniël Verlaan a donc tenté sa chance et constaté, incrédule, qu'il avait rejoint une réunion confidentielle. Dénué de toute intention malveillante, il a immédiatement signalé sa présence en ligne. L'arrivée du journaliste sur l'écran a donné lieu à cette intervention de Josep Borrell, haut représentant à la politique étrangère de l'Union européenne, qui présidait la rencontre : « Comment allez-vous ? [*Rires.*] [...] Vous savez que vous êtes entré dans une réunion secrète, c'est un délit, hein ? Ce serait mieux de partir rapidement, avant que la police n'arrive ! »

Tout est affligeant dans cet épisode, mais au moins les failles de sécurité de l'Union européenne ont-elles été exposées au grand jour. Comme le dit le journaliste : « J'ai moi-même été un peu choqué que cela fonctionne. Je ne m'attendais pas à ce qu'il n'y ait pas d'autre forme de sécurité et de validation. »

Ce fut pour moi l'occasion de tirer un grand coup la sonnette d'alarme. J'ai écrit, le 27 novembre, à Josep Borrell, avec qui j'entretiens de très bonnes relations : « Cet épisode constitue un point d'alerte majeur pour la sécurité et la crédibilité des institutions européennes. Il pose la question de la sécurité des lignes, de la vulnérabilité de nos infrastructures internes et de la capacité plus générale de nos institutions à protéger les échanges d'information de la plus haute sensibilité. »

En mars 2022, deux groupes de hackers liés à la Chine prenaient pour cible des diplomates travaillant dans les institutions européennes sur la guerre en Ukraine en leur adressant des courriels de *phising*. Google a identifié ces groupes comme étant Mustang Panda et RedDelta ; le mail infecté avait pour titre : « Situation aux frontières de l'Union européenne avec l'Ukraine ».

Depuis, des mesures ont été prises, dans l'ensemble des institutions européennes. Il reste qu'à Bruxelles, les bureaux de l'état-major européen sont situés en face des représentants des douanes russes. La Chine s'est installée devant le bâtiment qui abrite le Service européen d'action extérieure que dirige Josep Borrell. À Paris ce n'est guère mieux, puisque la cathédrale russe voulue par Vladimir Poutine jouxte les logements du Quai Branly dévolus aux collaborateurs du président de la République, que le centre culturel chinois est à une encablure du ministère des Affaires étrangères et que l'ancien ministère de la Défense boulevard Saint-Germain, où le ministre des Armées à toujours ses quartiers, est devenu la propriété d'un fonds qatari.

On peut en rire. On peut épouser l'optimisme tout britannique de Theresa May qui déclarait en novembre 2017 à Londres : « J'ai un message très simple pour la Russie ; nous savons ce que vous faites. Vous n'y arriverez pas parce que vous sous-estimez la résistance de nos démocraties, la capacité d'attraction des sociétés libres et ouvertes, ainsi que l'engagement durable des nations occidentales envers les alliances qui les unissent[9]. » On peut aussi s'inquiéter de ce sur quoi alertait la même année la Stratégie nationale sur la sécurité des réseaux et des systèmes d'information de la Suède qui soupçonnait la Russie d'opérations d'ingérence visant à « semer la discorde, créer de l'incertitude et influencer les processus de décision ».

2

La nuit est tombée à l'est

> « La philosophie nous enseigne à douter de ce qui nous paraît évident. La propagande, au contraire, nous enseigne à accepter pour évident ce dont il serait raisonnable de douter. »
>
> Aldous Huxley,
> *Retour au meilleur des mondes.*

Retour en Ukraine

Cela paraît facile à écrire aujourd'hui, pourtant c'est une réalité ancienne et, pour moi, une conviction bien ancrée : c'est en Ukraine que tout a commencé. Bien malgré elle, depuis son indépendance et plus encore à partir de la révolution de Maïdan en 2014, l'Ukraine est devenue pour la Russie la mère de toutes les batailles. Avant même la guerre déclenchée par Vladimir Poutine, Kiev a été pendant des années la cible d'opérations russes de toutes sortes. Déjà, pendant huit ans, alors que les affrontements n'avaient jamais cessé au Donbass, la population ukrainienne avait fait preuve d'une extraordinaire résilience face aux salves des campagnes de désinformation, de cyberattaques, de guerre des nerfs et de guerre tout court.

Quelques retours en arrière permettent de mesurer à quel point les services russes se sont acharnés depuis des années sur l'Ukraine et comment Moscou s'est en quelque sorte « fait la main » en expérimentant chez son voisin méridional des méthodes qui ont ensuite été reproduites ailleurs.

Souvenons-nous de la révolution de Maïdan en 2014 : les Ukrainiens de Kiev n'en peuvent plus d'être restés depuis leur indépendance une sorte de protectorat russe, et veulent pouvoir librement se tourner vers l'Europe. Ils descendent dans la rue. Le président Ianoukovitch ordonne de réprimer les manifestations. 82 morts plus tard, il fuit Kiev et le Parlement le destitue. La Russie s'inquiète, allume des contre-feux en Crimée et dans le Donbass, on sait ce qu'il en adviendra. À Kiev, le jour même de l'élection présidentielle anticipée, le groupe de hackers russes CyberBerkut s'introduit dans le réseau informatique central du ministère de l'Intérieur, en prend brièvement le contrôle et fait croire que le candidat d'extrême droite a gagné, alors même que son score réel n'est que de 0,7 %. Ce n'est qu'une heure avant l'annonce officielle des résultats que l'opération malveillante est détectée. On objectera que ce piratage a échoué et qu'il n'est pas, de loin, ce qui est arrivé de plus grave à l'Ukraine depuis 2014. On aura raison s'agissant de la vision générale de l'histoire de l'Ukraine, mais on aurait tort de sous-estimer la guerre informationnelle que la Russie mène à son voisin et combien elle fait partie de la guerre tout court. On devra aussi se souvenir que, dès 2014, Moscou affirme que l'Ukraine est sous la coupe de groupes « néonazis ». Huit ans plus tard, la « dénazification » est un des prétextes agités par Vladimir Poutine pour justifier l'invasion de son voisin.

Le Centre d'excellence de l'Otan sur la communication stratégique (Stracom) a effectué en 2016 une passionnante étude, confiée à Robert Szwed, consacrée au conflit Ukraine/Russie sur Internet et les réseaux sociaux[1]. Il s'est concentré sur l'activité en ligne constatée entre le 1er avril et le 31 décembre 2014, même si la guerre de l'information ne s'est pas arrêtée à cette date et même si, nous le savons aujourd'hui sans aucun doute possible, elle se poursuit toujours.

Le récit russe et prorusse est invariablement le même. Un Occident décadent essayerait d'imposer ses valeurs libérales au reste du monde, entraînant un recul de la civilisation, le retour de la barbarie et des guerres inutiles. Les pays d'Europe centrale et orientale seraient devenus les marionnettes de l'Occident, tenus en laisse contre leur propre intérêt national. L'Ukraine serait en plein déclin, social et politique. Le fascisme y serait florissant (l'expression « Kiev la fasciste » est reprise de manière quasi systématique) et des réflexes primitifs barbares l'empêcheraient d'avoir un dialogue constructif avec les autres nationalités.

À l'inverse, la Russie est décrite comme une superpuissance déterminée à défendre ses intérêts, capable d'atteindre ses objectifs, pacifique mais en butte aux provocations d'un Ouest hostile.

Le recours aux photos est très abondant, clichés censés prouver l'authenticité des thèses avancées mais aussi déclencher l'émotion. Beaucoup de ces photos sont retouchées ou détournées (dates, localisations ou nature des éléments montrés sont falsifiés), peu importe.

La crise ukrainienne de 2014 est aussi celle d'un grand débarquement : celui des trolls russes en ligne. Leur mode de fonctionnement d'alors peut être décortiqué de la sorte :

- appâter : un article indique que des séparatistes prorusses du Donbass, à l'est de l'Ukraine, ont violé une trêve, tiré sur des miradors ukrainiens et tué trois soldats. Un troll dépose alors un commentaire et affirme que, de leur côté, les Ukrainiens sont responsables de très nombreuses morts civiles ;
- mordre à l'hameçon : un autre troll répond au premier commentaire en le contredisant. Le but est d'attirer l'attention sur cet échange ;
- ferrer : les trolls dévient petit à petit la conversation sur un autre sujet. Rapidement, des faits avérés se retrouvent dilués comme s'ils n'étaient que de simples opinions. Les attaques des séparatistes ne sont plus qu'une version parmi d'autres et la vérité est insaisissable. L'opération est réussie.

Entre 2014 et 2020, une campagne de désinformation baptisée Secondary Infektion se déroule sur les réseaux sociaux et cible essentiellement l'Ukraine. L'origine russe de l'opération est très plausible et les soupçons se portent à la fois sur l'Internet Research Agency et sur le

GRU. De faux comptes, de faux documents foisonnent dans le but de créer des divisions entre l'Ukraine et les pays occidentaux. 2 500 contenus sur plus de 300 plateformes en sept langues sont recensés. Il s'agit donc d'une opération à large échelle : d'abord du faux contenu, puis des répliques via de faux comptes dans plusieurs langues, puis des articles sur de petites plateformes, enfin l'amplification par des comptes Facebook gérés depuis la Russie. Les contenus partent sur Facebook, Twitter, Reddit, Medium. Leur diffusion massive assure leur dilution.

Plus tard, une théorie complotiste baroque fleurit, qui accuse l'Ukraine d'être à la source des ingérences dans les élections américaines de 2016. Le récit semble inventé par les services de sécurité russes, comme l'affirme devant le Congrès Fiona Hill du National Security Council. Malgré cela, cette fausse information sera reprise par l'administration Trump. Et naturellement ce récit est entretemps amplifié par le site Internet russe Sputnik.

Au début de la décennie 2020, Moscou travaille aussi à semer la discorde entre la Pologne et l'Ukraine. La Russie ravive des différends historiques, rappelant à loisir le massacre des Polonais en Volhynie. L'objectif est d'essayer de détacher l'Ukraine de ses soutiens européens les plus actifs.

Dans la montée vers la guerre, durant l'hiver 2021, la Russie multiplie les contrevérités pour semer la confusion et avancer ses pions en troublant ses adversaires. Comme le fait remarquer Christopher Bort dans un très bon papier pour le Carnegie Endowment for International Peace[2], les responsables russes affirment à la fois que leurs troupes ne sont pas une menace pour l'Ukraine tout en multipliant les prétextes qui pourraient justifier une intervention militaire : les Ukrainiens sont accusés par Vladimir Poutine de « génocide » dans le Donbass, où des contractants américains sont soupçonnés par le ministre russe de la Défense de déployer des armes chimiques ou de développer des laboratoires d'armes biologiques. Ces accusations fleurissent très tôt, avant d'être reprises par les séparatistes prorusses.

Début février 2021, YouTube se décide à fermer des chaînes de séparatistes prorusses du Donbass. Le centre d'information de la « république populaire de Lougansk », celui de la « milice populaire » de Donetsk et d'autres sites associés sont clôturés « en raison du non-respect du règlement de la communauté YouTube », dont on sait pourtant que c'est l'une des plateformes les moins précisément modérées de l'Internet d'aujourd'hui.

Le 17 février, l'Ukraine essuie une nouvelle cyberattaque, après avoir déjà été ciblée massivement début janvier. Cette fois-ci, des banques sont visées, mais aussi le ministère de la Défense et les forces armées. L'arme cyber, seule ou en préparation d'une action militaire conventionnelle, est déjà une arme de guerre.

Le 18 février, les responsables séparatistes des républiques autoproclamées de Donetsk et Lougansk appellent les civils du Donbass à évacuer vers la Russie en raison d'allégations de bombardements ukrainiens et de risques d'utilisation d'armes chimiques. Ces allégations et ces risques avaient déjà été évoqués longtemps à l'avance par la propagande russe. Les déclarations des séparatistes ont été, comme le site Web d'investigation Bellingcat l'a démontré, enregistrées deux jours avant leur diffusion. La démarche est méthodique : on sème une accusation. Puis on enregistre à l'avance un appel à la panique. Puis on bombarde l'Ukraine, dans l'espoir qu'elle réponde, pour affirmer ensuite que l'Ukraine attaque et qu'il faut évacuer les civils avant de se défendre. Une question, une seule, de bon sens : l'Ukraine, qui n'a jamais lancé d'offensive d'ampleur sur le Donbass séparatiste depuis 2014, aurait attendu que 190 000 soldats russes soient massés à sa frontière pour se décider, vraiment ?

Depuis le début de l'invasion militaire russe, la guerre hybride ne cesse d'accompagner la guerre tout court. Les cyberattaques ont redoublé, la désinformation s'est déchaînée en même temps que les obus et les missiles pleuvaient sur l'Ukraine.

En matière de manipulation de l'information, la Russie a sorti l'artillerie lourde. Il est impossible de reprendre tous les mensonges de la propagande russe sur « l'opération spéciale » livrée contre l'Ukraine, de la « libération du pays d'un régime néonazi » à l'alerte contre « des armes chimiques ou biologiques ukrainiennes », voire un programme nucléaire caché. En mars 2022, Sergueï Lavrov, l'indéboulonnable ministre des Affaires étrangères de Vladimir Poutine, déclarait ainsi sans ciller : « Nous n'avons pas attaqué l'Ukraine[3]. » Les réseaux sociaux ont aussi été sollicités, les trolls ressortis de leurs tiroirs pour tenter, sans succès, de dresser l'opinion européenne contre l'arrivée soudaine et massive de réfugiés ukrainiens. Au-delà de ce grossier déni de réalité, que cherchent les autorités russes ? Comme souvent, à nous faire perdre le sens de ce qui est réel et de ce qui ne l'est pas, perdre nos repères à trier le vrai du faux, perdre notre temps à lutter contre les mensonges, bref, à nous faire perdre. Les méthodes employées sont souvent moins grossières et plus efficaces qu'il n'y paraît. Cela vaut la peine de s'y arrêter un instant, car on y voit à l'œuvre les meilleures recettes du parfait manipulateur d'information :

- le whataboutisme : la Russie a violé le droit international ? Et le Kosovo, l'Irak ou la Libye, on en parle ? Vu de Moscou, tout se vaut et l'ordre international ne vaut plus rien : il ne doit être ni respecté ni restauré, mais mis à bas une fois pour toutes ;
- la réécriture de l'Histoire : l'Otan aurait menacé la Russie au travers de l'Ukraine. Évidemment, que Kiev n'ait pas rejoint l'Alliance atlantique à la date de l'invasion russe et n'ait guère de perspective d'y parvenir à court terme est totalement passé sous silence, tout comme le fait que l'Alliance n'a jamais attaqué la Russie et s'est bornée à se défendre. Silence aussi sur la menace que les missiles russes stationnés dans l'enclave de Kaliningrad font peser sur la sécurité de l'Europe. Silence encore sur l'aide considérable que l'Occident, en particulier l'Union européenne, a accordée à la Russie après 1991.

Malheureusement, nombreux sont ceux qui, en France, relaient cette propagande sans guère se poser de question, de l'extrême gauche à l'extrême droite en incluant quelques figures un peu âgées et un peu datées de la gauche et de la droite de gouvernement. Comme si quoi que ce soit dans le comportement de l'Europe et de l'Occident pouvait justifier d'une quelconque manière les destructions et la désolation imposées par l'armée russe à l'Ukraine.

Force est de constater que, sur les réseaux sociaux, les antivax et les adversaires de la politique sanitaire du gouvernement se sont mués brutalement en contempteurs de l'Ukraine et en chauds partisans de la Russie. Le phénomène est très marqué en France, mais aussi en Allemagne, en Espagne, en Suisse ou en République tchèque. Pour Pauline Talagrand, qui dirige les équipes de *fact-checking* de l'AFP à travers le monde, « la sphère conspirationniste est un genre de coquille vide qui coagule au gré de l'actualité. Il y aura toujours quelque chose pour déclencher des gens facilement manipulables qui se méfient de l'information traditionnelle[4] ». Rudy Reichstadt, de Conspiracy Watch, renchérit : « Les tuyaux sont prêts, ils n'attendent qu'à être remplis. » Comme pour la Covid, les infox se propagent via Telegram ou la plateforme alternative Odysee, qui permet encore de visionner des contenus de RT aussi bien sur la pandémie que sur la guerre d'Ukraine. Les groupes Facebook de conspirationnistes ou de QAnon plaquent leurs obsessions sur ce nouveau sujet. Pour les QAnon par exemple, cela ne fait pas de doute : l'armée russe a été obligée d'intervenir pour mettre fin à des trafics d'enfants en Ukraine... Pour les conspirationnistes, la défiance vis-à-vis des médias traditionnels et des élites conduit à écouter les messages anti-occidentaux avec complaisance. La peur obsessionnelle d'être manipulés par ses propres dirigeants entraîne à se faire manipuler par d'autres avec une naïveté et un empressement confondants.

Heureusement, la désinformation russe atteint ses limites du fait de sa lourdeur, mais aussi de l'inventivité et de la modernité des réactions qu'elle engendre. Ainsi, dès avant le déclenchement de l'agression armée, les États-Unis ont eu recours à une pratique totalement nouvelle en publiant en temps réel et quasiment sans filtre les renseignements dont ils disposaient sur les tentatives de provocations russes. *Right message, wrong messenger* hélas, beaucoup ont eu du mal à faire confiance à une communication américaine encore entachée des mensonges de Washington sur la guerre d'Irak. Pourtant, cette fois-ci, tout était vrai, non seulement les préparatifs de l'attaque militaire russe, mais aussi les tentatives pour faire porter la responsabilité d'un conflit à l'Ukraine. Le choix américain d'une communication stratégique audacieuse n'a pas empêché la guerre, mais il a exposé les manipulations russes et mis la volonté d'agression de Vladimir Poutine à nu.

Les autorités américaines ne sont d'ailleurs pas les seules à avoir mis en déroute les mensonges de la propagande russe. De nombreux internautes se sont employés à démonter les vidéos postées par les autorités de Moscou. Grâce à eux, on a su que Vladimir Poutine avait reconnu les républiques fantoches du Donbass avant même de réunir son Conseil de sécurité. On a pu apprendre que des bombardements attribués aux forces ukrainiennes n'avaient jamais eu lieu. La force d'Internet et des réseaux sociaux a donc permis, par un travail de renseignement sur des sources ouvertes, de débusquer nombre de manipulations. C'est à la fois une lueur d'espoir grâce à l'importance et à la qualité du travail citoyen, mais aussi un motif d'inquiétude : Moscou avait manifestement pris peu de précautions pour masquer les faiblesses de sa propagande, qui ont été faciles à repérer. Mais on le sait, tout le monde apprend de ses erreurs. Les dictatures comme les autres.

On a discouru à l'infini sur l'extraordinaire maîtrise de la communication de Volodymyr Zelensky et de son gouvernement. On a eu raison de saluer cette capacité à s'adresser directement aux populations des pays libres, à mobiliser les opinions et à déclencher la sympathie. De son côté, le président russe est apparu engoncé dans un protocole et une communication d'un autre âge. La grande majorité des fausses nouvelles russes a été démentie, au moins en dehors de la Russie. Moscou a semblé pataude face à des communicants ukrainiens agiles et adaptables, toujours à l'affût et maîtrisant parfaitement les codes de notre époque. L'Ukraine a donc gagné la guerre de la communication. On mesure, hélas, les limites de cette victoire quand des villes entières sont réduites en cendres et des populations martyrisées par les troupes russes. Eliot Higgins, le patron de Bellingcat, une des communautés de journalistes d'investigation les plus efficaces pour faire usage d'informations ouvertes, nous alerte dans une tribune publiée le 19 mars 2022, donc dès le début de la guerre, dans le *Financial Times* : se réjouir que la communication russe soit mauvaise, mettre au jour les opérations de manipulation de l'information, tout cela ne peut pas nuire, mais l'essentiel n'est pas là[5]. Le travail de recherche en sources ouvertes doit d'abord et avant tout documenter les crimes de guerre plutôt que les mensonges et permettre une lutte efficace contre l'impunité de ceux qui les ont commis. Higgins suggère de se concentrer sur la vérité des crimes qui ont pu être commis plutôt que sur les mensonges qui ont pu être proférés. On ne saurait mieux dire.

Il a fallu une guerre pour que RT et Sputnik soient perçus pour ce qu'ils étaient : non pas des médias de service public mais des entreprises d'État, non pas des outils d'information mais des armes de manipulation. Ils ont donc été bloqués en Europe. On a pu mesurer à cette occasion la corrélation troublante entre les contenus antivax et les contenus prorusses sur les réseaux sociaux. Ceux qui ont hurlé à la censure de RT sont les mêmes qui protestaient contre le pass vaccinal. Mais d'autres canaux restent actifs, via Telegram notamment. La guerre de l'information a souvent une bataille de retard.

Si Vladimir Poutine se sert de la désinformation comme d'une arme, il a montré combien il craint l'information libre. Une loi a été votée par la Douma début mars 2022, qui contraint les journalistes à n'utiliser que les informations officielles sur ce qui n'est alors qualifié que comme une « opération spéciale ». Tous ceux qui contreviendraient à cette obligation encourent quinze ans de prison. Le rideau est tombé sur la liberté de la presse en Russie, le pays se rapprochant de ce point de vue du niveau de censure pratiqué en Chine. *L'Écho de Moscou*, Dodzh TV et d'autres ont été interdits d'émettre. Les médias étrangers ont également été restreints, puis suspendus : BBC, Voice of America, Deutsche Welle, Radio Free Europe. Beaucoup ont choisi de quitter le pays pour ne pas exposer leurs journalistes à des poursuites. La BBC a décidé de diffuser sur le Dark Web, un mouvement sans précédent pour l'institution britannique. À la guerre comme à la guerre, en quelque sorte.

De la difficulté d'être Balte

S'il y a un groupe de pays en Europe qui mesure particulièrement bien ce qui arrive à l'Ukraine et sait quoi en penser et ce qu'il faut craindre, ce sont les États baltes. Parce qu'ils sont voisins de la Russie, qu'ils ont connu l'oppression soviétique mais aussi la guerre hybride que Moscou continue à leur livrer. Ils abritent en outre d'importantes minorités russophones, en particulier la Lettonie, où elles comptent pour 37 % de la population. Dans le pays, dès novembre 2001, le Bureau letton de protection de la Constitution (SAB) a donné l'alerte sur un risque de guerre de l'information lancée par le Kremlin contre Riga, afin de porter atteinte à la réputation du pays et de nuire à sa candidature à l'Otan (que les trois pays baltes rejoindront en 2004). En 2014, le SAB indiquait que les services russes étaient extrêmement actifs en Lettonie, y compris en menaçant ou en soumettant au chantage des personnalités lettones pour qu'elles collaborent. De nombreuses fondations prorusses et financées par Moscou sont actives en Lettonie, en mode *soft power*. Sous couvert d'animation de la diaspora russophone, elles ne perdent aucune occasion de dénoncer le régime « fasciste » letton. Au Parlement européen par exemple, la députée lettone Tatiana Ždanoka, du groupe des Verts, ancienne membre du Parti communiste soviétique, est restée très proche de la Russie. Le milliardaire Petr Aven, copropriétaire du groupe Alfa en Russie, proche de Eltsine puis de Poutine et régulièrement désigné comme ayant pris part à la campagne d'ingérence dans l'élection américaine de 2016 via Alfa Bank, est très actif en Lettonie, dont sa famille est originaire, par le biais d'œuvres de bienfaisance. Il entretient des relations avec des politiciens lettons, notamment l'ancien président Zatlers.

En Lituanie, plusieurs membres du Parlement ont été soupçonnés d'être liés à Moscou. Il en va de même pour le député européen Viktor Uspaskich, qui a finalement été exclu du groupe politique centriste Renew Europe au Parlement européen.

Pour diffuser sa vision du monde et de l'Europe vers les États baltes, le Kremlin ne lésine pas sur les moyens : il a mis en place un site, Baltnews, en 2014, propriété de Rossia Segodnia, à destination des diasporas russes dans les trois pays baltes. De son côté, l'oligarque Iouri Kovaltchouk, très proche de Poutine et patron de la Rossiya Bank, possède aussi le groupe de médias National Media Group. Il a été très actif en Ukraine et l'est également dans les pays baltes. La plateforme Baltic Media Alliance, enregistrée au Royaume-Uni, retransmet dans les États baltes des chaînes russes adaptées à la région. Ajoutons à ce paysage encombré RuBaltic, enregistré dans l'enclave russe de Kaliningrad.

La présence médiatique prorusse n'est pas seulement massive, elle a des conséquences tangibles. La première est facile à comprendre : la profusion de chaînes russophones dans les États baltes crée une bulle informationnelle pour les minorités russes de ces pays. Plus grave, la Lettonie, en 2014, et la Lituanie en 2015 ont dû temporairement bloquer la chaîne russe RTR-Planeta, accusée d'inciter à la haine contre les Ukrainiens.

Venons-en à la manipulation de l'information dont les États baltes sont directement la cible de la part de Moscou. En janvier 2017, le parquet lituanien est saisi de l'accusation d'un viol présumé d'une adolescente par des soldats allemands déployés dans le cadre de la présence avancée de l'Otan dans la ville de Rukla, au nord-ouest de Vilnius. Tout est inventé, mais l'infox est lancée. Entre mars 2017 et août 2020, des hackers russes mènent une campagne de désinformation massive, surnommée Ghostwriter, afin de discréditer l'Otan en Pologne et dans les États baltes. Ils pénètrent dans plusieurs sites d'informations et diffusent de fausses nouvelles, sur de prétendues agressions dont des soldats américains se seraient rendus coupables, ou bien sur un plan d'invasion imaginaire de la Biélorussie par l'Otan. La campagne s'étend en outre à la Pologne. Ainsi, en avril 2020, le site Internet de l'Académie des arts et des sciences polonaise est piraté et affiche une fausse tribune appelant les soldats polonais à « lutter contre l'occupation américaine ». Dans tous les cas, sur tous les fronts, l'obsession est double : discréditer l'Otan, diviser les Européens.

Depuis quelque temps, la Chine n'est pas en reste, avec une cible privilégiée à laquelle elle ne laisse pas de répit : la Lituanie. Pourquoi donc Pékin s'en prendrait plus particulièrement à Vilnius ? La réponse est simple : la Lituanie a décidé de renforcer ses relations avec Taïwan. Au-delà des mesures de coercition économique que la Chine impose à la Lituanie, elle semble cibler le pays par des cyberattaques.

Toujours à l'Est, la Biélorussie s'illustre tristement par une répression de plus en plus sévère de son opposition démocratique, en particulier depuis que son président, Alexandre Loukachenko, s'est arrogé une victoire contestée à la dernière élection de 2020. Depuis, on a aussi vu le régime biélorusse s'affranchir de toutes les règles, détourner un avion de ligne pour enlever un opposant ou lancer à l'assaut de ses voisins de l'Ouest des migrants kurdes en quête d'une vie meilleure, que le régime de Minsk était allé chercher et avait manipulés sans vergogne. Cet épisode est l'un des accès de cynisme les plus inouïs de notre époque, qui n'en manque pas, puisqu'il a consisté à mettre sciemment en danger des êtres humains et à les transformer en armes involontaires. L'histoire est connue. Ce qui l'est un peu moins, c'est que dans sa recherche effrénée d'un moyen de diviser l'opinion européenne en organisant un trafic d'êtres humains, Minsk a doublé son chantage d'une opération de manipulation sur les réseaux sociaux, que Facebook a fini par dénoncer. Des dizaines de faux comptes ont, en effet, été identifiés, de prétendus journalistes ou militants des droits humains, orchestrés par le KGB biélorusse et s'en prenant aux autorités polonaises. Tous dénonçaient les mauvais traitements infligés aux migrants en Pologne. Il ne fait pas de doute que les malheureux qui ont été attirés dans le piège de la frontière biélorusse ont eu à connaître une situation très dure et que la réponse des gardes-frontières polonais a été d'une très grande fermeté, parfois très brutale. On ne saura d'ailleurs sans doute jamais combien d'hommes, de femmes et d'enfants ont perdu la vie dans ces circonstances atroces. Or, non seulement les autorités biélorusses portent l'entière responsabilité de cette manipulation à grande échelle, mais elles ont en outre choisi depuis le début de mener une guerre hybride à leurs voisins en planifiant à la fois l'instrumentalisation des migrants et une campagne de manipulation des opinions publiques. C'est cela, la guerre invisible à laquelle nous sommes confrontés, cette façon de s'attaquer à nous par d'autres moyens que les moyens strictement militaires pour faire pression sur nous. C'est invisible, mais c'est une guerre et, en l'occurrence, il y a eu des morts.

Les Balkans, cibles de toutes les convoitises

Plus au sud, au cœur du continent européen, les Balkans sont encore aujourd'hui le creuset de toutes les influences et, malheureusement, de toutes les ingérences. Russie, Chine, Turquie et quelques pays du Golfe s'en donnent à cœur joie dans ces pays fragiles, à l'existence récente et aux conflits encore à vif.

Numéro un de toutes leurs attentions, la Serbie se laisse courtiser à la fois par la Russie et par la Chine. S'agissant de la Russie, la relation est ancienne, le travail d'influence également. Il s'appuie sur les liens entre Églises orthodoxes, l'appui de Moscou à l'émergence de la Serbie moderne après les frustrations de l'éclatement de l'ex-Yougoslavie, sur l'intervention de l'Otan et l'indépendance du Kosovo, que Belgrade réfute toujours. Il peut compter sur des dirigeants serbes qui résistent rarement aux pressions russes. Ainsi, la Serbie, à la différence d'autres pays des Balkans, n'applique pas de sanctions contre la Russie depuis le début de la guerre d'Ukraine. Dans la même veine, un groupe d'opposants russes en visite à Belgrade en 2021 aurait été surveillé par le ministère serbe de l'Intérieur et les enregistrements de ses écoutes transmis à Moscou, ce que le gouvernement serbe dément.

Mais ce travail d'influence a d'autres conséquences. Alors même que le pays est candidat à l'adhésion à l'Union européenne (et que ses choix de politique étrangère constituent un obstacle à son accession), pour la première fois depuis vingt ans une étude indique qu'une majorité relative de Serbes ne souhaitent pas rejoindre l'Union européenne. Le sondage effectué par Ipsos et publié par la BBC en avril 2022[6] révèle que 44 % des personnes interrogées sont opposées à ce que la Serbie devienne membre de l'Union européenne, contre 35 % seulement qui y sont favorables. Qu'en dit le président serbe Aleksandar Vučić, qui continue pourtant de négocier l'adhésion de son pays ? Que les résultats sont similaires à l'état d'esprit de son parti, le Parti progressiste serbe. Son ministre de l'Intérieur, Aleksandar Vulin, va plus loin et juge que son pays devrait reconsidérer son objectif affiché de rejoindre l'Union européenne en raison des pressions occidentales pour que Belgrade adopte des sanctions contre la Russie. En résumé : si être dans l'Union européenne c'est faire pression sur Moscou, alors mieux vaut ne pas être dans l'Union européenne. « J'ai le droit de ne pas perdre un seul ami. Je ne participe pas à vos conflits. » Le Kremlin a de quoi se réjouir.

Au quotidien, le parti d'Aleksandar Vučić en Serbie, comme celui du leader serbe de Bosnie, Milorad Dodik, se servent des réseaux sociaux comme armes de propagande à leur profit mais aussi en faveur du Kremlin, au côté des médias traditionnels (presse écrite, radios, télévisions) sur lesquels ils exercent un contrôle puissant.

Au-delà, un rapport de Globsec, le think-tank slovaque spécialisé dans l'Europe centrale et orientale, classe la Serbie comme le pays de la région le plus vulnérable en matière d'ingérences étrangères, en particulier russes et chinoises.

Entre 2014 et aujourd'hui, la Serbie a chuté de la 54e à la 93e place (sur 180) dans l'index sur la liberté de la presse de Reporters sans frontières. De leur côté, les grandes plateformes ne s'intéressent guère au « marché » des Balkans (cinq millions d'utilisateurs de Facebook en Serbie, deux millions en Bosnie, c'est peu pour Meta, c'est énorme pour le pays) et ne déploient aucun effort notable pour y modérer les contenus, y lutter contre les manipulations et les faux comptes, qui fleurissent.

Le gouvernement serbe n'est pas avare de fausses nouvelles à son profit. La propagande russe non plus, qui inonde les Serbes de Belgrade et ceux de Bosnie de contenus anti-européens, anti-occidentaux, que ce soit via les réseaux sociaux ou les médias traditionnels. Il n'y a sans doute qu'un meilleur allié de Vladimir Poutine par rapport à Aleksandar Vučić, c'est le dictateur biélorusse Alexandre Loukachenko, ce qui place la barre assez haut. Les journaux et les télévisions n'ont que des choses positives à dire sur la Russie et sur la Chine, à la différence de l'Europe et des États-Unis, toujours coupables et toujours critiqués. Les médias d'État russes sont toujours très présents en Serbie, où ils sont les bienvenus.

L'Otan a été et reste une cible privilégiée de la propagande russe, avec des fortunes diverses. L'entrée de la

Macédoine du Nord dans l'Alliance a ainsi représenté un échec cuisant pour Moscou, tout comme l'échec du coup d'État au Monténégro, donnant le sentiment que la Russie commençait à perdre la main dans les Balkans. Le Kremlin a essayé de reprendre pied en soutenant l'Église orthodoxe serbe au Monténégro, dans un de ces cas, nombreux, où le fait religieux est utilisé à des fins de pénétration étrangère.

Dans un pareil contexte, la couverture médiatique de la guerre d'Ukraine en Serbie n'a pas de quoi surprendre. Deux jours avant le début de l'offensive russe, l'un des tabloïds les plus populaires de Serbie, *Informer*, a publié cette une lunaire : « L'Ukraine attaque la Russie ». Puis les journaux serbes ont affirmé sans émettre de doute que « Kiev [serait] prise en un jour ». Depuis, on lit dans la presse de Belgrade que l'Ukraine est sur le point d'accéder à l'arme atomique. En République serbe de Bosnie (Republika Srpska), les choses sont dans l'ensemble plus simples, puisque l'édition en serbe de Sputnik sert la plupart du temps de référence. Il est vrai que la presse de Milorad Dodik a suffisamment à faire à nier le génocide de Srebrenica et les crimes de guerre. En dépit des promesses des grandes plateformes, ces propos négationnistes trouvent facilement leur chemin et demeurent sur les réseaux sociaux. Il est vrai aussi que, pour Moscou, les menaces sécessionnistes de la Republika Srpska entrent dans la configuration classique des conflits gelés qui lui permettent de maintenir son influence en dehors de ses frontières à peu de frais. Ce ne sont d'ailleurs pas seulement les Serbes de Bosnie qui intéressent les autorités russes, mais aussi les Croates, dont les rêves de « Grande Croatie » présentent au moins une qualité aux yeux du Kremlin : retarder les perspectives européennes de la Bosnie-Herzégovine. La Russie utilise le fonds Alexandre-Gortchakov pour la diplomatie publique pour organiser des rencontres à travers les Balkans et pousser son agenda anti-Otan et favorable à la neutralité de la région.

En ce qui concerne la Chine, les routes de la soie ont été un premier pas. Une fois encore, la Serbie s'est distinguée par son enthousiasme : la nouvelle ligne de train rapide entre Belgrade et Novi Sad (deux villes distantes seulement de 100 kilomètres) qui vient d'être inaugurée est financée par la Chine et la Russie et construite par des ouvriers chinois. Son coût est faramineux, les avantages pour la Serbie questionnables. Pourtant Belgrade poursuit le projet en vue de relier Budapest. Un prêt chinois, des ouvriers chinois et un projet qui s'aligne sur les nouvelles routes de la soie. Pour ce qui est des normes environnementales et de la transparence des appels d'offres, c'est autre chose.

La Serbie est ainsi le point focal de la route de la soie numérique chinoise et s'allie à Pékin, comme le fait la Bosnie-Herzégovine, pour développer ses *smart cities*. Le pays est dans un état de dépendance avancé vis-à-vis de Huawei pour ses centres de données comme pour les logiciels de reconnaissance faciale dans les caméras de surveillance achetées par Belgrade. Le défi de la 5G dans les Balkans est aussi un défi de la dépendance à la

Chine. La Covid a représenté pour Pékin une occasion en or de s'implanter encore davantage en faisant valoir sa diplomatie des masques et des vaccins et en laissant courir la rumeur que l'Europe avait abandonné les Balkans. Globsec[7] a montré l'efficacité de la propagande chinoise sur des pays des Balkans qui s'interrogent quant à la pertinence du modèle démocratique, alors même que les dirigeants de la région ne parlent jamais clairement ni des réalités chinoises ni de l'influence de Pékin. En revanche, China Radio International a une présence significative en Serbie et ses contenus sont repris par des stations de radio serbes. La vidéo montrant la construction d'un hôpital chinois « en quelques jours » est devenue virale dans les Balkans. À Belgrade, des panneaux remerciant « le frère Xi Jinping » pour l'aide de la Chine ont été placardés un peu partout, alors que l'aide européenne était passée sous silence.

À force de répéter que la Chine a sauvé la Serbie de la Covid, les médias ont façonné l'opinion et l'Europe a pour le moment perdu la bataille de la communication. Dans l'opinion publique serbe, les meilleurs amis de Belgrade sont Moscou, Pékin et Budapest, loin devant l'Otan, les États-Unis et l'Union européenne, dont le rôle est souvent dépeint de façon négative et qui sont soupçonnés... de désinformation.

Au Monténégro, l'action de Pékin a en revanche viré au pataquès. La construction de la première autoroute du pays par une entreprise chinoise, grâce à un crédit de 800 millions d'euros contracté auprès de l'Exim Bank of

China, s'est avérée ruineuse et fait du projet l'autoroute la plus chère du monde. Le contrat était léonin et le nouveau gouvernement en place à Podgorica a dû appeler l'Union européenne à l'aide pour essayer de se sortir du gouffre dans lequel son prédécesseur avait entraîné le Monténégro. Pour l'heure, le premier tronçon de l'autoroute, construit avec énormément de retard, se termine abruptement dans un village de quarante habitants.

L'Arménie, éternellement menacée

Partons plus à l'est encore, vers le Caucase du Sud. Le conflit du Haut-Karabakh a tout du conflit classique. Deux États, l'Arménie et l'Azerbaïdjan, issus l'un et l'autre de l'éclatement de l'URSS, se disputent un territoire dont la population tente sans succès de faire valoir son droit à l'autodétermination. Victoire arménienne en 1993, puis guerre éclair et victoire de l'Azerbaïdjan en novembre 2020, implication des puissances régionales, Turquie et Russie, ce conflit qu'on qualifie paresseusement de gelé et que certains analysent à tort comme une guerre de civilisation entre la chrétienté et l'islam est avant tout un affrontement conventionnel.

Pourtant, les quarante-quatre jours de combats de l'automne 2020 recèlent un autre aspect, moins conventionnel, des affrontements de notre époque et il préfigure ce à quoi nous avons assisté en Ukraine[8]. Ainsi, dès le 27 septembre, le site d'information arménien News.am est piraté et diffuse un faux discours de Nikol Pachinyian, le Premier ministre, dans lequel il appelle les habitants à fuir le Haut-Karabakh. Le site pro-azéri Defense.az revendique lui-même le piratage de 90 sites arméniens par des hackers[9]. Des sites arméniens hackés diffusent le drapeau azéri ou des menaces proférées par Ilham Aliyev, le président d'Azerbaïdjan.

Le régime de Bakou a sans doute recouru à l'*astroturfing*[10] sur Twitter dans les premiers jours du conflit pour donner à penser qu'il disposait de nombreux soutiens. La floraison de comptes et de publications dans un pays où les réseaux sociaux font l'objet d'un contrôle étroit n'a rien de spontané. Mais l'Arménie a contre-attaqué, en détournant et en submergeant les hashtags azéris #StopArmenianAgression, #StopArmenianOccupation, #KarabakhIsAzerbaidjan et #ireli2020, de contenus absurdes pour éviter qu'ils ne deviennent des *trending topics* (« sujets tendance »).

Erevan et la diaspora arménienne n'ont pas fait que cela : dans les deux premiers jours du conflit, plus de 7 000 comptes Twitter ont été créés, la plupart amplifiant des contenus officiels arméniens. Parmi eux, une armée de bots, qui ont été programmés d'abord et avant tout pour tenter de mobiliser... Kim Kardashian, l'Arménienne la plus connue depuis la mort de Charles Aznavour.

Au-delà des deux belligérants directs, d'autres pays ont participé à la cyberguerre du Haut-Karabakh en inondant les réseaux sociaux. Des comptes turcs et pakistanais ont, en effet, pris parti pour Bakou. Parmi eux, on retrouve beaucoup de faux comptes déjà utilisés pour soutenir l'offensive turque en Syrie ou... promouvoir la campagne officielle pakistanaise en faveur de la sécurité routière. 21 000 tweets #AzerbaidjanIsNotAlone ont fleuri en deux jours au début du conflit, un slogan déjà utilisé pour la Turquie et le Pakistan précisément.

On hésite entre le sourire et les larmes. Ces campagnes virtuelles paraissent bien dérisoires au vu de la somme de souffrances et de morts bien réelles qu'ont entraîné le conflit du Haut-Karabakh ou l'agression de l'Ukraine. On se prend à rêver qu'un jour la guerre ne se livre plus qu'à coups de hashtags, de trolls et de bots. Ce jour n'est pas arrivé et l'on ne mesure pas encore à quel point la rage entretenue et encouragée en ligne finit par faire rage sur la ligne de front.

3

Si loin, si proches : Taïwan et l'Australie

L'Europe, la France en particulier, présente une particularité qui fait sourire le reste du monde : elle se regarde le nombril. Parce que, pendant plusieurs siècles, l'histoire du monde a été façonnée par les grandes puissances européennes, il nous arrive encore de croire que tout part de chez nous et que tout y aboutit. C'est terminé depuis longtemps, mais nous sommes les seuls à ne pas être au courant.

C'est ainsi qu'au moment où nous découvrons l'envers du décor de la mondialisation et où nous prenons conscience que la circulation des idées et des opinions se fait parfois à notre détriment, nous n'avons pas le réflexe, ou du moins pas assez, d'essayer de savoir si d'autres n'ont pas déjà vécu la même expérience et comment ils s'y confrontent. Pourtant, il suffit d'écouter les experts d'Australie et de Taïwan nous décrire comment ils font face aux ingérences chinoises et quelles solutions ils ont trouvées. Ils ne demandent pas mieux que de partager leur expérience et nous avons beaucoup à apprendre d'eux.

L'Australie a, ainsi, eu à subir de très grosses opérations d'influence chinoises, que ce soit par le biais des agents du département du Travail du Front uni du PCC ou de l'Armée populaire de libération. Canberra ne compte plus les tentatives de recrutement d'agents favorables à la Chine au cœur de son élite économique, politique et intellectuelle. Tous les canaux ont été utilisés : la diaspora chinoise, qui représente 5 % de la population du pays, la tentative de corruption d'hommes politiques, la pression liée à la dépendance économique entre l'Australie et la Chine, le poids des frais d'inscription réglés par les étudiants chinois dans les universités australiennes, tout a servi de levier. Un exemple parmi d'autres mérite qu'on s'y arrête, car ce qui est d'abord arrivé en Australie a fini par toucher la recherche européenne : on a constaté une très grande autocensure sur les sujets ayant trait à la Chine parmi les chercheurs australiens spécialisés sur le pays, par peur de perdre leurs visas ou d'affronter les représailles de leurs éditeurs s'ils critiquaient Pékin ou abordaient des sujets sensibles. On verra plus loin dans cet ouvrage que cette inquiétude australienne a gagné la planète entière.

En 2017, Canberra sonne l'alarme : l'Australian Security Intelligence Organisation (ASIO) alerte le Parlement sur l'ingérence chinoise, qu'elle décrit comme « une menace à [la] souveraineté, l'intégrité [des] institutions nationales [australiennes] et l'exercice [des droits des citoyens][1]. »

Il est vrai qu'à ce moment-là, des hommes d'affaires très liés à Pékin et désireux de pousser des positions prochinoises en Australie ont sans doute déjà versé des millions de dollars aux deux principaux partis politiques australiens. D'après une analyse de l'université de Melbourne, entre 2000 et 2016, 80 % des dons politiques étrangers à des partis politiques australiens venaient de Chine[2].

Cette générosité n'a pas été sans effet sur les choix politiques australiens : en 2016, juste avant que le Premier ministre de l'époque, Malcolm Turnbull, se rende en visite officielle en Chine pour la première fois, 60 représentants de la communauté chinoise en Australie se sont réunis à Sydney et lui ont demandé de mesurer ses paroles lorsqu'il parlerait de la mer de Chine méridionale. Un sénateur australien influent semble avoir dévié de la position traditionnelle de son parti sur ce sujet juste après qu'un donateur prochinois l'a menacé de couper les financements à son parti. La même année, la cote de popularité de la Chine en Australie était très élevée.

Au même moment, les étudiants chinois en Australie et plus largement les résidents chinois dans le pays étaient soumis à la surveillance des services de sécurité chinois qui les incitaient à ne pas critiquer Pékin, sous peine que leur famille restée en Chine ne rencontre des difficultés.

Toujours en 2017, les autorités de Canberra prennent conscience du risque d'autocensure auquel sont confrontées les universités australiennes, en raison notamment de la prolifération en leur sein des instituts Confucius pilotés par la Chine. Un de ces instituts était même établi directement auprès du gouvernement d'un des États d'Australie.

L'alerte lancée par le service de renseignement intérieur fait grand bruit en Australie et le gouvernement de Canberra est pressé d'agir. Pourtant, en décembre 2017, Pékin rejette les accusations d'ingérence et les dépeint comme « des symptômes de maccarthysme » dans un éditorial du *Global Times*.

Mais c'est trop tard. Le coup est parti et l'opinion publique veut voir des actes succéder aux discours sur les risques causés par l'intrusion chinoise. Le conseil des investissements étrangers en Australie commence à passer au peigne fin les investissements chinois dans le pays. En juin 2018, le Parlement australien adopte une série de lois contre l'espionnage et l'ingérence étrangère, interdisant les dons étrangers aux partis politiques et aux associations militantes. Toute personne physique ou morale représentant des intérêts étrangers en Australie doit être déclarée.

À quelques milliers de kilomètres de là, Taïwan est sans doute l'un des territoires les plus attaqués par la désinformation au monde. La Chine est la source exclusive de ces attaques et les autorités taïwanaises sont pleinement conscientes et s'organisent pour y résister. En mai 2019, le Bureau de sécurité nationale a publié un rapport intitulé « Contre-mesures contre la guerre psychologique de désinformation chinoise ». Le texte souligne que Pékin tire profit de l'ouverture du paysage médiatique taïwanais pour essayer de pousser ses pions, de diviser, de distraire et d'affaiblir les moyens de sécurité de l'île. Le nombre d'acteurs chinois sur les réseaux sociaux taïwanais ne cesse de croître, de même que le nombre d'intermédiaires taïwanais qui, dans les médias ou en ligne, servent de relais locaux aux intérêts de Pékin.

Les actions de désinformation ont été nombreuses lors des élections locales de 2018 (des accusations anonymes contre des candidats venant de comptes à l'étranger, des récits fantaisistes sur l'aide apportée par la Chine à des voyageurs taïwanais lors d'un typhon au Japon) et pendant les élections générales de 2020. L'argument le plus repris par les trolls chinois et les relais taïwanais de Pékin reste la critique en règle du système démocratique, qui serait constamment en échec.

L'activité de propagande clandestine de Pékin a ensuite connu une croissance spectaculaire au moment de la répression des manifestations de Hong Kong en 2019, qui faisaient l'objet d'une attention particulière à Taïwan. De nombreux faux comptes ont alors été décelés et fermés par les principales plateformes. On peut se rassurer en notant qu'aussi actifs et prolifiques qu'ils aient été, ces faux comptes étaient facilement repérables, peu professionnels et qu'ils ont eu peu d'impact. On peut aussi imaginer que la Chine apprendra rapidement de ses erreurs et sophistiquera ses moyens d'action.

D'autres canaux sont utilisés sans relâche : qu'il s'agisse d'hommes d'affaires taïwanais soucieux de poursuivre leur commerce avec le continent, de réseaux de moines bouddhistes ou taoïstes, de personnalités politiques prochinoises, tout est bon pour tenter d'infiltrer le tissu social taïwanais.

Sans attendre, Taïwan a aiguisé ses armes[3]. Depuis 1991, la propagation de fausses rumeurs est punie par la loi. En 1999, l'Observatoire taïwanais des médias a été créé et rassemble des universitaires, des journalistes et des ONG qui observent les contenus journalistiques pour préserver la liberté de la presse, promouvoir son autorégulation et protéger le droit à l'information du public. La désinformation en matière de santé est punie de manière systématique depuis l'épidémie de SRAS. La lutte contre les ingérences étrangères est renforcée par un arsenal législatif qui interdit les activités politiques dirigées, financées ou coordonnées par une puissance étrangère. Plusieurs chaînes de télévision ont vu leurs licences supprimées. Le débat est naturellement âpre entre les défenseurs de la liberté d'expression, qui craignent que les autorités taïwanaises n'aillent trop loin, et les défenseurs de la souveraineté de l'île, qui critiquent une politique qu'ils jugent insuffisante.

C'est la raison pour laquelle Taïwan n'a pas voulu se limiter à une approche purement législative et répressive. La ministre du Numérique, Audrey Tang, a mis en place une approche qui implique l'ensemble de la société de manière proactive et inclusive, et se concentre sur la prévention de même que sur la réaction rapide face à la désinformation. L'approche prévoit une collaboration étroite et permanente avec les plateformes, le soutien à des équipes de *fact-checking* et un encouragement incessant des débats de société qui vise à décourager les tentatives de manipulation.

Des contre-campagnes sont lancées, conçues de manière à devenir virales, dès qu'un début de campagne de désinformation est décelé. Le principe est celui du « 2-2-2 » : une réponse en 200 signes doit être prête dans les vingt minutes de l'apparition d'un contenu de désinformation, accompagnée de deux images. Un ton humoristique est utilisé le plus possible, pour augmenter la viralité de la réponse qui doit être *fast, fair and fun* (« rapide, juste et humoristique »). L'accent est mis en outre sur la transparence, en particulier s'agissant des publicités politiques mais pas seulement, afin d'accroître la confiance du public. La participation de la société civile à la lutte contre la désinformation est massive. En parallèle, la répression féroce qui s'est abattue sur le mouvement démocratique à Hong Kong a ouvert les yeux de l'opinion sur la nature du régime de Pékin, qui n'a jamais été aussi impopulaire à Taïwan, en dépit de tous ses efforts d'infiltration.

Dans le Pacifique, l'Australie n'est pas la seule cible des ingérences chinoises. Territoire français, la Nouvelle-Calédonie fait l'objet d'un intérêt marqué de la part de Pékin, qui a fait le pari que, tôt ou tard, les indépendantistes l'emporteraient et que l'île serait à prendre. Des soupçons de tentatives d'ingérence chinoise ont ainsi pesé sur les référendums organisés dans l'archipel. La proximité relative du territoire avec l'Australie ainsi que sa richesse en nickel en font une cible de choix. L'association d'amitié sino-calédonienne s'est montrée très active et fréquente volontiers les indépendantistes. L'histoire des ingérences chinoises à Nouméa n'en est sans doute qu'à son commencement. Même aux antipodes, cette histoire nous concerne.

4

Main basse sur l'Afrique

> « En Afrique, les glorieux combattants russes sauvent le monde de la violence et de l'injustice, alors que les politiciens occidentaux corrompus et salivants lancent des accusations sans fondement. »
>
> Evgueni PRIGOJINE

Aujourd'hui, nous voyons avec effarement les mercenaires du groupe Wagner prendre pied en Afrique, y faire régner la terreur et mettre la main sur les richesses minières des pays où ils sévissent. Leur progression est implacable, rencontre peu de résistance et se fait au détriment de la présence occidentale, européenne et française en particulier.

Ce retour des soldats de fortune, ce recours à la force brute n'a pas surgi de nulle part. Il a été préparé, méticuleusement, intensément, par des entreprises de désinformation et la mise en place d'hommes de paille qui servent les intérêts de la Russie sur le continent africain.

S'il y a bien un terrain propice aux ingérences étrangères, c'est malheureusement une partie de l'Afrique.

Disons-le tout de suite – et répétons-le si nécessaire –, ces manipulations de l'opinion agissent sur un terreau fertile. Au Sahel, en Centrafrique, au Mozambique, en Somalie, la corruption, la faiblesse, voire l'absence, des services publics, le manque de perspectives offertes à la jeunesse s'additionnent et aggravent le désespoir de populations civiles en proie aux exactions des groupes armés. Ces mêmes populations constatent l'impuissance de leurs armées nationales à lutter contre le fléau de la violence et des réseaux djihadistes. Elles cherchent des responsables et, lorsqu'elles ne s'en prennent pas à leurs dirigeants politiques nationaux, font de la présence militaire occidentale une cible récurrente de leur mécontentement. Il est important de mesurer qu'il n'y a de désinformation réussie qu'en cas de crise, de manipulation possible que lorsqu'une société est déjà polarisée et affaiblie. Il est essentiel de ne pas croire qu'en l'absence d'ingérences malveillantes, les fléaux qui assaillent certains pays africains trouveraient facilement des solutions rapides.

Il convient aussi de bien mesurer à quel point la loi de la jungle règne dans les réseaux sociaux sur le continent africain sans vraiment prendre la mesure des dégâts qu'ils ont causés ni prendre les mesures suffisantes pour y mettre un terme. Il a ainsi fallu dix ans entre le moment où Twitter a lancé ses activités sur le continent et celui où il a ouvert son premier bureau en Afrique, au Ghana en avril 2021[1]. Et encore, la décision de s'implanter n'a rien à voir avec un souci de mettre de l'ordre dans un océan de désinformation. Elle vise en priorité à mieux exploiter les données et à tirer davantage de profit des utilisateurs africains de Twitter.

Pourtant, en 2013, l'attaque terroriste du centre commercial Westgate, au Kenya, a été revendiquée par les milices al-Shabaab et diffusée sur Twitter. Boko Haram se sert des réseaux sociaux comme outil de propagande depuis 2014. Mais, alors que l'Afrique abrite 2 144 langues et 1,4 milliard d'habitants, alors que Twitter revendique plusieurs millions d'utilisateurs sur le continent, son service ne reconnaît ni le swahili, ni l'haoussa, ni l'amharique, ni le yorouba, ni le zoulou, en clair, aucune des grandes langues africaines. Finalement, quelque chose s'est passé en juin 2021, quand Twitter a effacé des messages du président nigérian Muhammadu Buhari et que celui-ci a interdit Twitter en retour. Mais c'est très largement un torrent de désinformation que charrie le réseau social à travers toute l'Afrique. Elle est largement le fait de politiciens nationaux acharnés à conserver ou à conquérir le pouvoir, et prêts à toutes les formes de manipulation.

On ne peut nier pour autant l'offensive d'influence et d'ingérence menée par des puissances tierces, à commencer par la Russie, mais également en provenance de Chine, qui, loin de présenter une alternative crédible et bienveillante aux efforts occidentaux, viennent mettre du sel sur les plaies des crises africaines pour en tirer un profit immédiat sans apporter de solution durable.

C'est un choix stratégique qu'a opéré la Russie à la fin des années 2000, en particulier depuis le sommet de

Sotchi en 2019, qui a réuni quarante-trois chefs d'État et de gouvernement africains au bord de la mer Noire : le Kremlin veut mettre fin au désengagement de l'Afrique qui a suivi l'effondrement de l'Union soviétique. Il veut retrouver l'influence perdue, quitte à s'attaquer aux acteurs européens engagés dans un partenariat avec le continent africain, à commencer par la France. Pour cela, Moscou n'hésite pas à cultiver et à attiser le ressentiment postcolonial, comme le décrit très bien une étude de l'IRSEM parue en juillet 2021[2].

Un tour d'Afrique des ingérences permet de lever un coin du voile sur les objectifs et les méthodes de la Russie et de la Chine sur le continent.

Commençons par la Côte d'Ivoire, à la fois parce que ce n'est pas forcément le pays auquel on songerait en premier lieu et parce que la désinformation s'y pratique depuis un moment déjà.

En août 2018, une manifestation hostile se déroule autour du camp des forces françaises de Côte d'Ivoire à Lomo Nord. Les raisons de cette hostilité ? Une rumeur a couru en vertu de laquelle un canon Caesar utiliserait des munitions radioactives. Qui est à l'origine de la rumeur ? Des trolls russes. La manipulation ne prend pas, alors il faut trouver autre chose. Autre chose, et ce sera autrement plus efficace : la contestation du franc CFA. Russia Today, rebaptisée RT, s'en fera une spécialité et y consacrera d'innombrables articles. Le mouvement prendra dans toute l'Afrique francophone de l'Ouest, où il s'appuie sur des interrogations anciennes mais où les médias de propagande russes, les influenceurs proches de Moscou et les réseaux sociaux l'amplifieront de manière systématique. Pour revenir à la Côte d'Ivoire, on voit également les opposants au président Alassane Ouattara, en particulier les partisans de l'ancien président Laurent Gbagbo, puiser de façon régulière dans les contenus médiatiques russes pour critiquer tout à la fois le pouvoir ivoirien et la France qui le soutiendrait. C'est, en effet, une particularité de RT et de Sputnik, les deux faces de la propagande officielle russe, que de puiser dans des contextes politiques locaux des sujets qui seront systématiquement traités de façon polémique et clivante. Et c'est aussi la particularité du paysage médiatique de nombreux pays africains de puiser dans les contenus produits par RT et Sputnik comme s'il s'agissait de médias ordinaires, et de les reprendre sans les contester. Il est vrai que beaucoup de médias africains manquent de moyens et s'appuient sur les contenus mis gratuitement à leur disposition. Il est vrai également qu'en Afrique comme ailleurs, c'est le buzz, le scandale et la polémique qui attirent les clics et font vendre, au détriment de la vérité. Balzac et ses *Illusions perdues* ne sont pas loin, où l'un des protagonistes explique au héros : « Un journal n'est plus fait pour éclairer mais pour flatter des opinions. »

RT et Sputnik l'ont bien compris, le second en particulier, Sputnik France ayant recruté en 2019 et 2020 une douzaine de journalistes africains, bien rémunérés, qui jouissent d'un accès privilégié à certains chefs d'État africains.

Puisque nous sommes en Côte d'Ivoire, arrêtons-nous un instant sur un personnage clé de la désinformation en Afrique qui y a élu un temps domicile, avant d'en être expulsé à la fin de 2019. Entre en scène Nathalie Yamb, 196 000 followers sur Twitter, une chaîne YouTube de 146 000 abonnés, excusez du peu. Suisso-Camerounaise, elle a donc vécu en Côte d'Ivoire. Elle y a d'abord milité contre Alassane Ouattara, puis a commencé une « carrière » anti-française à succès, par une intervention remarquée, virulente et entièrement lue, au forum russo-africain de Sotchi. Elle se présente désormais comme « résolument engagée pour une Afrique affranchie des tutelles » et profère à longueur de tweets de la désinformation anti-française et prorusse. Elle a mené campagne contre le franc CFA, accuse les bases militaires françaises de piller les ressources et de soutenir les groupes terroristes. Elle a appelé de ses vœux l'arrivée du groupe Wagner au Mali dès septembre 2021. Depuis l'an dernier d'ailleurs, elle s'est rangée du côté de la junte malienne. Elle pratique toute la palette familière des techniques du complotiste et voit le mal partout, sauf dans l'arrivée de l'influence russe sur le continent. Sur le site de Sputnik France, Nathalie Yamb est qualifiée de « nouvelle héroïne de la libération de l'Afrique depuis le sommet de Sotchi ».

Poursuivons ce voyage par un crochet dans l'océan Indien, à Madagascar précisément, pour y croiser Evgueni Prigojine mais aussi l'un de ces activistes influenceurs africains dont le rôle mérite d'être mieux connu. Ainsi, en 2018, les équipes de Prigojine, dont on rappelle qu'il règne à la fois sur des entreprises de désinformation et sur le groupe de mercenaires Wagner, et qu'il est proche de Vladimir Poutine, se multiplient. À la veille de l'élection présidentielle, plus de trente agents russes travaillent dans le pays[3]. Ils publient un journal en malgache et demandent à des étudiants d'y écrire des articles à la gloire du président sortant. Ils payent aussi des jeunes pour participer aux meetings et des journalistes pour en faire la couverture. Ils rétribuent également un ministre du culte local pour se présenter afin de diviser l'opposition. Ils s'essaient en outre à créer un conflit territorial entre la France et Madagascar au sujet des îles Éparses : sont organisés tout à la fois une conférence, une marche sur le consulat de France et un meeting-concert à Tananarive, le tout sous la conduite d'un leader, Kémi Séba (de son vrai nom, Stellio Gilles Robert Capo Chichi), qui n'est nullement malgache mais franco-béninois. Arrêtons-nous un instant sur le profil de ce personnage : il figure à la tête d'une ONG hostile au néocolonialisme, Urgences panafricanistes, après avoir dirigé en France la Tribu Ka, un groupe suprémaciste noir, antisémite et spécialiste de l'action violente. La Tribu Ka a été dissoute. Le voici à Madagascar, dans une action soutenue par le Russe Prigojine. Mais pour lui le monde est vaste : Kémi Séba a ainsi servi de conseiller au Mouvement 5 étoiles italien lors de son accession au pouvoir, conjointement avec la Ligue de Matteo Salvini, et contribué à envenimer la crise franco-italienne de cette période. Les militants des 5 étoiles ont en effet trouvé judicieux de s'opposer à la France non seulement sur les questions migratoires mais, surprise, sur le statut du franc CFA, contribuant ainsi à renforcer les tensions entre les deux pays. Kémi Séba est loin de limiter son activité à la lutte contre un supposé néocolonialisme. Sa radicalité le conduit à professer, de façon assumée, une forme de racisme anti-Blancs accompagnée de penchants antisémites. Il s'est même déclaré proche du mouvement d'extrême droite Égalité et Réconciliation d'Alain Soral, n'hésitant pas à affirmer : « Les nationalistes sont les seuls Blancs que j'aime : ils ne veulent pas de nous et nous ne voulons pas d'eux[4]. » On le retrouve également diffusant des thèses antisionistes et complotistes, reprenant les délires sur les Illuminati. Il s'est également montré proche du Hezbollah et de l'Iran, au sein du Mouvement des damnés de l'impérialisme.

Aujourd'hui, avec Urgences panafricanistes, il met en avant une action humanitaire au profit du continent. Il prétend avoir le soutien de footballeurs comme Nicolas Anelka ou Demba Ba. Mais on relève surtout qu'il a organisé des manifestations contre le franc CFA, notamment au Mali. Installé plusieurs années au Sénégal, il en a été expulsé. Il réside alors au Bénin. Roch Marc Christian Kaboré le recevait au Burkina Faso avant le coup d'État. Ailleurs, il n'est pas forcément le bienvenu. Il est ainsi mis dehors de Guinée ou de Côte d'Ivoire. Depuis quelques mois, il change son fusil d'épaule et accuse la France de soutenir les terroristes au Sahel. En octobre 2021, il manifeste contre Barkhane à Bobo-Dioulasso et est expulsé vers le Bénin. Qu'à cela ne tienne, Kémi Séba se trouve un nouveau cheval de bataille : le soutien à Vladimir Poutine dans la guerre d'Ukraine, loin, très loin du prétexte panafricaniste de départ[5]. « Poutine veut récupérer son pays [...]. Je préfère Poutine à tous les présidents occidentaux et africains soumis. » Il glorifie « l'alliance naturelle entre les souverainistes africains et la Russie » sur Sputnik et admet avoir rencontré plusieurs fois Evgueni Prigojine, le financier du groupe Wagner. Et il soutient Marine Le Pen contre Emmanuel Macron lors de l'élection présidentielle française. Ainsi vont les anticolonialistes de posture, qui dénoncent l'Occident pour mieux préparer l'arrivée de la Russie.

Kémi Séba n'est pas seul de son espèce. Au Mali même, « Ben le Cerveau », surnom du militant Adama Diarra, est à la fois l'une des figures de la mobilisation anti-française et l'un des plus chauds partisans d'une présence russe dans son pays[6]. Il est le porte-parole de Yerewolo (« Debout sur les remparts »), mouvement qui réclame le départ des troupes françaises et l'intervention militaire de la Russie. « On est maintenant en guerre contre la France. La France, c'est l'ennemi. Celui qui n'a pas compris ça n'a rien compris[7]. » Soutien de la junte au pouvoir, il affirme en outre depuis longtemps que le groupe Wagner est déjà présent au Mali et que le groupe de mercenaires pourrait mettre fin au conflit en six mois.

Ces affirmations sont épaulées par de fausses vidéos qui circulent sur les réseaux sociaux. Louis-Marie de Courville et Marie-Camille Lacombe-Cazal, de Storyzy, entreprise d'analyse et de lutte contre la désinformation, ont détaillé comment le groupe Wagner manipule des photos pour laisser entendre, dès 2021, qu'il est présent au Mali et tenter de déstabiliser Barkhane : ils pointent par exemple le faux grossier d'une photo où un soldat français arborerait un logo Wagner avec en légende « les nôtres parmi la légion » ; mais aussi le logo Wagner ajouté sur un hélicoptère ou sur la carosserie d'un véhicule[8] ; ces images inondent les réseaux sociaux et défient les moteurs de recherche, maintenant que Wagner fait l'objet de sanctions internationales. Le groupe est rarement mentionné par son nom, mais il est souvent question dans les posts « d'orchestre » de « musiciens » maniant des « instruments » et organisant des « symphonies ». Au-delà des plateformes les plus anciennes, la désinformation se propage à grande vitesse sur Telegram : créé fin 2021, un compte rassemble 60 000 membres russophones en quelques semaines. Twitter rassemble moins largement, puisqu'un fil comme « Revers de la médaille », lui aussi lié au groupe Wagner, ne rassemble que 3 000 *followers*. Mais le recours à tous les réseaux sociaux en même temps se systématise, qu'il s'agisse de TikTok ou de YouTube. Les messages passent par des influenceurs anti-français et prorusses qui ont émergé rapidement : Ben le Cerveau ou le compte « L'Afrique soutient Vladimir Poutine », qui dispose déjà de 17 000 membres.

« Mali-Russie : voici à quoi ressemble la base militaire de la société privée russe Wagner à Gossi », affirme une vidéo de sept minutes publiée le 1er novembre 2021, siglée « Africa24Infos » et devenue virale au Mali. Tout y est faux, notamment les photos, truquées pour faire figurer des drapeaux russes sur une base française, comme l'a démontré l'AFP[9]. Mais ce n'est pas le problème : faciles à produire et bon marché, ces vidéos ont un impact. Alors elles inondent YouTube. E_NewsH24 s'est fait une spécialité de traiter l'actualité africaine sous un angle pro-russe. Un titre au hasard : « Mali-Russie : Poutine résolu à redonner au Mali ça [*sic*] grandeur et ça [*sic*] stabilité ». Redonner grandeur et stabilité à un pays qui les aurait perdues... à cause de la France.

Car le voilà, le grand combat, celui qui mobilise le plus les entreprises de désinformation en Afrique, le combat pour manipuler les opinions publiques en dénigrant la présence des armées françaises.

Cette mise en cause des militaires français sur fond de fausses informations a commencé il y a plusieurs années. Ainsi, dès 2017, au Mali, des soldats européens membres de la mission de formation de l'Union européenne (EUTM) sont accusés de collusion avec les djihadistes, alors même qu'ils ont contribué à mettre fin à une prise d'otages. En décembre 2019, des publications sur des comptes Facebook maliens et sur WhatsApp affirment que l'armée française aurait livré des motos aux groupes armés djihadistes, photos détournées à l'appui. Il s'agissait en réalité de véhicules destinés à l'armée malienne. La collision entre deux hélicoptères français, qui a fait treize morts en novembre 2019, a aussi donné lieu à la propagation de fausses informations.

On dira que les fausses rumeurs ont toujours existé, qu'elles sont inévitables et n'ont pas besoin d'ingérences étrangères pour naître et se propager. C'est exact, mais il convient tout à la fois d'en mesurer l'impact, donc le danger, et d'en connaître l'origine, surtout lorsqu'il s'agit de manipulations malveillantes.

On se souvient qu'en novembre 2021, un convoi de l'armée française qui était parti de Côte d'Ivoire en direction du Niger dans le cadre de la réorganisation de l'opération Barkhane, a été bloqué à plusieurs reprises et pendant plusieurs jours au Burkina Faso par des manifestants hostiles. À l'origine de ces manifestations, une fausse rumeur, récurrente : la France serait complice des terroristes djihadistes qui s'en prennent aux populations civiles. « Nous avons donné le mot d'ordre dans tout le pays : ils ne passeront pas. La France est complice des terroristes. On ne peut pas accepter que ses militaires traversent notre territoire avec de l'armement qui pourrait être livré à nos ennemis », affirme Roland Bayala, porte-parole de la Coalition des patriotes africains du Burkina Faso (COPA-BF)[10]. Il ajoute immédiatement : « Si Wagner souhaitait venir libérer notre pays des terroristes, on leur souhaiterait une bonne arrivée. »

Or ces activistes du Burkina Faso entretiennent des liens étroits avec l'association malienne Yerewolo.

Revenons donc au Mali. Il fait peu de doutes que la junte au pouvoir à l'issue de deux coups d'État successifs éprouve une vive sympathie pour la Russie. Il est même probable qu'elle s'est donné beaucoup de mal pour attirer l'attention de Moscou. Ainsi, comme le relate le journaliste nigérian Philip Obaji Jr, les membres de la junte au pouvoir à Bamako seraient à l'origine d'une manifestation prorusse dans les rues de Bamako fin mai 2021[11]. Officiellement civile, la manifestation n'aurait rien eu de spontané et aurait été planifiée la veille à Kati dans le camp militaire qui est l'épicentre du coup d'État. Cette manifestation visait à demander l'aide de la Russie. « La Russie nous aime, c'est pour cela que nous demandons son aide[12] », affirmait ainsi Moussa Traoré, un des manifestants, cousin d'un des hauts gradés de Kati. Afin que leur message soit clairement compris, les manifestants brandissaient un portrait du nouveau président par intérim, Assimi Goïta, des drapeaux russes et des slogans anti-français, et ont convergé vers l'ambassade de Russie. Il ne s'agissait que de quelques centaines de manifestants, possiblement actionnés par les putschistes. Mais *The Daily Beast* va plus loin et affirme que plusieurs des membres de la junte qui a pris le pouvoir au Mali (notamment Malick Diaw et Sadio Camara) ont planifié leur coup d'État sur le territoire russe[13].

Déjà, en janvier 2019, le Groupe des patriotes du Mali assurait avoir déposé auprès de l'ambassade de Russie à Bamako une pétition riche de huit millions de signatures et réclamant plus de coopération avec Moscou.

Depuis, les réseaux Prigojine organisent conférences et rassemblements de responsables et d'activistes prorusses, via des vitrines comme l'Association for Free Research and International Cooperation (AFRIC), dirigée par une de ses proches, Ioulia Afanasieva, et sous sanctions américaines depuis 2021 en raison de cette proximité, ou la Fondation pour la protection des valeurs nationales, fondée par Alexandre Malkevitch, un autre proche d'Evgueni Prigojine. À Bamako, un think-tank, l'African Back Office, reprend des théories complotistes, avec l'aide d'Alexandre Douguine.

Début février, nouvelle intox, nouvelle vraie-fausse vidéo vue plus de 350 000 fois en une semaine au Mali : elle semble montrer l'intervention en direct d'un journaliste au Niger après une tentative de coup d'État. Cette vidéo est parfaitement authentique. Seulement, elle date de 2010.

Dans la même veine, mais en plus sophistiqué encore, un faux journal télévisé français a fait le tour du Sahel. Sur la vidéo, l'acteur qui joue le présentateur du journal dans un faux studio de télévision affirme que la France a décidé d'armer les groupes djihadistes du Sahel. Plus c'est gros... moins ça passe, car très vite les médias africains ont dénoncé la supercherie, non sans s'interroger sur l'auteur d'une pareille mise en scène, très coûteuse.

La dernière manipulation repérée à ce jour est particulièrement choquante par sa nature et par l'ampleur de la désinformation qu'elle véhicule. Dans la soirée du 20 avril 2022, commence à circuler un tweet, depuis un faux compte, annonçant une vidéo qui prouverait que des militaires français de l'opération Barkhane auraient laissé derrière eux un charnier à Gossi, juste avant leur départ le 19 avril. La réaction de l'armée française à ces accusations est, elle aussi, inhabituelle, puisqu'elle fait connaître, dès le 22 avril, la manipulation dont elle est l'objet. Elle communique en effet aux médias des images par lesquelles on voit, le 20 avril, des troupes des forces armées maliennes accompagnées de ce qui semble être des membres du groupe Wagner arriver à Gossi, puis, le 21, ensevelir des corps qu'ils ont filmés au préalable. L'ensemble de cette mise en scène macabre, très bien décortiquée par le journaliste Wassim Nasr sur France 24[14], constitue en quelque sorte l'autopsie d'une tentative avortée de désinformation. Pris la main dans l'infox, les désinformateurs contre-attaquent : le sémillant Ben le Cerveau s'insurge sur Facebook que « Barkhane a volontairement espionné le camp de Gossi pour coller la responsabilité du charnier sur les FAMA » et réclame le départ de toutes les « forces d'occupation étrangères ».

Plus classiquement, les médias de propagande officielle russe RT et Sputnik sont particulièrement actifs au Mali. Comme l'a montré Maxime Audinet, en 2020, le Mali est le premier pays africain en matière de visites sur le site de RT et le deuxième (derrière le Cameroun) pour les consultations de Sputnik[15]. Certains médias maliens ne sont pas en reste. Ainsi, maliactu.net, le 5 octobre 2021, a diffusé une interview d'Alexandre Ivanov, patron de la « Communauté des officiers pour la sécurité internationale » basée à Bangui, où il affirme : « Nous sommes confrontés à une guerre de l'information menée contre nous parce que nous détruisons le système néocolonial[16] », faisant ainsi donner la même petite musique qu'il diffuse en Centrafrique pour défendre la présence et l'action du groupe Wagner.

Car s'il est un pays où l'ingérence russe ne peut être contestée tant elle est flagrante, c'est bien la République centrafricaine. Il est facile de mettre en avant le droit souverain d'un État à choisir ses alliances, et ce droit n'est pas contestable. Il est également clair qu'au moment de l'élection présidentielle, le pouvoir centrafricain était en butte à plusieurs rébellions armées qui menaçaient gravement la stabilité du pays et qu'il devait chercher à parer au plus pressé, en dépit de la présence, massive mais insuffisante, d'une opération des Nations unies sur son sol. Il n'y aurait donc rien à redire à l'arrivée de plus en plus substantielle de mercenaires russes de Wagner auprès du pouvoir de Bangui. Certes. Mais cette présence est attestée dès 2018, soit deux ans avant l'élection présidentielle en cause. Et, au-delà de la spectaculaire perte de souveraineté qu'elle impose à la Centrafrique, les mercenaires de Wagner profitant de l'exploitation des ressources minières et détournant jusqu'aux recettes douanières du pays, on se doit de mesurer le rôle que la désinformation a joué dans l'arrivée et l'étendue de l'influence russe dans ce pays[17].

Ainsi, lorsqu'en 2020 le président Faustin-Archange Touadéra a cherché à repousser les élections en tirant prétexte de la Covid et qu'en juin la Cour constitutionnelle centrafricaine s'y est opposée, des allégations faisant état d'une conspiration massive contre Touadéra ont commencé à apparaître et à être amplifiées sur WhatsApp par des comptes connus pour être prorusses. Ces allégations accusaient la France d'avoir soudoyé les juges afin de ternir l'image de Touadéra pour permettre la victoire de son rival, Karim Meckassoua. Cette théorie allait jusqu'à soupçonner la France de vouloir renverser Touadéra par la force. Le compte « Eye of CAR » (« L'œil de la RCA ») s'est spécialisé dans ces théories complotistes et est devenu viral. Le profil WhatsApp de « L'œil de la RCA » possède un numéro de téléphone russe, mais pas de photo de profil. Ses messages sont souvent postés sur un groupe WhatsApp appelé « One Africa, One Success » (« Une Afrique, un succès »), composé de 80 % d'anciens et d'actuels étudiants africains en Russie, qui s'est spécialisé dans la désinformation, aussi bien anti-française que sur la Covid ou pour reprendre des théories complotistes de QAnon. Sur la Covid, on y affirme qu'il s'agit d'une invention des démocrates pour déstabiliser Donald Trump, mais aussi que des expériences menées sur des vaccins et des traitements curatifs sont en réalité destinées à décimer l'Afrique. Les thèses QAnon sur un prétendu complot pédophile mondial sont adaptées et affirment que des enfants africains seraient exploités par des « démocrates satanistes ».

WhatsApp représente un canal de choix pour la diffusion de la désinformation. Ainsi, fin 2020, juste avant l'élection présidentielle, une vidéo a circulé en Centrafrique montrant deux commerçants centrafricains interrogés par des mercenaires russes de Wagner, les accusant d'appartenir à un groupe rebelle et d'espionner les paramilitaires russes au profit de la France. La vidéo ne diffuse pas la réponse des commerçants, mais est devenue virale très rapidement. YouTube n'est pas en reste et diffusait, dès juillet 2019, un dessin animé,

Le Lion, l'Ours et les Hyènes, également projeté dans les cinémas de Bangui, produit par Lobaye Invest, une société d'exploitation de mines d'or et de diamant du pays. Qui contrôle Lobaye Invest ? Evgueni Prigojine. Lobaye Invest est sous sanctions américaines en raison de ses liens avec le groupe Wagner.

Facebook reconnaîtra, en 2019 et 2020, l'existence de campagnes informationnelles menées par des acteurs russes à destination de l'Afrique, plus spécifiquement de la Centrafrique, et fera savoir *a posteriori* que 500 comptes durent être supprimés de la plateforme, en raison d'un « comportement inauthentique coordonné ». En clair, d'une opération délibérée de manipulation. Les trolls avaient pourtant essayé d'avancer masqués en se cachant derrière des ressortissants des pays cibles, la République centrafricaine, Madagascar, le Mozambique, la République démocratique du Cogo, la Côte d'Ivoire, le Cameroun, le Soudan et la Libye. L'impact de cette opération est difficilement mesurable. On sait néanmoins que 475 000 comptes ont suivi au moins une page de la première campagne russe et 263 000 s'agissant de la deuxième. Les thèmes ? Glorification de la présence russe, soutien au président Touadéra, critique de la politique africaine de la France : le triptyque est sans surprise.

L'année précédente, au Mozambique, c'est sur Facebook que la Russie avait mené une campagne en faveur du président sortant, et prétendu que la France (encore elle) finançait indirectement l'État islamique dans la province centrafricaine (ISCAP), actif dans le pays.

Prigojine utilise aussi des moyens plus classiques. Par exemple, Radio Lengo Songo, en Centrafrique, a été créée il y a trois ans par une société liée à Prigojine, Lobaye Invest, et par l'ambassade de Russie. Complètement intégrée dans le paysage médiatique local, elle émet en français et en songo, se présente comme « la radio de la paix et de la réconciliation nationale » et sponsorise tournois de football ou concours de beauté locaux. La radio soutient sans ciller la présence russe en République centrafricaine et son hostilité à la France est assumée. Elle prend aussi le contre-pied de tous ceux qui dénoncent la présence et les exactions du groupe Wagner dans le pays. Ou plutôt elle prenait. Depuis le début de l'invasion russe en Ukraine, il semble que Wagner mette moins d'argent sur la Centrafrique, au moins temporairement. Radio Lengo Songo ne diffuse plus que de la musique.

Au-delà, la Russie n'hésite pas à faire appel au cinéma de fiction pour promouvoir son image d'amie et de soutien des populations africaines. *Touriste.* Sous ce nom sympathique, c'est l'histoire de la présence militaire russe en Centrafrique que raconte ce film d'action, ou plutôt de propagande, diffusé dans le pays. Les « instructeurs » russes y aident l'armée centrafricaine à combattre des groupes rebelles étrangement proches d'un « conseiller » français. Le filon semble efficace, puisqu'en décembre 2021 sort *Granit*, qui vante l'action du groupe Wagner au Mozambique contre les djihadistes du Cabo Delgado.

La question des contenus diffusés par la galaxie Prigojine mérite d'être examinée de près. On peut grossièrement en distinguer trois catégories : la première, la plus importante, vise à magnifier la présence de la Russie en Afrique. Moscou devient (redevient) l'alternative au « néocolonialisme occidental ». Deuxième type de contenu : la glorification des dirigeants africains qui sont arrivés au pouvoir par des coups d'État (Mali, Guinée, Burkina Faso) ou ceux qui se sont rapprochés de la Russie et font appel au groupe Wagner. Assimi Goïta, le chef de la junte malienne, est ainsi décrit comme un « Che Guevara africain ». Troisième catégorie, systématique : les commentaires anti-français et anti-occidentaux.

Il ne fait pas bon en tout cas enquêter sur Wagner en Afrique. En Centrafrique, en 2018, trois journalistes qui voulaient en savoir davantage y ont laissé leur vie. Et ce n'est pas du cinéma.

L'Afrique est décidément un terrain de jeu pour Prigojine, dont on sait le rôle dans le financement des mercenaires du groupe Wagner. Ce qu'on sait peut-être moins, c'est qu'il utilise de la main-d'œuvre africaine pour nourrir ses usines à trolls contre les démocraties occidentales. Ainsi, d'après deux professeurs de la Clemson University repris par CNN, l'Internet Research Agency aurait monté des usines à trolls au Nigeria et au Ghana pour pousser des messages clivants sur les réseaux sociaux et enflammer les tensions raciales en amont des élections américaines de 2020[18]. Une de ces entreprises était masquée sous les apparences d'une ONG, Eliminating Barriers for the Liberation of Africa (EBLA). La société Caliwax Media, basée à Accra au

Ghana, aurait également participé à ce type d'activité. Le tarif pour un « article » sur les tensions raciales aux États-Unis, proposé à des étudiants, était de quarante dollars. La directrice de l'entreprise était elle-même une ancienne étudiante de l'Université de l'amitié entre les peuples en Russie. La campagne a été particulièrement active après la mort de George Floyd.

La Russie ne s'arrêtera pas en si bon chemin en Afrique. L'agence de presse Rossia Segodnia a signé de nombreux accords avec des médias africains pour y diffuser du contenu. *Idem* pour Sputnik France. De même, Moscou multiplie les stages de formation à destination de journalistes africains, via la RT School et Sputnik Pro. Enfin, au-delà de RT et Sputnik, facilement repérables, le portail francophone Observateur continental, opérationnel depuis avril 2019, a été créé par l'agence russe InfoRos (sous sanctions américaines en raison de son rôle durant l'élection présidentielle de 2016). Il diffuse des contenus sur de nombreux sites africains francophones.

En comparaison à l'ingérence russe, l'action de la Chine en Afrique, bien qu'économiquement beaucoup plus massive, pourrait passer pour anodine en matière de *soft power*. Nous avons la chance de bénéficier de l'étude réalisée par quatre chercheurs, Kevin Limonier, Frédéric Douzet, Selma Mihoubi et Élodie René pour la revue *Hérodote*[19]. Que disent-ils ?

La Chine diffuse des contenus valorisant sa présence et son image en Afrique. Mais elle forme aussi de nombreux journalistes africains en les invitant chez elle. Les contenus chinois sont distribués gratuitement sur les médias africains locaux. Leur reprise est toutefois très inférieure pour le moment aux contenus russes. Les pays africains où les contenus chinois sont les plus repris sont le Maroc, la Côte d'Ivoire, le Niger, la Tunisie, le Tchad, la République démocratique du Congo, le Sénégal et l'Algérie. Certains de ces pays sont en réalité avides de médias internationaux en général (Congo, Algérie, Maroc, Côte d'Ivoire) et l'impact des contenus chinois y est probablement contrebalancé par d'autres sources.

Toutefois, on constate un impact très important en Guinée et en Côte d'Ivoire. Les deux pays sont à l'évidence des cibles privilégiées de l'attention de Pékin. En Guinée, le groupe de médias chinois StarTimes souhaite équiper 309 villages pour qu'ils accèdent à la télévision numérique. Une association des journalistes guinéens amis de la Chine est régulièrement invitée à se rendre à Pékin.

En Côte d'Ivoire, l'ambassade de Chine collabore de manière soutenue avec l'Organisation des journalistes professionnels de Côte d'Ivoire et offre également son soutien à l'accès des villages à la télévision par satellite. Les échanges de contenus entre Xinhua et l'agence de presse ivoirienne sont fréquents.

La Chine rencontre moins de succès au Sénégal, où la démocratie et le pluralisme des médias locaux sont sans doute à la fois plus anciens et plus résilients.

Aujourd'hui, le discours africain dominant et les messages colportés par les réseaux prochinois et prorusses se ressemblent de plus en plus. Pour dénoncer le néocolonialisme supposé de l'Europe et de la France, nombre de personnalités africaines se glissent dans les éléments de langage concoctés à Moscou ou à Pékin. L'indépendance d'esprit prend alors de drôles de chemins et s'appuie sur d'étranges rhétoriques. Ainsi Alain Foka, chroniqueur camerounais influent et journaliste sur Radio France Internationale, n'hésite-t-il pas à juger que les Russes ne font « pas pire que les Français au XIXe siècle », ce qui lui épargne de dénoncer leurs exactions. Il revendique qu'on laisse l'Afrique commettre ses propres erreurs. Comme si, pendant la guerre froide, des pays africains n'avaient pas déjà fait route avec l'URSS, pour le regretter ensuite. Argumentaire paresseux d'un tenant de l'indépendance seulement quand ça lui chante. La déontologie d'Alain Foka est aujourd'hui contestée par certains de ses confrères de RFI, depuis qu'il a laissé dénigrer sans réagir le travail d'une autre journaliste de la chaîne révélant des détournements de fonds publics massifs au Congo. Il a immédiatement choisi la meilleure défense, la victimisation, et laissé entendre que son départ de la station serait une sanction et une atteinte à sa liberté d'expression. Il n'en distille que davantage un discours de plus en plus prorusse sur sa chaîne YouTube. Dans ce débat, un pays démocratique, la France, joue-t-il à armes égales avec ceux qui veulent le discréditer et pour qui tous les coups sont bons ? Sans doute pas.

Troisième partie

Des méthodes de voyous : cas concrets

1

Les manipulations de l'information

> « La guerre de l'information consiste à sécuriser les objectifs de la politique nationale en temps de guerre comme de paix par les moyens et les techniques permettant d'influencer les ressources informationnelles du camp adverse, y compris la désinformation (tromperie), la manipulation (situationnelle ou sociétale), la propagande (conversion, séparation, démoralisation, désertion, captivité), le lobbying, le contrôle des crises et le chantage. »
>
> Vladimir PIRUMOV (Russie, 2010).

On trouve un étrange écho aux propos du contre-amiral Pirumov dans la bouche de Margarita Simonyan, la patronne de RT : « C'est important d'avoir une chaîne à laquelle les gens s'habituent, pour ensuite, quand c'est nécessaire, leur montrer ce que nous avons besoin de leur montrer. En un sens, ne pas avoir notre propre média, c'est comme ne pas avoir de ministère de la Défense : quand il n'y a pas de guerre, on a l'impression qu'on n'en a pas besoin, mais quand il y a une guerre, ça devient essentiel[1]. »

Qui désinforme qui ?

C'est sans surprise que ce chapitre s'ouvre sur la Russie. En 2020, des chercheurs ont essayé de mesurer quels États étrangers étaient les plus gros producteurs de désinformation à destination de l'étranger[2]. La Russie arrive bonne première. Elle est impliquée en 2017, par exemple, dans trente-quatre campagnes distinctes. On trouve ensuite la Chine, l'Égypte, l'Iran, l'Arabie saoudite, les Émirats arabes unis et le Venezuela. En Europe, 80 % des campagnes de désinformation venaient de Russie, suivie de la Chine, de l'Iran mais aussi d'acteurs non étatiques comme Daesh.

Aujourd'hui, la difficulté principale tient au fait que la désinformation s'est installée si profondément au cœur de l'écosystème d'information mondial qu'il devient de plus en plus difficile de la déloger. Le rapport de Freedom House sur la liberté en ligne alertait, il y a déjà plusieurs années, sur le fait qu'en 2018, trente États manipulaient l'information à l'aide de trolls, de bots ou de faux sites[3]. L'universitaire belge Marie Peltier le dénonce : « On a réagi trop tard. [...]. Le niveau de désinformation russe dans nos sociétés est très élevé depuis cinq ans. [...] Les relais du Kremlin œuvrent à distiller en permanence le doute sur ce qui se passe vraiment sur le terrain, en utilisant des postulats conspirationnistes : "Les médias vous mentent", "Les politiques vous manipulent."[4] ». Or ce n'est pas seulement le nombre des opérations de manipulation qui croît, c'est aussi leur sophistication : la multiplication et la complexification des faux-semblants troublent la capacité des citoyens à exercer leur esprit critique. Le but n'est plus d'imposer une vérité alternative, mais de faire croire à l'absence de vérité objective.

Citons à nouveau Marie Peltier : la désinformation s'apparente désormais « à ce que certains appellent la propagande douce : "Je ne suis pas pour Poutine mais..." On ne dit pas qu'on est pour la Russie, mais on condamne un "deux poids, deux mesures". [...] Ce n'est pas tant de la désinformation que [...] de la désensibilisation, des discours qui visent à nous faire détourner les yeux des crimes de guerre de Vladimir Poutine et, ce faisant, l'en dédouanent. C'est l'arme du discrédit, et la grande victoire du Kremlin. »

Mais d'abord, savons-nous définir de quoi nous parlons ? Les universitaires s'en délectent, les grands acteurs de l'Internet s'abritent derrière elle pour échapper à une régulation de leurs activités... La définition des différentes formes de manipulation de l'information n'est pas chose aisée : désinformation, mésinformation, « malinformation »... On hésite pour savoir où arrêter le curseur. Une fausse information doit-elle être combattue si sa diffusion est dénuée d'intention de nuire ?

Il paraît raisonnable de définir la désinformation comme la diffusion intentionnelle d'un contenu inexact ou trompeur, dans l'intention de nuire ou d'obtenir des gains économiques ou politiques. Au rang des contenus qui entrent dans la catégorie de la désinformation figurent les images ou les sons truqués ou délibérément manipulés, les rumeurs infondées et les théories du complot intentionnellement créées et propagées.

La mésinformation peut être définie de son côté comme la diffusion d'une information inexacte mais exempte de volonté de nuire, même si ses effets peuvent être négatifs. Elle inclut les erreurs involontaires, parmi lesquelles une légende de photo inexacte, des erreurs dans les dates, les chiffres, la traduction, ou bien la prise au sérieux de contenus satiriques. Elle englobe la propagation de bonne foi de fausses informations.

La mal-information est en fait tout l'inverse, puisqu'il s'agit de la diffusion d'informations exactes dans l'intention de nuire, ce qui inclut la divulgation délibérée d'informations privées ou de fuites qui visent à porter préjudice à autrui. Intellectuellement, la frontière entre les trois catégories, désinformation, mésinformation et mal-information, est tout à fait claire. Dans les faits, il faut admettre que c'est nettement plus compliqué.

Les *fakes news*

Demandons-nous maintenant ce qu'est une *fake news*, ce terme popularisé par Donald Trump qui en a usé à tort et à travers, chaque fois qu'une réalité un peu déplaisante risquait de l'embarrasser. Je dirais que, plutôt que de désigner une fausse information, une *fake news* correspond davantage à une information falsifiée. Ici, pour une fois, la Russie n'est peut-être pas à l'origine de ce genre de détournement.

Si l'on est tout à fait honnête, on peut émettre l'hypothèse que tout a commencé aux États-Unis, à New York pour être précis, et surtout pour rire. C'est en 1999 qu'est créé le *Daily Show*, une émission satirique désopilante qui repose sur le principe de la parodie d'un journal télévisé. Tout est tourné en dérision, à commencer par la politique et le talent de Jon Stewart, le présentateur, fait le reste. *Le Petit Journal* puis *Quotidien* se sont largement inspirés du *Daily Show*, qui lui-même représente un genre d'émission assez répandu. Seul hic : on prend l'habitude d'y truquer l'information pour faire rire. Cela ne pose aucun problème tant que l'émission est bien identifiée comme un divertissement et une satire. Tout se complique à partir du moment où ce type d'émission devient la source principale d'information des jeunes Américains. En effet, les règles strictes de l'éthique et de la responsabilité journalistique n'ont pas de raison de s'appliquer vraiment à des présentateurs comme Jon Stewart.

Étant moi-même une fan absolue de l'émission, je défendrai toujours ce droit à la satire et à l'irrévérence. Mais je crains de devoir admettre que nous avons pris rapidement l'habitude de voir défiler sous nos yeux l'apparence de programmes d'information sans que la distinction demeure très claire entre ce qui relève du travail journalistique *stricto sensu* et ce qui appartient au divertissement. À partir de là, il n'est pas si difficile d'imaginer qu'une brèche s'est ouverte à travers laquelle la falsification de l'information est devenue possible.

Faisons un saut dans l'espace et dans le temps pour atterrir en Suède en 2017 : une équipe de la chaîne de télévision russe NTV cherche à couvrir des affrontements entre des migrants et la police suédoise dans la banlieue de Stockholm. Nous ne sommes plus vraiment dans le divertissement, convenons-en. Ne trouvant pas ce qu'elle cherche, l'équipe russe propose à des jeunes de les rémunérer et de les filmer en train de se comporter comme des casseurs. Le « reportage » est diffusé sans que la fraude soit révélée. Elle le sera plus tard, mais pas en Russie.

Un an plus tôt, en France, la chaîne Rossiya 24 réalisait un micro-trottoir sur l'euroscepticisme. Mécontents de réponses trop nuancées par rapport à leurs attentes, les équipes de la chaîne russe ont traduit à leur guise les propos qui leur avaient été tenus.

Il nous faut maintenant remonter à ce qui est presque la préhistoire de la désinformation moderne et revenir brièvement sur l'Internet Research Agency (IRA) de Saint-Pétersbourg, là où tout a commencé. Et répondre à la question que, peut-être, vous n'avez jamais osé poser : qu'est-ce qu'un troll ? Ce drôle de nom désigne un internaute qui relaye et commente des publications en ligne en utilisant des éléments de propagande que son donneur d'ordre lui a fournis, qu'il peut répliquer ou agrémenter à sa guise. Il lui arrive de pratiquer le cyberharcèlement, les injures, les menaces, les sous-entendus et les insinuations visant au dénigrement ou à la diffamation. Le but recherché est de discréditer un adversaire lorsqu'il exprime une position ou qu'il fournit des informations contraires aux intérêts du donneur d'ordre. Un cybersoldat, en quelque sorte.

Les trolls

Le Centre d'excellence de l'Otan sur la communication stratégique (Stratcom) distingue plusieurs types de trolls. Parmi eux, on trouve :

- les trolls conspirationnistes,
- les « trolls bikinis » (assortis de photos de profil de jolies filles),
- les trolls agressifs, destinés à intimider et à faire taire,
- les trolls Wikipédia, qui revoient sans ménagement le contenu des pages de l'encyclopédie en ligne.

Quand les trolls ont-ils fait leur apparition sur Internet ? On peut sans doute dater leur naissance à l'hiver 2011-2012. Le pouvoir en place à Moscou fait alors face à un mouvement de contestation du déroulement et du résultat des élections législatives. Ce mouvement est rapidement surnommé la « révolution blanche » et reprend les méthodes du Printemps arabe, notamment une utilisation massive de VKontakte, le Facebook russe. La contestation prend de l'ampleur en ligne. Au Kremlin, l'inquiétude monte. Soudain, des soutiens de Poutine apparaissent eux aussi sur les réseaux sociaux, leur nombre augmente très vite, ils créent la polémique, sèment la confusion, affaiblissent l'opposition. Les trolls sont nés.

Parmi eux figurent les Nachi, un mouvement de jeunes nationalistes soutenant Vladimir Poutine, créé quelques années plus tôt. Beaucoup de ces trolls sont les employés d'entreprises spécialisées dans la lutte informationnelle.

Car un troll seul n'a guère d'impact. Ce qui compte, c'est que les messages soient coordonnés, qu'ils surgissent massivement en moins d'une heure sur plusieurs sites ou différents forums, et qu'ils créent l'illusion d'un mouvement d'opinion de masse. Il faut donc que le processus soit industrialisé et que se développent des usines à trolls.

La plus célèbre de ces entreprises est donc l'IRA de Saint-Pétersbourg, fondée en 2013 par Evgueni Prigojine. Elle emploie plusieurs centaines de personnes : informaticiens, journalistes, blogeurs, communicants... Ils inondent les réseaux sociaux de propagande et de fausses informations. *Libération* a décrit la journée type d'un troll : « La journée commence à 9 heures pile. Le moindre retard est sanctionné par une amende[5]. » Le salaire varie entre 40 000 et 60 000 roubles par mois en russe, beaucoup plus en anglais, en français ou en allemand. Les journées de travail sont de douze heures. Les critères d'embauche ? Écrire vite, dire du bien de la Russie et du mal de l'Occident. Les trolls travaillent en équipe, font semblant d'être en désaccord sur les réseaux sociaux pour donner l'illusion d'un faux débat, mais finissent par s'accorder sur les méfaits de la démocratie et les faiblesses de l'Occident décadent, quoi qu'il arrive et quel que soit le sujet. Souvent, les trolls consacrent une partie importante de leur fil sur les réseaux sociaux à relayer des sujets parfaitement consensuels (sports, voyages, cuisine) pour « attirer le chaland », le ferrer et le bombarder ensuite de considérations politiques. L'atmosphère de travail est morose, les employés, souvent très jeunes, ne restent pas longtemps. À vous tous, les trolls qui polluez de vos commentaires mes propres réseaux sociaux, j'adresse donc un salut presque amical – presque – et toute ma commisération pour le métier absurde que vous exercez. Comme on aimerait qu'un jour vous fassiez souffler le vent d'une vraie révolte et que vous démontiez tous ensemble le système qui vous emploie mais aussi qui vous enchaîne...

Les bots

Dans le cadre de l'enquête sur l'ingérence russe dans la campagne présidentielle américaine de 2016, le procureur spécial Robert Mueller a inculpé l'IRA, les deux entreprises détenues par Prigojine (Concord Catering et Concord Management and Consulting), Prigojine lui-même et douze autres personnes. Quatorze compagnies affiliées à Concord auraient versé à l'IRA 1,25 million de dollars pendant la campagne de 2016. Les trolls de l'IRA n'ont pas ménagé leur peine pour exacerber les débats les plus clivants de la campagne : racisme, armes à feu, immigration, LGBT, impôts[6]... Au total, ce sont 150 millions d'utilisateurs de Facebook et d'Instagram qui ont été exposés à ces messages. L'IRA contrôlait sur Twitter 3 814 comptes humains, 470 comptes Facebook et 50 258 bots.

En effet, que seraient les trolls sans les bots, ces comptes automatisés utilisés pour partager ou valoriser automatiquement par des *likes* certains contenus et en assurer l'amplification artificielle ? On considère ainsi que les bots russophones sont responsables de 70 % des messages postés en russe sur l'Otan en 2017. Au moment de l'affaire Skripal[7], les autorités britanniques repèrent 2 800 faux comptes Twitter, qui atteignent 7,5 millions d'utilisateurs. Le site de décryptage de la désinformation créé par l'Union européenne, EUvsDisinfo, reprend la liste des publications de ces comptes, destinées à créer la confusion sur l'empoisonnement de deux ressortissants russes : overdose de fentanyl, russophobie, expérimentation britannique, coup monté pour justifier les sanctions, tentative pour influencer les élections russes, prétexte fabriqué pour justifier le boycott de la Coupe du monde de football en Russie, trafic d'armes chimiques dont Skripal serait responsable, tentative pour détourner l'attention d'un scandale pédophile britannique...

Normalement, lorsqu'ils sont rudimentaires, les algorithmes de régulation sont en mesure de repérer facilement les bots. Mais grâce à l'utilisation de l'intelligence artificielle ou lorsqu'ils interviennent en combinaison avec des interventions humaines, les bots sont beaucoup plus difficilement détectables. Un cocktail bien dosé de trolls et de bots permet de créer *ex nihilo* l'apparence d'un courant d'« opinion majoritaire ». Ce cocktail porte un nom : l'*astroturfing*. Le phénomène n'a pas attendu Internet pour exister. Il a été dénoncé dès les années 1980 comme l'utilisation par des groupes de pression de courriers prétendument écrits par des citoyens ordinaires pour défendre une position particulière auprès des décideurs politiques. Le terme a été choisi par référence à une entreprise de pelouse synthétique (AstroTurf) pour montrer à quel point ces faux mouvements citoyens (*grassroots*) étaient en réalité artificiels. Il est clair que l'usage combiné des trolls et des bots donne à l'*astroturfing* une tout autre dimension.

L'amplification d'une thématique ou d'une opinion se fait très facilement, le plus souvent par le simple usage de hashtags qui font monter la visibilité d'un sujet. On doit d'ailleurs s'émouvoir de la grande naïveté avec laquelle les médias classiques s'intéressent aux *trending topics*, ces « sujets qui montent » en ligne et qui surgissent avec une facilité déconcertante dans la bulle Internet alors que certains d'entre eux sont fabriqués de toutes pièces et totalement déconnectés de la réalité de l'opinion. Mais pour le grand public, une nouvelle, même fausse, relayée par un grand nombre de sources en un temps record devient plausible, voire vraisemblable et - pourquoi pas ? - vérifiée. Si l'on en croit la sociologue américaine Kathleen Carley, une fausse nouvelle voyage six fois plus vite sur les réseaux sociaux qu'une vraie[8]. « Un mensonge peut faire le tour de la Terre pendant que la vérité met ses chaussures. » Mark Twain avait raison.

Dans quel but ?

Maintenant, la question qui se pose est de savoir quoi faire avec cet attirail de trolls, de bots et de hashtags. Valoriser la propagande russe ? Pendant une décennie, Moscou a admis que c'était compliqué, voire inefficace. L'objectif a été et demeure encore d'affaiblir les démocraties en soulignant leurs contradictions et en affaiblissant leur capacité à agir. Les cybersoldats sont donc employés à soutenir des opinions extrêmes, pourvu qu'elles s'affrontent, à faire monter en notoriété des narratifs contradictoires, au milieu desquels la recherche de la vérité est finalement impossible car elle est noyée. La méthode est particulièrement utile quand la Russie doit faire face à des sujets sensibles : la tentative d'assassinat de Sergueï Skripal, le crash de l'avion MH17 dans le Donbass, les attaques chimiques en Syrie, les atrocités commises par les troupes russes en Ukraine.

Souvent, le manipulateur va soutenir et amplifier les contenus de deux camps qui s'opposent sur la même controverse : racistes/antiracistes, homophobes/LGBT, par exemple. Le but poursuivi est d'étouffer les voix porteuses de rationalité et de modération, et de donner une place prédominante aux émotions, qui rendent les personnes et les groupes plus faciles à manipuler.

Vous voulez un exemple ? Prenons les émeutes raciales de 2016 aux États-Unis : au moins vingt-neuf comptes Twitter ont été identifiés comme russes, qui utilisaient les hashtags #BlackLivesMatter, #BlueLivesMatter, #AllLivesMatter. Au même moment, le compte Facebook Blacktivist réunissait plus d'audience que Black Lives Matter, mais il s'agissait en réalité d'un compte russe. Un autre exemple ? Le 21 mai 2016, à Houston, Texas, se tient une manifestation anti-islam devant la mosquée située dans le centre-ville. Une contre-manifestation lui fait face. Aucun de ceux qui participent à ce face-à-face n'en a conscience, mais tous sont manipulés. Ils ont tous vu un post Facebook, les uns pour une manifestation antimusulmane, les autres pour une riposte. Le problème, c'est que les deux posts ont la même origine. Et cette origine est russe.

L'année 2020 a vu converger deux sujets en or pour la désinformation russe, la campagne pour la présidentielle américaine et la pandémie de Covid. Jack Stubbs, directeur des enquêtes de Graphika, entreprise de référence dans la cartographie et l'analyse des réseaux sociaux, a tracé l'activité de manipulation de l'information d'un groupe d'anciens de l'IRA, resté actif depuis la campagne de 2016. Ce groupe a utilisé un nouvel outil, des bandes dessinées, qu'il a postées sur un forum de discussion d'extrême droite, Patriots.win, où il dispose d'au moins vingt comptes, créés en quelques heures juste après la victoire de Joe Biden à l'élection présidentielle américaine. Le forum avait commencé sous le nom de TheDonald, en soutien à Donald Trump, puis a été rebaptisé Patriots.win après que TheDonald a été interdit sur Reddit au motif qu'il incitait à la violence contre des personnalités politiques. Dès le lendemain de l'élection présidentielle américaine, le groupe de vétérans de l'IRA a amplifié des contenus affirmant que le scrutin était frauduleux. Puis, dans une bande dessinée largement diffusée, il est raconté que des parlementaires du Texas, bien que vaccinés, avaient attrapé la Covid et l'avaient transmise à Kamala Harris. Au-delà du caractère peu vraisemblable du récit, Graphika pointe des fautes de grammaire typiques d'auteurs russophones parlant l'anglais. D'autres bandes dessinées prétendent que Joe Biden serait à la fois pédophile et sénile.

Quant à la Covid, l'occasion était trop belle pour être manquée, non seulement par la Chine, on l'a vu, mais aussi par la Russie, de créer de la confusion sur les origines de la maladie, des dissensions sur les mesures à prendre et de la méfiance vis-à-vis des gouvernements démocratiques. C'est peu dire que, depuis le début 2020, la santé est devenue un thème de prédilection des manipulateurs de l'information. Les exemples sont si nombreux qu'on ne les citera pas tous. Je vous propose d'en regarder quelques-uns à la loupe et de voir ce qui s'y passe, comment et pourquoi[9].

Une chercheuse canadienne, Stephanie Carvin, a traqué l'activité des bots russes sur la Covid et a retrouvé leur trace dès janvier 2020, au tout début de la pandémie[10]. Six mois plus tard, d'après ses calculs, 70 % des publications relatives à la Covid sur Twitter - 45 % sur Facebook - sont dues à des bots. Dès le début également, les complotistes, notamment les communautés anciennes d'antivax, sont les plus réceptifs aux théories fumeuses diffusées par ces faux comptes de masse. Très vite, 26 % des Canadiens pensent que le virus est une arme biologique créée en laboratoire et 11 % que la Covid n'est pas vraiment un virus, mais un moyen pour masquer les conséquences sanitaires du déploiement de la 5G[11]. Parmi eux, de nombreux jeunes.

Prenez un site Web en principe français, observateurcontinental.fr, qui se présente comme un portail d'information indépendant à but non lucratif partageant les analyses d'experts du monde entier, en particulier de la zone eurasienne (tiens...). Rien de plus. Avant 2020, le site relaie des informations sur les Gilets jaunes. À partir de mars 2020, c'est Covid à toutes les pages, avec des angles surprenants : l'exercice de l'Otan « Defender-Europe 20 » serait responsable du commencement de la pandémie ; l'affirmation, là encore sans preuve, que la Covid serait une arme biologique parfaite ; le scoop, sans fondement, selon lequel la police allemande profiterait du confinement pour arrêter des opposants... Rien que la chronique du complotisme ordinaire déclenché par une pandémie sans précédent ? Pas tout à fait. Comme EUvsDisinfo l'a démontré dans une enquête très précise[12], ces articles ne sont que la traduction en français d'articles d'abord publiés en russe par l'agence de presse Inforos (inforos.ru). Le site lui-même entretient des liens étroits avec Inforos sans le dire explicitement : son responsable de nom de domaine travaille pour l'agence russe, son code source correspond. Les contributeurs d'Observateur continental ont également un tropisme prorusse marqué, qu'il s'agisse d'Olivier Renault ou de Mikhaïl Gamandiy-Egorov, basés à Moscou et qui signent aussi pour Sputnik et d'autres sites complotistes. Mais rien de tout cela n'est mis en avant et les lecteurs du site l'ignorent. Ajoutons que, d'après le *Washington Post*, Inforos fait partie des outils d'influence utilisés par le GRU, le service de renseignement militaire de Moscou. Cela fait beaucoup. On a donc un site créé de toutes pièces pour « blanchir » de la désinformation russe, à partir duquel des articles sont renvoyés vers d'autres forums et d'autres sites pour être amplifiés et circuler au sein de la complosphère française et européenne. Les bots feront le reste. D'après Kathleen Carley, 70 % des contenus Twitter consacrés à la Covid-19 sont diffusés par des bots. 45 % du nombre de comptes qui relayent des « informations » sur le virus sont des bots.

Le Center for European Policy Analysis (CEPA) a réalisé une étude[13], publiée le 26 mai 2022, pour comprendre comment nous (citoyens d'Europe et d'Amérique du Nord) avons été pris par surprise par la guerre de l'information russe et chinoise sur la Covid – et comment éviter de nous laisser piéger à nouveau. Leur bilan est sévère : l'infodémie d'État russe et chinoise qui nous a frappés a eu comme objectifs de déconcentrer les opinions publiques, de saper la confiance des citoyens dans la compétence et l'intégrité des autorités publiques, d'accumuler du capital politique et diplomatique au profit des régimes autoritaires de Russie et de Chine ; elle a, partiellement et sans doute de façon temporaire, atteint son but. Moscou s'est servi de la pandémie pour recycler ses axes de désinformation habituels et attaquer les démocraties de toutes les manières possibles, en « arrosant large » tout en y ajoutant la glorification des exploits scientifiques russes. Pendant ce temps, la Chine, qui cherchait à détourner toute recherche de responsabilité dans l'origine de la pandémie, sortait pour la première fois de ses thèmes de propagande habituels (Tibet, Hong Kong, Ouïghours, Taïwan) pour s'aventurer sur le registre du conspirationnisme. Moscou et Pékin se sont épaulés, ont appris l'un de l'autre et ont testé de nouvelles méthodes pour polluer le secteur de l'information et faire progresser leurs efforts de propagande.

Ensemble, Russie et Chine ont mené leurs campagnes selon des axes communs : un des premiers a été de prétendre que la Covid-19 serait une arme bactériologique américaine, née dans un laboratoire de l'Otan, répandue lors d'une manœuvre militaire conduite par l'armée américaine. Ces affirmations ont été très largement reprises et ont eu un écho considérable sur les réseaux sociaux[14]. Autre angle d'attaque : l'incapacité supposée de l'Ouest à y faire face, comparée à l'efficacité revendiquée des régimes autoritaires. On se souvient de la révocation par Donald Trump de Brett Crozier, commandant d'un porte-avions américain après qu'il a critiqué la gestion de la Covid à bord de son navire. Moscou et Pékin n'ont pas tardé à exploiter l'incident et à en faire le symbole d'une incurie américaine face à la pandémie. En parallèle, les médias chinois donnaient un très large écho aux déclarations de l'ancien Premier ministre français Jean-Pierre Raffarin, pour qui le gouvernement chinois « avait fait preuve d'une capacité d'organisation et de mobilisation extrêmement efficace, qui est exactement l'avantage du système chinois ». Parmi les exemples les plus fréquemment cités, la construction d'un hôpital de campagne en seize heures, même s'il est apparu que les photos qui avaient circulé ne concernaient pas un établissement de soins mais un immeuble d'habitation.

Puis vint la propagande autour de l'aide médicale, réelle, apportée par la Chine et, dans une bien moindre mesure, par la Russie. Les livraisons de matériel médical ont fait l'objet d'une exploitation médiatique forcenée, dans laquelle il était impossible de distinguer ce qui relevait des dons et ce qui constituait de simples ventes d'équipements, parfois défectueux. La Russie a prétendu s'être vu refuser le survol de la Pologne pour livrer de l'aide humanitaire à l'Italie ou que les drapeaux européens étaient remplacés par des drapeaux russes dans les Balkans. La Chine a, elle aussi, largement exploité l'accueil réputé chaleureux de l'aide médicale en Serbie ou en Italie, quitte à en faire un peu trop et à inventer de « belles histoires » à la pelle. Les livraisons ont été accompagnées d'opérations de propagande, mais aussi de désinformation.

C'est surtout la question des vaccins qui a servi aux efforts de manipulation de l'information en Europe et dans le monde. Depuis des années, la Russie cultivait le milieu antivax et s'était positionnée sur la désinformation en matière de santé[15]. De cette manière, quand un groupe séparatiste prorusse en Ukraine a affirmé que les premiers essais de Moderna avaient causé la mort de cinq Ukrainiens, cette infox a touché au moins quatorze millions de personnes via des réseaux antivax d'extrême gauche et d'extrême droite. Puis vint la glorification du vaccin Spoutnik V, annoncé comme le seul qui ne présenterait aucun risque pour la santé, en dépit d'une opacité entretenue sur sa composition et son efficacité réelle. Pour parvenir à faire circuler autant de contre-vérités, il a fallu que la Russie s'emploie à brouiller les pistes et à créer la confusion entre sources d'information scientifiques et fiables d'une part, sources fantaisistes d'autre part. Ainsi, une vingtaine de journalistes à travers le monde ont appris par hasard qu'ils étaient cités comme contributeurs d'un site russe dont ils ne savaient rien, Peace Data, qui se faisait passer pour un véritable site d'information. En France, le GRU est soupçonné d'avoir monté des sites Web de désinformation sur la Covid. En mai 2021, des influenceurs sur les réseaux sociaux ont fait savoir qu'ils avaient été approchés pour répandre, contre rémunération, des contre-vérités sur le vaccin Pfizer[16].

Très clairement, Chine et Russie ont choisi de faire équipe pendant l'épidémie de Covid, au moins contre l'Europe et les États-Unis. Un article de *China Daily* l'a proclamé noir sur blanc dès décembre 2020 : « Les médias numériques de Chine et de Russie devraient combattre ensemble les attaques et les provocations des pays occidentaux et mettre en place un environnement international sain s'agissant de l'opinion publique[17]. » En 2021, le China-Russia Internet Media Forum décidait d'apprendre des « bonnes pratiques » de chacun et d'intensifier la coopération. Nous voilà prévenus.

Des sites Potemkine, des réseaux multiples, aucune trace visible et directe d'influence étrangère, la désinformation étrangère évolue, elle se fait de moins en moins identifiable et de plus en plus efficace.

Il est de bon ton de considérer aujourd'hui l'IRA comme de l'histoire ancienne et ceux qui y font référence comme des boomers de la lutte contre la désinformation. C'est à la fois exact et trompeur, car le cancer de l'IRA a produit des métastases. On trouve ainsi des comptes russes de vétérans de l'IRA actifs sur parler.com ou sur gab.com, un site suprémaciste blanc américain. On citera aussi le site Newsroom for American and European Based Citizens (NAEBC), même s'il est aujourd'hui désactivé. Il est vrai toutefois que le gouvernement russe n'a plus tellement besoin de fermes à trolls massives : le feu couve déjà sur beaucoup de sujets de société et il suffit juste d'une étincelle ici ou là. Il est en outre plausible que l'étoile de l'IRA ait pâli et que les opérations d'ampleur soient désormais directement sous le contrôle du GRU. Il est enfin certain que les canaux les plus utilisés sont aujourd'hui les chaînes Telegram, dont le cryptage et l'absence de modération constituent des paravents idéaux pour dire et propager n'importe quoi sans contrainte et sans risque. De plus, après la phase de l'industrialisation et du prêt-à-diffuser massif, les opérations de désinformation sont mieux ciblées, plus diverses, passent par une multitude de petits ruisseaux qui, malgré tout, finissent par se réunir en torrents d'infox, mais passent sous les radars.

La guerre d'Ukraine change aussi la donne dans la mesure où la déstabilisation des démocraties n'est pas abandonnée, mais où elle s'accompagne d'un retour à la propagande russe pure et dure, massive et sans nuances. L'Ukraine est nazie, ceux qui la soutiennent aussi, l'opération spéciale lancée par Moscou a pour objectif de libérer un pays. Pour cela, retour aux usines à trolls, retour à Saint-Pétersbourg, mais en passant davantage par Telegram, puisque les complotistes adorent la messagerie cryptée. D'après la diplomatie britannique, un groupe désigné sous le nom de Cyber Front Z est à la manœuvre et, comme souvent, Evgueni Prigojine n'est pas loin[18]. En tous cas, partout, les trolls anti-Ukraine et prorusses ont des profils similaires : jusqu'au début de l'année 2022, ils n'avaient jamais mentionné aucun des deux pays. Ils n'avaient qu'une seule préoccupation, la Covid et quelques discours formatés, toujours les mêmes, covido-sceptiques, anti-masques, antivax, anti-pass, dénonçant la dictature sanitaire. Naguère épidémiologistes distingués, défenseurs acharnés des libertés publiques, les voici géopolitologues avertis. Les mêmes. C'est vrai à travers toute l'Europe et cela cause des dégâts partout, en particulier dans des pays comme la Bulgarie, où l'index sur l'éducation aux médias est le plus faible de toute l'Union européenne.

Face à l'efficacité de la désinformation russe, on devait s'attendre à ce que la Chine s'en inspire. C'est peu dire qu'elle a longtemps observé le phénomène et que, désormais, elle a choisi d'y participer.

Le Center for Information Resilience, une ONG britannique spécialisée dans la lutte contre la désinformation et la haine en ligne, a publié, en août 2021, un rapport éloquent sur les efforts déployés par Pékin pour manipuler l'information par des opérations d'influence coordonnées sur les réseaux sociaux (Facebook, Twitter et YouTube)[19]. Pour son auteur, Benjamin Strick, cette recherche « apporte la preuve d'un effort délibéré pour déformer les perceptions internationales sur des sujets majeurs en faveur de la Chine en discréditant l'Occident ».

Un réseau comportant 567 comptes artificiels ou détournés a ainsi été utilisé pour intervenir sur des sujets sensibles, qu'il s'agisse des inégalités raciales, de la question du port d'armes aux États-Unis, de la Covid ou des violations des droits de l'homme au Xinjiang. L'objectif est celui, classique, des campagnes de désinformation : il s'agit d'aggraver les tensions, de contrer les critiques à l'égard du régime chinois et de cibler les gouvernements occidentaux. Les méthodes utilisées vont du détournement de comptes existants à l'utilisation de photos de profil générées par de l'intelligence artificielle en passant par le ciblage de personnes précises, comme le milliardaire chinois en exil Guo Wengui, ennemi déclaré du PCC.

Déjà, Graphika avait mis en lumière une campagne chinoise antérieure et assez semblable dans les méthodes utilisées, qu'elle avait baptisée « spamouflage » et qualifiée de tentaculaire. En partant de faux comptes, l'opération était parvenue à diffuser des vidéos vantant la Chine, critiquant les États-Unis et attaquant les démocrates hongkongais et avait réussi à atteindre de véritables usagers des plateformes, y compris des influenceurs de poids, à travers le monde entier, du Royaume-Uni à l'Amérique latine. Démarrée en 2019 pour contrer la contestation à Hong Kong, la campagne a vite changé d'objet avec la pandémie de Covid. Puis se sont ajoutés des sujets tels que Taïwan, la rivalité sino-américaine et les « échecs du système démocratique ». Les faux comptes chinois ont ainsi réagi très rapidement lorsque les premiers doutes sont apparus sur l'efficacité du vaccin chinois contre la Covid, pour mettre en doute l'efficacité des sérums américains. La spécialité de l'opération de spamouflage est la production de vidéos de propagande et de désinformation. De février 2020 à février 2021, Graphika en a recensé environ 1 400, qui paraissent en général moins de vingt-quatre heures après l'événement qu'elles commentent. Le nombre et la réactivité de la production suggèrent l'allocation de ressources importantes à cette opération.

Il faut dire que Pékin peut mobiliser une véritable cyberarmée pour défendre ses positions et attaquer celles des autres nations. Les trolls chinois ont d'ailleurs un surnom : « l'armée des cinquante centimes », en raison du montant supposé (50 centimes de yuan) de leur rémunération pour chacune de leurs publications sur la Toile. Ces commentateurs qui diffusent des contenus favorables à la Chine et répondent aux contenus critiques sont nombreux, très. Leur nombre est estimé à deux millions, auquel il est possible d'ajouter vingt millions de « trolls à temps partiel », comme le décrit avec beaucoup de précision l'impressionnant rapport publié par l'IRSEM[20]. Cette « armée » dépend d'une unité, l'unité 61070, chargée de la propagande en ligne, au cœur de la base 311, responsable des opérations d'influence. Située à Fuzhou, la base 311 est le quartier général de l'influence chinoise. Elle fait appel à des entreprises civiles de façade, qu'il s'agisse de la China Huayi Broadcasting Corporation (CHBC), de Voice of The Strait (VTS) ou de la maison d'édition Haiphong. Les millions de trolls qui sont mobilisés pour les opérations de la base 311 ne sont pourtant pas tous chinois. Certaines « fermes » sont situées à l'étranger, en Malaisie par exemple. Chaque année, ils postent un demi-million de commentaires. Ils existent depuis 2007 environ, lorsque les universités chinoises s'en sont remises à certains de leurs étudiants pour surveiller les discussions en ligne de leurs camarades d'études. C'est le secrétaire général du PCC Hu Jintao qui a suggéré d'en généraliser la pratique, bien avant l'émergence de Xi Jinping. Un jour, une circulaire envoyée à l'armée des cinquante centimes a fuité. On y a appris qu'il est demandé aux trolls chinois de :

- cibler les États-Unis ;
- rappeler que Taïwan fait partie de la Chine ;
- discréditer la démocratie, en s'appuyant sur des épisodes de crise ou de violence survenant dans les pays occidentaux ;
- s'en prendre à la politique étrangère des pays occidentaux ;
- rappeler que la Chine, avant de devenir une grande puissance, a été humiliée et maltraitée.

Face à cette vague, les réseaux sociaux se trouvent contraints de réagir. En août 2019, Twitter annonce avoir supprimé 936 comptes de bots chinois. En juin 2020, ce sont 173 550 autres faux comptes qui sont supprimés. Un dixième de ces comptes contenait du contenu favorable à Pékin, les 90 % restants étant destinés à l'amplifier. Un grand nombre diffusaient des contenus en chinois, destinés à la diaspora chinoise dans le monde.

À la pointe du « progrès », Pékin fait aussi appel à des « fermes de contenus ». Il s'agit de plateformes qui proposent à des internautes de les rémunérer pour qu'ils diffusent les contenus qu'elles leur fournissent. Le paiement est proportionnel à la longueur du contenu diffusé. La Chine y recourt massivement : Kanwatch, Big Durian, Mission, beeper.live... D'après l'IRSEM, une seule personne, Erwan Lee, basé en Malaisie, contrôlerait 431 de ces vitrines Web. Au-dessus de lui, un réseau plus vaste, Qiqi, diffuse de manière coordonnée des contenus jugés prioritaires par le PCC.

Une enquête du *New York Times* parue en décembre 2021[21] nous en apprend davantage. Les journalistes ont mis la main sur des documents internes qui montrent de quelle manière le régime chinois fait appel à des contractants privés pour produire du contenu à la demande, en particulier des vidéos, créer de faux comptes, disséminer des messages sur les réseaux sociaux et faire la chasse aux critiques, non seulement en Chine mais principalement à l'international, dans une stratégie décrite comme de la « gestion de l'opinion publique ». La police de Shanghai a ainsi lancé un appel pour la création de centaines de faux comptes sur Facebook, Twitter et d'autres plateformes. Elle formulait, en outre, une demande, plus inquiétante encore : la recherche de l'identité de voix critiques du régime s'exprimant depuis l'étranger, et de leurs liens avec des proches restés en Chine. C'est l'entreprise Shanghai Cloud Link qui a remporté le marché, en fournissant un service mensuel. En parallèle, la Chine a produit des milliers de vidéos montrant des Ouïghours apparemment heureux de leur sort et en a inondé les réseaux sociaux à travers le monde. Twitter a été conduit à fermer de très nombreux comptes, en lien avec une seule et même société contractante. Désormais, la Chine a choisi un modèle économique particulier : l'abonnement à des services de manipulation de l'information en continu.

On le voit, les méthodes d'intoxication de l'opinion sont en constante évolution. Aujourd'hui, les grosses opérations de manipulations combinent plusieurs instruments :

- des « médias Potemkine », fausses salles de presse, faux plateaux télévisés, pseudo-think-tanks, fausses ONG, faux médias, faux experts, le tout coopérant avec de vrais journalistes et de vrais médias peu soupçonneux afin de donner le change ;
- des trolls destinés à amplifier les fausses nouvelles sur les réseaux sociaux ;
- de véritables usagers des réseaux sociaux qui acceptent de louer leurs comptes pour permettre d'amplifier encore la propagation de *fake news* et de contribuer à la polarisation du débat : en amont de l'élection ukrainienne de 2019, la Russie a tenté de payer des Ukrainiens pour accéder à leurs pages Facebook, y publier des publicités politiques ou de faux articles. Les profils recherchés : des comptes actifs depuis au moins six mois et ayant au moins 200 amis. Rémunération promise : le tiers du salaire mensuel moyen. Le marché de la location de profils Facebook, bien qu'interdit par la plateforme, est très actif ;

- des personnalités de haut profil qui collaborent plus ou moins sciemment à des manipulations de l'information et leur donnent une crédibilité accrue. Parfois, il arrive que des personnalités se fassent piéger dans des interviews avec de prétendus journalistes, soient poussées à des commentaires clivants, voient diffuser des morceaux d'interviews tronquées sur les réseaux sociaux. La manipulation a été beaucoup pratiquée par des agents prorusses en Ukraine et en Géorgie ;
- des activistes recrutés pour fomenter des mouvements de contestation : en amont des élections de mi-mandat américaines de 2018, un groupe Facebook appelé « Resisters » a organisé au moins trente manifestations, pour lesquelles 40 000 personnes ont exprimé de l'intérêt, avant que les posts ne soient retirés par la plateforme car les comptes étaient inauthentiques. Leur origine russe est supposée. Au commencement, des agents ont recruté un activiste antifasciste bien réel, qui n'avait probablement pas conscience d'être manipulé. Le groupe qui l'a approché s'est présenté comme antifasciste et féministe. L'objectif réel était de créer le plus de désordre et de violence possible ;
- de plus en plus, les grands acteurs de la manipulation pratiquent l'influence sur mesure en travaillant avec des micro-influenceurs. En février 2021, Facebook a retiré une série de pages, de groupes et de comptes liés au GRU, consacrés à l'Ukraine. Des individus se faisant passer pour Ukrainiens ou journalistes contactaient de vrais journalistes ou des décideurs

de la région. Ils postaient eux-mêmes des contenus et des commentaires, constituant tout un écosystème ;
- des groupes fermés sur les réseaux sociaux représentent une cible privilégiée : d'après la BBC, des groupes Facebook fermés soutenant plusieurs partis politiques britanniques ont ainsi contribué à diffuser de la désinformation et des contenus polarisants avant les européennes de 2019. Cela est particulièrement vrai s'agissant de groupes pro-Brexit, qui ont repris des contenus venant du média de désinformation russe pro-Kremlin News Front, ou du site conspirationniste Infowar.

Des responsables d'opérations sophistiquées de manipulation n'hésitent pas à exploiter tout l'écosystème de l'information pour blanchir un récit, en le diffusant via des personnalités en vue. On reste, en effet, sans voix en constatant que l'hypothèse absurde selon laquelle l'Ukraine et non la Russie aurait interféré dans la campagne américaine de 2016 a été reprise par Donald Trump lui-même.

La Russie ne se contente plus de ses médias d'État et investit dans d'autres canaux tout aussi favorables, mais moins immédiatement identifiables : Maffick Media, société allemande basée à Berlin, appartient à Ruptly TV, qui n'est qu'une filiale de RT. Pourtant, l'entreprise a son siège aux États-Unis et produit le show *In The Now*, qui rassemble cinq millions de *followers* sur Facebook.

La désinformation prospère enfin en exploitant les vides de données, c'est-à-dire les sujets sur lesquels les moteurs de recherche génèrent peu de réponses. Il suffit de s'en emparer et de générer du contenu pour faire monter des théories du complot. C'est de cette manière que la désinformation russe s'est employée à faire passer les Casques blancs syriens pour des terroristes. Il en a été de même pour des sujets comme l'empoisonnement de Sergueï Skripal ou le gazoduc Nord Stream 2.

Avec le début d'une surveillance plus attentive exercée par les plateformes, même si elle est encore toute relative, les sources de désinformation migrent de plus en plus vers les messageries cryptées, Telegram en tête. Inter Slava Z, qui diffuse de la propagande prorusse sur la messagerie, y rassemble 230 000 abonnés.

Le conspirationnisme

Très souvent, la désinformation s'appuie sur des théories complotistes dont un esprit rationnel serait tenté de se moquer, alors même que le conspirationnisme est devenu l'un des vecteurs les plus efficaces de propagation des fausses nouvelles. On est conduit à se demander pourquoi les ressorts complotistes fonctionnent aussi bien dans nos sociétés modernes. Si l'on interroge les chercheurs, ils mettent en lumière les caractéristiques suivantes :

- la satisfaction narcissique : celui qui croit détenir un secret que les autres ignorent ou ne sont pas capables de comprendre éprouve un agréable sentiment de supériorité ;
- l'explication simple d'un monde complexe apaise l'angoisse, diminue l'incertitude et donne l'impression

rassurante que des événements épars ont une cause unique ;

- la satisfaction éprouvée est aussi intellectuelle et étrangement rationnelle, puisque le monde apparaît comme un ordre cohérent ;
- le maniement de thèses conspirationnistes agit en compensation d'un sentiment antérieur d'impuissance et permet de canaliser un désir de révolte et de reconquête. On croit redevenir maître de son destin ;
- la thèse conspirationniste ne fonctionne que si elle vient confirmer des croyances et des préjugés déjà installés. On imagine à quel point l'enfermement dans des bulles informationnelles auquel nous condamnent les algorithmes des réseaux sociaux favorise ce renforcement des préjugés, donc l'ancrage du complotisme dans une part croissante de la population. On mesure également le rôle que le confinement dû à la Covid a pu avoir sur la propagation de thèses conspirationnistes auprès d'individus isolés ;
- le complotiste est persuadé d'exercer son esprit critique et d'échapper à la manipulation qu'il croit déceler dans les discours officiels, alors même qu'il tombe dans le piège tendu par des experts en manipulations véritables ;
- la « supériorité » des acteurs, étatiques ou non, qui recourent à des entreprises massives de manipulation tient à la précision de leurs objectifs et à la détermination à les atteindre par tous les moyens. Il n'est pas certain que, face à eux, les démocraties développent

des objectifs aussi clairs et des méthodes aussi déterminées.

La désinformation complotiste s'attaque le plus souvent à des sujets clivants et susceptibles de déclencher l'anxiété : radicalisation, terrorisme, crime, hégémonie d'une superpuissance, décadence morale, santé, violences sexuelles, pédophilie.

Avec la guerre d'Ukraine, les trolls prorusses ont redoublé d'ardeur pour tenter de justifier l'agression décidée par Vladimir Poutine et de semer le trouble à la fois sur les origines de la guerre et sur son déroulement. Ils se sont empressés de critiquer les livraisons d'armes à l'armée ukrainienne, de dépeindre le gouvernement de Kiev comme appuyé sur des « néonazis ». Les messages et la désinformation ont été une nouvelle fois parfaitement coordonnés. Deux nouveautés : la première, l'usage de TikTok, où de pseudo-influenceurs ont été vus récitant exactement les mêmes éléments de langage à leurs fans. La seconde est l'origine des trolls : de plus en plus souvent, comme le relève *Le Monde*, ils sont basés en Afrique de l'Ouest, là où se situe la nouvelle main-d'œuvre bon marché des ingérences étrangères[22]. Comme elle a hébergé les *call centers*, l'Afrique de l'Ouest devient le terreau des *troll centers*. On y parle anglais ou français et, surtout, les coûts sont moindres, à un moment où la valeur du rouble a baissé.

Le champ de bataille ukrainien est aussi l'occasion d'observer en grandeur réelle comment les applications et les réseaux sociaux peuvent piéger des militaires en opération. Ainsi, des proches de soldats russes ont reçu des SMS anonymes annonçant le décès de leur parent sur le front. Leur premier réflexe a été d'appeler le numéro. La concentration des appels a permis de géolocaliser le soldat et de le cibler. On connaît aussi (c'est également vrai entre Israël et le Hamas) l'impact des applications de sites de rencontres qui piègent des hommes en uniforme lorsque de fausses partenaires leur donnent rendez-vous et les entraînent dans des guets-apens. Au Sahel et au Levant, des soldats français et américains se sont fait localiser par les applis de performances sportives qu'ils utilisaient.

De l'autre côté de la ligne de front numérique, un canal Telegram en russe, « Collaborateur », diffuse à 20 000 abonnés des listes de personnalités hostiles à la guerre. Au mois de mars, la cadence était d'une dénonciation toutes les demi-heures. Pendant ce temps, la fermeture de Twitter, de Facebook, d'Instagram et de TikTok sur tout le territoire russe a compliqué la vie des désinformateurs *made in Moscou*.

Une autre nouveauté se confirme avec la guerre d'Ukraine : c'est manifestement sans hésiter que la Chine est venue en soutien à la désinformation du Kremlin. Après l'interdiction des médias d'État russes en Europe et les restrictions qui leur ont été imposées sur les principales plateformes mondiales, les médias chinois ont repris le flambeau et les axes de la manipulation russe de l'information.

Par rapport à la Russie et en matière de méthode, la Chine a un cran d'avance : elle est passée maîtresse dans l'art d'exploiter le *data void*[23]. Il s'agit de tirer profit d'un sujet peu documenté, d'inonder la Toile de contenus qui imposent un récit orienté selon les axes prioritaires de la propagande chinoise et le tour est joué, plus rien n'existe, ou en tout cas plus rien n'est facilement accessible, si ce n'est la « vérité » imposée par celui qui est à l'origine de cette offensive numérique. Faites le test, tapez « Fort Detrick » sur n'importe quel moteur de recherche et vous tomberez presque exclusivement sur de la désinformation chinoise : CGTN, *Global Times* saturent les recherches. *Idem* sur YouTube, où quatre des six vidéos les plus vues sur Fort Detrick sont de la propagande chinoise. Ça commence en mars 2020, quand le porte-parole du Wai Jiao Bu, Zhao Lijian, reposte le contenu d'un site conspirationniste canadien lié à la Russie, Global Research Canada. Depuis, les contenus les plus recherchés sur Fort Detrick sont systématiquement « Fort Detrick coronavirus », même si le premier contenu a été supprimé.

Autre spécificité chinoise, à la fois traditionnelle et efficace : les publireportages. Intuitivement, on penserait que la méthode, aussi visible qu'un semi-remorque en plein jour, n'a aucune chance d'influencer les lecteurs. Ce n'est pas faux, mais ce n'est pas l'objectif. En payant au prix fort des pages, voire des suppléments dans des journaux européens (*China Watch*), la Chine s'assure de leur part une forme de dépendance financière. De là à imaginer qu'un média préfèrera s'autocensurer lorsqu'il s'agira de traiter l'actualité chinoise, il n'y a qu'un pas. S'il n'est pas certain que les journaux le franchissent, il est plus qu'évident que les autorités chinoises l'espèrent.

Il est temps de plonger dans un univers sombre où la lumière n'arrive jamais, celui des médias conspirationnistes. Commençons par un crève-cœur : osons regarder ce qu'est devenu *France-Soir*. Il ne reste rien du grand quotidien fondé par Pierre Lazareff en 1944, qui a abandonné son format papier en 2011, pour réapparaître sous la forme d'un site d'information en 2015. Propriété de Xavier Azalbert, le site n'emploie plus guère de journalistes depuis 2019. Il attire cependant en moyenne 4,84 millions de visiteurs uniques par mois et a bénéficié du mouvement des Gilets jaunes, puis de la pandémie de la Covid, pour atteindre sept millions en août 2021[24]. Or le site appartient clairement à la sphère complotiste et publie à peu près n'importe quelle théorie fumeuse. Il exploite depuis 2020 le filon du covidoscepticisme, donne la parole aux antivax (Alexandra Henrion-Caude), aux personnalités les plus hostiles à la politique sanitaire du gouvernement (Didier Raoult, Idriss Aberkane, Christian Perronne, Henri Joyeux, Luc Montagnier, Jean-Frédéric Poisson, Florian Philippot, Martine Wonner, François Asselineau, Francis Lalanne, Jean-Marie Bigard, la liste est longue). Autre sujet cher aux complotistes, commun à France-Soir et aux QAnon : l'obsession de la pédocriminalité. NewsGuard France, une entreprise composée de journalistes professionnels qui luttent contre la désinformation et s'efforcent d'évaluer la fiabilité des sites d'information par rapport à ceux qui ne le sont pas en s'appuyant sur neuf critères (sur le modèle d'un Nutriscore de l'information), a classé en 2021 francesoir.fr à la première place des producteurs de *fake news* francophones les plus influents dans notre pays, suivi par Sputnik et RT France. Les numéro 2 et 3 ont été suspendus, mais francesoir.fr continue d'être considéré comme un « site d'information politique et générale » aux yeux de l'État. La Commission paritaire des publications et agences de Presse (CPPAP), dont la tutelle est le ministère de la Culture, considère en effet qu'« il n'y a pas lieu de procéder à un retrait de la reconnaissance actuelle de *France-Soir* sur les registres de la commission », le site remplissant « tous les critères d'admission ». *France-Soir* présenterait « des informations, des analyses et des commentaires susceptibles d'éclairer le jugement des citoyens », ce qui laisse songeur. Le renouvellement de son agrément lui permet de continuer à percevoir des aides à la presse.

La France serait-elle devenue un repaire de conspirationnistes ? Les anciens lecteurs de *France-Soir* se laisseraient-ils berner par ce nom prestigieux et servir un brouet infect sans s'en apercevoir ? Peut-être en partie, mais en partie seulement. Car comme le relève Élie Guckert, il est facile de trouver francesoir.fr même lorsqu'on ne le cherche pas. Le trafic vers le site provient en effet à 60 % de celui de *Libération*, suivi de LCI et de France Info. Pourquoi ? Parce que les sites de *fact-checking*, qui vérifient l'exactitude, à peu près inexistante, des allégations publiées par le site, insèrent des liens directs vers ces contenus douteux. Ce faisant, ils participent à l'effet d'exposition et contribuent à augmenter son référencement, sa visibilité et, d'une certaine manière, sa respectabilité. Pourtant, pour le Décodex du *Monde*, francesoir.fr contient « un nombre significatif de fausses nouvelles et/ou d'articles trompeurs ». Pour le site de notation des médias NewsGuard, *France-Soir* « enfreint gravement les principes journalistiques de base » en publiant « des allégations non fondées sur la pandémie de Covid et d'autres sujets ».

Or, soudain, le 7 octobre 2020, en pleine campagne électorale américaine, francesoir.fr interviewe William Binney, présenté comme ancien directeur de la NSA, qui affirme que les ingérences russes dans la campagne de 2016, le Russiagate, ne sont qu'une invention. Binney n'était que directeur technique à la NSA, qu'il avait quittée en 2001, et il s'est rapproché d'un groupe de complotistes proches de la Russie. Voici donc francesoir.fr au milieu d'un écosystème qui ne connaît pas les frontières et déborde des cadres purement nationaux.

Comment éviter que ce genre de site toxique bénéficie d'une visibilité artificielle et soit finalement promu par ceux qui essaient d'en dénoncer les infox ? Suivons les conseils décidément avisés d'Élie Guckert, qui valent pour ce site comme pour beaucoup d'autres sources douteuses ou contestables : « Dans un espace informationnel numérique, insérer un lien ou citer un tweet n'est jamais une action neutre, et ce quelle que soit la nature du message qui y est joint. [...] C'est entre autres de cette manière que des sites toxiques finissent par arriver en tête des requêtes Google devant des sites d'information légitimes[25]. » Vous n'y aviez pas pensé ? Moi non plus avant qu'on me l'explique. Pourtant c'est d'une logique imparable : si l'on veut lutter contre le virus de la désinformation, la première mesure à prendre est de ne pas le propager soi-même.

L'*American Herald Tribune* a, lui aussi entretenu, la confusion avec un titre prestigieux et disparu. Le site en a profité pour publier de fausses informations sur les Casques blancs syriens, au profit de Bachar el-Assad et de son allié russe, d'autres sur un lien supposé entre Jeffrey Epstein et le Mossad, d'autres encore sur le « totalitarisme d'Emmanuel Macron », le tout sous la plume de Vanessa Beeley, connue pour travailler pour le régime de Damas. L'*American Herald Tribune* a été fermé par le département de la Justice américaine en raison de ses liens avec les Gardiens de la révolution iranienne.

Aux États-Unis, The Gray Zone, site complotiste fondé par Max Blumenthal, un journaliste d'abord respecté avant qu'il ne se rapproche du Hezbollah, a lui aussi largement contribué à nier les attaques chimiques en Syrie après un voyage à Moscou de son fondateur en 2015. The Gray Zone rassemble des journalistes issus de la gauche, pro-Bachar et pro-Poutine. Il ne s'arrête pas en si bon chemin, jetant le doute sur la réalité du génocide des Ouïghours, prenant parti pour Maduro au Venezuela, son anti-impérialisme américain le rendant perméable à toutes sortes de causes et de propagandes. Aujourd'hui, The Gray Zone attaque naturellement l'Ukraine, en reprenant fidèlement les éléments de langage du Kremlin. Entre-temps, le site n'a pas manqué de diffuser des théories complotistes sur la pandémie de Covid.

Certains se font appeler des sites de « réinformation ». Ce drôle de néologisme désigne une nébuleuse, entre sites d'extrême droite, d'extrême gauche, de Gilets jaunes en France, qui diffusent à qui mieux mieux thèses complotistes et fausses nouvelles. La « réinformation » est à l'information ce que la rééducation est à l'éducation, son exact contraire... C'est peu dire que ces sites relayent sans hésiter la propagande russe. C'est beaucoup grâce à eux que la visibilité de RT s'est étendue en France. Citons Égalité et Réconciliation d'Alain Soral, ou mondialisation.ca, monté par un proche de Thierry Meyssan, Michel Chossudovsky. De l'autre côté de l'Atlantique, InfoWars fait aussi figure de fidèle relais de RT.

Un mot sur Thinkerview, car la chaîne présente sur YouTube a d'autres prétentions. Elle interviewe Jean-Luc Mélenchon, qui l'adore, mais aussi d'autres personnalités à première vue plus diverses. Elle ne parle pas de « réinformation », mais tout de même de « perspectives déformatées », histoire de se situer au-dessus de tous les autres. Elle se dit « très différente de la plupart des think-tanks, qui sont inféodés à des partis politiques ou des intérêts privés ». Drôle d'affirmation, car on voit mal en quoi une chaîne YouTube s'approcherait d'un think-tank ni pourquoi accuser ceux-ci d'inféodation politicienne. Thinkerview serait donc, à l'en croire, un lieu de pensée indépendante. En tous cas, une chaîne a succès, qui affiche 900 000 abonnés, ce qui n'est pas mal.

Demeurent quelques questions, tout de même. La diversité des invités ? Certes, enfin si l'on veut, puisqu'on y trouve l'extrême gauche (Jean-Luc Mélenchon, Gaël Giraud, Juan Branco) et l'extrême droite (Éric Zemmour, Étienne Chouard), plus ceux qui sont passés avec armes et bagages de l'une à l'autre (Michel Onfray). Plus, tiens, Kémi Séba, le panafricaniste anti-français et prorusse. Tiens, comme d'autres invités de la chaîne.

Tous s'adressent à un intervieweur unique, qui n'apparaît pas à l'écran et dont on connaît seulement le pseudonyme, Sky. Voilà qui est original, même si on commence à ressentir une forme de malaise. Ne serions-nous pas un peu près de chez les conspirationnistes ? Pourquoi ce mystère, à quoi ça rime, qu'est-ce que ça cache ?

Alors voilà, ce que l'on sait de Thinkerview : celui qui l'a fondé s'appelle Léonard Solji. Quand il a quitté la chaîne, il est parti chez les QAnon. Ah. Les conspirationnistes donc. Aïe.

Quant à Sky, l'intervieweur, d'après *Libération*[26], il entretient des liens étroits avec ReOpen911, un site complotiste dont le nom indique l'intention. Il a contribué plus de 1 600 fois au forum de ce site. Ah. Sky affirme avoir voulu « entrer dans le jeu » des utilisateurs du forum. Jusqu'à se prendre au jeu ? Il le nie farouchement. Conspiracy Watch a voulu en savoir davantage et a indiqué que l'animateur Sky avait été l'invité de l'ambassade de Russie à Paris pour une rencontre avec le ministre russe des Affaires étrangères, Sergueï Lavrov. Lui dit qu'il y est allé par curiosité. Ce qui est curieux, c'est qu'il y ait été invité. Ce qui est notable, c'est qu'il en a tiré comme conclusion qu'il fallait inviter des officiels russes, tout ce qu'il y a d'officiels, dans son émission supposément « déformatée ». On a un peu de mal à penser qu'un diplomate de l'ambassade de Russie, le président de la commission des Affaires étrangères de la Douma ou la présidente de RT France soient les meilleurs clients pour une émission « déformatée ». En résumé, comme le titre un article d'*Arrêt sur images*, Thinkerview, c'est « la chaîne qui aime les Russes (et vice-versa) », mais qui n'aime pas qu'on le dise.

On n'a sans doute encore rien vu. L'intelligence artificielle, la reconnaissance faciale, les *deepfakes* offrent aux truqueurs en tous genres des perspectives inespérées. Déjà, on voit fleurir les falsifications d'images. Dès 2017, le ministère russe de la Défense a tenté de présenter sur les réseaux sociaux une image qui aurait été prise à la frontière entre l'Irak et la Syrie, et qui aurait prouvé le soutien des États-Unis à Daesh. Il s'agissait en réalité d'une image empruntée à un jeu vidéo, comme l'a démontré Bellingcat. Les différents conflits en cours continuent à recourir à cette technique presque artisanale, facile à utiliser, facile à débusquer, mais dont il reste toujours quelque chose.

Un cran plus loin, on trouve les faux articles de vrais journaux. Pendant la campagne présidentielle française de 2017, a circulé un faux article du *Soir*, le quotidien belge, affirmant qu'Emmanuel Macron serait le candidat favori de l'Arabie saoudite.

Encore plus créatif : les personnalités fictives. De 2014 à 2017, les médias américains ont régulièrement cité une militante pro-Trump, Jenna Abrams. Tout s'y prêtait :

elle avait 70 000 followers sur Twitter, des avis tranchés, de nombreux *likes*... Mais elle n'existait pas. Son compte avait été créé par l'IRA. Et pendant quatre ans, personne n'a vérifié.

Les *deepfakes* font dès à présent partie de notre paysage. Des sketchs de l'imitateur Nicolas Canteloup à l'étrange émission de Thierry Ardisson[27], la manipulation des images vidéo dans le but de faire dire à un personnage public quelque chose qu'il n'a jamais dit fait partie des nouvelles trouvailles de l'industrie du divertissement. Ses usages peuvent aussi être beaucoup moins ludiques. On se souvient d'une vidéo, entièrement truquée, où Barack Obama traitait Donald Trump de « *deep sh**t* ». D'une autre où Nancy Pelosi, la présidente de la Chambre des représentants, semblait ivre. On a pu sourire à l'enregistrement audio d'un faux discours de victoire d'Emmanuel Macron à la présidentielle de 2022, diffusé par piratage sur France Inter. On peut davantage s'inquiéter que des vidéos pornographiques issues de *deepfakes* aient tenté de discréditer des femmes politiques. Et l'on doit s'alarmer qu'une interview de Volodymyr Zelensky, où il appelle l'armée ukrainienne à rendre les armes, ait été diffusée en mars 2022 sur la chaîne Ukraine 24. La chaîne avait été piratée, l'interview n'est qu'un exemple, un des premiers, de l'usage d'un *deepfake* en temps de guerre. Volodymyr Zelensky a parlé de « provocation infantile », le chef de la sécurité de Meta, la maison mère de Facebook, Nathaniel Gleicher, a affirmé que le montage vidéo avait été rapidement repéré et retiré. On respire ? Pas vraiment. Le montage était grossier, facilement repérable et le pire aurait été que les plateformes ne remarquent rien, ni ne fassent rien. Une autre fois, quand le montage sera meilleur, sera-t-il aussi facilement dénoncé ? Il existe aussi un autre risque, diffus et plus sournois : se propage l'idée qu'aucune image ne serait tout à fait fiable en elle-même et qu'il faudrait se méfier de tout.

Devant cette avalanche de faux-semblants et les risques qu'elle fait courir, la Defense Advanced Research Projects Agency (Darpa, « Agence pour les projets de recherche avancée de défense ») américaine finance le Media Forensics Project, afin de développer une technologie capable d'identifier automatiquement ces trucages.

De son côté, la Russie a appris à affiner et à faire évoluer certaines de ses méthodes pour passer entre les gouttes des contrôles de plus en plus serrés. Aujourd'hui, les fermes à trolls existent toujours, mais c'est un peu la préhistoire de l'ingérence moderne. Les plateformes ont en effet commencé, à petite échelle, à retirer des comptes suspects : 6 000 sur Facebook liés à la Russie entre 2017 et 2021, 5 000 sur Twitter entre 2018 et 2021, deux millions de vidéos russes sur YouTube depuis 2019. C'est à la fois peu et suffisant pour que la machine à désinformation russe soit obligée de se réorganiser en partie. Des chercheurs de l'université de Cardiff ont ainsi démontré que les sections commentaires des sites de médias comme le *Daily Express*, le *Daily Mail*, Fox News ou *Der Spiegel* sont de plus en plus manipulées par des petites mains prorusses[28]. Cela permet notamment aux médias officiels du Kremlin de prétendre que dans le fond, les élites occidentales ne sont pas en phase avec les citoyens ordinaires qui, eux, aiment et admirent la Russie.

En outre, quand un site ou un compte est bloqué, des sites miroirs ou des écrivains indépendants anonymes en reprennent les contenus pour les reposter ailleurs, sur Reddit, parler.com ou Telegram, où la modération n'existe pas, en dépit des affirmations des responsables de Reddit. L'objectif est que ces contenus ressortent ensuite sur de plus grosses plateformes, blanchis de leur origine russe, en quelque sorte.

Tout est bon, coûte que coûte, pour continuer à mentir, à tromper, à influencer les opinions des pays démocratiques, car le jeu en vaut la chandelle. La guerre de l'information est une guerre véritable et les régimes autoritaires sont bien déterminés à la mener.

2

La cyberguerre est déclarée

> « Comment qualifiez-vous l'état de la menace cyber ?
> – En toute franchise, il est effrayant car cela ne fait qu'exploser. »
>
> Guillaume POUPARD,
> directeur général de l'ANSSI, répondant
> à *Ouest-France*, le 18 décembre 2021.

Nous sommes vendredi 14 janvier 2022. À Kiev et dans toute l'Ukraine il fait un froid piquant et il neige. La capitale se réveille dans la tension d'une crise avec la Russie qui s'est envenimée. Depuis plusieurs semaines, les autorités russes répètent que, si les Occidentaux n'accèdent pas à leurs exigences (fin de l'élargissement de l'Otan, retrait de troupes et d'équipements militaires déployés dans les pays frontaliers de la Russie), il y aura des conséquences, notamment techniques. Et c'est le moment où les sites Internet des services publics ukrainiens deviennent brutalement inaccessibles. 70 sites sont touchés et « défacés[1] ». Microsoft avertit cependant que cette opération très visible en cache une autre, plus massive encore, qui pourrait rendre toute la structure informatique du gouvernement ukrainien inopérante. Le logiciel malveillant utilisé ressemble à un banal rançongiciel, mais il vise en réalité à « détruire et rendre inopérants les sites ciblés, et non à récupérer une rançon », déclare Microsoft sur son blog. L'attaque dépasse les sites du gouvernement et touche également des ONG et des sociétés de la tech, toutes basées en Ukraine.

Très vite, l'Ukraine accuse la Russie, même si Microsoft se garde d'aller aussi loin. « Toutes les preuves indiquent que la Russie est derrière la cyberattaque », déclare le ministère ukrainien de la Transformation numérique dans un communiqué publié le 16 janvier. Ce sabotage est « une manifestation de la guerre hybride que la Russie mène à l'Ukraine depuis 2014. L'objectif est non seulement d'intimider la société, mais de déstabiliser la situation en Ukraine en sapant la confiance des Ukrainiens dans leurs autorités avec de fausses informations sur la vulnérabilité des structures informatiques de l'État et sur la fuite de données personnelles des Ukrainiens ». D'autres sources expertes dirigent leurs regards vers la Biélorussie voisine et alliée à Moscou.

De son côté, le porte-parole du Kremlin, Dmitri Peskov, nie naturellement tout rôle de son pays dans la cyberattaque, ironisant sur le fait que « les Ukrainiens rejettent la faute sur la Russie pour tout ce qui leur arrive, même le mauvais temps ».

Le rôle de la Biélorussie est plausible et, depuis le déclenchement de la guerre d'Ukraine, le groupe de hackers biélorusse Ghostwriter a redoublé d'activité pour pirater l'armée ukrainienne et l'armée polonaise. Il s'était déjà illustré en Pologne, dans les pays baltes et en Allemagne par des publications de faux articles sur de vrais sites d'information et le détournement de comptes sur les réseaux sociaux.

La Russie n'est pas en reste, et Google relève un surcroît d'activité de la part du groupe APT28, qui dépend du GRU. Des opérations destinées à récupérer des identifiants de messageries électroniques en Ukraine ont été décelées.

Il est souvent hasardeux d'attribuer un sabotage informatique, qui n'est qu'exceptionnellement revendiqué par ses auteurs, plus encore par ses commanditaires. Les experts en cybersécurité ukrainiens dénoncent toutefois des modalités comparables à l'opération SolarWinds menée en 2020 depuis la Russie, qui avait touché des sites du gouvernement américain.

Au même moment, plus précisément une heure avant l'intervention russe en Ukraine, le réseau de satellites européens KA-SAT fait lui aussi l'objet d'une cyberattaque massive. « L'attaque a causé des perturbations importantes dans les communications qui ont affecté les services publics, les entreprises et les citoyens utilisateurs en Ukraine, et elle a également touché plusieurs États membres de l'Union européenne. » Cette dernière a mis du temps à réagir (l'attaque est intervenue en février et a été dénoncée le 10 mai), mais c'est la première fois qu'elle attribue formellement une opération à l'État russe, par la voix de Josep Borrell, son haut représentant.

L'Ukraine ne subit pas là son premier assaut cyber. Elle est même un des terrains de jeux favoris des attaques russes. En 2014, ses élections ont été prises pour cible, lorsque le site dédié à l'annonce des résultats a été piraté et a affiché une victoire du candidat d'extrême droite, dont le score réel n'atteignait pourtant pas 1 %. En 2015 et en 2016, la distribution d'électricité a été perturbée brièvement, mais sévèrement, à plusieurs reprises pendant l'hiver par un acte de sabotage informatique. En 2017, l'Ukraine a fait partie des victimes du logiciel malveillant NotPetya, en provenance de Russie, qui a détruit des réseaux entiers. Le message est clair même s'il est subliminal : « Tremblez et attendez-vous au pire. »

Ce type d'attaque n'est pas réservé au voisinage direct de la Russie. On peut dire à ce propos que l'année 2017 fut celle d'une accélération de l'utilisation des attaques informatiques à des fins politiques. Souvenons-nous en effet des MacronLeaks. Depuis plusieurs mois, le système informatique du quartier général de campagne du candidat à l'élection présidentielle française Emmanuel Macron avait fait l'objet d'attaques et de tentatives renouvelées de *phising*. Ces efforts ont fini par aboutir, puisque le 5 mai 2017, à quelques heures de la fin de la campagne électorale officielle, 150 000 fichiers hackés aux équipes de campagne apparaissaient sur le site de discussion américain 4chan. Ces contenus dérobés ont immédiatement connu une très forte viralité via la russosphère, comme le montre une étude très fouillée des chercheurs Kevin Limonier et Louis Pétiniaud[2] : quelques centaines de comptes prorusses ont été hyperactifs sur des forums de discussion pour relayer les documents dérobés, même si un forum comme jeuxvideo.com a choisi de s'opposer à leur diffusion pour ne pas tomber dans l'illégalité. Au total, la réaction rapide des organisateurs de la campagne du candidat, celle du régulateur français, et l'attitude responsable des médias professionnels ont fait échouer cette tentative de manipulation. Mais la réalité était là, brutale, devant nos yeux : un acteur étranger pouvait utiliser l'arme cyber pour tenter d'interférer avec une élection démocratique.

Revenons un instant sur les méthodes utilisées jusqu'à présent par les guerriers cyber pour mener leurs offensives.

L'attaque par déni de service et déni distribué consiste à surcharger les serveurs de requêtes de manière à bloquer l'accessibilité d'une plateforme. Il est aussi possible de modifier le contenu d'un site Web, qui disparaît ou se trouve piraté. C'est ce qui s'est passé lorsque la chaîne de télévision TV5 Monde a été attaquée en avril 2015 : dès le mois de mars 2015, l'Agence nationale de la sécurité des systèmes d'information (ANSSI) avait alerté TV5 Monde sur une faille de sécurité au cœur de l'un de ses serveurs, survenue après une opération de *phising* réussie. TV5 Monde n'eut pas le temps de lancer un audit de sécurité ; la cyberattaque se déclencha au moment même où le ministre des Affaires étrangères français venait d'inaugurer une nouvelle chaîne thématique de TV5.

Le 8 avril 2015, la diffusion de la chaîne a ainsi été interrompue pendant vingt-deux heures et des messages de soutien à Daesh ainsi que des documents présentés comme des plans opérationnels ou des coordonnées de proches de militaires impliqués dans la lutte contre le terrorisme (rien de tout cela n'a été finalement confirmé) ont été diffusés sur Facebook ainsi que sur Twitter. Il s'est agi de la première attaque de cette ampleur visant une chaîne de télévision en France. Elle a été revendiquée par un groupe de pirates informatiques se désignant sous le nom de Cybercaliphate et se réclamant de l'État islamique. L'enquête a pourtant privilégié la piste du GRU et du groupe APT28, également connu sous le nom de Fancy Bear. L'identification islamiste aurait été un leurre pur et simple. La cyberattaque est survenue peu après la décision prise par le gouvernement français de renoncer à la livraison des navires de guerre Mistral à la Russie.

Autre méthode éprouvée, le *hack and leak*, l'intrusion avec vol et diffusion de données. L'une des attaques les plus retentissantes est celle qui fut conduite contre la convention du parti démocrate américain de 2016, suivie de la diffusion de données sur WikiLeaks. La manœuvre a repris toute la grammaire des opérations des services russes et a été attribuée par des experts au GRU. Le moment ? la campagne présidentielle de 2016 aux États-Unis, une période de forte polarisation. La méthode ? Le *hacking* des mails de la convention nationale démocrate. La désinformation ? Une histoire énorme, abracadabrante, selon laquelle Hillary Clinton, la candidate démocrate, serait au cœur d'un réseau de pédophiles. Le lieu désigné ? Le sous-sol d'une... pizzeria de Washington. Aucune vraisemblance ? Peu importe. L'opération fait fuiter des mails entre John Podesta, le directeur de campagne d'Hillary Clinton, et le propriétaire de la pizzeria. Cela ne prouve absolument rien ? Aucune importance. Le doute s'installe dans les esprits les plus faibles. Ce doute survit toujours aujourd'hui, colporté par les complotistes du mouvement QAnon. Les mêmes que l'on retrouve parmi les assaillants du Capitole le 6 janvier 2021. Les mêmes qui font des émules en Europe aujourd'hui.

C'est le moment de nous arrêter sur un aspect délicat du *hacking* de la convention nationale démocrate de 2016 : le vecteur par lequel les emails ont été rendus publics ; WikiLeaks est une icône intouchable des lanceurs d'alerte, le champion de la transparence. Et son martyr, Julian Assange, est reclus depuis des années et risque de finir ses jours en prison. Personne ne souhaite le sort de Julian Assange, ni présent ni futur. Chacun est reconnaissant à ceux qui prennent des risques pour faire connaître une vérité qui dérange. Ils doivent être protégés. Mais il y a un mais. Dans le cas du *hacking* de la convention démocrate de 2016, ce ne sont pas des vérités, mais des mensonges grossiers qui ont été diffusés. Ce n'est pas une opération que WikiLeaks a menée, mais trois d'affilée contre le camp démocrate, d'abord en mars 2016, en publiant les mails qu'Hillary Clinton, alors secrétaire d'État, avait fait partir de sa boîte personnelle, puis en juillet en diffusant des messages internes au camp démocrate, enfin en octobre en rendant publics des courriels dérobés au directeur de campagne d'Hillary Clinton, John Podesta. Le procureur

Mueller en est persuadé : le patron de WikiLeaks a agi en lien avec les services russes. Or, dès 2012, Russia Today avait proposé à Julian Assange de présenter une émission hebdomadaire. Pour la chaîne étatique russe, le fondateur de WikiLeaks a ainsi interviewé le chef du Hezbollah libanais, Hassan Nasrallah, pas tout à fait un libertarien adepte de la liberté d'expression. *The Guardian*, qui a travaillé avec le lanceur d'alerte, sera sans pitié, dénonçant « un pion dans la guerre mondiale de l'information menée par le Kremlin ». En 2013, Assange vient en aide à un autre lanceur d'alerte, Edward Snowden, et l'exfiltre vers... Moscou.

Une autre forme de cyberattaque se développe, l'usurpation d'identité numérique. Elle n'est guère nouvelle et elle peut être contrée par le recours au *User behavioral analytics* (UBA), c'est-à-dire des outils de profilage des utilisateurs et de surveillance des comportements d'utilisateurs anormaux. La même technique d'UBA permet aux cybermercenaires de se glisser dans la peau d'utilisateurs dont ils usurpent l'identité en gardant leurs habitudes de comportement en ligne...

Sans surprise, les États-Unis n'ont pas seulement été la cible de cyberattaques massives. Il a pu leur arriver d'en être à l'origine. Souvenons-nous que le premier piratage informatique recensé s'est déroulé en 1988, quand l'étudiant Robert Morris a diffusé un virus de son invention qui a déclenché une série de pannes dans un Internet encore balbutiant. Voyons ce qu'a à nous dire l'ancienne journaliste du *New York Times* Nicole Pelroth[3]. Elle cite la conception, en collaboration entre les États-Unis et Israël, du virus informatique Stuxnet en 2010, qui visait les centrifugeuses d'enrichissement de l'uranium iraniennes. La cyberguerre est donc partie de Washington.

Les États-Unis n'ont d'ailleurs pas hésité à utiliser l'arme cyber dans le cadre de la lutte contre le terrorisme. Ainsi, le Centvom s'est-il associé avec la NSA contre l'État islamique pour l'opération Glowing Symphony dans le but de semer la confusion au cœur de Daesh. Cela a commencé par la compromission du système d'information de Daesh grâce à une campagne d'hameçonnage (*phising*) qui a pu cartographier l'environnement informatique de l'organisation terroriste. Puis des informations détournées ont été introduites dans le système dans le but de compromettre ses activités. L'opération américaine a réussi à causer des perturbations dans la propagande, le recrutement, la communication et les levées de fonds de Daesh. À la fin de la campagne américaine, la totalité des serveurs adverses a été détruite.

Rapidement, l'exemple américain a été suivi par plusieurs autres pays. L'Iran, très vite, a voulu marquer son territoire après avoir été lui-même attaqué. Ainsi, en 2012, un logiciel malveillant visait la société pétrolière saoudienne Aramco, effaçant les données de 30 000 ordinateurs, puis la compagnie gazière qatarie RasGas. L'effet sur les marchés fut massif et les États-Unis durent venir en aide à leurs alliés pour renforcer leur cybersécurité.

En 2013, les révélations d'Edward Snowden font l'effet d'une bombe. Ancien employé de la NSA, il publie des milliers de documents classifiés révélant l'ampleur de la surveillance pratiquée par les États-Unis, en particulier sur les dirigeants des pays alliés de Washington, notamment Angela Merkel. Le scandale est immense. Ses conséquences ne le sont pas moins. Les dirigeants occidentaux se montrent dès lors extrêmement réticents à coopérer avec les États-Unis dans le domaine de la cyberdéfense, en dépit de la montée en puissance des attaques russes et chinoises. « La confiance doit être rebâtie », déclare Angela Merkel. C'est Washington qu'elle vise, non Moscou, ni Pékin.

En 2014, des agents nord-coréens lancent le premier assaut informatique sur les États-Unis. La cause peut faire sourire : Sony Pictures prépare alors la sortie d'un film se moquant du dictateur de Pyongyang. Manifestement dépourvu d'humour, Kim Jong-un encourage le *hacking* des données contenues sur les serveurs de Sony Pictures. Les pirates informatiques diffusent le fruit de leurs trouvailles sur Internet et menacent de conduire d'autres « attaques terroristes » en ligne. Pendant des semaines, les services de cybersécurité américains ont craint de découvrir des « bombes informatiques » dans les infrastructures critiques du pays, prêtes à être déclenchées. La réaction de l'administration américaine est intéressante en cela qu'elle a dissuadé une escalade supplémentaire : le président n'a pas hésité à désigner les Nord-Coréens comme responsables du piratage et annoncé des sanctions économiques. Les choses en sont restées là, mais si la Corée du Nord avait voulu aller de l'avant, la cyberdéfense américaine n'était manifestement pas encore prête.

C'est d'ailleurs une erreur interne à la NSA américain qui va, dans les années qui suivent, exposer à la fois les États-Unis et le reste du monde à des cyberattaques massives. Si l'on en croit Sue Gordon et Eric Rosenbach, la NSA a perdu le contrôle de certains de ses outils de cybersurveillance les plus sensibles du fait de la négligence de certains de ses employés[4]. Un groupe de hackers se faisant appeler The Shadow Brokers, réputés pour leurs liens avec le renseignement russe, aurait alors mis la main sur ces outils et les aurait fait connaître sur le Web, en particulier EternalBlue, une faille de sécurité des logiciels de Microsoft mise au jour par la NSA. C'est en s'appuyant sur EternalBlue (qui, on le répète, provient de la NSA) que le logiciel malveillant WannaCry, que certains attribuent à la Corée du Nord, a pu infecter 230 000 ordinateurs, des entreprises et des services publics dans 150 pays à travers la planète en 2017. Le système de santé britannique a, par exemple, été pris pour cible, ses ordinateurs se retrouvant cryptés et inutilisables, ce qui a contraint à déprogrammer les rendez-vous de milliers de patients. Même origine pour son successeur, NotPetya, soupçonné d'avoir été déclenché par des pirates informatiques russes dans le but de porter atteinte à des systèmes informatiques ukrainiens et qui a causé la même année plus de dix milliards de dollars de pertes à l'économie mondiale en paralysant notamment l'entreprise de transport maritime danoise Maersk et l'américain FedEx.

Rien de tout cela n'a échappé à la Russie. En 2017, l'armée russe crée sa première unité de cyberdéfense, « les troupes d'opération information ». Elles semblent assumer des missions de cyberpropagande. Mais c'est surtout le GRU, la direction générale des renseignements, qui assume l'essentiel des cyberattaques, par le biais de deux unités opérationnelles, 26165 et 74455[5], sans oublier le Service fédéral de sécurité de la fédération de Russie (FSB). L'État russe externalise également une partie des attaques informatiques en les confiant à des intervenants privés. En 2017, la Russie officielle reconnaît que des « hackers patriotiques » russes pourraient se livrer à des cyberattaques à l'étranger. Ces groupes de hackers répondent à des noms de code : Fancy Bear, par exemple, soupçonné à la fois dans l'attaque contre la chaîne de télévision TV5 Monde, dans les MacronLeaks ainsi que dans le vol de données de la convention nationale démocrate américaine de 2016. L'enquête du procureur Robert Mueller conclut que Fancy Bear est lié au GRU. Également en cheville, toujours d'après l'enquête de Robert Mueller, avec le renseignement militaire russe, on trouve l'équipe Sandworm, repérée dans l'attaque informatique contre la convention nationale démocrate mais aussi dans les assauts contre le réseau électrique ukrainien de 2017. Cozy Bear et Turla seraient pour leur part liés au FSB.

Le 13 avril 2018, quatre agents des services russes ont tenté une cyberattaque sur l'Organisation pour l'interdiction des armes chimiques (OIAC), dont le siège est à La Haye. L'institution était alors en plein travail sur la tentative d'empoisonnement de l'ancien agent du KGB,

Sergueï Skripal, au Royaume-Uni. Comme le rapporte le SWP[6], les quatre hommes se sont garés à proximité du siège et ont cherché à remplacer le wifi de l'OIAC par le leur propre[7]. Ils ont été repérés et arrêtés par le renseignement militaire néerlandais, qui a pu saisir des passeports diplomatiques, une somme d'argent importante en espèces et des équipements techniques. L'attaque a échoué, sans doute grâce à la coopération entre plusieurs agences de renseignement. Elle a pu être attribuée au GRU.

La vulnérabilité de nos sociétés aux attaques cyber continue cependant à s'exposer en plein jour : en septembre 2019, à Austin, au Texas, l'entreprise de logiciels SolarWinds est l'objet d'une attaque informatique. Les pirates ont installé un virus au cœur du logiciel phare de l'entreprise, Orion. L'attaque se propage aux clients de SolarWinds, en Belgique, en Espagne, au Royaume-Uni, en Israël, au Mexique et surtout aux États-Unis. En plus de Microsoft, plusieurs agences fédérales américaines ont été touchées, dont le département d'État, le département du Trésor, celui du Commerce et l'administration de la Sécurité nucléaire. SolarWinds compterait en tout 18 000 clients qui ont téléchargé la version d'Orion contenant le *malware*[8]. Derrière l'attaque, les États-Unis ont cru voir la main de Cozy Bear et du Service russe des renseignements extérieurs (SVR).

Au total, Microsoft juge la Russie responsable de 58 % des cyberattaques étatiques pour l'année 2021, considère qu'elles visent de plus en plus des agences gouvernementales et réussissent de plus en plus. Mais loin de conclure à un quasi-monopole russe, Microsoft alerte : les succès de Moscou ne peuvent qu'encourager d'autres États à recourir aux mêmes méthodes et à s'enhardir.

Le 7 mai 2021, un nouveau type de cyberattaque frappe les États-Unis. Des hackers ciblent le système informatique de l'oléoduc Colonial Pipeline, le contraignant à arrêter ses activités plusieurs jours durant. Il s'agit *a priori* d'une banale attaque au rançongiciel. Les pirates se désignent sous le nom de DarkSide et semblent bien relever de la cybercriminalité ordinaire. L'entreprise s'exécute et verse 4,4 millions de dollars. Elle n'a manifestement pas pris sa cybersécurité au sérieux. Infrastructure critique, le pipeline fournit 45 % du pétrole de la côte est. Il n'aurait pas pu rester fermé beaucoup plus longtemps sans impacter fortement l'activité du pays. Surtout, la panique s'est très vite emparée des automobilistes, qui se sont précipités dans les stations-service de peur de manquer de carburant. En quelques heures, une attaque cybercriminelle était susceptible de créer des effets psychologiques bien supérieurs à ses effets économiques immédiats.

Fin décembre 2021, pour la première fois, le Cyber Command relie le groupe de hackers MuddyWater au ministère iranien du Renseignement et de la Sécurité. MuddyWater est actif depuis plusieurs années dans des opérations d'aspiration de données au Moyen-Orient. Le Cyber Command américain a rendu publics des échantillons de code malveillant supposés être utilisés par les hackers iraniens, de manière à aider les entreprises et les administrations à se protéger de tentatives d'intrusion dans leurs serveurs. L'Iran a naturellement rejeté ces affirmations comme « infondées et faisant partie de la guerre psychologique contre l'Iran ». Selon les spécialistes, MuddyWater serait également utilisé par les Gardiens de la révolution et aurait servi à essayer d'aspirer des données en Turquie, en Jordanie et en Irak. L'Iran continue à faire partie des « Big Four » en matière de cyberattaques, avec la Russie, la Chine et la Corée du Nord. Téhéran croise le fer électronique avec Israël, qui riposte. Les attaques touchent des sites de rencontres LGBT, des hôpitaux, voire le système de distribution d'essence iranien. Début juin 2022, le directeur du FBI, Christopher Wray, revient sur l'attaque qui a touché les systèmes informatiques de l'hôpital pour enfants de Boston un an plus tôt et il pointe du doigt l'Iran, dénonçant « l'une des cyberattaques les plus méprisables qu'on ait jamais vues[9] ». Un hôpital pour enfants, aux États-Unis, en pleine crise de la Covid, attaqué depuis l'Iran par des pirates informatiques qui ne demandent pas de rançon ! En tout, les États-Unis ont constaté l'an dernier 134 cyberattaques contre des établissements de santé. Le FBI considère que l'Iran est impliqué dans plusieurs d'entre elles.

On en a moins parlé, mais cela s'est pourtant passé au cœur de l'Europe, en Hongrie, et plus précisément au cœur du pouvoir hongrois : il est jugé probable que, au second semestre 2021, les services de renseignement russes aient attaqué avec succès le système informatique du ministère des Affaires étrangères hongrois et aient eu accès à l'ensemble de sa correspondance diplomatique. D'après le site d'information hongrois Direkt36, ces attaques cyber dureraient depuis des années et se seraient poursuivies jusqu'en 2022. D'autres administrations ont pu être attaquées en parallèle, par exemple le ministère des Affaires étrangères tchèque. Avec une grande différence tout de même : si, à Prague, les responsables s'en sont tout de suite émus et ont alerté sur l'ampleur de l'opération et les risques de dommages, à Budapest, rien n'a filtré. Ce fut et cela reste le silence, publiquement et vis-à-vis des employés du ministère. La proximité de Viktor Orbán avec Vladimir Poutine est à ce prix-là, en dépit de l'appartenance de la Hongrie à l'Otan. Seul le service de contre-espionnage hongrois a pris la peine d'alerter ses homologues alliés, ce que le chef de la diplomatie de Budapest n'aurait pas cru utile de faire.

Passons à la Chine. En décembre 2015 a été créée la Force de soutien stratégique, qui compte plus de 175 000 hommes et inclut aux côtés des domaines spatial et balistique le domaine cyber. Le département des Systèmes et réseaux conduit les opérations de cyberespionnage et les attaques techniques ou informationnelles.

L'entrée en lice rapide et massive de la Chine dans le champ de la cyberguerre a conduit à lever la réticence observée pendant longtemps dans l'attribution des attaques cyber. Ce refus d'attribution publique connaît aujourd'hui de plus en plus d'exceptions. Ainsi, des communiqués distincts mais coordonnés de l'Otan, de l'Union européenne, du Canada et des États-Unis en date du 19 juillet 2021 ont été publiés[10] et ils n'y vont pas par quatre chemins pour condamner les cyberactivités « malveillantes » de la Chine. Pékin y est appelé à agir de « manière responsable ». Les États-Unis soupçonnent notamment la Chine de protéger les pirates informatiques, voire de leur donner les moyens d'agir. Le secrétaire d'État américain Antony Blinken accuse les autorités chinoises de « comportement irresponsable, perturbateur et déstabilisant dans le cyberespace, ce qui représente une menace majeure pour l'économie et la sécurité des États-Unis et de leurs partenaires[11] ». Le Royaume-Uni dénonce « un cyber-sabotage systématique ».

Qu'est-ce qui a déclenché une prise de position occidentale aussi virulente à l'égard de Pékin ? Au moment où paraissaient les communiqués coordonnés, on apprenait que la justice américaine avait inculpé quatre hackers chinois, dont trois « agents du ministère de la Sécurité d'État », accusés de s'être introduits dans les systèmes informatiques d'entreprises privées, d'universités et de gouvernements entre 2011 et 2018, pour y piller des données. Les chercheurs Sue Gordon et Eric Rosenbach estiment[12], quant à eux, entre 200 et 600 milliards de dollars de pertes annuelles le résultat du cyberespionnage pratiqué par la Chine sur les entreprises américaines et du pillage de la propriété intellectuelle qui en a découlé entre 2008 et 2013.

Entre 2014 et 2015, les assauts en provenance de hackers chinois ont déjà monté d'un cran – et même de plusieurs. À en croire nos chercheurs, ils pénétrèrent dans les réseaux informatiques de l'US Office of Personnel Management et aspirèrent les données de plus de deux millions d'anciens agents publics fédéraux et de plus de deux millions d'employés publics en activité. Poussé par le Congrès, Obama s'en ouvrit à Xi Jinping en septembre 2015, sans attribuer directement l'opération à la Chine. Les choses se calmèrent.

En 2016, les revendications de Pékin en mer de Chine essuient un revers en raison d'une décision d'arbitrage défavorable prononcée à propos d'un différend territorial avec les Philippines. On considère alors que la Chine est vraisemblablement à l'origine de cyberattaques sur des dizaines de sites philippins.

En mars 2021, le piratage massif mené contre les services de messagerie Exchange de Microsoft, qui touche des dizaines de milliers d'utilisateurs à travers le monde, est attribué à un groupe de hackers chinois baptisé Hafnium, et conduit les Occidentaux à hausser le ton. Microsoft reconnaît, fin décembre 2021, que d'autres pays sont en train d'exploiter la faille et cite l'Iran (par le biais d'un groupe de hackers appelé alternativement Phosphorus et Charming Kitten), la Corée du Nord et la Turquie, et prévient que des centaines de millions d'appareils sont potentiellement à risque.

Arrivent les Jeux olympiques d'hiver en Chine, début 2022. Ce n'est guère une surprise, et cela a d'ailleurs fait peu de bruit, mais le Citizen Lab de l'université de Toronto a été en mesure de démontrer qu'une application informatique propre aux Jeux olympiques chinois, que tous les participants étaient tenus de télécharger, My 22, comportait une faille de sécurité de nature à permettre l'interception de tous les appels et de tous les messages. L'application comportait également une fonction permettant à ses utilisateurs de rapporter « du contenu politiquement sensible », sans préciser à qui. My 22 incluait enfin un glossaire des mots interdits, en tout 2 422 mots ou phrases qui ne pouvaient figurer sur les messages et pour lesquels un dispositif de censure automatique était intégré. Parmi eux, sans surprise encore, « Tian'anmen » ou « le fléau du PCC ». Ingérence ? Non. Surveillance, sans aucun doute. Les organisateurs chinois des Jeux olympiques d'hiver n'ont jamais répondu aux questions sur My 22.

En mars 2022, la société privée de cybersécurité Mandiant publie un rapport qui pointe du doigt l'APT 41 (APT étant le sigle d'*advanced persistent threats*), un groupe réputé proche des autorités chinoises, et l'accuse d'être à l'origine de l'infection des réseaux informatiques d'au moins six gouvernements d'États fédérés américains, en tirant profit de failles de sécurité. La réponse officielle des autorités chinoises est d'assurer que la Chine est un combattant acharné en faveur de la cybersécurité, victime elle-même de campagnes de dénigrement mensongères. Le groupe APT 41 a cependant déjà été identifié pour des attaques cyber antérieures et pour ses liens avec les autorités chinoises.

Quel est l'objectif de ces attaques ? Début 2022, le directeur du FBI, Christopher Wray, a accusé le gouvernement chinois « d'essayer de dérober » des informations et de la technologie par ce biais.

L'Union européenne dénonce, elle aussi, les activités d'un groupe de pirates connu sous les noms de APT 40 et APT 31, qui auraient mené « des attaques depuis le territoire chinois avec pour objectif le vol de secrets ou l'espionnage[13] ».

Parlons justement des institutions européennes. Depuis plusieurs années, elles font l'objet d'attaques en règle. À intervalles réguliers, la Commission, le Conseil, le Parlement européens sont ciblés. Au début de la pandémie de Covid, au moment où les premiers laboratoires soumettaient les résultats de leurs essais cliniques sur des vaccins à l'Agence européenne des médicaments, cette dernière a été violemment attaquée par des pirates informatiques.

Les tentatives d'intrusion sont constantes. Partout, l'heure est au renforcement de la cybersécurité des institutions européennes. Reste à y changer les mentalités, l'habitude ayant été prise de travailler comme dans une maison de verre. Dès lors que l'Union européenne renforce ses outils de défense et de souveraineté, elle doit acquérir une culture de sécurité qui l'amène à se prémunir contre les attaques. On n'en est aujourd'hui qu'au commencement. Qu'il ait été possible à un journaliste néerlandais de s'immiscer dans une réunion informelle des ministres européens de la Défense tenue en visioconférence en dit long sur le chemin qui reste à parcourir. Mais la prise de conscience est là.

En mars 2022, une équipe de hackers liée à la Chine et surnommée Mustang Panda a créé de faux documents de l'Union européenne (il s'agissait de faux rapports sur la situation à la frontière entre l'Ukraine et la Biélorussie), qu'elle a envoyés à des cibles potentielles en Europe. Les documents étaient infectés et ceux qui les ont ouverts ont permis aux hackers d'entrer dans leurs réseaux informatiques. La question de l'objectif poursuivi n'est pas résolue.

De même, début 2022, le Comité international de la Croix-Rouge (CICR) a annoncé avoir été victime d'une vaste opération de piratage[14], au cours de laquelle les données de plus de 515 000 personnes ont été aspirées, dont celles de réfugiés qui ont fui des conflits, et de prisonniers. « Cette cyberattaque met encore plus en danger des personnes vulnérables, qui ont déjà besoin de services humanitaires[15] », a déclaré le directeur général du CICR, Robert Mardini. Ces données concernaient au moins 60 sociétés nationales de la Croix-Rouge et du Croissant-Rouge dans le monde. Dans quel but ont-elles été dérobées ? On ne sait. Par qui ? Pas davantage.

La « main de l'étranger » n'est pas toujours facile à démontrer. Ainsi, dans son ouvrage intitulé *Cyber Mercenaries*[16], Tim Maurer distingue trois méthodes différentes par lesquelles un État confie à des acteurs privés le soin de mener la cyberguerre à sa place :

- la délégation, qui suppose une relation de contrôle étroite entre le commanditaire et les opérationnels ;

- l'orchestration, dans laquelle les sous-traitants disposent d'une marge de manœuvre plus grande (ils reçoivent un financement et/ou des éléments généraux mais pas d'instructions précises) ;
- la sanction : il s'agit alors d'une simple convergence d'intérêts ou de valeurs, sans lien contractuel.

On comprend la difficulté juridique de l'attribution d'une opération. Elle est longue, repose le plus souvent sur du renseignement classifié et fait l'objet de politiques différentes selon les pays et les moments. Pour cette raison, c'est plus souvent la caractérisation qui est pratiquée : on indique qu'une manipulation malveillante « ressemble » à une pratique déjà observée en provenance d'un pays particulier. L'affirmation est moins péremptoire, elle n'en est pas moins efficace. On constate, toutefois, qu'avec la montée en puissance continue des cyberattaques, les dirigeants mondiaux sont appelés à prendre de moins en moins de précautions oratoires. On se souvient ainsi de Joe Biden pendant sa première rencontre avec Vladimir Poutine, à Genève, en 2021, qui a très ouvertement dressé la liste des infrastructures critiques vis-à-vis desquelles une cyberattaque d'origine russe conduirait à une réplique américaine. Nous voici entrés dans une forme d'équilibre de la terreur dans le domaine informatique. On aurait tort pour autant de se croire rassurés. Car si Joe Biden dresse une liste, celle d'infrastructures critiques américaines qu'il refuse de voir attaquées par la Russie sous peine de contre-mesures (et tout laisse à penser que le passage à la contre-attaque a déjà eu lieu et conduit

Vladimir Poutine à prendre les États-Unis au sérieux, au point de déclencher des poursuites judiciaires contre des hackers agissant depuis le territoire russe), il envoie en creux un autre message : pour les secteurs qui ne font pas partie des priorités américaines, notamment pour les infrastructures critiques européennes, les États-Unis n'interviendront pas si elles font l'objet d'une cyberattaque. Aux Européens de se prendre en main pour mettre en place leur propre cyberdéfense. On y reviendra, mais le message est clair : en matière de cyberdéfense, c'est le chacun pour soi qui l'emporte pour le moment.

Reste à nous demander si nous savons « penser » cette cyberguerre qui se déroule sous nos yeux, et si nous ne risquons pas de lui appliquer des schémas inadéquats ou dépassés. Dans *Foreign Affairs* de janvier 2022, les chercheurs américains Sue Gordon et Eric Rosenbach de la Harvard Kennedy School[17] se montrent sévères à l'égard de leur propre pays. Ils rappellent les prédictions alarmistes qui ont fleuri dans les années 2010 autour d'un « Cyber Pearl Harbor », d'un « 11-Septembre cyber » ou d'un « Armageddon informatique ». Rien de tout cela ne s'est vraiment produit. Des assauts massifs sur nos systèmes de communication n'ont pas précédé une guerre totale ni entraîné des milliers de morts ou des destructions en cascade. Pourtant, c'est sans doute à cela que les États-Unis et d'autres, à tort, ont tenté de se préparer ; mais c'est autre chose de plus insidieux qui se déroule devant nous, sans que nous y prêtions suffisamment d'attention. Nous sommes peut-être restés enfermés trop longtemps dans une vision du monde en noir et blanc où, pour le cyber comme pour le reste, il existait une frontière claire entre l'état de paix et l'état de guerre. Or, pour les menaces hybrides au moins, la frontière est par essence floue entre compétition et conflictualité.

La réalité est qu'il n'y a pas eu à ce jour de déflagration cyber, mais que les assauts répétés d'informaticiens malveillants encouragés par des pays inamicaux ont conduit à mettre en danger notre sécurité, nos économies et, ce qui est presque plus grave, nos modèles démocratiques.

Aujourd'hui, Le Cyber Command américain est sorti d'une logique de bunker et sous-traite volontiers une partie de ses activités à des entreprises privées :

- CACI International, basée à Arlington, emploie 20 000 personnes et a un chiffre d'affaires de 5,7 milliards de dollars. Elle participe aux activités de cyberciblage pour identifier et pénétrer des cibles, des centres de données (*data centers*) ou des plateformes ;
- la Science Applications International Corporation (SAIC) emploie 15 000 salariés, réalise un chiffre d'affaires de 4,3 milliards de dollars. Elle s'enorgueillit d'avoir mis sur pied des stratégies médiatiques, en Afghanistan et en Irak, par des « opérations offensives et défensives dans le cyberespace ».
- la société prestataire de services de consulting en informatique Booz Allen Hamilton travaille également pour le Pentagone dans ce domaine.

Est-ce la bonne réponse ? On notera sans cruauté que les expériences irakienne et afghane devraient inciter à la modestie. On pourra aussi légitimement s'inquiéter de voir le Pentagone une fois de plus dépendant de contractants privés dont l'intérêt économique n'est pas de fournir des solutions définitives mais, au contraire, d'entretenir des relations de dépendance indéfinies.

Au moment où j'écris ces lignes, la guerre russe en Ukraine se poursuit et la cyberguerre l'accompagne. Le Kremlin s'est montré moins efficace que prévu dans ce domaine comme dans d'autres, mais n'a pas renoncé à mettre à mal les communications électroniques ukrainiennes – ou tierces. En janvier 2022, avant même le début de l'agression de Moscou, au moment où se préparait une rencontre entre diplomates américains et russes, des hackers russes mettaient la dernière main à un nouveau logiciel malveillant. En février, le réseau satellite européen Viasat était attaqué le jour de l'invasion, mettant en péril des réseaux ukrainiens mais aussi le fonctionnement d'éoliennes en Allemagne. Fin mars, un réseau de télécommunications ukrainien était à nouveau assailli. Les États-Unis affirment être parvenus à supprimer un *malware* particulièrement destructeur de réseaux informatiques à travers le monde à temps, avant qu'il n'infecte d'innombrables infrastructures critiques, publiques et privées, qu'il s'agisse de réseaux de distribution d'électricité, de gaz ou d'institutions financières[18]. Il reste qu'au moment où le président Volodymyr Zelensky s'exprimait en visioconférence devant le Parlement finlandais, la Finlande, qui se rapproche à grands pas d'une adhésion à l'Otan, a fait l'objet d'une cyberattaque aussi brusque que massive.

Il arrive aussi que les cyberagresseurs se battent entre eux. Un rapport de l'entreprise de cybersécurité américano-israélienne Check Point Software Technologies Ltd. nous apprend ainsi que des hackers chinois ont tenté de voler des données sur la défense russe[19]. Ils s'en sont pris, par l'envoi de courriels infectés, à des instituts de recherche russes appartenant au conglomérat militaire Rostec Corporation, un des poids lourds du complexe militaro-industriel russe. L'opération d'espionnage technologique a commencé en juillet 2021 et s'est poursuivie jusqu'au printemps 2022. En mars de cette année, c'est vers l'Ukraine qu'une campagne de cyberattaques chinoises s'est dirigée : une équipe de hackers connue sous le nom de Scarab a ciblé des organisations ukrainiennes avec des courriels infectés proposant de l'aide pour la documentation des crimes de guerre commis par l'armée russe. On reste coi devant le niveau de cynisme de ceux qui ont pensé cette stratégie.

On voit mal pourquoi un État inamical renoncerait de sitôt à l'arme cyber tant elle est riche en opportunités irrésistibles. Dans le domaine cyber, les distances disparaissent. Aucun pays ne peut se croire protégé par sa géographie. La vitesse d'interaction entre un agresseur et sa cible est incomparable et dépasse tout ce que de nouveaux armements pourtant sophistiqués peuvent atteindre. Le coût de la cyberguerre reste raisonnable et abaisse les barrières à l'entrée. Quant aux aléas de l'attribution, ils ont déjà été décrits et représentent l'avantage de la discrétion pour l'auteur d'une agression cyber. Plus d'espace, plus de temps, des coûts faibles et peu d'empreintes digitales : on peut prévoir un bel avenir à la cyberguerre.

3

Qui veut truquer les élections ?

« La Russie a-t-elle interféré dans les élections américaines de 2016, 2018 et 2020 ?

– Oui, Monsieur.

– Ont-ils interféré dans l'élection française de 2017 ?

– Pour autant que je sache, oui, Monsieur. »

Cet échange a eu lieu au Capitole, le 8 mars 2022. Celui qui pose les questions est Eric Swalwell, représentant de Californie et membre de la commission parlementaire du renseignement. Celui qui répond est William Burns, le directeur de la CIA.

Voilà, le décor est planté.

Difficile de décider par où commencer. L'année 2016 fournit sans doute un échantillon particulièrement éclairant des attaques qui ciblent les processus électoraux. 2016, des élections aux Philippines, aux États-Unis, un référendum sur le Brexit au Royaume-Uni, un autre sur l'accord d'association entre l'Union européenne et l'Ukraine aux Pays-Bas. Point commun : tous, absolument tous, ont fait l'objet d'ingérences étrangères et de tentatives de manipulation.

Brexit, élections américaines : deux pays séparés par un océan, deux enjeux très différents, et pourtant. Les similitudes (la victoire surprise d'un camp qui ne partait pas favori) ne sont pas tout à fait fortuites, tant les connexions entre les deux scrutins sont nombreuses. Il est impossible de les décrire sans faire un sort au scandale Cambridge Analytica.

Tout le monde sait maintenant de quoi il s'agit. Le FBI, Robert Mueller, le Congrès, le Parlement britannique, tous ont enquêté pour comprendre comment Facebook, le réseau social des amitiés innocentes, avait permis le ciblage d'électeurs indécis et leur manipulation par un bombardement de publicités politiques. Je me bornerai donc à quelques rappels pour les mémoires défaillantes. Cambridge Analytica a d'abord été une société anglo-américaine très discrète, née de SCL, une entreprise qui a travaillé sur des PsyOps[1] pour l'Otan, l'armée britannique et le MI6, spécialisée dans la publicité politique sur les réseaux sociaux, un domaine resté aussi mal connu qu'opaque. Il a fallu les révélations du *New York Times* et du *Guardian* sur l'utilisation des données personnelles de 87 millions de citoyens américains, collectées illégalement via un service de Facebook sans l'accord des utilisateurs, pour que l'on sache que l'entreprise avait appliqué ses techniques de profilage politique au profit de Donald Trump.

Il faut se souvenir que Cambridge Analytica a été lancé en 2014 par Robert Mercer, un des principaux donateurs de la campagne de Donald Trump, et que siégeait à son conseil d'administration Steve Bannon, qui sera ensuite conseiller spécial à la Maison-Blanche.

Cambridge Analytica nous intéresse pour deux raisons. Tout d'abord pour le recours illégal à des données personnelles d'utilisateurs de Facebook. L'entreprise s'est, en effet, offert les services d'un chercheur de Cambridge qui avait acquis l'accès à ces données à des fins de recherche universitaire mais en a dévoyé l'usage sans que la plateforme exerce un contrôle effectif. Une étude publiée par… Cambridge en 2015 affirme qu'avec dix données, on peut prédire la personnalité d'un individu mieux que ne le ferait son collègue de bureau ; avec 300 données, on peut prédire son comportement mieux que ne le ferait son conjoint. La seconde raison qui nous amène à nous pencher sur Cambridge Analytica, c'est que son travail a été utilisé pour diffuser de manière ciblée des contenus russes pro-Trump dans la campagne américaine. Non seulement les données personnelles de dizaines de millions d'Américains ont été récoltées, analysées et utilisées sans leur consentement, mais elles ont servi à les polariser, à les diviser et à les hystériser, en les montant contre Hillary Clinton et en faveur de Donald Trump. Pour y parvenir, les contenus ciblés qui ont été diffusés aux électeurs indécis ont souvent transité par la Russie, soit qu'ils y aient été fabriqués, soit que le *hacking* des mails d'Hillary Clinton soit passé par Moscou avant d'être diffusé par WikiLeaks et envoyé aux électeurs grâce aux analyses de Cambridge Analytica.

Le témoignage de l'ancien employé de Cambridge Analytica Christopher Wylie va plus loin puisqu'il affirme que l'entreprise a également travaillé pour les partisans du Brexit lors du référendum, en coopération avec une société sœur basée au Canada, AIQ, dont l'actionnaire principal est aussi Robert Mercer[2]. La campagne pro-Brexit « *Vote Leave* » a versé à AIQ près de 4 millions de livres, en violation des lois britanniques.

Plus largement, à en croire son ancienne directrice commerciale, Britanny Kaiser, Cambridge Analytica serait aussi intervenue dans des processus électoraux en Lituanie, en Roumanie, en Malaisie, au Kenya, au Ghana, au Sri Lanka, et aurait approché le Rassemblement national en France et l'Alternative für Deutschland (AfD) en Allemagne...

Si l'on revient à l'élection américaine de 2016, il n'est pas besoin d'aller très loin ni de solliciter des enquêtes fouillées pour s'inquiéter : le 27 juillet 2016, en pleine campagne électorale et devant des journalistes, Donald Trump fait allusion aux mails effacés de la messagerie personnelle de la candidate démocrate Hillary Clinton, que le clan républicain essaye d'utiliser pour créer un scandale contre son adversaire (des mails effacés seraient forcément compromettants et les retrouver permettrait de faire éclater la vérité au grand jour). Voici ce que dit le candidat républicain : « Russie, si vous écoutez, j'espère que vous serez en mesure de retrouver les 30 000 mails qui manquent[3]. » Puis, de façon répétée, Donald Trump chantera les louanges de Julian Assange et de WikiLeaks (cité 137 fois pendant sa campagne) pour avoir hacké les mails de l'ancienne secrétaire d'État de Barack Obama. Elle-même s'exprimera sur le sujet pendant la campagne : « Donald Trump a demandé aux Russes de me pirater. Il s'est souvent aligné sur ce qui constitue la ligne politique du Kremlin[4]. » Avant même le scrutin, le décor est planté, mais personne ne prend la mesure de ce que les fanfaronnades du candidat républicain et les accusations de la candidate démocrate reflètent une réalité difficile à croire mais bien réelle.

L'élection présidentielle américaine de 2016 reste, en effet, marquée par le parfum sulfureux de la manipulation des opinions et de l'ingérence russe. Les données personnelles de 87 millions d'électeurs américains aspirées et exploitées, 36 000 comptes Twitter inauthentiques et sous contrôle russe, le piratage de la convention nationale démocrate et la publication par WikiLeaks de milliers de documents... Il y avait matière à enquêter, ce que fit Robert Mueller, ancien directeur du FBI, nommé en 2017 procureur spécial chargé d'enquêter sur les « possibles liens entre le gouvernement de la Russie et des individus liés à la campagne présidentielle de Donald Trump ». L'enquête durera deux ans, sera difficile en raison des efforts déployés par l'administration républicaine pour en compliquer la progression et en masquer les résultats. Le rapport d'enquête rendu public en avril 2019 sera, par exemple, partiellement expurgé avant publication. Pourtant, dès avant l'élection de novembre 2016, les services de renseignement s'étaient publiquement alarmés des indices d'une ingérence russe dans le processus électoral.

Au regard des conclusions de l'enquête de Robert Mueller sur les soupçons d'ingérence russe dans l'élection américaine de 2016, deux éléments principaux sont à retenir : le piratage des ordinateurs de la convention nationale démocrate et le fuitage des données, d'une part ; l'usage de fermes à trolls diffusant des fausses informations, utilisant des faux comptes et enflammant le débat sur les réseaux sociaux au profit de Donald Trump et au détriment systématique d'Hillary Clinton, d'autre part. En conclusion, le Kremlin a bien essayé de mobiliser plus de soutien pour Donald Trump que pour Hillary Clinton. D'après une étude de l'Ohio State University parue en 2018, 4 % de partisans de Barack Obama ont été dissuadés de voter pour Hillary Clinton en 2016 en raison de fausses informations[5]. C'est beaucoup. D'autres chercheurs minimisent toutefois l'effet de la désinformation sur le résultat de l'élection américaine.

Concernant le piratage de la convention nationale démocrate, les logiciels malveillants utilisés sont réputés semblables à ceux auxquels ont recours les groupes de hackers russes Fancy Bear et Cozy Bear. Les adresses IP utilisées par les pirates seraient russes. Les services de renseignement américains sont affirmatifs : ce sont des ressortissants russes proches du pouvoir qui ont procédé au piratage et fourni à WikiLeaks les documents piratés pour publication.

S'agissant de l'activisme des trolls russes, il est dénoncé par la presse dès novembre 2016. L'existence de faux comptes, avec de faux profils, est rapidement démasquée. Ces faux comptes assurent la diffusion pendant la campagne de fausses informations, notamment via des publicités politiques ciblées, axées sur l'islam, l'immigration, la question raciale, celle des droits des LGBT ou celle des armes à feu. D'après les auditions de cadres de

Facebook devant le Sénat américain, la désinformation est massive : l'IRA, la plus célèbre ferme à trolls russe, aurait diffusé 80 000 messages sur la plateforme entre juin 2015 et août 2017, qui auraient touché 126 millions d'Américains. On l'a dit, Twitter aurait identifié 36 000 faux comptes originaires de Russie, qui ont produit 1,4 million de tweets sur l'élection américaine, vus 288 millions de fois entre le 1er septembre et le 15 novembre 2016.

Une enquête de CNN[6] nous apprend par ailleurs qu'une agence russe a créé une application autour du jeu *Pokémon Go* pour encourager des militants antiracistes inspirés du mouvement Black Lives Matter à se rassembler et à exprimer leur colère, dans le but d'inciter les Afro-Américains, traditionnellement proches des démocrates, à s'abstenir, et d'inquiéter les conservateurs blancs, plus aptes à voter pour Donald Trump.

À l'issue de son enquête, le procureur spécial Robert Mueller met en cause l'IRA de Saint-Pétersbourg et treize ressortissants russes, douze membres du renseignement militaire et une citoyenne russe résidant aux États-Unis, qui est arrêtée. En parallèle, Paul Manafort, ancien directeur de campagne de Trump, est traduit en justice pour des délits financiers (il sera condamné à quarante-sept mois de prison), ce qui a révélé ses liens étroits avec des oligarques russes proches de Vladimir Poutine. Interrogé sur la question des ingérences russes dans la campagne de 2016 par Jonathan Lemire, d'Associated Press, en juillet 2018 à Helsinki où il rencontre Vladimir Poutine, le président américain Donald Trump sidère l'opinion internationale en déclarant : « Le président Poutine dit que ce n'est pas la Russie. Je ne vois pas de raison pour que ce soit elle. » Le directeur du renseignement national américain, Dan Coats, pourtant nommé par Donald Trump, réplique aussitôt par un communiqué : « Nous avons été clairs dans notre évaluation des ingérences russes dans l'élection de 2016 et de leurs efforts persistants, généralisés pour saper notre démocratie[7]. »

Une question vient à l'esprit. Quel intérêt la Russie avait-elle de se mêler de l'élection américaine ? Là-dessus, l'Histoire aidera sans doute à trancher. Plusieurs hypothèses sont émises, qui sont peut-être cumulables les unes avec les autres.

Depuis 2011, on le sait, Vladimir Poutine est convaincu que la contestation populaire des élections législatives russes ne peut venir que d'un complot de la CIA, tout comme la révolution ukrainienne d'Euromaïdan. Pour lui, Hillary Clinton n'est pas une interlocutrice de choix. De plus, Donald Trump a, en tant que candidat, laissé entendre qu'il reconnaissait l'annexion russe de la Crimée. Il a de surcroît été en affaire avec des oligarques russes. Enfin, et c'est sans doute déterminant, créer confusion et division autour d'un scrutin démocratique permet au Kremlin de discréditer le système démocratique lui-même, ce qu'il fera à chaque occasion.

Des occasions, c'est peu dire qu'il y en a. Le Brexit est l'une des plus belles, celles dont Vladimir Poutine, adversaire déclaré de l'Union européenne, ne peut que rêver : le Royaume-Uni, la plus vieille démocratie d'Europe, s'engageant dans un référendum pour sortir de l'Union européenne. Le Kremlin ne pouvait pas rater ça.

Déjà, en septembre 2014, le référendum sur l'indépendance de l'Écosse a pu servir de tour de chauffe. D'après Ben Nimmo, expert en attaques cyber pour l'Atlantic Council, interviewé par le *Guardian* en 2017, des cyberactivistes russes ont tenté de discréditer la consultation en propageant de la désinformation via Twitter et de fausses vidéos sur YouTube[8]. Ils ont répandu la rumeur que le référendum, où 55 % des suffrages exprimés avaient dit non à l'indépendance, avait été truqué. Des vidéos prétendant montrer des fraudes électorales ont été diffusées juste après l'annonce du résultat officiel. Pourtant, à y regarder de près, une de ces vidéos qui montre une manipulation a été en réalité tournée en Russie en 2012. Ces images ont été reprises de bonne foi par des indépendantistes, mais aussi largement par des médias russes. Dès le lendemain du référendum, une pétition était lancée pour réclamer un nouveau vote, qui a été très fortement relayée par des comptes prorusses. Il est en réalité difficile d'être certain que les pétitionnaires étaient authentiquement écossais. La pétition a été retirée d'Internet depuis lors. Beaucoup de comptes militant pour l'indépendance de l'Écosse étaient consacrés avant le référendum à des sujets très différents : la chute de l'avion MH17, la Syrie, l'Ukraine ou la politique russe...

Puis arrive le référendum sur l'appartenance du Royaume-Uni à l'Union européenne, tenu le 23 juin 2016, par lequel les électeurs optent à 51,89 % des suffrages exprimés pour le Brexit. Cette décision souveraine d'une majorité d'électeurs britanniques, je la regrette mais je la respecte. Je suis d'ailleurs engagée depuis plusieurs années au Parlement européen dans les efforts pour faire respecter par le gouvernement britannique les accords qu'il a lui-même négociés et signés, qu'il s'agisse de l'accord de retrait de l'Union européenne, qui fixe les conditions du divorce, ou de l'accord de commerce et de coopération, qui organise l'avenir du partenariat entre Londres et Bruxelles. Il n'est donc pas question de contester l'organisation du référendum de 2016, ni son résultat. Cela n'empêche en rien de se demander dans quelle mesure il y a pu avoir manipulation de l'opinion et surtout, puisque c'est le sujet de ce livre, si des acteurs étrangers ont pu y participer.

Comme dans toute enquête qui se respecte, commençons par relever quelques indices : plus de 13 000 comptes qui twittaient sur le Brexit ont disparu après le référendum de 2016, affirment des chercheurs de la City University[9]. D'après l'université d'Édimbourg, 419 comptes pilotés par l'IRA de Saint-Pétersbourg ont posté sur le référendum[10]. Un tiers des discussions sur le Brexit sur Twitter était généré par des bots, dont plus de 90 % n'étaient pas localisés au Royaume-Uni. Voilà pour la température sur les réseaux sociaux.

S'agissant des médias d'État russes, on ne peut que remarquer que, dans les semaines précédant le référendum, Sputnik a ouvert son premier bureau au Royaume-Uni à Édimbourg, doté d'un premier budget de 1,9 million de livres. Pour l'amour de l'Écosse ? Ce n'est pas certain.

Puisqu'on parle budget, *The Observer* a enquêté, en 2018, sur les liens entre Arron Banks, le millionnaire qui a financé la campagne de Nigel Farage en faveur du « Leave » à hauteur de 12 millions de livres, devenant ainsi le plus gros donateur privé à une campagne politique de l'histoire du Royaume-Uni, et l'ambassade de Russie à Londres. Le journal affirme avoir consulté des documents en vertu desquels de multiples réunions se sont tenues entre des dirigeants de « Leave »[11]. EU et des responsables russes de haut rang, entre novembre 2015 et 2017. L'ambassadeur de Russie, Alexandre Iakovenko, aurait présenté au « *bad boy* du Brexit », comme se surnomme Arron Banks, un homme d'affaires russe, Siman Povarenkine, en 2015, au début de la campagne du Leave. Celui-ci aurait fait une offre à Arron Banks pour le rachat de six compagnies de mines d'or russes. La proposition aurait conduit à un voyage à Moscou en février 2016. La généreuse contribution d'Arron Banks à la campagne du Leave a ceci de troublant qu'en 2013, l'homme d'affaires avait fait état de sérieuses difficultés financières, avant d'investir brusquement dans des mines de diamant, des entreprises chimiques, et de financer UKIP, le parti pour l'indépendance du Royaume-Uni.

En novembre 2017, la commission sur le renseignement et la sécurité de la Chambre des communes britannique entame une enquête sur de possibles ingérences russes dans la vie politique et la société britanniques. En octobre 2019, Boris Johnson refuse de publier les résultats de l'enquête, qui auraient dû être diffusés juste avant les élections britanniques. Les conclusions sont finalement rendues publiques en juillet 2020, mais, tout comme le rapport d'enquête de Robert Mueller aux États-Unis, elles comportent de nombreux passages biffés. Le document conclut à l'existence de preuves substantielles que l'ingérence russe dans la vie politique britannique est pratique courante et décrit le Royaume-Uni comme l'une des cibles principales des agences de renseignement russes. D'après la commission, des sources crédibles permettent de penser que la Russie a cherché à influencer le référendum sur l'indépendance écossaise. Elle souligne les liens entre l'élite russe et la classe politique britannique, reproche au gouvernement de ne pas avoir enquêté et à la communauté du renseignement d'avoir regardé ailleurs. Le gouvernement n'a pas permis à la commission d'enquêter spécifiquement sur le Brexit, et une partie importante du rapport est classifiée. On sait donc seulement que le Royaume-Uni est une cible, que les autorités n'ont pas fait ce qu'il fallait, mais on ignore jusqu'où va l'ingérence russe.

Après la victoire du Leave, Arron Banks et Nigel Farage ne s'arrêtent pas en si bon chemin. Les voici qui traversent l'Atlantique, où ils ne ménagent pas leur peine pour soutenir Donald Trump dans la campagne présidentielle américaine.

Nigel Farage a, selon le *Guardian*, été cité dans l'enquête du FBI sur les liens entre Donald Trump et Moscou. « Si on rassemble la Russie, WikiLeaks, Assange et les membres de l'équipe Trump, la personne qui revient le plus souvent, c'est Nigel Farage. Il est au cœur de toutes ces relations.

Son nom revient sans cesse. Il suscite beaucoup d'attention[12]. » Il est vrai que le leader de UKIP a déclaré : « Vladimir Poutine est le leader que j'admire le plus. » Aujourd'hui, sur les plateaux de télévision, Nigel Farage défend les thèses du Kremlin contre l'Ukraine, affirme que « c'est l'Union européenne qui a du sang sur les mains » et s'oppose au gel des avoirs des oligarques russes.

Un an plus tard, en Catalogne, la consultation organisée en octobre 2017 par le gouvernement autonome catalan, contre l'avis du gouvernement central espagnol qui l'a considérée comme illégale, fait l'objet d'une couverture de presse très intense et partisane en faveur des indépendantistes, de la part des médias d'influence russes, RT et Sputnik, qui se réjouissent par exemple que « la Catalogne indépendante s'apprête à reconnaître que la Crimée est russe[13] ». La Catalogne y est présentée comme « le Donbass de l'Espagne », l'Espagne commettant « les mêmes erreurs que l'Ukraine ». Cela, c'est la face visible de l'intérêt manifesté, de manière probablement opportuniste, par la Russie pour la crise catalane.

Plus troublant, le mouvement chaviste vénézuélien s'en est également mêlé. De nombreux comptes chavistes relaient des contenus russes sur la Catalogne, qui sont en outre amplifiés par des bots.

Encore plus étrange, non seulement Julian Assange et Edward Snowden soutiennent l'indépendantisme catalan, mais WikiLeaks prend position contre les enquêtes journalistiques qui cherchent à mettre en lumière une ingérence russe dans la crise.

Pourtant, ces enquêtes révèlent peu à peu un arrière-plan troublant. Un consortium de médias internationaux, l'Organized Crime and Corruption Reporting Project (OCCRP) affirme en effet que, le 26 octobre 2017, la veille de la déclaration unilatérale d'indépendance de la Catalogne, un ancien diplomate russe, Nikolaï Sadovnikov, se présentant comme un envoyé du Kremlin, était à Barcelone pour rencontrer Carles Puigdemont[14]. Le *New York Times* décrit dans une longue enquête, parue en septembre 2021, comment l'année 2019 a vu le mouvement séparatiste catalan se rapprocher de Moscou[15]. Un émissaire de Carles Puigdemont aurait ainsi rencontré des responsables russes, dont d'anciens agents du renseignement, afin de demander l'aide de Moscou pour la cause séparatiste. Le leader catalan a confirmé la réalité de ce voyage, tout en niant que son représentant ait cherché explicitement un soutien russe et en affirmant qu'il s'agissait d'un déplacement ordinaire dans le cadre d'efforts habituels pour faire connaître la cause catalane à l'étranger.

En réalité, la Russie de Poutine s'intéresse à l'Espagne comme à toutes les démocraties occidentales, et n'hésite pas à investir dans ce qui peut exacerber les tensions, les divisions et les fractures d'un régime démocratique. Des liens entre l'extrême droite espagnole et la Russie sont eux aussi soupçonnés. S'agissant du « référendum » catalan et de sa condamnation par l'Espagne comme par les pays européens, le président russe s'est livré à un parallèle étrange : puisque les pays occidentaux ont vu l'est de l'Europe éclater et n'avaient pas caché leur joie, il était surprenant qu'ils s'opposent à l'indépendantisme catalan, sauf à pratiquer le « deux poids, deux mesures ».

Le journaliste du *New York Times* affirme avoir eu accès à des rapports du renseignement qui démontreraient un intérêt soutenu de la Russie à l'égard des indépendantistes catalans[16]. Dès 2017, des agents d'un groupe du renseignement militaire russe, dénommé l'unité 29155, connu pour ses actions violentes en Europe (empoisonnement de Skripal, explosion d'un dépôt de munitions en République tchèque, tentative de coup d'État au Monténégro...), auraient été présents en Catalogne au moment du référendum, d'après les autorités espagnoles, qui n'ont cependant pas publiquement apporté de preuves de ces allégations.

Le *New York Times* concentre toutefois son enquête sur l'année 2019, durant laquelle un envoyé de Puigdemont se serait rendu à Moscou à plusieurs reprises pour envisager différents modes de financement russe du mouvement séparatiste catalan[17]. L'envoyé de Puigdemont, Josep Lluís Alay, a nié les rencontres qui lui sont prêtées avec des responsables des services russes. Il a toutefois reconnu s'être entretenu avec Evgueni Primakov, au motif de favoriser une interview de Puigdemont à la télévision russe. Le rôle exact de Primakov dans l'appareil d'État russe est toutefois l'objet de supputations régulières. Alay a aussi rencontré d'anciens agents du KGB et l'a reconnu.

Michael Schwirtz, reporter du *New York Times*, prix Pulitzer 2020 pour ses enquêtes sur l'espionnage russe à travers le monde, relève que, quelques mois après les déplacements d'Alay à Moscou, un mouvement de contestation voyait le jour en Catalogne, du nom de Tsunami Democràtic. C'est le moment qu'Alay choisissait pour rencontrer des agents russes à Barcelone. Questionné sur d'autres contacts avec un membre de la mafia russe, l'entourage de Puigdemont les a confirmés.

Vous voilà sans doute surpris que j'aie abordé 2017 sans parler de l'élection présidentielle française. C'est que l'affaire des MacronLeaks a déjà été mentionnée dans ce livre, de même que les liens avérés entre Marine Le Pen et le régime russe. Je m'en voudrais de multiplier les redites. Je rappellerai toutefois la tribune publiée en pleine campagne, le 14 février 2017, par Richard Ferrand et Benjamin Griveaux, membres d'En Marche, qui dénoncent des efforts de déstabilisation russe de l'élection par le biais d'attaques informatiques ou de désinformation sur des sites Internet détenus par l'État russe[18]. Le candidat de droite François Fillon balaye ces accusations et les qualifie de fantasmes. La suite démontrera la grande proximité de François Fillon avec les autorités russes. La suite aussi, c'est cette confidence désarmante de Konstantin Rykov, un troll russe revendiqué et de haut niveau, si l'on peut dire, dans l'enquête menée par Paul Moreira pour Arte[19] : « Nous avons réussi, Trump est président. Malheureusement Marine n'est pas devenue présidente. Une opération a fonctionné, mais pas la deuxième. »

Puis ce furent les élections européennes de 2019. À leur sujet, l'ONG Avaaz avait lancé en amont une campagne de lutte contre la désinformation qui s'est révélée fructueuse. S'étant penchés sur Facebook et le comportement de mouvements d'extrême droite ou hostiles à l'Union européenne, ses membres ont livré à la plateforme le résultat de leurs recherches[20]. Facebook a suspendu 132 pages, qui rassemblaient six millions d'abonnés. Les contenus de désinformation que ces pages avaient postés avaient été vus environ 762 millions de fois en trois mois. Cela donne le vertige ? Oui. Pour avoir une idée de l'échelle, en moyenne, ces réseaux produisaient des contenus qui étaient visionnés 6 millions de fois par jour. Le rapport publié par Avaaz décrit et dénonce à la fois les méthodes et les contenus utilisés. Parmi les méthodes, l'ONG relève l'utilisation massive de faux comptes, les campagnes coordonnées de publication et de partage de contenus similaires, le virage brutal de pages ou de groupes consacrés jusque-là à des sujets légers (sports, musique, cuisine, beauté) vers une désinformation d'extrême droite. Les contenus ? Un mariage entre des thèmes radicaux et des infox.

Si l'on entre davantage dans le détail, on retient le nombre de faux comptes qui ont boosté l'audience du parti allemand AfD. Un exemple ? Un même membre de l'AfD détenait 22 profils Facebook, grâce auxquels il diffusait de fausses nouvelles, notamment de fausses citations du commissaire européen Frans Timmermans, à qui il faisait dire : « Les États mono-culturels doivent être éliminés. L'avenir de l'humanité ne repose plus sur des nations et des cultures uniques mais sur une super-culture métissée. Dans ce but, il faut une immigration massive de musulmans en Europe. Aucun pays ne devrait rester à l'écart de ce mélange inévitable des cultures et les migrants devraient être encouragés à atteindre les endroits les plus reculés de notre continent, de manière à s'assurer qu'il ne reste des communautés homogènes nulle part. »

En France, Avaaz a concentré son attention et ses signalements sur trois réseaux, « La gauche m'a tuer », « La révolte des vaches à lait » et « Peuple de France réveille-toi », pour des discours haineux, de la désinformation et des diffusions coordonnées de contenus. Un exemple parmi d'autres, l'affirmation selon laquelle « les politiques de gauche continuent à nous laisser envahir par des millions d'étrangers qui viennent en Europe dans un seul but, percevoir des aides, imposer leur religion, violer nos femmes et nos enfants, et nous déclarer la guerre ».

On retrouve la même obsession anti-migrants sur des pages Facebook italiennes, espagnoles et polonaises, elles aussi manifestement fausses, tout comme les fausses nouvelles qu'elles propagent de manière coordonnée (Donald Tusk est un « ancien agent de la Stasi », le leader de Podemos en Espagne faisant un salut nazi...).

Au total, ce qu'Avaaz décrit, c'est le recours massif de mouvements d'extrême droite européens à des méthodes et des contenus de désinformation identiques pendant la campagne des européennes de 2019. On aimerait avoir davantage d'informations pour déterminer si ces mouvements se sont coordonnés d'un pays à l'autre et s'ils ont reçu des soutiens extérieurs.

Plus loin de nous, la République populaire de Chine est soupçonnée d'avoir tenté d'interférer plus d'une fois dans des élections à l'étranger. D'après l'ASPI, un centre de recherche australien, dans un rapport paru en 2020, la Chine a cherché à influencer au moins dix élections dans sept pays, majoritairement en Indopacifique[21]. Sont cités Taïwan, on s'en doute, l'Australie, mais aussi le Cambodge, l'Indonésie, la Malaisie, la Nouvelle-Zélande et le Canada. Les diasporas auraient reçu des instructions de vote directes.

Il est temps désormais d'essayer de mesurer si des manipulations étrangères ont pu avoir cours pendant la campagne présidentielle française de 2022, même si nous manquons encore de recul pour le faire.

La BBC a d'ores et déjà cherché à mettre en lumière des fausses informations trompeuses qui ont circulé sur les réseaux sociaux[22]. Elles furent innombrables, comme c'est malheureusement devenu la norme. Toutes, absolument toutes, ont ciblé Emmanuel Macron. Toutes, absolument toutes, ont été relayées par l'extrême droite. Quelques-unes méritent d'être relevées. Un faux tweet attribué à BBC World a été largement diffusé sur les réseaux sociaux, notamment sur des chaînes Telegram prorusses. Il affirme qu'Emmanuel Macron aurait indiqué pendant la campagne électorale et en public que « l'Europe doit se préparer à accueillir 60 millions de réfugiés dans les vingt ans à venir, d'Afrique et du Moyen-Orient », et aurait « averti que les sanctions contre la Russie conduisent à un effondrement économique de l'Afrique, qui importe de grosses quantités de blé russe ». On voit le double objectif de ce *fake* : laisser entendre que le candidat Emmanuel Macron est prêt à accueillir des millions de migrants et que la cause de ces migrations est à chercher dans les sanctions contre la Russie. Cela donne une idée de qui est à l'origine de cette manipulation.

Encore une fausse nouvelle qui a beaucoup tourné, et pour cause puisqu'elle a été propagée à l'origine par un candidat d'extrême droite à l'élection présidentielle, Nicolas Dupont-Aignan : le scrutin serait invalidé en cas de faible participation des électeurs[23]. C'est évidemment faux et facile à démonter. Le candidat s'est d'ailleurs repris en expliquant que l'élection ne serait pas valide « dans le cœur des Français », mais la manipulation avait déjà eu le temps de largement tourner.

Comme les attaques contre Emmanuel Macron ne connaissaient aucune limite, un compte Twitter se vantant d'être un troll russe a affirmé que Salah Abdeslam, durant son procès pour sa participation aux attentats de 2015, aurait appelé à voter contre Marine Le Pen. Dénuée de toute réalité, cette affirmation a été reprise par des « journalistes » contestataires et des personnalités médiatiques[24].

Enfin (mais la liste n'est évidemment pas exhaustive), un ancien Gilet jaune, Grégory Pasqueille, a prétendu d'abord sur Telegram, puis sur Facebook et Twitter, que 22 500 « prisonniers » Gilets jaunes étaient interdits de voter[25]. Tout est faux dans ce discours, l'existence de « prisonniers » Gilets jaunes tout comme le nombre invoqué de personnes ayant perdu leurs droits civiques du fait d'une décision de justice, peu importe, l'auteur de ce pur mensonge a réitéré ses propos[26]...

Pourtant Twitter s'était engagé à fournir un effort particulier pour lutter contre la manipulation et les infox pendant la campagne électorale française, notamment à « supprimer les tweets qui contiennent des informations fausses ou trompeuses sur les modalités de participation aux élections ». Autre initiative de la plateforme : un avertissement apposé sur les messages « sapant la confiance dans l'élection et dans ses résultats », entraînant une moindre visibilité de ces tweets. L'intention était louable, mais des questions se posent sur la manière dont elle a été mise en œuvre. Peut-on imaginer qu'un algorithme soit en mesure de déterminer avec la finesse nécessaire ce qui « sape la confiance dans l'élection et dans ses résultats » ? Ou bien imagine-t-on que la tâche revienne à des modérateurs francophones employés à bas coût à Tananarive ou à Casablanca, réagit Fabrice Epelboin, spécialiste des réseaux sociaux[27], ajoutant ainsi à la méfiance vis-à-vis des politiques celle vis-à-vis des modérateurs des réseaux sociaux.

Plus largement, certains candidats et leurs militants ont repris activement des infox, souvent complotistes, liées à deux thèmes principaux, la pandémie de Covid et la guerre d'Ukraine. Même si RT et Sputnik ne sont plus disponibles en France, l'ambassade de Russie et l'ambassade de Chine n'ont pas été avares en contenus douteux sur les réseaux sociaux, largement relayés, notamment sur les allégations de présence de laboratoires biologiques militaires en Ukraine. D'anciens chroniqueurs de RT France ont aussi retrouvé une place dans des médias français, sans changer leur angle d'attaque.

Il est aussi des candidats qui n'ont pas hésité à user de méthodes discutables pour gonfler leur visibilité en ligne. *Le Monde* a ainsi enquêté sur les méthodes utilisées par les équipes d'Éric Zemmour pour amplifier artificiellement sa présence en ligne, en recourant à l'*astroturfing*, bien que Twitter interdise officiellement cette pratique[28]. D'après cette enquête, une dizaine de membres de la campagne d'Éric Zemmour auraient pratiqué les retweets massifs, l'automatisation et la coordination des messages pour les faire artificiellement monter en « tendances » et orienter les internautes intéressés vers des sites où il était possible de récupérer leurs adresses.

Il semble également que des comptes prorusses se soient attachés à amplifier les posts favorables à Marine Le Pen, la candidate « antimondialiste ». Daria Platonova Douguina, fille d'Alexandre Douguine, le gourou russe ultranationaliste, elle-même « philosophe » très présente sur les réseaux sociaux, a tenté de populariser l'idée d'une « démacronisation de la France » au moment même où Vladimir Poutine promouvait une « dénazification de l'Ukraine ». Sa conception de l'Europe ? Un « champ de bataille entre deux visions du monde », l'une antimondialiste et représentant le peuple, et l'autre transnationale et représentant les élites. On croit entendre Marine Le Pen ou Jean-Luc Mélenchon, qu'elle cite l'un et l'autre. On a peu entendu parler de la demoiselle avant qu'elle ne meure brutalement dans un attentat apparemment dirigé contre son père, mais ses « idées » avaient eu le temps de beaucoup circuler.

La question qui vient naturellement à l'esprit est : en quoi peut-on soupçonner une quelconque influence étrangère dans ces exemples ou dans ces pratiques ? Nos partis politiques, en particulier les plus extrêmes d'entre eux, ne sont-ils pas capables de recourir seuls à ces méthodes très contestables sans y être aidés ou sans qu'un pays étranger y voie un atout à encourager ? Je dirai qu'à l'évidence, les équipes numériques de certains candidats n'ont pas eu besoin d'appuis extérieurs particuliers pour user de toutes les mauvaises pratiques en ligne imaginables. Je conseillerai toutefois de se pencher un instant sur la cartographie des réseaux prorusses sur le segment francophone de Twitter, établie par des chercheurs[29], et de regarder dans le rétroviseur de la campagne présidentielle de 2017, sur laquelle nous avons davantage de recul. Qu'y trouve-t-on ? À l'époque, RT et Sputnik produisent des contenus, qui sont ensuite relayés par les réseaux sociaux. Sur Twitter, un millier de comptes francophones peuvent être considérés comme les relais systématiques de contenus médiatiques russes. Qui sont-ils ? On peut définir trois groupes distincts : l'extrême droite identitaire, autour du FN/RN. Ensuite un groupe de proches du FN/RN, mais dont les profils sont plus diplômés. Vient enfin un groupe, étonnant car hétérogène. À l'origine, un ingénieur biélorusse basé à Gomel (Biélorussie) relaie chaque jour en plusieurs langues des contenus russes. Il parvient à être suivi et relayé par des universitaires, des blogueurs et des personnalités politiques.

Cette galaxie est donc diverse, mais susceptible de propager la même désinformation à grande vitesse. Ce fut le cas en 2017 en ce qui concerne la rumeur bidon lancée par Marine Le Pen sur l'existence d'un compte bancaire d'Emmanuel Macron aux Bahamas. La rumeur est d'abord sortie sur un média américain pro-Trump, Disobedient Media. Elle a été reprise immédiatement par la twittosphère prorusse en France. Les champions du nationalisme se sont donc souvent montrés avides d'infox *made in* ailleurs. Qu'ils n'aient pas réussi à faire basculer l'élection ne doit pas conduire à baisser la garde, car il y a fort à parier qu'ils continueront à essayer.

Au total, au moment où j'écris ces pages (juin 2022), le premier bilan qui peut être fait de l'élection présidentielle française est mitigé : l'ingérence étrangère est parfois venue heurter ceux qu'elle devait aider. Ainsi, quand, dans le débat de l'entre-deux-tours, Emmanuel Macron a rappelé à Marine Le Pen l'existence de sa dette contractée en Russie et toujours pas remboursée. « En parlant à Poutine, vous ne parlez pas à un chef d'État, vous parlez à votre banquier », lui a-t-il assené devant des millions de téléspectateurs qui ignoraient pour beaucoup cet aspect des finances du Rassemblement national. Au même moment, les sanctions européennes prises contre RT et Sputnik ont empêché ces deux entreprises d'État russes de se mêler de la campagne électorale française. Pour autant, des médias plus classiques ont largement ouvert leurs portes et leurs plateaux à des intervenants prorusses, qui se sont cependant concentrés sur la guerre en Ukraine pour dérouler leur propagande. De leur côté, les loups guerriers de l'ambassade de Chine ont évité de se mêler ouvertement de politique intérieure française.

Moins discret, le Qatar n'a pas hésité à faire plein usage de sa chaîne en français AJ+, déclinaison d'Al Jazeera à destination d'un public jeune et francophone, avec des thèmes clairement inscrits dans la logique de la campagne électorale : la couverture des questions raciales et communautaires y a été très forte, la critique des candidats d'extrême droite assumée de même que la dénonciation d'un prétendu néocolonialisme français en Afrique et des interrogations sur le caractère équitable du système électoral français. AJ+ jouit de 140 000 *followers* sur Twitter et de deux millions d'abonnés sur Facebook. La montée d'AJ+ en français mérite donc toute notre attention, à un moment où la Russie est principalement occupée à combattre l'Ukraine sur tous les fronts, y compris celui de la guerre de l'information.

2024 sera l'année de tous les dangers, avec les élections présidentielles américaine, russe, ukrainienne, et les européennes. Ajoutons que l'on n'a pas encore vu d'autres méthodes de trucage des élections dans l'ère électronique donner leur pleine mesure dans nos démocraties. C'est heureux, mais réfléchissons un instant au risque que nous courons et que nous avons évité jusqu'à ce jour :

- lors de l'inscription des électeurs sur des listes électorales en ligne : la base de données peut être piratée,

soit pour la modifier, soit pour en empêcher l'accès, soit en l'effaçant purement et simplement ;
- en cas de vote électronique, les mêmes risques existent ;
- des attaques peuvent survenir sur le réseau électrique pendant le vote ;
- les listings des partis politiques ou la présence en ligne d'un candidat peuvent à tout moment être piratés.

Rien de tout cela n'est arrivé et nos démocraties courent le risque inverse, celui de la dénonciation de fraudes imaginaires par des perdants malheureux et des complotistes malveillants. Kimberly Tower et Lucas Dolan, deux doctorants américains, ont montré dans un article de *Foreign Policy* que ces thèses conspirationnistes circulaient dès le lendemain du second tour de l'élection présidentielle en France parmi les militants d'extrême droite[30]. L'idée d'une élection « falsifiée, volée ou truquée » rappelle furieusement le mouvement trumpiste « Stop the Steal » de novembre 2020 par son vocabulaire. Cette remise en cause de l'intégrité du scrutin, sans aucune base factuelle et alors même que la solidité de notre système électoral est largement saluée à travers le monde, présente un risque pour notre démocratie. D'après une étude de l'Ifop effectuée en mars[31], donc avant le scrutin, 14 % des sondés, essentiellement des électeurs d'Éric Zemmour et de Marine Le Pen, considéraient que les élections à venir étaient truquées. C'est énorme. Il faut se souvenir que Marine Le Pen comme Éric Zemmour ont émis des doutes sur le scrutin américain de 2020, semant une graine empoisonnée jusque dans le débat politique national. Une théorie complotiste a eu particulièrement de résonance à l'extrême droite, celle en vertu de laquelle les machines à voter Dominion, une marque canadienne, seraient utilisées pour falsifier les résultats au profit du président sortant. Les mêmes machines auraient tordu les résultats de l'élection américaine de 2020 au détriment de Donald Trump. En deux jours, mi-mars, 50 000 tweets abordaient le sujet. Seul hic : Dominion n'est pas présent en France, et on vote très peu de manière électronique dans notre pays. Désinformation importée ? On est tentés de le croire. Voir les extrêmes reprendre les narratifs des QAnon américains n'a rien de rassurant.

4

Les idiots utiles sont parmi nous

> « Le vent d'est se lève, Watson !
> – Je ne crois pas, Holmes. Il fait très chaud.
> – Cher vieux Watson ! Vous êtes le seul point fixe d'une époque changeante. Un vent d'est se lève néanmoins : un vent comme il n'en a jamais soufflé sur l'Angleterre. Il sera froid et aigre, Watson ; bon nombre d'entre nous n'assisteront pas à son accalmie. »
>
> Arthur Conan Doyle,
> *Son dernier coup d'archet.*

Ils sont nombreux, très. Tous ne sont pas idiots, loin de là. Tous sont utiles aux causes qu'ils servent et beaucoup portent tort à la démocratie. Depuis le début de la guerre d'Ukraine, le sujet a pénétré – enfin – le débat public, celui de l'étrange complaisance de certains hommes et femmes politiques, de certaines élites intellectuelles et économiques, pour la Russie de Vladimir Poutine. Un coin du voile a été levé. Pourtant, le rideau de fumée est encore bien présent, qui cache de drôles d'accointances et d'étranges influences. Ceux qui se trouveront dans ce chapitre nieront, protesteront et essaieront peut-être de crier à la diffamation. Qu'il soit clair toutefois qu'aucun nom n'est cité pour lequel les faits décrits, d'ailleurs loin d'être illégaux en eux-mêmes, ne seraient avérés. Certains noms manqueront et je serai sans doute critiquée pour cela. Il n'y a de ma part ni envie de me dresser en procureur à la place de la justice ni complaisance partisane d'aucune sorte. Seulement le souci de porter à la connaissance du plus grand nombre ce que j'ai été amenée à apprendre et que j'ai pu recouper.

Commençons par un événement qui résume à lui seul le mode opératoire de régimes autoritaires déterminés à pénétrer notre classe politique et à lui faire reprendre leurs argumentaires. Cet événement s'est tenu le 11 février 2022, alors que la montée de la tension entre l'Ukraine et la Russie inquiète le monde entier. Au Sénat se tient une conférence intitulée : « France-Ukraine, comment sortir de l'impasse[1] ». C'est un bon sujet. Les organisateurs ne sont pas n'importe qui : Oleg Volochine est certes un député ukrainien, mais c'est, de loin, l'un des plus activement prorusses et il est pour cela sous sanctions américaines. Il convie en visioconférence un oligarque ukrainien, Viktor Medvedtchouk, soupçonné par le gouvernement de Kiev de haute trahison[2]. Le parrain de la fille de Medvetchouk n'est pas n'importe qui. Il s'agit de Vladimir Poutine. Avec lui, un autre membre de son parti « Pour la vie », Nestor Shufrich, qui sera arrêté en Ukraine quelques jours plus tard pour avoir fourni à l'armée russe des renseignements sur les positions de l'armée ukrainienne. Aucun intervenant n'est favorable à l'intégrité territoriale de l'Ukraine. Pour parler du pays et de l'agression qui le guette, c'est un exploit. Dans le public, des parlementaires français de tous bords, certains un peu surpris de l'exercice auquel ils sont conviés. Et un ancien sénateur, invité par on ne sait qui, Yves Pozzo Di Borgo, que j'ai toujours entendu plaider la levée des sanctions vis-à-vis de la Russie et qui a versé depuis des mois dans un complotisme délirant[3]. Il osera affirmer, en avril 2022, que le massacre de Boutcha aurait été commis par... les services de renseignement britanniques. Côté russe, le président de la commission des Affaires étrangères de la Douma, Leonid Sloutski, très proche de Thierry Mariani.

Thierry Mariani, justement, parlons-en. Sanctionné par l'Ukraine depuis 2015 pour ses déplacements illicites en Crimée illégalement annexée, le député européen Rassemblement national, ex-Les Républicains, ancien ministre, est aussi l'ancien époux d'Irina Chaikoullina, une ressortissante russe originaire d'Ekaterinbourg. Cette ville, il lui démontre un attachement particulier, inaugurant l'hôtel Hyatt au côté d'un autre intermédiaire, Jean-Louis Haguenauer, lui aussi bien en cour en Russie en dépit de ses démêlés judiciaires. Thierry Mariani ira même jusqu'à convaincre Nicolas Sarkozy de faire ouvrir un consulat dans cette ville de l'Oural bien éloignée des intérêts français, où nombre de citoyens russes iront pourtant solliciter un visa pour l'espace Schengen. Il est vrai qu'il copréside l'association Dialogue franco-russe, lancée en 2004 par Jacques Chirac et Vladimir Poutine, dont le président d'honneur est Vladimir Iakounine, un des oligarques les plus engagés dans les stratégies d'influence russe à l'étranger. D'après le journal économique russe *Vedomosti*[4], il serait lié à une société européenne, CFG Capital, associée en Russie avec l'oligarque Konstantin Malofeïev. Thierry Mariani s'est rendu en déplacement officiel en Russie plus de 50 fois. Ses voyages seraient financés par des fondations russes. Il a notamment accepté de servir en tant qu'observateur pour des élections dont il a toujours assuré qu'elles étaient un modèle de démocratie, tout comme le référendum sur le changement de Constitution, dont il a certifié l'intégrité, contrairement à tous les observateurs internationaux. On rappellera que ce « modèle de démocratie » (l'expression est d'Hélène Laporte, parlementaire RN qui a circulé dans les bagages de Thierry Mariani et qui est dorénavant vice-présidente de l'Assemble nationale) a consisté notamment à organiser des « bureaux de vote » à l'arrière de voitures stationnées dans les rues... C'est d'ailleurs en Crimée que Thierry Mariani a choisi d'emmener neuf de ses camarades députés européens du RN pour observer le référendum, Crimée où il s'est par ailleurs rendu à maintes reprises, en dépit du caractère illégal de son annexion par la Russie en 2014. Pour lui, la cause est entendue : « La Crimée est russe, passons à autre chose. » Les positions affichées par l'élu, que ce soit à l'Assemblée nationale quand il était député LR ou au Parlement européen où il siège pour le RN, varient moins que ses affiliations politiques : elles sont alignées sur les positions du gouvernement russe. Que ce soit sur l'Ukraine, sur la Crimée, sur le Donbass, sur la

Syrie, Thierry Mariani est fidèle, fidèle au Kremlin. Il ne l'est pas toujours, en revanche, à l'institution qui l'abrite, puisqu'il lui est arrivé de faire passer ses voyages pour des missions officielles du Parlement européen, au point que l'Assemblée, pourtant libérale de nature et ouverte à la diversité des opinions de ses membres, a fini par le sanctionner. Il siège cependant à la fois à la Commission des affaires étrangères, à la délégation pour les relations avec la Russie et à la Commission spéciale sur les ingérences étrangères, dont il est à n'en pas douter un expert, mais qu'il a assez rapidement désertée. Peut-être a-t-il compris qu'il serait davantage l'objet que le sujet des travaux de cette commission.

Au Parlement européen, Thierry Mariani peut s'appuyer sur une conseillère du groupe politique d'extrême droite au sein duquel il siège, Tamara Volokhova, qui est entrée dans l'institution grâce à Aymeric Chauprade, sur qui on reviendra. Tamara Volokhova est franco-russe, née en Crimée, ancien mannequin et influenceuse Instagram. Cela n'en fait pas immédiatement une conseillère politique chevronnée, mais quelle importance ? Il faut donner sa chance à chacun, n'est-ce pas ? Sauf que madame Volokhova semble avoir d'autres activités. Elle est entrée au Parlement européen en tant qu'assistante d'Aymeric Chauprade et sa collaboration avec le député Front national a coïncidé avec l'octroi au parti d'un prêt russe de plusieurs millions d'euros. Elle a écrit pour Aymeric Chauprade des articles hostiles à l'Otan, anti-américains et prorusses. Elle a aussi organisé nombre de voyages en Russie et en Crimée pour des responsables du parti d'extrême droite, et des rencontres avec des responsables russes. En 2017, elle a ainsi veillé sur le voyage à Moscou de Nicolas Bay avec l'aide du député à la Douma Leonid Sloutski, qui dirige la Fondation russe pour la paix. D'après Mediapart, elle est restée en contact avec Alexeï Kowalsky, un conseiller de l'ancien ambassadeur russe à Paris Alexandre Orlov (le parrain d'Éric Zemmour à l'Interallié), qui suivait l'extrême droite pour le compte de l'ambassade. Aujourd'hui, ses activités sont connues grâce au travail de plusieurs journalistes[5], ce qui n'a pas empêché le RN de la présenter aux élections départementales de 2021 dans le Bas-Rhin, puisqu'elle était devenue française depuis 2020, en binôme avec... un ancien sosie vocal de Johnny Halliday. Parfois, avec l'extrême droite, le film d'espionnage vire à la guignolade, version *OSS 117*.

Revenons à Aymeric Chauprade, qui a lui aussi fait état publiquement de ses liens avec la Russie. Lorsqu'il était député européen FN, il entretenait des contacts étroits avec Moscou, pour lui-même et pour Marine Le Pen. Aymeric Chauprade a entretenu des relations suivies avec Konstantin Malofeïev, l'oligarque obsédé par l'extrême droite chrétienne. Malofeïev est également un soutien fidèle du dirigeant serbe de Bosnie Milorad Dodik, du FPÖ autrichien et bien sûr du FN. Il distribue ses largesses au travers du Fonds de bienfaisance Saint-Basile. Il est interdit de séjour en Bulgarie et soupçonné de financer les séparatistes du Donbass en Ukraine, ce qui lui vaut d'être sous sanctions européennes. Rien de tout cela ne paraît avoir retenu Aymeric Chauprade de le fréquenter. Le même Chauprade dont certains journalistes affirment qu'il se serait rendu à l'Institut russe d'études stratégiques pour y rencontrer son directeur, le général Leonid Reshetnikov, activement engagé dans la diffusion de propagande anti-occidentale et qui est lié aux services de sécurité. Le même Chauprade qui fréquenterait Iakounine. En 2018, il participe à une mission officieuse d'observation électorale en Russie, en compagnie de l'ancien sénateur Yves Pozzo Di Borgo.

Quant à Marine Le Pen elle-même, elle affiche la couleur dès 2012 dans une interview au quotidien russe *Kommersant* : « Je ne cache pas que, dans une certaine mesure, j'admire Vladimir Poutine. Il commet des erreurs, mais qui n'en commet pas ? [...] La France a plus d'intérêts communs sur les plans culturel et stratégique avec la Russie qu'avec les États-Unis[6]. » D'autres extraits de la même interview sont dans la même veine : « Rien ne permet d'affirmer du point de vue constitutionnel que la Russie n'est pas une démocratie. Le ton de la presse d'opposition y est bien plus libre et virulent à l'égard de Poutine qu'elle ne l'est en France à l'égard de Sarkozy. » Nous sommes en 2012 et Anna Politovskaïa a été assassinée six ans auparavant. Nous sommes en 2012 et Marine Le Pen se présente à l'élection présidentielle, en proposant dans son programme que « la France sorte de la tutelle des États-Unis. » Deux ans plus tard, elle promeut une alliance avec la Russie. En 2022, elle est toujours à son programme.

On n'oubliera pas non plus sa campagne présidentielle de 2017 et sa rencontre à Moscou avec Vladimir Poutine, le 24 mars de cette année-là, dont elle a tiré fierté jusqu'à en faire un argument de sa campagne de 2022. Ce qu'elle dit moins, c'est que c'est Sergueï Narychkine, le chef des services de renseignement extérieur, qui l'a accueillie à son arrivée en Russie. Ce qu'elle rappelle rarement, c'est le nombre de voyages qu'elle a déjà accomplis en Russie, et que Marine Turchi a documentés pour Mediapart. Juin 2013 : elle emmène dans ses bagages Louis Aliot et Frédéric Chatillon, autre membre du FN qui se rend régulièrement à Moscou « pour affaires ». Il écrit, sur Facebook, « envier les Russes qui, eux, ont un vrai chef ». Avril 2014 : Marine Le Pen est de retour en Russie et rencontre, quoiqu'en visite privée, le président de la Douma. En juillet, elle prend position après qu'un avion de Malaysia Airlines a été abattu au-dessus de l'est de l'Ukraine. Elle se refuse à « accuser les séparatistes du Donbass et même la Russie et à exonérer les forces armées ukrainiennes[7] », soit exactement la position de Moscou. Elle s'oppose violemment à la décision prise par François Hollande d'annuler la vente de deux porte-hélicoptères Mistral à la Russie (alors même qu'elle est hostile à la livraison d'armes aujourd'hui à l'Ukraine...). En 2014 toujours, Jean-Marie Le Pen voyage également en Russie et rencontre l'oligarque Konstantin Malofeïev par l'intermédiaire d'Aymeric Chauprade.

Avançons un peu dans le temps et l'on trouvera à nouveau une assistante parlementaire russe au physique de mannequin, active sur les réseaux sociaux, Maria Katasonova. En 2017, cette militante d'un parti ultra-nationaliste crée un mouvement improbable depuis

Moscou, Femmes avec Marine Le Pen. Elle brandit partout son triptyque de rêve, Donald Trump, Marine Le Pen et Vladimir Poutine. Elle rencontre également Marion Maréchal. Du folklore ? Bien sûr. Mais pas seulement. La bimbo est proche de Konstantin Rykov, ancien député à la Douma, créateur de sites Internet pornographiques et de journaux en ligne, hacker revendiqué qui a été activement impliqué dans des activités de guerre cyber lors de l'annexion de la Crimée et s'est vanté d'avoir interféré dans la campagne présidentielle américaine de 2016. Le même Konstantin Rykov qui échangeait avec l'administration présidentielle russe sur l'engagement de Marine Le Pen sur la Crimée. Le même qui, sur son site Web, a chanté les louanges de la patronne du FN. En tous cas, Marine Le Pen sert fidèlement de porte-voix aux éléments de langage du Kremlin. L'opposant Boris Nemtsov est assassiné ? « J'ai confiance dans la justice russe[8] », dit-elle. Sergueï Skripal et sa fille sont empoisonnés à Salisbury ? « Je sais, pour avoir été députée européenne, que l'Union européenne [...] mène une véritable guerre froide à la Russie[9]. »

La proximité des Le Pen avec la Russie remonte au tout début des années 1990, lorsque Jean-Marie Le Pen frayait avec Vladimir Jirinovski, un ultranationaliste pur jus, violent, anti-occidental, homophobe et antisémite, mort récemment, pour lequel il exprimait « sympathie et considération ». Puis, en 2005, Jean-Marie Le Pen s'est rapproché de Sergueï Babourine, un autre politicien russe d'extrême droite, lui aussi violemment antisémite, mais plus proche du Kremlin. Il plaide pour un

« espace boréal » où l'Europe accueillerait la Russie et la Biélorussie. En 2011, quand Marine Le Pen a repris les rênes du parti de son père, elle reprend aussi l'héritage de la russophilie. La ligne du parti de Marine Le Pen ne variera plus. Dans son programme de 2022, la candidate propose une « alliance avec la Russie sur certains sujets de fond : la sécurité européenne qui ne peut exister sans elle, la lutte contre le terrorisme [...], la convergence dans le traitement des grands dossiers régionaux impactant la France ». Pas un mot sur le rôle de la Russie dans la propagande anti-française en Afrique, ni sur la guerre d'Ukraine. Sur ce dernier sujet, majeur, la candidate met en doute les exactions commises par l'armée russe, s'oppose aux livraisons d'armes à l'Ukraine et aux sanctions contre la Russie. La ligne prorusse de Marine Le Pen ne varie pas. Sa dépendance vis-à-vis de la Russie non plus. En 2014, le FN emprunte neuf millions d'euros à la First Czech-Russian Bank, un établissement financier peu recommandable : la banque serait impliquée dans le financement d'opérations en Iran et dans le blanchiment d'argent de la corruption. L'emprunt a été effectué par l'intermédiaire de Jean-Luc Schaffhauser du côté du FN, et d'Alexandre Babakov, membre influent du Conseil de la fédération de Russie, du côté russe. Nous sommes l'année de l'annexion de la Crimée et du début de la guerre au Donbass. En 2016, la First Czech-Russian Bank est proche de l'insolvabilité et le prêt atterrit auprès d'une compagnie spécialisée dans la vente de pièces détachées d'avions et liée à l'État russe, Aviazaptchast JSC. Là encore, l'entreprise n'est pas un acteur ordinaire, puisqu'elle est soupçonnée de travailler avec le ministère de la Défense syrien. En 2019, Marine Le Pen fait face à des poursuites de la part de l'entreprise russe pour avoir manqué à ses obligations de remboursement. En 2020, la dette est rééchelonnée jusqu'à 2028. La même année, la société Aviazaptchast est mise sous sanctions américaines pour soupçons de violation du régime de non-prolifération d'armes de destruction massive. En 2017, une loi est adoptée qui interdit le financement des campagnes électorales par des opérateurs extra-européens. Marine Le Pen se tourne, pour sa campagne de 2022, vers la banque hongroise MKB, qui lui prête 10,6 millions d'euros sur seize mois[10]. Le propriétaire de MKB se nomme Lörinc Mézsáros. C'est un oligarque proche du Premier ministre hongrois Viktor Orbán, le chef de gouvernement européen le plus lié à Vladimir Poutine. Le patron de la MKB a fait toute sa fortune grâce à Viktor Orbán, c'est lui-même qui le dit. Voilà donc le profil des créanciers du RN.

Au-delà du taux d'intérêt affiché et du rééchelonnement accordé, il est clair que le prêt russe n'est pas gratuit. Mediapart a démontré à quel point, depuis l'emprunt russe, le discours de Marine Le Pen correspond aux intérêts de la fédération de Russie[11]. Les journalistes d'investigation de Mediapart affirment ainsi que Jean-Luc Schaffhauser, le député européen en charge de faire le relais entre Marine Le Pen et la Russie, aurait reçu le 2 juillet 2014 du Russe Alexander Vorobyev un « exemple de déclaration » sur la situation en Ukraine, dûment transféré à Marine Le Pen. Le même jour, le même député européen aurait écrit : « Marine est prête à envoyer un communiqué à Reuters. Il faut lui en préparer un qu'elle finalisera. » Candidate à l'élection présidentielle en 2017, Marine Le Pen juge légale l'annexion russe de la Crimée, dans une déclaration faite le 3 janvier 2017. Les hackers de Anonymous International avaient annoncé en mars 2015, sur le site Shaltai Boltai, avoir hacké les SMS du chef adjoint du département de politique intérieure du Kremlin, Timur Prokopenko. Plusieurs journalistes russes ont confirmé l'authenticité des messages publiés[12]. Le FN et son soutien à la Russie y sont mentionnés à 66 reprises. On retient entre autres l'échange qui date de mars 2014 :

« Marine Le Pen a officiellement reconnu les résultats du référendum en Crimée.

– Elle n'a pas trahi nos attentes ;)

– Il faudra d'une manière ou d'une autre remercier les Français.

– Oui, super ! »

On se rappelle soudain le titre de la biographie écrite par l'ancien correspondant de la *Pravda* à Paris, Vladimir Bolshakov : *Marine Le Pen, pourquoi la Russie en a besoin ?*[13].

Arrêtons-nous un instant sur un moment symbolique, la soirée de lancement de RT France au Pavillon d'Armenonville, à Paris, en décembre 2017. Rudy Reichstadt, patron de Conspiracy Watch et dénonciateur de longue date des dérives de la propagande et de la désinformation russe en France, liste les invités. Parmi eux, on trouve Nicolas Dupont-Aignan, François Asselineau, l'infatigable défenseur du Frexit, Paul-Marie Coûteaux, qui rejoindra Éric Zemmour, Georges Kuzmanovic, qui conseille alors Jean-Luc Mélenchon sur les questions internationales, Gilles-William Goldnadel, Jacques Sapir, Bernard de La Villardière... Le « comité d'éthique » de la chaîne rassemble Thierry Mariani ou Jean-Luc Hees, qui le préside longtemps, sans guère s'alarmer des méthodes de la chaîne du Kremlin. Ce même comité où Hélène Carrère d'Encausse accepte d'abord de siéger avant de se désister. RT France dispose d'un budget confortable de vingt millions d'euros et emploie 150 personnes, souvent en CDI et souvent mieux payées qu'ailleurs dans une profession en difficulté.

Aujourd'hui RT France n'est plus qu'un souvenir, mais son influence n'a pas totalement disparu. Tous ceux qui se pressaient dans ses émissions, comme présentateurs ou comme invités fétiches, forment une sorte de club russophile qui essaime désormais dans des médias français. On en retrouve beaucoup sur CNews, certains sur le site de Front populaire, qui tentent de faire oublier leur précédent employeur, mais n'ont pas oublié les éléments de langage qu'ils y ont diffusés. On prête à Xenia Fedorova l'intention de se réorienter sur l'Afrique francophone et d'être en discussion avec le site maliactu.net, très proche du groupe Wagner.

Jusqu'où doit-on s'émouvoir des mauvaises fréquentations d'un parti politique qui n'a pas été un parti de gouvernement ? Chacun n'est-il pas libre d'aimer la Russie, comme d'autres aimeraient les États-Unis, le Japon ou n'importe quel autre pays ? Ne sommes-nous pas libres de nos choix ? Si, bien sûr. Libres nous le sommes et nous souhaitons le rester. Libres aussi de nous interroger sur la poutinophilie du RN et sur ses conséquences. La guerre d'Ukraine a obligé le RN à tenter un virage sur l'aile en urgence pour essayer de prendre ses distances, mais bien trop tard. Des années de répétitions aveugles des positions russes laissent des traces. Les rappeler toutes serait fastidieux. Je me contenterai de quelques-unes que j'ai observées de près.

Lorsqu'à l'automne 2021 et à mon initiative, le Parlement européen condamnait à la quasi-unanimité les exactions commises par le groupe Wagner à travers le monde, très peu nombreux furent les députés à ne pas se joindre. Le RN, comme La France insoumise, furent de ceux-là. Quand il s'est agi, quelques mois plus tard, d'accorder une aide d'urgence à l'Ukraine, les mêmes se retrouvèrent du mauvais côté de l'Histoire, incapables de prendre leurs distances avec les positions russes. En avril 2022, les députés d'extrême droite français n'ont même pas daigné prendre part au vote d'une résolution demandant le renforcement des sanctions contre Moscou, juste après la découverte du charnier de Boutcha. Boutcha où je me suis rendue. Boutcha, l'Oradour-sur-Glane de l'Ukraine. Boutcha où il suffit de mettre les pieds pour comprendre. Mais Marine Le Pen ne pourra pas aller à Boutcha. Elle est interdite de séjour en Ukraine depuis plusieurs années, en raison de son alignement sur Moscou.

Nouveau venu à l'extrême droite de l'échiquier politique français, Éric Zemmour n'a pas innové en s'alignant résolument sur Vladimir Poutine, dont il chante les louanges depuis des années, avant même qu'il déclare sa candidature à l'élection présidentielle. Je n'y avais guère prêté attention jusqu'à ce que Sputnik me propose, à l'automne 2021, et là encore avant même qu'Éric Zemmour ne se déclare candidat, de débattre avec lui sur la politique étrangère de la France. Ma réponse n'a pas tardé : si je devais débattre de la politique étrangère de mon pays avec un de mes compatriotes, je le ferais dans un média français. Sputnik n'a pas insisté, mais je me suis mise à regarder comment les médias d'État russes traitaient le polémiste. La réponse a été rapide et simple : en futur héros. Sa conseillère aux affaires internationales, Caroline Galactéros, apparaissait régulièrement sur RT France. Son think-tank, Geopragma, défend « l'alliance naturelle avec la Russie » ; elle prône un « nouveau Yalta ». Éric Zemmour lui-même était vanté sur RT en anglais comme l'avenir de la politique française. Dès septembre 2015, à en croire *Le Journal du dimanche*[14], Éric Zemmour rencontre Vladimir Iakounine. Sans doute l'entretien flatte-t-il celui qui n'est encore qu'un polémiste. Iakounine est pourtant déjà sous sanctions américaines, nous sommes déjà après l'annexion de la Crimée et le début de la guerre au Donbass. La Russie fait face à la réprobation de l'Europe, pas à celle d'Éric Zemmour. Le journaliste se rendra à plusieurs reprises en Russie. Invité par Iakounine ? Il affirme ne pas s'en souvenir. Ce qui reste constant chez le polémiste et désormais politicien d'extrême droite, c'est son admiration revendiquée pour Vladimir Poutine. Parmi les nombreuses déclarations d'Éric Zemmour, on retiendra celle-ci, quelques jours avant l'invasion de l'Ukraine : « On ne fixe pas de limites à Vladimir Poutine, c'est un grand chef d'État. Il est très respectable et il faut le respecter[15]. » Et alors que les bombes pleuvent déjà sur l'Ukraine : « Vladimir Poutine est un démocrate. Un démocrate autoritaire[16]. » Des années auparavant, déjà, le polémiste écrivait son admiration pour « Poutine, le dernier résistant à l'ouragan du politiquement correct[17] ». Et le définitif : « Je rêverais d'un Poutine français. » Il est vrai que, pour Éric Zemmour, la cause est entendue depuis 2014 : « L'Ukraine n'existe pas. Un pays de bric et de broc[18]. » Ou bien : « L'Ukraine est à la Russie ce que l'Afrique est à la France. Mieux qu'une ancienne colonie, une chasse gardée depuis plusieurs siècles[19]. » Les Ukrainiens et les Africains apprécieront.

Un autre exemple laisse songeur. Qui a dit : « Je pense que la Russie serait l'allié le plus fiable, plus que les Américains, plus que les Anglais, plus que les Allemands » ? Vous avez trouvé, c'est Éric Zemmour[20]. Mais qui a dit : « Compte tenu de sa popularité croissante, Éric Zemmour peut battre Macron. [...] Il n'est pas impossible que nous assistions à une alliance entre Moscou, Paris et Berlin, qui affrontera les Anglo-Saxons menés par les États-Unis et la Grande-Bretagne » ? Elena Vladimirovna Panina, députée du parti du pouvoir Russie unie, membre du comité des Affaires étrangères de la Douma[21]. L'un et l'autre se répondent, au même moment, 2021.

Celui qui, dans l'entourage d'Éric Zemmour, a multiplié les signes d'admiration pour Vladimir Poutine s'appelle Philippe de Villiers. En août 2014, alors que la Crimée a déjà été annexée, le patron du Puy du Fou se déplace à Yalta pour y vendre son concept au président russe. Russia Today filme amplement la rencontre, qui se déroule au Palais d'été des tsars. On y voir le Vendéen flatter Vladimir Poutine, « un chef d'État qui a une parole pour le monde[22] ». Il espère « mettre en valeur l'histoire de la Russie et l'âme russe » en installant deux parcs à thème, l'un à Moscou, l'autre en Crimée. Poutine joue avec Philippe de Villiers, en l'obligeant à dire que sur la campagne de Russie de Napoléon, il aura « une sympathie particulière pour ceux qui ont repoussé l'envahisseur ». Patriote, Philippe de Villiers ? Pas trop quand il s'agit de faire des affaires. À l'époque, *Le Journal du dimanche* affirme que Philippe de Villiers n'a intéressé le président russe qu'en raison des fonctions de chef d'état-major des armées françaises occupées par son frère[23].

La rencontre a été organisée par Konstantin Malofeïev, qui devait investir dans les « Puy du Fou » russes. Arrêtons-nous un instant sur ce personnage central des réseaux d'influence russes en Europe. Oligarque, il dirige le groupe Tsargrad. Ultra-conservateur, il possède une chaîne de télévision, Tsargrad TV, dont la ligne éditoriale ne fait pas dans la nuance. Tsargrad TV a ainsi proposé d'offrir aux homosexuels des billets d'avion pour quitter la Russie ou traité Emmanuel Macron de « candidat sodomite ». La chaîne promeut aussi le groupe de musique d'extrême droite les Brigandes, dont les chansons sont clairement racistes et antisémites. Malofeïev figure sur la liste des ressortissants russes soumis aux sanctions de l'Union européenne pour soupçons de financement des séparatistes du Donbass. Son ami Philippe de Villiers vole à son secours et dénonce « un délit d'opinion. On lui reproche des déclarations sur son amour de la Russie ? L'Union européenne est revenue au temps de la Terreur et les insinuations derrière ses sanctions sont de pures calomnies », déclare-t-il alors sur RTL[24]. Le 8 août 2014, dans *Le Figaro*, Philippe de Villiers vante « le monde libre défendu par Poutine contre les Américains et l'internationale globaliste. Que reproche-t-on à Poutine ? De ne pas vouloir des Femen et de l'Otan ? Comme on le comprend ! » Il ne mégote pas son admiration : « Il manque un Vladimir Poutine à la France. » L'ambassade de Russie n'en revient pas d'un soutien pareil et relaye l'interview telle quelle. Le même jour, Philippe de Villiers affirme à France Info que « Poutine défend des valeurs morales ». Paul-Marie Coûteaux, qui a lui aussi rejoint Éric Zemmour depuis, applaudit ces propos, qui montrent « aux caniches atlantistes l'Europe de l'avenir[25] ». Philippe de Villiers multipliera les déplacements en Russie et les hommages à Poutine. Le 23 février 2015, il affirme à Alexandre Devecchio du FigaroVox qu'il y a « plus de liberté d'expression en Russie que chez nous ». Tous ces efforts seront vains, les projets de parcs à thème en Russie et en Crimée ne verront finalement pas le jour. À qui la faute ? Aux sanctions européennes, naturellement.

Ce qui est frappant, c'est que, depuis des années, avant même de se rassembler, Éric Zemmour et Philippe de Villiers utilisent les mêmes mots, les mêmes images pour vanter Vladimir Poutine. Ils fréquentent des oligarques proches du président russe et, s'agissant de Philippe de Villiers, s'essayent, sans succès, à faire des affaires en Russie.

Le ralliement de Marion Maréchal à Éric Zemmour ne change rien à la donne, bien au contraire. On a rarement vu zélote plus empressée à chanter les louanges de Vladimir Poutine que la nièce de Marine Le Pen. Elle fait d'ailleurs depuis longtemps l'objet d'une attention et d'égards soutenus de la part des autorités russes : conviée et vraisemblablement présente, bien qu'elle s'en défende, à une rencontre organisée par des émissaires russes à Vienne avec des représentants de tous les mouvements d'extrême droite en Europe, habituée des voyages en Russie, invitée au Forum international économique de Yalta en 2019, c'est un bon soldat de la poutinosphère qui a rejoint Éric Zemmour. Elle juge Vladimir Poutine comme « un patriote », qui « défend les intérêts de son pays », « un partenaire vital[26] ». Vital pour qui ?

Le cas de Jean-Luc Mélenchon est à l'évidence différent. On aura tôt fait de penser que c'est son anti-américanisme viscéral, doublé d'une germanophobie militante, qui lui a souvent fait prendre le parti de la Russie sans que ce soit forcément celui de Vladimir Poutine. Peut-être. Il reste qu'on l'a entendu affirmer en 2008, à Rouen, alors qu'il avait rejoint le groupe communiste au Sénat, que « les communistes n'ont pas de sang sur les mains[27] », oubliant d'un seul coup les morts de Staline ou ceux de Mao. Il n'en demeure pas moins qu'il a publiquement enjoint Poutine à « finir le travail » en Syrie, repris la logorrhée russe sur les « néonazis » au pouvoir en Ukraine et refusé toute aide à Kiev depuis la révolution de Maïdan et l'annexion de la Crimée. « La Crimée est perdue pour l'Otan ? Tant mieux[28] », se réjouissait-il en 2014. Sept ans plus tard et quelques semaines avant le déclenchement de la guerre d'Ukraine, il déclarait le 12 décembre 2021 sur France Inter : « On a tout à partager avec les Russes. Pour moi, la Russie n'est pas un ennemi mais un partenaire. » Au journaliste qui l'interroge sur la Russie qui masse des troupes à la frontière de l'Ukraine, le candidat répond, narquois : « Ah bon, elle masse des troupes ? [...] Tout ça, c'est du pipeau. À intervalles réguliers, les Russes font les gros bras. » Nous sommes en décembre 2021 et il y a déjà plus de 100 000 soldats russes prêts à entrer en Ukraine. Quelques jours plus tard, il s'interroge dans *Le Monde* : « Pourquoi devrions-nous garantir les frontières physiques de l'Ukraine[29] ? »

Il faut dire que depuis des années, et notamment lorsqu'il fut député européen, Jean-Luc Mélenchon s'est montré un adversaire acharné de l'Ukraine. En 2014, quand les manifestants de l'Euromaïdan, après avoir été sévèrement réprimés, chassent le président prorusse Ianoukovitch du pouvoir à Kiev, Jean-Luc Mélenchon dénonce un putsch. Quand le Parlement européen condamne la persécution des Tatars par Vladimir Poutine après l'annexion de la Crimée, il vote contre car il juge les accusations « pas très réalistes ». Le nombre de fois où il désigne les autorités ukrainiennes comme « le gouvernement néonazi de Kiev » ne se compte plus, comme quand il pointe du doigt « les actes barbares de l'armée ukrainienne et de ses milices fascistes[30] », en 2015 notamment. Son acharnement contre l'Ukraine n'a pas de limites : en 2014, il s'oppose à l'accord de coopération scientifique que l'Union européenne vient de renouveler avec Kiev, au motif qu'il s'agirait « d'une nouvelle provocation contre la Russie. Cela revient même à encourager le gouvernement aventurier actuellement en place en Ukraine avec la participation des néonazis et d'agents nord-américains[31] ». Donc tant que le gouvernement de Kiev était aligné sur Moscou, on pouvait coopérer avec lui. Le jour où il essaye de se libérer un peu plus du joug russe, on ne doit pas provoquer Moscou. Voilà tout le cas que Jean-Luc Mélenchon fait de la liberté des peuples.

Mais il ne faut pas croire un seul instant qu'il veuille du mal au peuple ukrainien, bien au contraire ! C'est pour son bien qu'il lui refuse une aide financière en 2015, parce qu'il « refuse de le voir soumis au joug des institutions de Bruxelles en plus du FMI[32] ». Qui peut le croire ? Pas grand monde en vérité, puisque sur son blog il publie, le 4 mars 2015, un texte intitulé « Avant l'orage », où il salue le fait que la « Russie est une très grande puissance militaire » et en appelle à la « patience, l'écroulement de l'économie ukrainienne, la désagrégation de ce pays qui a tant de mal à en être un, tout vient à point à qui sait attendre ». Au même moment, il s'oppose à l'imposition de sanctions vis-à-vis de Moscou. De même, il se lamente que la France renonce à livrer à la Russie les deux porte-hélicoptères Mistral qu'elle lui avait vendus et qui tombent bien mal après l'annexion de la Crimée et le déclenchement des troubles dans le Donbass. Il qualifie la décision française de « trahison insupportable ». On n'ose imaginer où nous en serions aujourd'hui si François Hollande avait écouté le leader des Insoumis et si les deux Mistral de fabrication française pilonnaient Odessa.

On en viendrait à croire que le chef des Insoumis aime Vladimir Poutine. Attention à ne pas commettre un pareil crime de lèse-majesté contre Jean-Luc Mélenchon ! Depuis des années, il essaie de nous faire croire qu'il n'est aligné sur personne et qu'en Russie même, il a choisi le camp de l'opposition. Il faut pourtant le dire vite, et ne pas être trop regardant. L'opposant russe que Jean-Luc Mélenchon met en avant pour preuve qu'il n'est pas dans le camp de Vladimir Poutine, Sergueï Oudaltsov, est tout de même un fervent partisan de la Crimée et du Donbass russes. Il soutient, aujourd'hui, « l'opération spéciale » décidée par le président russe et souhaite que plusieurs États, la Russie, la Biélorussie et « l'Ukraine dénazifiée » puissent constituer « une superstructure soviétique[33] ».

C'est en effet la position du parti du Front de gauche, ce parti d'opposition que brandit le leader de LFI comme preuve qu'il est anti-Poutine. La réalité est sans doute plus complexe. Le Front de gauche représente une opposition tolérée par le Kremlin et certains de ses membres pourraient bien jouer sur plusieurs tableaux à la fois, dissidents exilés un jour, de retour à Moscou le lendemain sans jamais être inquiétés. On pense, par exemple, à Alexeï Sakhnine, toujours en contact avec les partis de gauche européens, activement engagé contre l'Ukraine, hostile à la révolution de Maïdan, favorable aux séparatistes du Donbass, critique de Navalny en Russie et des opposants biélorusses, soutien aux Gilets jaunes en France... Voilà le parti dont Jean-Luc Mélenchon revendique l'amitié. Quand l'opposant Boris Nemtsov est assassiné, Jean-Luc Mélenchon commence par salir sa mémoire en le traitant « d'ennemi de la liberté » et en l'accusant d'antisémitisme[34]. Lorsqu'il lui est rétorqué qu'il confond sans doute avec quelqu'un d'autre, sa réponse est laconique : « C'est possible », même s'il ose une formule lunaire : « La première victime politique de cet assassinat, c'est Vladimir Poutine[35]. » Lorsque, dès 2014, le Parlement européen s'inquiète des premiers tracas rencontrés par l'ONG Memorial à Moscou, une fois encore Jean-Luc Mélenchon n'est pas d'accord, car « il ne s'agit bien sûr que d'isoler un peu plus la Russie[36] ». Il n'y a pire aveugle que celui qui ne veut pas voir.

Jean-Luc Mélenchon recrute d'ailleurs chez LFI de chauds partisans de la Russie poutinienne. Georges Kuzmanovic, qui l'accompagne depuis l'aventure du Parti de gauche, lui a servi de conseiller pour les affaires internationales et a monté un bureau du parti en... Russie. Il a quitté LFI en 2019 et affiche aujourd'hui une ligne souverainiste proche de l'extrême droite. Il y a encore Andréa Kotarac, qui fut un client régulier de RT France pour y défendre la politique étrangère de Vladimir Poutine, était conseiller régional LFI et proche de Jean-Luc Mélenchon avant de passer au RN. Il a été invité en 2019 au même Forum économique international de Yalta que Marion Maréchal-Le Pen.

La Russie n'est pas seule au panthéon de Jean-Luc Mélenchon. La Chine fait partie des régimes autoritaires pour lesquels il trouve, là encore, toutes les excuses, puisque pour lui le grand Satan reste les États-Unis. En novembre 2021, alors que depuis des mois Taïwan s'inquiète d'une rhétorique de plus en plus agressive et d'exercices militaires chinois de plus en plus rapprochés, le leader Insoumis assure que Taïwan est « une province chinoise » : « Comment cette province reviendra dans l'ensemble chinois, je ne le sais pas[37]. » Sur les Ouïghours, son silence est assourdissant et son soutien à l'un des propagandistes français de la Chine, l'improbable Maxime Vivas, embarrassant. Jean-Luc Mélenchon le présente comme un « ami », préface ses livres et retwitte les assertions de Vivas selon qui aucun crime ne serait commis contre les Ouïghours au Xinjiang. Le rapport de l'IRSEM a pourtant clairement souligné que Maxime Vivas s'était mis au service de la République populaire de Chine, qui le met en avant à chaque occasion. Qu'importe au leader des Insoumis. Depuis un an, la présidente de l'Institut ouïghour d'Europe, Dilnur Reyhan, cherche à interroger Jean-Luc Mélenchon sur son soutien à Maxime Vivas, sans aucune réponse. Maxime Vivas a pourtant accepté des voyages au Xinjiang payés par les autorités chinoises, en 2016 et 2018. Il ne parle ni mandarin ni ouïghour, et reconnaît qu'on lui a sans doute montré une « réalité » avantageuse, « comme ma sœur qui se maquille avant de partir en boîte », ajoute-t-il, goguenard, dans une interview pour le site Le Grand Soir[38], « son média », un site complotiste que Jean-Luc Mélenchon qualifie de « formidable source d'information », qui relaie les élucubrations les plus absurdes, notamment sur les attentats du 11 septembre 2001. Maxime Vivas est formel : il n'y a pas de travail forcé en Chine. D'ailleurs, Jean-Luc Mélenchon en est certain, ce sont les États-Unis qui manipulent le Tibet et les Ouïghours « pour disloquer ce grand concurrent » qu'est la Chine[39]. Il conteste « l'engouement irréfléchi autour du dalaï-lama », et ne considère pas que le Tibet puisse être indépendant de la Chine[40]. Lorsque cinq libraires de Hong Kong disparaissent, enlevés par la Chine et que le Parlement européen s'en inquiète, en 2016 déjà, Jean-Luc Mélenchon vote contre[41], dénonçant une « ingérence grossière ».

On citera aussi Jean Lassalle, le Béarnais bonhomme, député et candidat improbable à l'élection présidentielle. Il amuse l'Hémicycle, l'opinion et les journalistes. Pourtant, lorsqu'il se rend en Syrie en 2015 et 2017, il rencontre Bachar el-Assad. Il en revient convaincu que les attaques chimiques qu'on attribue au régime du dictateur syrien ne sont pas avérées et que « les révolutions arabes étaient totalement instrumentalisées par la CIA dès le départ[42] ». Il a été souvent un invité de marque de Russia Today.

François Fillon est-il comparable aux autres ? En aucune manière. De mon point de vue, son parcours est beaucoup plus préoccupant. Certes, la carrière politique de l'ancien Premier ministre est manifestement derrière lui. Se reconvertir dans les affaires après son échec électoral et ses démêlés judiciaires était sans doute la seule option. Fallait-il pour cela choisir la Russie et rejoindre, en juillet 2021, la direction du groupe pétrolier Zaroubejneft ? Fallait-il en outre, le 23 décembre 2021, alors que les tensions avec l'Ukraine étaient déjà fortes, y ajouter un poste au conseil d'administration du géant pétrochimique Sibur, contrôlé par l'oligarque Leonid Mikhelson et Gennady Timchenko, un associé de Vladimir Poutine ? Fallait-il qualifier, en juin 2021, les sanctions contre la Russie de « stupides et illégales » ? Fallait-il, début 2022, banaliser son choix de carrière comme il le faisait en déclarant : « Je siège en effet au conseil de Zaroubejneft en tant que membre indépendant, comme Schröder chez Rosneft ou Strauss-Kahn au fonds souverain russe. Je ne considère pas la Russie comme une puissance hostile et la politique étrangère de l'Europe me semble peu responsable et dangereuse pour l'avenir du continent européen[43]. » La réponse est dans la question. Il a fallu une guerre et bien des hésitations pour que François Fillon finisse par démissionner, au moment où les deux entreprises risquaient des sanctions qui l'auraient sans doute exposé lui-même. Mais oublions la guerre et revenons au principe même d'un ancien chef de gouvernement, qui a eu entre ses mains pendant cinq ans des informations confidentielles sur le fonctionnement de l'État français et ses intérêts stratégiques, décidant de travailler pour des entreprises russes. Qu'il l'ait fait est moralement perturbant. Qu'il ait pu le faire parce qu'aucune loi ne l'en empêchait devrait être rapidement corrigé.

Bien sûr, il y a un précédent célèbre, celui de Gerhard Schröder, ancien chancelier allemand. Il est président du conseil de Rosneft depuis 2017 et gagne 600 000 dollars par an. En tant que chancelier, il fut un promoteur actif du projet de gazoduc Nord Stream. En 2005, lorsqu'il quitta le pouvoir, il dirigea d'abord le conseil de surveillance, puis le conseil des actionnaires de Nord Stream, avant d'être élu président du conseil d'administration de Rosneft. Celui qui dirige le deuxième producteur de pétrole russe est Igor Setchine, un ami de longue date de Vladimir Poutine et un ancien officier du GRU. En 2014, alors que la crise ukrainienne avait déjà commencé, Gerhard Schröder fêtait son anniversaire avec le maître du Kremlin. Depuis le début de l'année 2022, il est entré au conseil d'administration de Gazprom, en pleine montée vers la guerre d'Ukraine. Peu regardant, l'ancien chancelier a d'ailleurs justifié la concentration de troupes russes, mettant dans l'embarras le SPD, son ancien parti, dans lequel il a tenté de maintenir son influence et ses réseaux. Le choix de l'Allemagne de suspendre le projet Nord Stream 2, d'adopter des sanctions fermes vis-à-vis de la Russie et de livrer des armes à l'Ukraine doit d'ailleurs beaucoup aux autres partis partenaires de la coalition allemande, Verts et Libéraux, le SPD s'étant fait tordre le bras avant de procéder à un tournant historique.

Mais le SPD n'est pas seul en cause. Marion Scheller, proche d'Helmut Kohl, l'ancien chancelier CDU, a eu la responsabilité des choix de politique énergétique au ministère de l'Économie allemand. Elle est devenue ensuite... lobbyiste pour Gazprom. Un tel niveau d'imbrication entre l'entreprise poutinienne et le pouvoir allemand laisse sans voix, au moment où l'Europe se démène pour sortir de sa dépendance au gaz russe.

D'autres en Allemagne sont sensibles aux liens avec la Russie, à l'extrême droite du spectre politique. Le candidat de l'AfD, Markus Frohmaier aurait ainsi été aidé par des conseillers russes lors de sa campagne électorale de 2017. D'autres membres de l'AfD ont également fait le voyage en Crimée annexée.

Clairement, l'extrême droite sert un peu partout de porte d'entrée à l'ingérence russe. En Italie, la Ligue a, sous l'impulsion de Matteo Salvini, toujours contesté les sanctions économiques contre Moscou. Salvini déclarait en 2015 : « Entre Poutine et Renzi, je choisis Poutine, sans aucun doute. Nous ne devons pas dépendre des choix de Berlin et de Bruxelles[44]. » Le 9 mai 2015, il s'affichait en photo avec le président russe, accompagné d'un commentaire : « Je suis avec lui. » En 2019, il le qualifiait de « meilleur homme d'État actuellement sur Terre[45] ». Cette proximité vient-elle d'un financement de la Ligue par des proches de Vladimir Poutine ? Matteo Salvini le dément formellement, en dépit d'enquêtes de presse, en particulier de *L'Espresso*. Le magazine semble s'être procuré l'enregistrement d'une rencontre à Moscou en 2018 entre des proches de Matteo Salvini et des officiels russes consacrée au financement indirect de la Ligue par la Russie par l'intermédiaire de la société pétrolière italienne Eni dans la perspective des élections européennes de 2019[46]. Une enquête a été ouverte, mais elle avance lentement.

Le site *Newslines Magazine* apporte d'autres éléments et s'appuie sur le travail de plusieurs journaux européens[47]. Konstantin Malofeïev serait à nouveau de la partie et se serait lamenté que le début d'une enquête en Italie ait compliqué ou rendu plus risqué son soutien à Matteo Salvini. Puis le groupe de Malofeïev, Tsargrad, aurait retrouvé son énergie et envisagé d'aider beaucoup plus clairement encore les partis d'extrême droite représentés dans le groupe Identité et Démocratie du Parlement européen (qui inclut notamment le RN français, la Ligue italienne et l'AfD allemande). Un collaborateur de Malofeïev écrit, en mars 2021, dans un document interne révélé par *Newslines* : « Sans notre engagement actif et notre soutien tangible aux partis conservateurs européens, leur popularité et leur influence en Europe vont continuer à décliner. » L'objectif est de « restaurer les contacts avec les partis eurosceptiques de manière systématique pour contrer la politique de sanctions de Bruxelles » vis-à-vis de la Russie. « Mais la reprise du travail va demander un niveau de confidentialité très différent en raison du renforcement de l'opposition à l'influence russe de la part des services de renseignement occidentaux. »

L'Italie a souvent servi de lieu test pour permettre à des émissaires russes de rencontrer l'extrême droite européenne, comme la tentative, avortée, d'un contact avec Salvini en janvier 2016, lors d'un meeting à Milan. Trop dangereux : les journaux internationaux regardent déjà de trop près les liens entre la Ligue et la Russie, la rencontre est annulée. D'autres auront lieu, notamment à Vienne, en présence de Marion Maréchal pour la France. La Ligue aurait aussi fidèlement transmis des projets de textes européens à Moscou pour recueillir la réaction des proches du Kremlin et proposer des amendements en conséquence. « "Le texte est très mauvais", assure un conseiller politique de la Ligue à un interlocuteur russe. "Merci de nous envoyer au plus vite vos amendements pour que nous puissions les déposer." » Le destinataire russe apprécie : "Nous vous envoyons nos recommandations asap."[48] » De la même manière, Tsargrad aurait investi dans un sénateur italien pour diffuser des éléments de langage hostiles aux sanctions contre Moscou, qui « causeraient des dommages irréparables à l'économie italienne ». *Newslines* s'interroge sur une somme de 20 000 euros mentionnée en l'échange de ce service rendu. Finalement, les liens de Matteo Salvini avec la Russie sont devenus un sujet de conversation publique et l'ont conduit à se faire malmener lorsqu'en mars 2022, il a voulu se rendre à la frontière polono-ukrainienne et se montrer solidaire des réfugiés. Le maire de Przemysl, Wojciech Bakun, a invité Salvini à se rendre en Ukraine « pour voir ce que [son] ami Poutine a fait », en brandissant le T-shirt à l'effigie du président russe qu'avait arboré Matteo Salvini quelques années plus tôt.

Aux Pays-Bas, même cause, même résultat : l'extrême droite vote Poutine. Thierry Baudet, qui a dirigé le parti Forum pour la démocratie avant d'être poussé à la démission pour avoir refusé de condamner des propos antisémites et néonazis, a qualifié, début mars 2022, l'invasion russe de l'Ukraine « d'extrêmement modérée, avec l'intention très claire de mettre le peuple ukrainien du côté russe[49] ». Il est vrai qu'il a décrit Vladimir Poutine comme un « chef d'État ami » et affirmé qu'on « surévalu[ait] énormément » la menace russe. Très tôt, Thierry Baudet a fréquenté Vladimir Kornilov, un « journaliste » russo-ukrainien qui plaide pour le retour à une grande Russie qui reprendrait les contours de l'ancienne Union soviétique. Choix absurde et sans conséquence d'un politicien opportuniste de flirter avec un agent d'influence russe ? Pas vraiment. Thierry Baudet a véritablement commencé à compter dans le paysage politique néerlandais quand il a fait activement campagne contre l'accord d'association Union européenne-Ukraine et qu'il a imposé la victoire du non au référendum tenu aux Pays-Bas à ce sujet. Clairement, à ce moment-là, c'est Thierry Baudet lui-même qui s'est mué en agent d'influence efficace des intérêts russes. Déjà, lors du crash de l'avion MH17 en Ukraine en juillet 2014, dont on soupçonne les séparatistes prorusses d'être responsables et qui a causé un traumatisme aux Pays-Bas en raison du nombre de victimes néerlandaises à bord, il avait accusé

« un conflit de la CIA et des services secrets ukrainiens ». Depuis 2019, sa proximité avec des intérêts russes est maintenant ouvertement dénoncée. Qu'à cela ne tienne, le nouveau cheval de bataille de Thierry Baudet se devine aisément : il multiplie les attaques virulentes contre la politique vaccinale du gouvernement néerlandais.

Continuons notre tour d'Europe de l'influence russe et arrêtons-nous en Autriche. Sa classe politique s'illustre, en effet, par un penchant marqué vis-à-vis de Moscou. Le plus voyant est sans doute le parti d'extrême droite FPÖ, avec notamment son ancien dirigeant Heinz-Christian Strache, qui fut deux ans vice-chancelier d'Autriche. Dès 2008, il exprimait son soutien à l'intervention russe en Géorgie. Mais c'est en 2019 qu'explose l'Ibizagate, qui l'oblige à quitter le gouvernement : une vidéo, tournée en 2017, montre des membres du FPÖ offrir à celle qu'ils croient être la nièce d'un oligarque russe des marchés publics truqués en échange d'un financement de leur parti, le tout filmé dans une ambiance fortement alcoolisée dans une villa d'Ibiza. Strache est contraint à la démission ; un autre membre du FPÖ, Johann Gudenus, ancien député et ancien maire adjoint de Vienne, est lui aussi mis en cause dans cette affaire.

Personne n'a oublié non plus la présence insolite de Vladimir Poutine au mariage de Karin Kneissl, alors ministre des Affaires étrangères du gouvernement autrichien, officiellement sans parti mais proche de Strache. Si aujourd'hui elle est séparée de son mari, elle s'est rapprochée encore de la Russie puisqu'elle est membre du conseil d'administration de Rosneft, ce qui lui vaut de recevoir plus de 500 000 dollars par an[50].

L'extrême droite autrichienne ne détient pas le monopole de liens étroits avec la Russie puisque Alfred Gusenbauer, ancien chancelier fédéral social-démocrate, est président du conseil de surveillance de l'institut de recherche Dialogue des civilisations de Vladimir Iakounine, basé à Berlin, qui sert de relais entre Moscou et la droite européenne ; un de ses successeurs, Christian Kern, était au conseil de surveillance des chemins de fer russes jusqu'à la guerre d'Ukraine. Au centre droit, l'ancien chef du gouvernement Wolfang Schüssel a rejoint le conseil de direction de Lukoil, le premier groupe pétrolier russe. Il serait presque plus rapide de dresser la liste de qui n'a pas de lien avec la Russie dans la classe politique autrichienne. On en rirait presque, s'il n'y avait des conséquences tangibles. Les services de renseignement européens ont souvent hésité à partager des informations sensibles avec Vienne dans la crainte qu'elles ne parviennent jusqu'à Moscou. L'ingérence de la Russie dépasse de loin la valse accordée par Karin Kneissl à Vladimir Poutine.

Autre terrain historique de l'influence russe, la Grèce. En 2018, Evgueni Prigojine s'est attelé à centraliser des données sur des politiciens grecs jugés prorusses dans le but d'interférer dans les élections locales et européennes. L'objectif recherché était de faire monter un sentiment anti-européen en s'appuyant sur la crise grecque, les migrations et les tensions avec la Macédoine. La Grèce est considérée par Moscou comme un terrain favorable : beaucoup de Grecs parlent le russe, la religion orthodoxe rapproche les deux pays, l'inquiétude vis-à-vis de la Turquie conduit la population à chercher d'autres alliés et l'image de Vladimir Poutine a été longtemps positive. Un certain nombre d'élus locaux ont également été ciblés par les services russes, notamment en Macédoine grecque. Comme toujours, la préférence de Moscou va à l'extrême droite, Aube dorée en l'occurrence, qui appelle à « tourner le dos aux sionistes américains et aux usuriers occidentaux » et à s'allier avec la Russie. Des relents antisémites que l'on retrouve chez le leader du parti d'extrême droite bulgare : Volen Siderov ne tremble pas à l'idée de reprendre une rhétorique nazie en appelant à « transformer les Tsiganes en savon ». Sa fidélité au Kremlin est indéfectible.

Plus inattendue, la République tchèque est à la fois un allié de l'Otan, un pays traumatisé par la répression du Printemps de Prague et dirigée par un président, Miloš Zeman, aux choix de politique étrangère particuliers. Il est réputé proche de Vladimir Iakounine. Son conseiller, Martin Nejedlý, est copropriétaire de la filiale tchèque de Lukoil. Tout cela était connu et ne provoquait que haussement d'épaules jusqu'à ce que les services tchèques dévoilent le rôle du GRU dans l'explosion d'un dépôt de munitions à l'est du pays en 2014. Le président Zeman s'est risqué à les contredire, exaspérant la population. Il était pourtant déjà familier d'un dénigrement systématique d'Alexeï Navalny.

Même la Pologne connaît son lot d'idiots utiles du régime de Vladimir Poutine, même s'ils sont peu nombreux. Prenons Mateusz Piskorski. Journaliste, professeur de sciences politiques et politicien polonais, il a été poursuivi en 2016 pour soupçons de collaboration avec les services russes depuis 2010. Il s'est rendu régulièrement en mission d'observation électorale en Russie, en Crimée et en Abkhazie, et a légitimé des scrutins pourtant douteux. À l'inverse, observant les élections en Lettonie en 2011, il n'a pas hésité à dénoncer des « violations flagrantes de la loi électorale lettone ».

Il n'est pas seul. Janusz Niedźwiecki a fini par être arrêté en Pologne en 2021, et inculpé de collaboration avec les services russes. Anton Shekhovtsov a enquêté sur lui pour l'European Platform for Democratic Elections (EPDE) et publié un rapport détaillé à son sujet[51]. Au commencement était un activiste d'extrême droite, qui parvint à passer pour un pacifiste auprès de militants de gauche, un journaliste et un militant des droits civiques pour le régime biélorusse d'Alexandre Loukachenko et un défenseur des droits de l'homme renommé pour les médias d'État russes. Ses premiers faits d'armes se déroulèrent... en Ukraine. Il avait déjà tenté sa chance en politique en Pologne, sans beaucoup de succès. Passant d'un parti à l'autre, il avait atterri, en 2015, dans un parti polonais prorusse, anti-Otan, anti-européen et anti-américain, Changement (Zmiana), monté par le néofasciste Mateusz Piskorski. Dès 2004, Piskorski s'était attelé à rendre des services aux autorités russes en participant à des opérations d'observation électorale complaisantes en Biélorussie et en Transnistrie. Très vite Niedźwiecki prend le relais et organise une mission d'observation bidon en Ukraine, accompagné de membres de l'AfD allemande et du Jobbik hongrois. Cet aréopage de politiciens d'extrême droite s'était formé pour soutenir les prorusses d'Ukraine aux élections municipales, avec un double objectif : prétendre à leur victoire ou crier au scandale s'ils perdaient les élections. Sous le nom passe-partout de « Political Initiative », le groupe est venu en Ukraine semer la confusion. Face à la défaite des prorusses, il fallait crier à l'absence de démocratie. Quand des prorusses gagnaient, il fallait valider le déroulement du scrutin. Ils s'acquittèrent fidèlement de leur tâche.

Niedźwiecki n'en resta pas là. De manifestations anti-Otan à l'organisation de voyages de députés européens auprès de Bachar el-Assad en Syrie ou en Ukraine, en passant par de nouvelles observations électorales complaisantes en Russie même ou en Azerbaïdjan, il ne manqua aucune occasion de rendre service aux autorités russes. Au Parlement européen, il trouva un accueil particulièrement chaleureux de la part des députés britanniques brexiteurs. Il monta son propre média en ligne, *International Affairs*, et s'apprêtait à en ouvrir deux autres, *Brussels Daily* et *Europa Times*, au moment de son arrestation. Janusz Niedźwiecki ne mérite pas en lui-même qu'on s'y attarde : personnage falot, il a tenté de vivre de sa relation avec la Russie et d'en faire un gagne-pain jusqu'à ce qu'il se fasse rattraper par la justice polonaise. Mais c'est l'investissement russe dans ce type de petits télégraphistes médiocres qu'il faut mesurer, de même que le souci, à la limite de l'absurde, de soudoyer de faux observateurs électoraux pour valider des scrutins dont personne n'imagine sérieusement qu'ils se sont déroulés de façon libre et équitable. On se demande qui cela peut bien tromper, mais, à l'évidence, c'est un commerce comme un autre.

On ne peut parler affaires et influence russe sans atterrir à Londres. Le paradoxe de l'Angleterre, c'est qu'on y entend les diatribes les plus fortes contre Vladimir Poutine, le « dictateur », le « criminel de guerre », les déclarations d'amour les plus enflammées à l'Otan, mais qu'on y a croisé longtemps le plus grand nombre d'oligarques à qui le Parti conservateur de Boris Johnson a déroulé le tapis rouge. En 2020, d'après le *Times*, non seulement Boris Johnson a eu l'idée baroque d'accorder la pairie au fils de l'un d'entre eux, Evgueni Lebedev, en dépit de l'avis négatif de la commission des nominations de la Chambre des lords, mais il aurait exigé des services de sécurité, le M15 et le M16, qu'ils retirent leur évaluation en vertu de laquelle faire de Lebedev un lord à vie posait un risque national de sécurité et qu'ils en rédigent une nouvelle indiquant qu'après « des informations additionnelles », leur avis aurait changé[52]. Boris Johnson aurait balayé toutes les alertes d'un revers de la main comme de « l'anti-russisme » et rencontré Lebedev à son domicile deux jours après l'avis négatif de la commission de la Chambre des lords. Lebedev est le fils d'un ancien agent du KGB, basé à Londres et propriétaire à la fois de l'*Evening Standard*, racheté pour une livre, et de *The Independent*. Sa fortune lui vient de son père. Il est devenu très jeune une figure de la vie mondaine londonienne, où il a déployé beaucoup d'entregent et multiplié les activités philanthropiques, toujours avec l'argent paternel. Depuis décembre 2020, Evgueni Lebedev est devenu lord Lebedev de Hampton et de Sibérie. Il avait d'abord opté pour lord Lebedev de Moscou mais sa demande avait été rejetée. Il n'a encore jamais siégé à la Chambre des lords.

Boris Johnson est proche de la famille Lebedev depuis qu'il a été maire de Londres et, surtout, depuis qu'Alexandre Lebedev, père d'Evgueni et ancien représentant du KGB à Londres, a acheté deux journaux dont le futur Premier ministre a souhaité qu'ils le soutiennent. Son souhait a été exaucé puisqu'en 2012, le *Standard* appelait en une les électeurs à faire « le bon choix pour Londres » au moment de la réélection, difficile, de Boris Johnson à la mairie de la capitale. BoJo a passé de nombreuses vacances en Italie chez les Lebedev. D'après le *Times*, il s'y serait rendu au moins une fois en avril 2018 alors qu'il était déjà ministre des Affaires étrangères du gouvernement britannique et que deux citoyens russes, Sergueï Skripal et sa fille, venaient d'être empoisonnés sur le sol britannique par des agents des services secrets du Kremlin, à Salisbury. Le soir de sa victoire aux élections de 2019, Boris Johnson festoyait chez Evgueni Lebedev.

Longtemps, ce dernier a plaidé pour la fin des sanctions à l'égard de la Russie. En 2015, il s'exprimait en faveur d'une alliance avec Vladimir Poutine et Bachar el-Assad en Syrie. De façon éminemment troublante, Boris Johnson avait immédiatement repris les arguments de son ami Lebedev dans un éditorial du *Daily Telegraph*[53]. En mars 2016, Boris Johnson vantait encore la « clarté impitoyable » de Poutine en Syrie. Puis, engagé dans sa campagne pour le Brexit, le futur Premier ministre ira jusqu'à accuser l'Union européenne d'avoir provoqué l'annexion russe de la Crimée. Aujourd'hui, Evgueni Lebedev affirme prendre ses distances avec l'invasion russe contre l'Ukraine.

Il n'est pas le seul. D'autres le font aussi, comme Lubov Chernukhin, épouse d'un ancien ministre russe, qui a condamné l'agression contre l'Ukraine dans le *Daily Telegraph* et utilisé des mots très forts contre « le régime despotique de Poutine » et « la persécution stalinienne du peuple russe ». Madame Chernukhin est une généreuse donatrice du Parti conservateur britannique, à qui elle a versé, depuis 2007, 2 millions de livres. En 2014, elle a payé 160 000 livres pour... jouer au tennis avec Boris Johnson. Elle s'est offert en 2019, pour la modique somme de 135 000 livres, un dîner avec Teresa May et six membres de son entourage[54]. L'actuelle ministre des Affaires étrangères, Liz Truss, était de ces six invitées. Elle avait déjà payé 30 000 livres pour un dîner en tête à tête avec le ministre de la Défense de l'époque, Gavin Williamson. Juste avant l'empoisonnement de Sergueï Skripal. Madame Chernukhin aime beaucoup les politiciens conservateurs[55], qui eux-mêmes apprécient beaucoup l'argent russe. En 2008, George Osborne aurait ainsi sollicité un don d'un proche de Vladimir Poutine, Oleg Deripaska, d'après une lettre envoyée au *Times* par le banquier Nathaniel Rotschild, ce que nie George Osborne[56]. En 2013, le bal de levée de fonds du Parti conservateur reçoit un invité insolite, Vasily Shestakov, le partenaire de judo de Vladimir Poutine, qui est aussi député à la Douma. C'est que Ben Elliot, coprésident du Parti conservateur, a développé une approche crûment appelée *cash for access*, tout en conduisant en parallèle une affaire de conciergerie de luxe pour résidents étrangers exigeants, Quintessentially. Ben Elliot est le neveu de Camilla, duchesse de Cornouailles et épouse du prince Charles.

Tous les oligarques ne sont pas des sous-marins du Kremlin, en tout cas pas toujours et pas tout le temps. Mais l'argent russe a coulé à flots sur Londres, sur la City et sur le Parti conservateur britannique, créant ce que Chattham House, un think-tank spécialisé dans la politique internationale, a appelé, dans un rapport alarmant de décembre 2021, le « problème du Royaume-Uni avec la kleptocratie : comment le fait de traiter les élites post-soviétiques affaiblit l'État de droit[57] ». Le papier couvre de très nombreux aspects, dont le système de « visas dorés » de résidence qui perdure depuis 1994. D'après l'ONG Spotlight on Corruption, 6 312 de ces visas dorés, soit la moitié de ceux qui ont été émis, sont aujourd'hui revus par le ministère de l'Intérieur britannique car susceptibles de poser des risques de sécurité pour le pays[58]. Entre 2008 et 2015, la majorité de ces visas ont été demandés par des ressortissants chinois, suivis par des ressortissants russes. Le système a beau avoir été durci depuis 2015, seuls 9 % des demandes de visas dorés ont été rejetées entre 2008 et 2019, à comparer avec les 42 % des demandes d'asile refusées.

Le rapport de Chattham House décrit aussi par le menu comment de riches étrangers, soupçonnés d'avoir acquis leur fortune de manière illégale, ont soigné leur réputation au Royaume-Uni en faisant appel à des avocats et à des sociétés de relations publiques, en devenant des philanthropes et en achetant, au sens strict du terme, une protection de la classe politique britannique.

Interrogé au début de la guerre d'Ukraine sur les sanctions qu'il comptait prendre, Boris Johnson a d'abord tenu à préciser qu'il ne fallait pas porter atteinte aux intérêts de la City. Depuis, il a rattrapé son retard sur l'Union européenne face au tollé que sa réaction initiale avait déclenché. Il est vrai que la City abritait, au début de 2022, plus d'avoirs russes que l'Union européenne et les États-Unis réunis. Six fois plus que toute l'Union européenne. Un huitième du PIB britannique. Un quart du PIB russe. Transparency International a évalué à 1,5 milliard de livres le montant des propriétés russes au Royaume-Uni. On ne s'étonnera plus du surnom de Londongrad. D'ailleurs beaucoup de Russes y sont chez eux, puisqu'ils disposent non seulement d'un visa mais d'un « passeport doré », sésame acquis à prix d'or qui leur permet de passer au travers des sanctions internationales. On retrouve les mêmes passeports dorés à Chypre, à Malte ou en Bulgarie. Chypre a cessé de délivrer de nouveaux documents en 2020. Depuis quelque temps, le nouveau gouvernement bulgare se penche sur l'attribution de ces passeports de complaisance à des banquiers russes et va de découverte en découverte. On peine à comprendre, par exemple, pourquoi Dmitri Kushaev, directeur du Crédit suisse à Moscou, Roman Nagaev, ancien directeur de la banque d'investissement VTB Capital Bank, ou Igor Finogenov, ancien directeur de l'Eurasian Development Bank, détiennent un passeport bulgare alors qu'ils ne possèdent ni bien immobilier ni entreprise dans le pays[59]. Il serait largement temps d'interdire une fois pour toutes cette pratique des passeports dorés, et de revenir sur ceux qui ont déjà été attribués dans le passé.

On lira avec intérêt et un pincement au cœur la tribune qu'un ancien attaché de défense britannique à Moscou de 2011 à 2016 Carl Scott a publiée dans le *Financial Times* le 23 mars 2022. Dans ce texte, il rappelle n'avoir cessé d'alerter sur le réarmement russe et le risque croissant d'un conflit ouvert. « Ce n'est que lorsque je suis revenu au Royaume-Uni à la veille de notre retrait de l'Union européenne, une manœuvre qui a grandement enhardi les décideurs à Moscou, que j'ai compris combien notre société avait changé dans les années où j'avais servi à l'étranger. Tout était assujetti à la City, tout devait servir les intérêts de notre statut profitable de refuge pour des fortunes corrompues et corruptrices. Les valeurs que nous exigions d'autres pays avaient disparu depuis longtemps de nos propres actes. Je suis désespéré par les décisions que Poutine a prises, mais plus encore lorsque je me demande comment trouver un leadership crédible chez moi au Royaume-Uni parmi ceux qui se sont compromis si longtemps avec son régime et la richesse qu'il offrait. »

Londres est-il par ailleurs seulement sensible à l'attrait de l'argent russe ? Selon une enquête du *Daily Mail* en date du 12 décembre 2020, de grandes entreprises britanniques sont infiltrées par le PCC[60]. Le journal cite AstraZeneca, Rolls-Royce, HSBC, Jaguar, Land Rover, mais aussi des consulats et des universités britanniques. Ces informations seraient contenues dans une base de données datant de 2016 et listant 1,95 million de membres du PCC (sur 92 millions au total) qui aurait été divulguée sur Telegram et transmise par un dissident chinois à l'Alliance interparlementaire sur la Chine. On y trouve un fonctionnaire du consulat britannique à Shanghai, des universitaires travaillant dans l'aérospatial et la chimie, plus de 600 employés répartis dans dix-neuf succursales de HSBC et Standard Chartered. Pfizer et AstraZeneca emploieraient 123 membres du PCC, Airbus, Boeing et Rolls Royce des centaines. Interrogé sur ces « révélations », Matthew Henderson, un ancien diplomate britannique et expert sur la Chine n'est ni surpris ni rassurant : « C'est une preuve supplémentaire de la manière dont la Chine s'est introduite dans l'establishment britannique. Nous dansons avec des loups enragés, résolus à creuser un fossé entre la Grande-Bretagne et l'Amérique, à renverser la démocratie et à devancer l'Occident. »

Au Parlement européen, le Brexit aura au moins eu un effet positif, celui de voir partir le président du groupe d'amitié Chine-Union européenne, l'étrange Nirj Deva, d'origine sri lankaise et premier élu asiatique du Parti conservateur britannique. Nirj Deva n'était pas d'un naturel méfiant, puisque son propre assistant, Gai Lin, était chinois, le premier à être employé par le Parlement européen. Il semble que le département chinois du Front uni se soit occupé avec ardeur de Nirj Deva et de son groupe d'amitié, qui s'est rendu benoîtement au Tibet aux frais de la Chine sans y déceler de problème et en multipliant les déclarations favorables à Pékin. Désormais, Nirj Deva est parti, le groupe d'amitié a fait l'objet d'une enquête lancée par le précédent président du Parlement européen et a été mis en sommeil.

Si les idiots utiles traversent la Manche, sont-ils moins nombreux à traverser l'Atlantique ? Le cas Trump est difficile à traiter, car tout n'a pas encore été dit ou prouvé de sa drôle de relation avec la Russie de Vladimir Poutine. Les républicains, traditionnellement antirusses, ont connu une évolution étrange pendant la présidence de Donald Trump. Le journaliste Craig Unger s'est attelé au sujet dans un livre au titre choc, paru en 2018[61], où il cite 59 entrepreneurs russes qui auraient été associés en affaires avec l'ancien président américain. Il récidive en 2021 avec *American Kompromat*[62]. Sa thèse ? Les services russes se seraient intéressés à Donald Trump dès son premier mariage avec Ivana Zelníčková, née derrière le rideau de fer. Puis, à l'ouverture de la Trump Tower à New York, des oligarques auraient acheté des appartements, sans que l'origine des fonds ait été contrôlée, et souvent en espèces. La mafia russe aurait ensuite apporté une aide financière décisive à Donald Trump pour l'aider à sortir d'une très mauvaise passe financière. En 2008, Dmitri Rybolovlev l'aurait sauvé de la faillite en rachetant une de ses propriétés à Palm Beach pour 95 millions de dollars, soit plus du double du prix du marché, lui permettant d'éponger ses dettes. Et rien de la vie sexuelle mouvementée de l'ancien président américain n'aurait échappé aux services russes. En tous cas, l'un des fils de Donald Trump, Donald Trump Jr., le dit lui-même avec une franchise désarmante : « Les Russes représentent un échantillon assez disproportionné de beaucoup de nos actifs[63]. »

Devant l'agression russe de l'Ukraine, Donald Trump s'est contenté d'affirmer qu'elle ne serait pas advenue s'il avait encore été président. Au lieu de condamner Vladimir Poutine, il n'a pu s'empêcher d'exprimer son admiration : « C'est du génie ! Cet homme est avisé, je le connais très bien. » Même son de cloche chez l'ancien secrétaire d'État de Donald Trump, Mike Pompeo, alors que la crise ukrainienne était déjà enclenchée : Vladimir Poutine est « un homme crédible et compétent[64] ».

Déjà, Pat Buchanan, un des fondateurs de ce qu'on appelle l'*alt-right* américaine, s'était épris de la Russie poutinienne par haine de la « décadence » des États-Unis, menacés par l'immigration non blanche et l'évolution des mœurs. Il déplorait « le suicide d'une superpuissance ». Cela vous rappelle Éric Zemmour ? Vous n'avez pas tort. Comme lui, il voit en Vladimir Poutine celui « qui se dresse pour les valeurs traditionnelles contre les élites culturelles occidentales ». Il le félicite de « rétablir l'Église orthodoxe comme boussole morale de la nation, ce qu'elle a été pendant un millénaire avant que la Russie ne tombe prisonnière de l'idéologie païenne et athée du marxisme[65]. » Sur Fox News, le présentateur ultra-conservateur Tucker Carlson s'interroge : « Pourquoi je ne devrais pas encourager la Russie ? Je pense qu'on devrait probablement se mettre du côté de la Russie, s'il faut choisir entre la Russie et l'Ukraine[66]. » Au Sénat, le républicain Rand Paul suggère que Joe Biden est responsable de l'invasion russe de l'Ukraine. En 2017, il a bloqué un vote sur l'adhésion du Monténégro à l'Otan. Très agacé, John McCain, pourtant membre du même parti, a alors accusé le sénateur du Kentucky de « travailler pour Vladimir Poutine ». En 2018, Rand Paul s'est rendu en Russie. Il était porteur d'une lettre manuscrite de Donald Trump à Vladimir Poutine et a rencontré Konstantin Kosachev, membre du Conseil de la fédération de Russie, pourtant sous sanctions américaines pour activités hostiles aux États-Unis. Sous la présidence de Donald Trump, et en dépit de l'enquête du procureur spécial Robert Mueller, 40 % des républicains se sont mis à considérer la Russie comme une alliée ou, en tout cas, comme un pays ami des États-Unis, quatre fois plus que dans la période précédente. On se souvient du T-shirt arboré par des partisans de Trump lors des élections de mi-mandat de 2018, qui portait en grosses lettres : « Je préfèrerais être russe que démocrate. »

Qu'en est-il des démocrates justement ? On citera le cas de Tulsi Gabbard pour ce qu'il démontre de constance dans la reprise des thèses du Kremlin. L'ancienne élue de Hawaï, candidate à la primaire démocrate pour l'élection présidentielle de 2020, a critiqué Joe Biden pour ne pas avoir évité la guerre en Ukraine en « reconnaissant simplement les préoccupations de sécurité légitimes de la Russie ». Elle n'en est pas à son coup d'essai. En 2019, Kamala Harris, sa concurrente d'alors, l'avait dénoncée comme « apologiste de Bachar el-Assad ». Tulsi Gabbard n'a cessé d'afficher son scepticisme quant aux attaques chimiques perpétrées par le régime syrien contre son peuple et affirme qu'il existerait « des preuves qui suggèrent qu'elles auraient pu être mises en scène par les forces d'opposition afin de pousser les États-Unis et l'Occident à s'ingérer encore dans la guerre[67] ». Ce narratif, on le retrouve chez les diplomates russes et tous ceux qui en sont proches. Il présente pour Moscou un double avantage : il crée la confusion et évite de faire peser sur le régime syrien la réalité de son crime. Il détourne l'attention sur le fait que seule la Russie pouvait aider la Syrie à lâcher ses armes chimiques depuis le ciel. Tulsi Gabbard a très longuement détaillé ce narratif, au moment où elle siégeait à la commission des forces armées de la Chambre des représentants américaine.

Mais au fond, les hommes politiques ont-ils encore une valeur aux yeux de ceux qui veulent forger l'opinion publique à leur avantage ? Au vu du discrédit dont souffre la classe politique dans la plupart des démocraties, la question mérite d'être posée. La Russie, la Chine et d'autres se sont déjà interrogés et ont trouvé une nouvelle réponse, frappée au coin du bon sens. C'est tout simple : que serait l'influence sans les influenceurs ? Influenceurs ? C'est devenu un métier, un mode de vie, sur les réseaux sociaux. Donc un canal pour véhiculer l'ingérence d'États étrangers agiles.

C'est là que Booba fait son entrée. Oui, vous avez bien lu, Booba, le rappeur à grand spectacle, le défonceur de boutiques *duty free* dans les aéroports, l'homme qui aime faire parler de lui et qui y parvient sans peine : on ne compte plus non seulement ses fans sur les réseaux sociaux, 5,6 millions de *followers* sur Twitter, près d'un million sur Instagram, mais aussi les comptes de ses fans qui, eux-mêmes, rassemblent chacun des dizaines de milliers d'abonnés. Pour un réseau, c'est un réseau. Quel usage en fait-il ? Beaucoup de pub, beaucoup de provocations, c'est ce que ses fans attendent. Mais pas seulement. Çà et là, des prises de position politiques. Cela tombe bien, nous vivons en démocratie, chacun est libre de son opinion. Celles de Booba peuvent parfois surprendre. Dénoncer le scandale du chlordécone ou les attentes insatisfaites des Antillais justifie-t-il de s'opposer à l'aide de la France à l'Ukraine ? On voit mal le lien, mais Booba le voit. Et il voit aussi, il en est sûr, le grand complot de l'Otan qui a menti à Poutine. Le voilà stratège et expert en géopolitique, à reprendre les vidéos du frexiteur Asselineau (quel attelage !) et les éléments de langage de Moscou. Il diffuse une vidéo intitulée « Poutine le sauveur ». Le voilà qui rompt avec un de ses sponsors, Puma, parce que la marque d'équipement sportif ferme ses magasins en Russie. Ça fait le buzz ? Cela l'arrange, puisqu'il en vit. Avant le « clash » avec Puma, il y a eu d'autres sorties de route : en avril 2020, il reprend une vidéo d'un négationniste belge, Laurent Louis. À la même période, il diffuse les complotistes antivax qui accusent la vaccination d'être « un génocide planétaire ». Antivax, complotiste et prorusse ? Il n'est pas le seul, c'est même un cocktail classique. Mais lui s'adresse à des millions de fans, jeunes pour la plupart. Vladimir Poutine peut lui dire merci. Peu de chance que le président russe connaisse le rappeur français ? En effet. Mais les influenceurs russes, eux, sont bien sur le radar des autorités de Moscou.

Une enquête du site VICE News, publiée en mars 2022[68], nous en dit plus et nous fait découvrir que, depuis le début de la guerre en Ukraine, un canal Telegram sert à coordonner de nombreuses campagnes de propagande en indiquant à des influenceurs russes ce qu'ils doivent dire, où tourner des vidéos, quels hashtags utiliser et quand poster leurs contenus sur TikTok, une plateforme connue à la fois pour s'adresser aux jeunes et pour faire peu d'efforts en matière de lutte contre les comportements coordonnés inauthentiques. L'administrateur du canal Telegram est anonyme et se dit journaliste. Il recrute les influenceurs, qui sont rémunérés. Parmi les slogans diffusés, la réinterprétation d'une chanson intitulée « Entre frères » (qui a été reprise par un millier de vidéos différentes en quelques jours) ou l'affirmation que l'Ukraine s'est livrée à un génocide contre les russophones du Donbass, faisant usage de déclarations de Vladimir Poutine. Tout est prémâché : quel extrait diffuser, quels émojis utiliser, quel texte poster, au point que les messages de tous ceux qui ont accepté de jouer le jeu peuvent littéralement se superposer les uns aux autres, car ce sont les mêmes. Parmi les influenceurs recrutés, Fentazi90, 1,2 million de *followers*, ou Viktorya Fomina, 1,8 million. Le jour où l'enquête de VICE News est sortie, le canal Telegram a été brusquement fermé et les vidéos retirées de manière concertée et précipitée. Désormais TikTok affirme bloquer la mise en ligne de nouvelles vidéos depuis la Russie, ce que tout dément, comme l'a démontré l'ONG Tracking Exposed, qui dénonce les passe-droits dont disposeraient des influenceurs russes. En revanche, les vidéos TikTok postées depuis l'étranger seraient, elles, indisponibles en Russie. Tracking Exposed émet l'hypothèse que les autorités chinoises ont fait pression sur ByteDance, propriétaire de TikTok, pour qu'il fasse le tri sur les contenus relatifs à la guerre d'Ukraine de manière à ne pas contrarier les autorités russes.

Aux États-Unis prospère un étrange personnage, du nom de Candace Owens, trois millions de followers sur Twitter, autant d'abonnés sur sa chaîne YouTube. Kanye West est un de ses fans. Elle prône le Blexit, c'est-à-dire le *Black Exit* qui se présente comme l'exact inverse de Black Lives Matter et surtout encourage les Afro-Américains à quitter... le Parti démocrate. Pour elle, les suprémacistes blancs sont moins dangereux que l'immigration clandestine, l'avortement ou les attaques faites à la masculinité. Proche de Donald Trump, qu'elle qualifie de « sauveur de la civilisation occidentale », elle déteste l'Ukraine, « pays corrompu » où pullulent les « néonazis », critique Zelensky jour après jour en reprenant les éléments de langage du Kremlin. En 2019, elle a partagé l'affiche de la « convention de la droite » en France avec Marion Maréchal et Éric Zemmour.

Elle n'est pas seule de son espèce parmi les influenceurs américains pro-Poutine. Dans la droite dure prorusse, citons une ancienne miss New Jersey, Sameera Khan. La dame est peu regardante. Elle a fait, il y a quelques années, l'apologie de Staline, défend la junte birmane contre Aung San Suu Kyi, le régime chinois contre les Ouïghours, est fan du leader tchétchène Ramzan Kadyrov, « l'homme idéal, le parfait mari, un guerrier, un leader, le tout en un seul homme », déteste les LGBT... Excessive et insignifiante ? 90 000 *followers* tout de même, et pas un morceau de propagande russe qu'elle ne reprenne.

À l'autre bout du spectre politique, Lee Camp, ancien présentateur de RT États-Unis, anti-guerre, anti-impérialiste et gauchiste revendiqué, réunit lui aussi de très nombreux *followers* sur l'ensemble des réseaux sociaux, et ne ménage pas sa peine pour répandre de la désinformation russe anti-ukrainienne avec un entrain jamais démenti. Il est aidé dans sa tâche par un ancien inspecteur de l'ONU qui a eu son heure de gloire en Irak, Scott Ritter, mais qui, après des démêlés judiciaires, accrédite aujourd'hui la thèse de l'existence des néonazis ukrainiens.

Faisons un saut dans le monde arabe et intéressons-nous à Rania Khalek. Libanaise, journaliste et militante, elle intervient aussi bien dans des médias réputés progressistes (*The Nation*, *The Intercept*, *Salon*, VICE) que sur Al Jazeera ou sur le site propalestinien The Electronic Intifada. Mais ce sont son podcast, « Unauthorized Disclosure », et son site d'informations Breakthrough News, qui lui donnent le plus d'exposition médiatique, de même que son activité sur les réseaux sociaux. Au départ, elle se fait connaître à propos du conflit israélo-palestinien. Elle passe à la dénonciation de l'islamophobie, se tourne vers la guerre au Yémen, puis la Syrie, et soudain s'intéresse aux élections présidentielles américaines. On est tenté de saluer son éclectisme, moins son sens de la nuance. Le conflit israélo-palestinien ? Elle compare Israël à Daesh. L'élection américaine ? Hillary Clinton a « du sang sur les mains » alors que Donald Trump représente « des colères légitimes ». Surtout, ceux qui ont travaillé avec elle ont la surprise de la voir s'aligner sur la British Syrian Society, association fondée par le beau-père de Bachar el-Assad, puis sur Russia Today. Sur la Syrie, elle considère que le régime de Damas lutte « contre Al-Qaïda » et que la population souffre « en raison des sanctions imposées par l'impérialisme américain ». Elle a récemment travaillé sur l'Éthiopie avant, bien sûr, de dénoncer « la propagande américaine sur l'Ukraine » juste avant l'agression militaire russe et, depuis lors, le « racisme antirusse ». Sa particularité : très suivie sur Twitter, elle est aussi active sur Instagram, où l'on peut la voir en photos depuis Cuba jusqu'à l'Érythrée.

La Syrie mériterait à elle seule un chapitre entier, tant elle est, malgré elle, non seulement le champ de bataille d'influences étrangères, russe, turque, iranienne pour l'essentiel, mais aussi parce que l'allié russe de Bachar el-Assad s'est puissamment employé à créer le trouble, à nier la réalité et à jeter le doute sur les horreurs commises par le régime de Damas contre son propre peuple. Une fois encore, Moscou a trouvé ses idiots utiles.

Vous vous souvenez sans doute du travail réalisé par les Casques blancs syriens, une ONG de secouristes qui ont été témoins directs de crimes de guerre commis par l'armée syrienne. L'ampleur de la campagne de dénigrement dont ils ont fait l'objet laisse sans voix. Damas, avec le soutien actif de Moscou et de ses relais en Europe, a tenté de faire passer les Casques blancs pour des proches des djihadistes, en particulier d'Al-Qaïda. Ils ont été également accusés d'avoir organisé de fausses attaques chimiques dans le but de discréditer les autorités de Damas et de provoquer des frappes occidentales. Des médias russes, iraniens et pro-Assad ont propagé ces fausses accusations, qui ont été allègrement reprises par une armée d'idiots utiles. J'en ai été directement témoin au Parlement européen. Ayant invité le directeur général de l'OIAC, le très respectable Fernando Arias, celui-ci est revenu sur la réalité des frappes chimiques qui ont visé les populations civiles en Syrie à plusieurs reprises et que son organisation a documentées. Il s'est heurté à deux députés européens irlandais d'extrême gauche, Mick Wallace et Clare Daly, qui ont mis en cause avec véhémence le travail de l'OIAC et l'existence même d'attaques chimiques, en particulier celle de Douma en avril 2018, qui a déclenché les frappes aériennes de la France, du Royaume-Uni et des États-Unis. Leur intervention en séance s'est transformée en arme de désinformation massive : il n'y avait pas de preuve d'une attaque chimique, tout cela relevait d'un coup monté des Occidentaux. Je n'ai pas pu laisser dire, car je travaille sur la Syrie et parce que la liberté d'expression ne peut pas être confondue avec le droit à la négation des faits. Notre échange a été vif. J'ai été interviewée par les médias irlandais à ce propos, car ils découvraient avec surprise les deux élus irlandais sous un nouveau jour : les doux pacifistes un brin anti-américains reprenaient en fait de façon troublante et systématique la propagande du Kremlin. À l'heure où j'écris ces pages, ces interviews sont indisponibles où que ce soit, Mick Wallace et Clare Daly ayant eu recours à une procédure-bâillon pour empêcher les médias irlandais de les diffuser. Ces parlementaires d'extrême gauche n'aiment la liberté d'expression que si elle leur rend service, pas si elle permet de les contredire.

Le journaliste britannique Brian Whitaker s'emploie depuis des années à démonter les réseaux de désinformation actifs sur la Syrie[69], notamment ceux qui nient les attaques chimiques du régime syrien contre son peuple. Parmi les plus actifs, il relève le profil de Vanessa Beeley, une Britannique elle aussi, ancienne ingénieure, devenue « écrivain, photographe, militante pour la paix et journaliste d'investigation », qui s'est rendue pour la première fois en Syrie en 2016, où elle a rencontré Bachar el-Assad. À partir de cette date, elle revient régulièrement à Damas pour « enquêter sur les Casques blancs, groupe lié aux terroristes et financé à coups de millions par l'Otan et les pays du Golfe », écrit-elle. Encensée sur Twitter, où ses 64 000 *followers* lui prédisent un Pulitzer, voire le prix Nobel de la paix, elle répète très exactement ce que le gouvernement syrien veut qu'elle dise. Elle a également collaboré à un site canadien, Global Research, un des pires sites conspirationnistes publiant des articles anti-Soros, affirmant que le 11-Septembre est l'œuvre de la CIA. Elle travaille maintenant largement à nier la réalité de la Covid...

Vous avez le tournis ? Attendez un peu. Je vous présente Maram Susli, alias Mimi al-Laham, PartisanGirl, Syrian Sister ou Syrian Girl. Elle est australo-syrienne et active sur YouTube, Twitter (où elle vient de faire une pause pour « rédiger une thèse », non sans signer un dernier tweet signalant que la Syrie reconnaît les républiques fantoches du Donbass ukrainien), Telegram et RT... Sur Instagram, c'est une jeune femme qui pose dans des robes fantaisie. Ailleurs, c'est un soutien sans faille du régime de Bachar el-Assad, une antisémite négationniste, une complotiste adepte de la désinformation (elle s'acharne contre les francs-maçons, les Illuminati, la CIA...), une chimiste qui conteste l'usage d'armes chimiques par le régime syrien ou l'empoisonnement de Sergueï et Ioulia Skripal. Sur ce dernier point, les autorités britanniques ont soupçonné son compte Twitter d'être un faux compte, puisqu'elle a publié plus de 2 000 tweets en moins de deux semaines, vus par plus de 60 millions d'utilisateurs du réseau social. Ce compte a pourtant été certifié.

Que des influenceurs « légers » puissent aider à passer des messages qui le sont moins, la Russie n'est pas seule à s'en être aperçue. *The Guardian* a largement documenté l'armée d'influenceurs occidentaux sur TikTok, Instagram et Twitch que la Chine a recrutés pour donner d'elle une image positive au moment des Jeux olympiques d'hiver[70]. Ainsi, Vipinder Jaswal, un ancien de Fox News, a signé un contrat de 300 000 dollars avec le consulat général de Chine à New York pour mettre en place une campagne de promotion des Jeux olympiques de 2022 en ayant recours à d'anciens champions olympiques. Le contrat prévoit que les contenus mettent l'accent sur une image positive de la Chine et des relations sino-américaines, à un moment de grande tension entre les deux pays. La cible fixée : 3 millions de vues sur les réseaux sociaux.

Une enquête du *New York Times* montre qu'il ne s'agit pas d'un effort isolé, mais bien d'une tendance de fond de la part de Pékin : s'offrir des voix occidentales chantant les louanges de la Chine sur les réseaux sociaux[71]. Les messages ne sont pas d'une finesse particulière : « Personne à l'Ouest ne pouvait imaginer que la Chine réussirait aussi bien. C'est pour cette raison que les médias occidentaux attaquent toujours la Chine », « Ils parlent d'un génocide. Il n'y a pas de preuves de génocide. Il n'y a pas de preuves d'atrocités. Tout ça a été démonté maintes fois. » Voilà ce que les autorités de Pékin font dire à des influenceurs étrangers, souvent des Occidentaux expatriés en Chine, dont ils payent le voyage à travers le pays et qu'ils autorisent à se rendre dans des endroits où les journalistes étrangers sont interdits de reportages. Leurs vidéos sont diffusées sur les réseaux sociaux et largement reprises par les autorités chinoises. Ensemble, les six influenceurs les plus populaires ont rassemblé plus de 130 millions de vues sur YouTube et plus d'1,1 million d'abonnés. Un exemple, Raz Gal-Or, un Israélien qui s'est rendu dans les champs de coton du Xinjiang pour nier l'existence de travail forcé. Il vit en Chine, comme son père, qui a des contrats avec l'État chinois. Ses vidéos du Xinjiang ont été très largement relayées par des comptes chinois sur les réseaux sociaux, certains officiels, d'autres manifestement de faux comptes accroissant artificiellement leur visibilité. Dans le même ordre d'idées, un influenceur canadien, Kirk Apesland, fait l'apologie des camps de rééducation à destination des Ouïghours, « qui vont leur permettre d'avoir des emplois, des compétences, tout ça, pas comme Guantánamo où on est juste enfermé ! »

Rappelons que YouTube est bloqué en Chine. Comme d'habitude et compte tenu de la grossièreté de la propagande chinoise, le but n'est pas vraiment de convaincre, simplement de semer la confusion entre le vrai et le faux, le sérieux et le léger, et de laisser croire aux internautes qu'aucune vérité n'est absolue, en particulier lorsqu'il s'agit des reproches adressés à la Chine. La méthode – passer par des influenceurs sans lien public avec les autorités chinoises – permet en outre de surmonter les efforts d'étiquetage déployés par les plateformes lorsqu'il s'agit de communication gouvernementale.

À Taïwan, la Chine passe aussi par des youtubeurs locaux, qui acceptent de diffuser de la désinformation contre rémunération.

En France aussi, les réseaux sociaux abritent des êtres étranges, qui s'inclinent à la fois devant Pékin et Moscou. Prenons Bruno Guigue, très actif sur Twitter. L'ambassade de Chine en France l'aime beaucoup et *like* ses tweets. Comme le révèle *Le Canard enchaîné*, Bruno Guigue n'est pas un internaute lambda, mais un ancien sous-préfet, limogé en 2008 par Michèle Alliot-Marie pour manquement au devoir de réserve, alors qu'il dénonçait « le lobby pro-israélien »[72]. Familier de RT et de CGTN, il accuse les Occidentaux d'avoir « aidé les terroristes en Syrie ». En mai 2022, il se réjouit : « Stalingrad, Alep, Marioupol, l'armée russe finit toujours le travail », et affirme que « l'intervention russe en Ukraine est légitime ». En parallèle, il relaye l'ambassade de Chine, pour qui « le peuple chinois n'oubliera jamais que le 7 mai 1999, l'Otan dirigée par les États-Unis a bombardé l'ambassade de Chine en République fédérale de Yougoslavie, tuant trois journalistes chinois et blessant plus de vingt diplomates chinois ». Bruno Guigue est très occupé. On est heureux qu'il ne soit plus au service de l'État français, vu son empressement à en servir d'autres.

Parfois, un fait divers tragique entrouvre une porte sur un univers opaque. Ce fut le cas lorsqu'on apprit le décès du pianiste français Stéphane Blet. Sa mort n'est pas ordinaire, puisqu'il est tombé d'un balcon en Suisse au début de l'année 2022. Ce qui ne l'est pas davantage, c'est que le décès a été annoncé par l'agence officielle de presse turque, Anadolu. Il est vrai qu'il vivait en Turquie. « Exilé en Turquie », dit la dépêche d'Anadolu. « Dissident décidé », disait son profil Twitter. L'homme était militant d'extrême droite, antisémite virulent, et s'était installé à Istanbul en 2016. Il avait été interviewé par la TRT en français en même temps que le polémiste Dieudonné. L'un et l'autre étaient proches de Jean-Marie Le Pen, d'Alain Soral ou de Bruno Gollnisch. Il affirmait être lié au mouvement islamiste Millî Görüş. C'était en tout cas un zélateur du régime de Recep Tayyip Erdoğan. Les circonstances de sa mort ont surpris. Sa vie elle-même avait de quoi interroger.

Aux États-Unis, des influenceurs s'évertuent à défendre la Chine, souvent sans nuances. Ainsi Danny Haiphong coédite la plateforme Friends of Socialist China (« Les amis de la Chine socialiste »), un titre *a priori* austère qui lui permet de se répandre en négation des atrocités subies par les Ouïghours un peu partout sur les réseaux sociaux, souvent relayé par des sites conspirationnistes prorusses. Il est proche de Li Jingjing qui, comme le relève *The Daily Beast*, se présente sur YouTube comme voyageuse, influenceuse, raconteuse d'histoires et journaliste, en oubliant de dire qu'elle travaille pour CGTN[73]. Elle a 2,5 millions d'abonnés sur Facebook, se filme au Xinjiang comme une touriste ordinaire, a signé un texte dénonçant la « guerre de propagande » dont la Chine serait victime.

Pékin a bien compris tout l'usage qu'il pouvait faire de sa vaste diaspora, 60 millions de personnes à travers le monde. *A priori*, rien de plus normal que de rester attaché à ses racines, d'être fier de ses origines et de participer ouvertement au *soft power* du pays de ses ancêtres. C'est le cas de l'ancien député parisien Buon Tan, élu dans le 13e arrondissement, où se concentrent de nombreux Français d'origine asiatique. Originaire du Cambodge, il a fui le génocide perpétré par les Khmers rouges. Ce fut d'abord un homme d'affaires, à la tête du florissant Empire des Thés. Entré en politique, il a présidé à l'Assemblée nationale le groupe d'amitié France-Chine et s'entremet volontiers pour des entreprises françaises désireuses de travailler avec Pékin. Son amour de l'empire du Milieu va cependant au-delà. Lui qui n'aime pas forcément faire parler de sa personne s'est distingué, en janvier 2022, en étant le seul député français à voter contre une motion condamnant le génocide des Ouïghours. D'après Sinopsis, qui lui a consacré une étude en mars 2022[74], il serait membre de six organisations gérées par le département du Travail du Front uni, qui réunit des organes du PCC et des agences nationales chinoises, et s'appuie sur les diasporas pour faire avancer l'agenda de Pékin. Il serait notamment membre du conseil exécutif de l'Association pour l'amitié des Chinois de l'étranger, créée par le PCC. C'est un peu plus qu'une admiration platonique pour la culture et la civilisation chinoise, cela pourrait s'apparenter à une double allégeance. Ces responsabilités sont, en outre, antérieures à son entrée dans la vie politique française ; elles sont nées de ses engagements associatifs auprès de la communauté chinoise de Paris. Elles se sont poursuivies depuis.

Au Royaume-Uni, les services de contre-espionnage se sont émus du rôle joué auprès de parlementaires britanniques par Christine Lee, une juriste, lobbyiste et généreuse donatrice, issue de la diaspora au nom de laquelle elle s'exprime, et de ses relations avec le Front uni. En Australie, Huang Xiangmo, un richissime propriétaire immobilier, a vu son visa annulé pour des soupçons d'ingérence. Clairement, la République populaire de Chine compte sur une partie de sa diaspora pour plaider sa cause. De l'influence à l'ingérence, il n'y a qu'un pas et, à interroger les services de contre-espionnage, il n'est pas rare qu'il soit franchi.

La question se pose également aujourd'hui de l'influence de la Chine dans les organisations internationales. Le peu d'appétit, voire l'aversion des États-Unis pour le système onusien a créé un vide que Pékin s'est empressé de combler. Quatre agences de l'ONU sont aujourd'hui sous son contrôle formel : l'ONUDI, en charge du développement industriel, l'UIT, en charge des télécommunications, l'OACI, responsable de l'aviation civile, et la FAO, qui règne sur les questions de l'agriculture et de l'alimentation. On l'a dit, la Chine est l'unique pays membre des Nations unies à occuper autant de postes. De plus, elle est très présente dans le maintien de la paix, par le financement des opérations comme par le nombre de Casques bleus qu'elle envoie, en particulier en Afrique. Quant à l'Organisation mondiale de la santé, la crise de la Covid a amplement démontré la complexité des relations qu'entretient l'OMS avec Pékin, qualifiées par *Le Monde* de « liaisons dangereuses » dans une série d'enquêtes[75]. Il est ainsi impossible d'obtenir de l'organisation genevoise une information simple : qui, de Pékin ou de Taipei, a alerté le premier l'OMS de l'existence de plusieurs cas de pneumonie atypique à Wuhan le 31 décembre 2019 ? Pourquoi l'organisation a-t-elle hâtivement accrédité les premières affirmations erronées de la Chine selon lesquelles la maladie n'était pas transmissible entre humains ? Pourquoi le directeur général de l'OMS, Tedros Adhanom Ghebreyesus, déclare-t-il le 23 janvier, alors que le confinement a déjà été décrété à Wuhan, que « ce n'est pas encore une urgence sanitaire mondiale » ? A-t-il cédé à des pressions de Pékin ? Est-ce parce que la diplomatie chinoise a puissamment œuvré à son arrivée à la tête de l'OMS qu'il prend, à ce moment crucial, contre vents et marées et pendant de longs mois, la défense de Pékin ? Jour après jour, l'OMS dit exactement ce que la Chine a envie que l'on dise, ou que l'on ne dise pas, sur la pandémie de Covid-19. En visite à Pékin, le « docteur Tedros » s'agenouille à moitié devant Xi Jinping, à la stupéfaction générale. Une déclaration de l'organisation résume toutes les autres : « Nous avons le sentiment profond que les Chinois font du bon travail. » Son alignement trouble tous les observateurs.

Depuis, les relations entre l'OMS et la Chine se sont rafraîchies. Après plusieurs missions en Chine extrêmement encadrées par les autorités locales, l'organisation genevoise finit par demander, en juillet 2021, à poursuivre l'enquête sur l'origine de la pandémie de Covid.

Le vice-ministre chinois de la Santé, Zeng Yixin, n'en revient pas de cette audace : « Extrêmement surpris », il dénonce un « manque de respect pour le bon sens et une arrogance envers la science ». En mai 2022, le « docteur Tedros » s'autorise une critique de la politique zéro Covid poursuivie par Pékin, qui n'empêche manifestement pas la Chine d'être frappée par une nouvelle vague. Il juge qu'elle « n'est pas soutenable ». Aussitôt, ses propos sont censurés par les médias chinois. La lune de miel est terminée. Mais les autorités chinoises ont atteint deux objectifs : plus le temps passe, plus il est difficile de déterminer l'origine exacte de la pandémie. Par ailleurs, Taïwan demeure écarté de la seule organisation mondiale en matière de santé, où l'île ne dispose même plus d'un statut d'observateur. Au total, la Chine aime les organisations internationales si et seulement si elles servent ses objectifs politiques nationaux.

5

Les universités et les chercheurs

C'est le domaine de prédilection de l'influence chinoise. Pékin est devenu le champion des coopérations scientifiques et universitaires. Qui pourrait trouver à redire au renforcement des échanges internationaux entre chercheurs, à l'accueil d'étudiants étrangers et, en échange, au séjour d'étudiants français à l'autre bout du monde ? Quoi de mieux pour éviter les tensions internationales et les malentendus que d'apprendre la culture et la langue de l'autre ? Quel mauvais coucheur y trouverait malice ? Loin de moi l'idée absurde d'y être hostile par principe. Moi moins que quiconque, qui ai appris le mandarin et l'indonésien, et étudié les civilisations asiatiques à l'Inalco.

Regardons donc de près par quels canaux s'exerce le *soft power* chinois. Programme « Mille Talents », instituts Confucius, bourses, publications, la liste est longue. Mais le contenu, lui, est opaque. Le manque de transparence de la Chine est vertigineux, tout autant que la dépendance croissante de nos universités, de nos centres de recherche, voire de nos think-tanks aux moyens financiers de Pékin. La situation est asymétrique, d'autant que nos établissements d'enseignement supérieur se précipitent en Chine en ordre dispersé, là où la stratégie publique chinoise est parfaitement planifiée.

Commençons donc par le plus inoffensif en apparence, l'essor des instituts Confucius. La National Association of Scholars (NAS) américaine s'est penchée de près sur ces instituts qui, depuis leur création en 2004, offrent des cours de langue et de culture chinoises dans des universités du monde entier[1]. Il en existe plus de 540 dans le monde, dont une centaine aux États-Unis, 180 en Europe, 17 en France. Dans notre pays, ils sont présents dans des villes moyennes dotées d'une université, où l'enseignement de la langue chinoise fait défaut, ce qui peut se concevoir. On soupçonne toutefois que l'implantation d'un institut Confucius à Brest a plus à voir avec la présence de la marine nationale et des sous-marins nucléaires de l'île Longue qu'avec le souci d'initier les étudiants bretons au charme incontestable des idéogrammes.

Rien ne vous frappe ? Une question simple, pourtant, se pose. Jusque-là, l'enseignement de la langue et de la civilisation chinoises dans les universités du monde entier était largement assuré, de manière libre et pluraliste. Il l'est encore. Alors pourquoi la Chine a-t-elle lancé cette initiative ? Qu'en espère-t-elle ? Les instituts Confucius dépendent en principe du ministère de l'Éducation chinois. Rien de surprenant et rien à redire. Toutefois, en 2009, Li Changchun, alors à la tête des activités de propagande du PCC, l'affirmait sans s'embarrasser de périphrases : les instituts Confucius sont « une partie importante du dispositif de propagande de la Chine[2] ». C'est donc autre chose qui se joue qu'un simple enseignement linguistique. Et pour cela, un système particulier a été mis en place.

Quelle que soit leur implantation, les instituts Confucius doivent, par exemple, respecter le seul droit chinois en matière de liberté d'expression. Les directeurs des instituts sont chinois. Les professeurs sont recrutés, payés et redevables au gouvernement chinois. Ils sont évidemment tenus d'éviter les sujets considérés comme sensibles par les autorités chinoises. La censure qui s'applique aux chercheurs en Chine s'étend aux instituts Confucius. Les professeurs étrangers, en général originaires du pays d'accueil, qui travaillent dans les instituts Confucius font face, quant à eux, à des pressions régulières et insistantes pour les inciter à s'autocensurer sur les sujets jugés délicats. L'objectif non avoué des instituts Confucius est donc de cadrer et de limiter le champ des recherches sur la Chine dans les universités étrangères. On est loin du principe sacro-saint de la liberté académique. Et pourtant cela se passe en Europe et aux États-Unis.

Aux États-Unis justement, la NAS a donc tenté d'enquêter. Mais certaines universités se sont purement et simplement opposées à son travail et ont refusé de répondre à ses questions sur les conditions précises des partenariats qu'elles avaient conclus avec les instituts Confucius. Or les contrats entre les universités américaines et le ministère de l'Éducation chinois sont rarement rendus publics, qu'il s'agisse des clauses financières ou des conditions de recrutement. L'opacité est le maître mot.

D'après le rapport de l'IRSEM de septembre 2021, que l'on doit à Pierre Charon et Jean-Baptiste Jeangène Vilmer, les universités qui accueillent un institut Confucius touchent un montant « variable pour lancer l'activité, puis une aide annuelle qui s'élève à 10 000 ou 150 000 dollars en moyenne mais pourrait atteindre plusieurs millions selon plusieurs sources[3] ».

Il faut bien mesurer que les instituts Confucius participent d'un système plus vaste. Ils attirent aussi des étudiants chinois qui payent des frais d'inscription élevés dans des universités occidentales, financent des bourses pour que des étudiants étrangers puissent étudier en Chine, offrent d'autres types de ressources, notamment documentaires, évidemment expurgées de tout sujet sensible. Bref, ils créent des incitations diverses à ce que les universités partenaires n'aient aucune raison de déplaire à Pékin. En Allemagne, l'organisation en charge des instituts Confucius a passé contrat avec l'université de Berlin pour former les enseignants de langue chinoise, incluant une clause destinée à ce que la partie chinoise puisse se retirer si « une quelconque partie de la formation allait à l'encontre du droit chinois ». En octobre 2021, des rencontres autour du livre sur Xi Jinping écrit par les journalistes allemands Stefan Aust et Adrian Geiges[4], devaient se tenir dans les instituts Confucius de Hanovre et de Duisbourg. Elles ont été annulées sous la pression de l'université chinoise partenaire, celle de Wuhan. « On ne peut plus parler de Xi Jinping comme d'une personne normale. Il est devenu intouchable désormais », commente un employé de l'institut Confucius à la Deutsche

Welle. Ce ne sont pas les premiers incidents survenus en Allemagne, à tel point que les universités de Hambourg et de Düsseldorf ont mis fin à leur partenariat avec les instituts Confucius.

En France, l'ancien doyen de la faculté de droit de Strasbourg, Christian Mestre, avait initié une démarche pour accueillir un institut Confucius en 2014. Ses liens avec la Chine n'ont cessé de se resserrer. Dès 2015, à la demande du consulat de Chine à Strasbourg, il accueillait une série d'événements sur le Tibet reprenant les arguments de Pékin, avant d'organiser avec une « ONG » officielle chinoise un forum sur la Chine, l'Europe et les droits de l'homme. Devenu déontologue de l'Eurométropole de Strasbourg, enseignant en parallèle à l'université de Chongqing, il a créé la polémique en 2019 après un voyage au Xinjiang, où il a participé à un séminaire sur le terrorisme et la déradicalisation. Visiblement conquis par ce qu'il y avait entendu, il a déclaré publiquement que les Ouïghours « ne sont pas en prison mais envoyés en formation obligatoire ». Il a ajouté : « J'espère que la France et d'autres pays européens pourront adopter les réponses données par le Xinjiang. » Il a dû démissionner de ses fonctions.

Le rapport de la NAS décrit aussi comment la présence d'instituts Confucius dans l'enseignement supérieur américain se traduit par une autocensure des universités sur le Tibet, sur Taïwan, sur Tian'anmen, Hong Kong, les Ouïghours ou les autres violations des droits de l'homme commises en Chine. Si l'on n'y prend garde, une génération entière d'étudiants risque ne rien savoir d'autre sur la

Chine que ce que le régime de Pékin veut bien en dire. Le rapport n'y va pas par quatre chemins et recommande de fermer tous les instituts Confucius. *A minima* il demande une transparence totale sur tous les accords conclus avec le ministère de l'Éducation chinois ou les autres institutions chinoises partenaires. De publier les financements, les voyages payés, les récompenses reçues. De séparer le budget des instituts Confucius du budget des universités. De ne pas accorder de crédits universitaires aux étudiants par le biais de cours aux instituts Confucius, ni de publier leurs activités de manière indistincte sur le site des universités. De ne pas laisser les cours de chinois enseignés par des professeurs payés par Pékin. De préciser que toutes les questions juridiques doivent dépendre du droit américain.

Le rapport est sévère avec les universités américaines, qu'il accuse à la fois de naïveté et de ne pas se préoccuper des conséquences de leurs décisions. Il décrit leur empressement à accueillir des instituts Confucius comme un mélange d'appât du gain et de vanité. Au-delà de contrats de cinq ans que le ministère chinois paye bien, les invitations de présidents d'université en Chine, où ils sont reçus avec les honneurs, l'envoi d'officiels chinois aux titres honorifiques ronflants pour donner des conférences dans les universités américaines fonctionnent à merveille. De plus la Chine est aujourd'hui, et de loin, le pays qui envoie le plus d'étudiants étrangers aux États-Unis (un tiers du total).

En 2014, l'université de Chicago a fermé son institut Confucius après que 100 professeurs ont signé une pétition critiquant « la pratique douteuse consistant à permettre à une institution extérieure de fournir le corps professoral à l'intérieur d'une université ». La Pennsylvania State University en a fait autant peu après. Au Royaume-Uni, l'interdiction pure et simple des instituts Confucius est en débat.

On cherche encore une réponse à la hauteur en France, en dépit de l'alerte lancée par le rapport de l'IRSEM. Il y a de plus en plus d'instituts Confucius, y compris hors des universités, auprès de collectivités locales. On entend dire aujourd'hui que les autorités de Pékin seraient déçues de l'impact réel des instituts Confucius et réfléchiraient déjà à de nouvelles méthodes. Peut-être. On constate heureusement qu'au cas par cas, des décisions d'ouverture de nouveaux instituts sont reportées, voire annulées.

En Belgique, la chercheuse Vanessa Frangville, de l'Université libre de Bruxelles (ULB), a sonné l'alarme. Elle décrit la VUB (pendant en langue néerlandaise de l'ULB) comme une plateforme de l'influence chinoise. Elle a des raisons pour cela. Song Xinning, ancien directeur de l'institut Confucius de la VUB, a été identifié comme un agent de renseignement chinois, sans que l'université réagisse. Il a fallu qu'il se rende en Chine et que son visa belge soit expiré pour que les autorités du royaume de Belgique décident de ne pas le renouveler. Jusque-là, Song Xinning n'était pas resté inactif. Depuis la VUB, il avait rayonné vers le Collège d'Europe, où il enseignait, ainsi que vers la United Nations University de Bruges. Clairement, l'offensive du *soft power chinois* ne s'arrête pas aux instituts Confucius.

À Budapest, on a vu Viktor Orbán, le Premier ministre conservateur populiste, s'attaquer à la liberté académique et chasser la Central European University (CEU), dépeinte comme un instrument de l'étranger. Le nationalisme du Fidesz, son parti, est pourtant à géométrie variable, puisqu'au moment même où fermait la CEU, la Hongrie annonçait le projet d'ouverture en 2024 d'une université chinoise, antenne de l'université Fudan, à Budapest. Il s'agirait d'une première. Fudan, basée à Shanghai, fait en effet de la Hongrie son seul et unique campus, gigantesque, hors de Chine : 6 000 étudiants, 500 professeurs, 130 hectares. L'opération serait presque entièrement couverte par un prêt d'1,3 milliard d'euros de la Chine à la Hongrie. La construction serait confiée à des entreprises chinoises. La décision montre que Pékin est prêt à passer à la vitesse supérieure, même si l'accord donné par Viktor Orbán est vivement critiqué par l'opposition hongroise et que des manifestations hostiles ont eu lieu à Budapest.

C'est le moment de s'interroger sur la dépendance des universités aux frais d'inscription versés par les étudiants chinois. Depuis des années, les établissements d'enseignement supérieur ont été incités à s'ouvrir aux étudiants internationaux bien davantage qu'ils ne le faisaient auparavant. L'idée ne fait que des gagnants, au moins en apparence : les universités occidentales enseignent à la fois des connaissances et une autre manière de voir le monde à des étudiants étrangers brillants dont les meilleurs seront peut-être tentés de rester sur place et de faire bénéficier leur pays d'accueil de leur talent. Dans le même temps, les universités pratiquent des frais de scolarité plus élevés pour les étudiants étrangers et renflouent leur budget, souvent mis à mal, par cette manne. De l'ouverture à la dépendance, cependant, il n'y a qu'un pas. Dans certaines universités de prestige britanniques ou australiennes, les frais d'inscription versés par les étudiants chinois représentent 20 % des recettes totales. Quand l'université de San Diego a voulu recevoir le dalaï-lama en 2017, toutes les bourses de Pékin destinées aux étudiants chinois de l'établissement ont été annulées.

La France est en partie préservée, mais en partie seulement. Les universités publiques pratiquent des droits d'inscription indifférenciés, et n'ont pas de raisons financières de chercher plus d'étudiants étrangers. Elles souhaitent en général développer des partenariats d'échanges qui offrent à leurs propres étudiants des expériences prisées à l'international, mais c'est une autre démarche. En revanche, les écoles privées (de commerce en particulier) ou Sciences Po gagnent davantage à accueillir des étudiants étrangers. Le risque de dépendance va avec. En 2016, lorsque Sciences Po et l'Inalco ont projeté d'accueillir le dalaï-lama, l'ambassade de Chine s'en est émue. L'Inalco a maintenu la conférence. Pas Sciences Po.

Au cœur de l'Union européenne, le Collège d'Europe de Bruges forme de futurs responsables dont beaucoup travailleront dans les institutions européennes. S'intéresser à eux, chercher à les influencer peut-être tentant. Pékin s'y emploie. En 2014, une « bibliothèque chinoise » y a été inaugurée, financée par le bureau de l'information du

Conseil d'État du gouvernement chinois. Les ouvrages qui s'y trouvent sont ceux qui conviennent aux autorités de Pékin. Le Collège accueille en outre des étudiants venus de Chine, mais plus précisément issus du ministère des Affaires étrangères de la République populaire.

Quant à la liberté laissée par Pékin aux étudiants et aux chercheurs qui s'expatrient en Occident, elle est toute relative. La diaspora estudiantine est ainsi surveillée de près. Les associations locales des étudiants et des chercheurs chinois sont souvent coordonnées par les ambassades de Chine sur place. Listings complets des étudiants présents dans un pays donnés, échanges réguliers sur les vertus de la pensée de Xi Jinping, surveillance de tout discours négatif sur les autorités chinoises, les associations étudiantes chinoises sont sous contrôle. Souvent dirigées par des membres du PCC, elles n'hésitent pas à faire entendre leur voix auprès des journaux occidentaux lorsque la couverture des événements chinois n'est pas à l'honneur de Xi Jinping. Ainsi, l'association des étudiants et chercheurs chinois de l'Université de Californie à San Diego s'est-elle mobilisée en 2017 pour empêcher la venue du dalaï-lama. Ces associations sont donc d'habiles relais de propagande et pas seulement – mais elles le sont aussi – engagées dans le renseignement scientifique, économique et technologique à partir des universités où elles sont implantées. Le contrôle sur les étudiants chinois partis à l'étranger passe également par la validation de leur cursus et la reconnaissance de leur diplôme, qui reste dans les mains des autorités chinoises. Un étudiant qui aurait formulé des critiques sur la politique de

Pékin risque de ne pas voir son cursus validé. La mission sénatoriale confiée au sénateur André Gattolin[5] s'émeut que des étudiants chinois aient pour mission de surveiller leurs camarades et de faire du renseignement.

Venons-en à la recherche. Prenons le cas des publications académiques revues par des pairs qui en font l'évaluation. On dénombre de plus en plus de chercheurs chinois qui participent à ces revues et qui ont des liens avérés avec le PCC. Le résultat de leur évaluation est sans surprise : les publications sont envoyées en Chine et, lorsqu'elles dérangent, sont accompagnées de commentaires (« paragraphe non pertinent », « ne pas utiliser ce vocabulaire », « il n'y a pas eu de massacre à Tian'anmen », « il n'y a pas de camps d'internement pour les Ouïghours ») qui équivalent à de la censure. À chaque publication qui déplaît aux autorités chinoises, les ambassades de la République populaire se mobilisent à travers le monde pour écrire des lettres de protestation officielle aux présidents des universités auxquelles les chercheurs sont rattachés, ou pour appeler lesdits chercheurs, sans crainte de s'ingérer dans la liberté académique de leur pays de résidence. Les chercheurs qui se rendent en Chine peuvent également faire l'objet de manœuvres d'intimidation. Ils sont à la merci de refus de visas, les ressortissants chinois avec lesquels ils sont en relations peuvent être victimes de pression, les chercheurs eux-mêmes de surveillance. Les maisons d'édition peuvent demander un discours « moins direct » de peur de perdre des parts de marché en Chine.

Le cas d'Antoine Bondaz, chercheur à la Fondation pour la recherche stratégique en France, est représentatif de l'arrogance avec laquelle la Chine officielle se comporte. Il a ainsi été qualifié par l'ambassade de Chine à Paris, publiquement sur les réseaux sociaux, de « hyène folle » ou de « petite frappe ». On peut en rire, mais on mesure la violence d'un propos bien peu diplomatique.

La Chine sait toutefois se montrer attractive pour les chercheurs étrangers. C'est le cas du programme « Mille Talents », qui vise à recruter massivement pour enseigner et faire de la recherche en Chine. Les rémunérations sont alléchantes, les conditions de voyage et de séjour également. Le problème, c'est que ce programme opère dans la plus complète opacité. Ni la Chine ni les chercheurs invités ne font savoir qui participe à Mille Talents. En décembre 2021, un professeur de Harvard, Charles Lieber, chercheur de renom en nanotechnologies et ancien président du département de chimie de l'université, a été condamné par la justice américaine pour avoir menti en cachant avoir été recruté par le programme Mille Talents, fait de fausses déclarations, dissimulé ses revenus et l'existence d'un compte bancaire à son nom dans une banque chinoise. C'est l'espoir de décrocher le prix Nobel de chimie qui aurait poussé Charles Lieber à accepter, dès 2011, de devenir « scientifique stratégique » à l'université technologique de Wuhan via le programme Mille Talents. Pourtant, Lieber jouissait d'une forte reconnaissance aux États-Unis mêmes, où le département de la Défense et le département de la Santé avaient financé ses recherches à hauteur de quinze millions de dollars. L'université de Wuhan lui a proposé un accord en vertu duquel il serait payé 50 000 dollars, plus 158 000 dollars additionnels pour couvrir ses dépenses courantes. D'après des statistiques chinoises[6], les programmes d'attraction des talents ont fait venir en Chine jusqu'à 71 000 chercheurs de 2008 à 2016, à travers plus de 146 bureaux de recrutement à travers le monde. Une étude de l'université du Texas affirme que seuls 5 % des chercheurs qui participent au programme prennent la peine de le déclarer à leur université de rattachement.

Or il est fréquent que les secteurs couverts par la coopération scientifique, ouverte ou opaque, avec la Chine se situent à la frontière entre le civil et le militaire. Au Canada, entre 2006 et 2018, au moins 687 articles scientifiques ont été coécrits par des chercheurs canadiens et chinois dans le domaine militaire, poussant les auteurs du rapport de l'IRSEM à s'interroger : « Dans quelle mesure le Canada a-t-il, par inadvertance, aidé les forces armées chinoises à se moderniser ? » En février 2021, le *Times* révélait que près de 200 chercheurs britanniques étaient soupçonnés d'avoir aidé involontairement Pékin à concevoir des équipements militaires en transférant des technologies sensibles[7].

En France, la Direction générale de la sécurité intérieure (DGSI) a fini par s'inquiéter et s'est engagée à rencontrer de manière régulière les responsables d'universités et d'établissements de recherche pour les sensibiliser aux dispositifs susceptibles de contenir les opérations d'influence étrangères. On pense aux zones à régime restrictif, qui délimitent l'espace dans lequel peuvent travailler doctorants et étudiants. L'accord d'échange de recherche et d'étudiants signé entre le cluster Paris Tech, qui regroupe les Mines et les Ponts et Chaussées, et la Xi'an Jiaotong University, dont les liens avec l'Armée populaire de libération sont avérés, a déclenché l'alerte et la prise de conscience qu'une politique de prévention et de sensibilisation était devenue indispensable. Déjà, de 2018 à 2021, une doctorante chinoise faisant de la recherche sur les systèmes cyberphysiques a attiré l'attention pour s'être laissé enfermer à plusieurs reprises dans des laboratoires sensibles, à Strasbourg et à Metz[8]. Pendant ce temps, le centre de recherche Lagrange, unité de recherche et développement créée en 2020 par Huawei en France, continue d'attirer les meilleurs talents. Il a recruté en 2021 Alessio Figalli, lauréat 2018 de la médaille Fields, après s'être adjoint Laurent Lafforgue, médaille Fields 2002, et Pierre-Louis Lions, médaille Fields 1994. L'appétit et l'attractivité du centre Lagrange inquiètent le milieu scientifique français, au point qu'une tribune est parue dans *Le Monde* pour demander aux chercheurs à ne pas rejoindre Huawei[9].

Au Danemark, les services de renseignement ont sonné l'alarme dans un rapport rendu public début janvier 2022[10]. Le chef du contre-espionnage danois Anders Henriksen indique : « La Chine fait de gros efforts pour transférer des technologies et des connaissances de pointe en Chine. [...] Certains types de recherches qui, même à un stade très précoce, pourraient être utilisées à des fins militaires, pourraient poser problème. » D'après le journal *Politiken*, au moins trente chercheurs danois ont été recrutés par l'intermédiaire du programme Mille Talents[11].

Le *Times* a enquêté, en octobre 2021, sur un autre aspect du *soft power* chinois dans les écoles britanniques[12]. À l'origine, c'est plutôt l'idée inverse dont il s'agit. Depuis une quinzaine d'années, vingt écoles britanniques ont développé des franchises en Chine, qui leur ont rapporté environ 67 millions de livres. Ces franchises, à Hong Kong ou à Shanghai, prospèrent et réclament à leurs élèves des frais d'inscription élevés. Mais, particularité étonnante, elles ont à leur conseil d'administration des membres éminents du PCC. Mieux, le site Web du campus de Dehong Education, une filiale du Dulwich College à Shanghai, décrit comment transformer les élèves en parfaits membres du Parti communiste tout en s'engageant à les placer dans les meilleures universités au monde pour leurs études supérieures. D'autres écoles se sont associées à des promoteurs assumés des politiques chinoises les plus controversées, qu'elles concernent Taïwan ou le Tibet. Ces partenariats entre des écoles européennes et des magnats communistes pour ouvrir des établissements en Chine s'organisent sur fond de montages financiers dans des paradis fiscaux. À la fin, on ne sait plus très bien qui influe sur qui, ni qui rend service à qui. Interrogé sur la question, le président de la commission des Affaires étrangères de la Chambre des communes, Tom Tugendhat, n'a pas paru très à l'aise : « L'éducation est l'un des meilleurs produits d'exportation de la Grande-Bretagne. Mais ces rapports sont préoccupants. Les écoles britanniques qui ouvrent des succursales à l'étranger doivent être certaines que le prix à payer n'est pas de brader nos valeurs[13]. »

Au-delà de l'entrisme dans les universités, la question de l'indépendance des think-tanks et de l'intérêt parfois un peu trop marqué que leur portent des pays étrangers se pose avec acuité. Déjà cité, l'excellent rapport de l'IRSEM a braqué les projecteurs sur les actions d'influence entreprises par les autorités chinoises en direction des think-tanks français. L'Institut de relations internationales et stratégiques (IRIS) est particulièrement mis en avant. Le rapport relève que l'IRIS a participé à trois éditions du Forum de Paris sur les routes de la soie coorganisé depuis 2017 avec l'ambassade de Chine. S'y est tenu un débat, ou ce qui en a fait office, sur la politique étrangère de la Chine, dans ce qui ressemblait plutôt à une opération de lobbying prochinois. Le déséquilibre était clair, les « think-tanks » chinois invités étant des émanations du ministère des Affaires étrangères et du ministère de la Sécurité d'État chinois. L'IRIS contribue également à la maison d'édition La Route de la Soie, outil de propagande de Pékin qui a publié le chercheur autoproclamé Maxime Vivas, négateur virulent de la persécution des Ouïghours. L'IRIS a publié en 2020 une note sur le *China bashing* qui ne prenait guère de distances avec les arguments distillés par les autorités et la propagande chinoises. Le directeur de l'IRIS, Pascal Boniface, s'est inscrit en faux contre le rapport de l'IRSEM, et a mis en avant des papiers critiques sur la Chine publiés à l'occasion par l'institut. Le débat a tourné au dialogue de sourds. Déjà, en 2014, *Libération* avait mis l'IRIS en cause pour avoir organisé des conférences avec la Chambre de commerce et d'industrie franco-russe.

Il me semble pourtant qu'on ne peut en rester à l'échange d'invectives. Beaucoup plus de transparence sur le mode de financement des think-tanks et des centres de recherche, ainsi que des financements publics beaucoup plus stables qui éviteraient que les instituts courent après les sponsors, permettraient d'apaiser les querelles et de s'assurer de l'objectivité des publications. J'ai appelé à une opération de transparence dans une tribune, signée avec la chercheuse Valérie Niquet de la Fondation pour la recherche stratégique (FRS), parue le 2 octobre 2021 dans *Le Journal du dimanche* et intitulée : « Face à la Chine, l'État français doit aider les think tanks. » Nous rappelons une réalité simple : « être l'obligé d'un État étranger n'est pas sans conséquence et justifie une véritable transparence ». Nous y mettons aussi en garde contre la naïveté qui continue d'imprégner les coopérations scientifiques avec la Chine, alors qu'il « n'existe aucune frontière pour le régime chinois entre le civil et le militaire ». « Pour contrer l'emprise de pays comme la Chine sur notre recherche et notre réflexion, il ne suffit pas de pointer du doigt l'IRIS ou d'autres, il revient à l'État de donner aux chercheurs les moyens qui leur permettent de faire entendre des visions et des analyses françaises sur la scène internationale. »

J'ai utilisé le terme de naïveté. Elle m'est apparue, désarmante, lorsque j'ai pris connaissance, un peu par hasard, d'un colloque organisé à Brest en février 2021. Dans le cadre des Géopolitiques de Brest, coorganisé par l'université de Bretagne-Occidentale, l'IMT Atlantique, l'ENSTA Bretagne et l'École navale, l'édition 2021 a été consacrée au thème « La Chine et le monde ». Jusque-là, tout allait bien. Jusqu'à découvrir que le discours d'ouverture avait été confié à Daniel A. Bell, professeur à l'université Tsinghua de Pékin, doyen de la faculté de sciences politiques et de droit de l'université du Shandong et, surtout, un vieux compagnon de route du PCC. Son intervention a été à la hauteur de mes appréhensions, puisqu'il y a vanté la supériorité du modèle politique chinois sur le modèle démocratique pour assurer la méritocratie. Toutes les idées sont permises dans un pays libre du moment qu'elles ne constituent pas des délits. Mais fallait-il vraiment que l'organisateur du colloque, lui-même professeur à l'École navale, confie l'ouverture d'un événement consacré aux rapports de la Chine contemporaine avec le monde à un zélote du PCC ? Vraiment ? Est-il tout à fait anodin, par ailleurs, que l'ancien président de l'École polytechnique, Jacques Biot, soit aujourd'hui président du conseil d'administration de Huawei ? Si rien ne l'interdit, est-ce pour autant souhaitable ?

Asseoir son influence sur le milieu de la recherche européen passe donc pour la Chine par toute une panoplie de méthodes diverses. On dira qu'il s'agit de *soft power*. Certes. Il arrive que l'influence se fasse plus brutale. La

Chine, comme d'autres mais de manière parfaitement assumée, s'adonne ainsi aux délices de la guerre juridique, le *lawfare*, qui lui permet de faire usage du respect de la règle de droit propre aux sociétés ouvertes pour tenter d'imposer le silence à ses critiques. C'est ainsi que la chercheuse française Valérie Niquet, de la FRS, a été poursuivie par Huawei en France pour avoir affirmé que « l'entreprise est sous contrôle direct de l'État et du PCC », comme le jugent de très nombreux chercheurs.

De son côté, la Russie dresse un contrat amer. Ses amis et ses zélotes étrangers vieillissent. La jeunesse lui tourne le dos. Les autorités russes s'en émeuvent et ont confié au ministère des Affaires étrangères, notamment à l'agence fédérale Rossotroudnitchestvo, chargée de la promotion de la culture russe à l'étranger, le soin d'entretenir le lien avec les étudiants internationaux ayant fait leurs études en Russie. Ce sont, en effet, chaque année plusieurs milliers d'étudiants étrangers qui se voient offrir des bourses pour étudier en Russie. Leur recrutement implique non seulement le ministère des Sciences et de l'Enseignement supérieur, mais aussi les agences de renseignement russes, FSB comme GRU, à qui un quota d'étudiants étrangers est réservé. Moscou veut désormais garder le contact avec eux et les organiser en réseaux prorusses à leur retour.

Avec des moyens plus limités, la Turquie d'Erdoğan se concentre sur une préoccupation : celle de la préservation de son récit national. C'est vrai en Turquie même, où est puni de peines pouvant aller jusqu'à six mois de prison le dénigrement public de la nation turque. C'est vrai aussi à l'étranger. L'historienne Claire Mouradian dénonce « la pression et la restriction de l'accès au territoire turc » aux chercheurs qui travaillent sur les sujets qui dérangent Ankara, qu'il s'agisse du génocide arménien ou de la question kurde[14]. Ne pas pouvoir aller sur le terrain handicape les chercheurs et détourne les étudiants de sujets de recherche où ils savent qu'ils rencontreront des obstacles.

Les intimidations et les menaces font aussi partie de la panoplie déployée par l'État turc à l'étranger sur le milieu de la recherche. Alors que l'IFRI avait confié en 2015 à un étudiant une recherche sur la reconnaissance du génocide arménien aux États-Unis, son site Web a été hacké. Puis, lorsque Philippe Moreau Defarges, ancien chercheur de l'IFRI, s'est livré à une prédiction sans doute maladroite, mais dont il était seul responsable, en estimant qu'Erdoğan « pourrait connaître un sort funeste », l'IFRI a subi des menaces et a été la cible d'une campagne hostile sur les réseaux sociaux[15]. Ankara investit également dans des think-tanks qui lui sont plus favorables. Encore faut-il faire la différence entre le très actif Institut du Bosphore, à Paris, qui reste cependant soucieux d'un travail de fond sérieux, ou le plus discutable AVIM, qui emploie le chercheur Maxime Gauin. À son sujet, la cour d'appel de Paris a jugé qu'il « reprenait à son compte les thèses négationnistes de la Turquie sur le génocide arménien de 1915 et exprimait un négationnisme obsessionnel dans la contestation de ce génocide[16] ». On se souvient également du piratage en direct d'une conférence en ligne sur le patrimoine arménien pratiqué par des militants proturcs. L'approche manque de finesse ? Apparemment, peu leur importe.

Au total, le sénateur André Gattolin a raison de dénoncer dans son rapport[17] la « brutalisation » des influences étrangères sur nos universités, quand certains pays n'hésitent pas à recourir au rapport de forces pour soit imposer leur récit et contrôler leur image, soit capter des données scientifiques sensibles et en tirer bénéfice. Je reprends son constat que je partage pleinement : si notre monde universitaire reste perméable à des influences étrangères malveillantes, c'est d'abord qu'il manque de ressources. Les rémunérations et les conditions de travail des chercheurs ne sont pas à la hauteur. Les ressources administratives des établissements ne leur permettent pas d'exercer un contrôle informé sur les ingérences étrangères. Les fonctionnaires de défense et de sécurité référents existent bien et font ce qu'ils peuvent, mais ils sont formés à déceler et à contrer des risques très élevés et très rares (intérêts militaires, prolifération, terrorisme), moins à lutter contre « l'ingérence ordinaire », en particulier dans les sciences humaines et sociales. Dans l'ensemble, la communauté académique est très insuffisamment sensibilisée. Bien sûr, il est exclu de renverser la vapeur et de restreindre sans raison le partage de connaissances et la circulation des idées. Mais face à des États étrangers qui n'hésitent pas à pratiquer l'intimidation, la censure des opinions et la captation des savoirs, la naïveté ne peut pas être la règle et la vigilance l'exception.

6

L'instrumentalisation de l'Histoire

> « Celui qui contrôle le passé contrôle le futur ; celui qui contrôle le présent contrôle le passé. »
>
> George ORWELL, *1984*.

L'excellent diplomate Pierre Lévy, alors ambassadeur à Varsovie, confiait volontiers : « En Pologne, ce qu'il y a de plus imprévisible, c'est l'Histoire », tant le parti au pouvoir, Droit et Justice (PIS), s'acharne à réécrire les pages les plus sensibles de l'histoire nationale de la Pologne pour en gommer toutes les aspérités embarrassantes. Devenu par la suite ambassadeur à Moscou, nul doute que Pierre Lévy y a trouvé d'innombrables occasions de vérifier la justesse de sa maxime.

Réécrire le passé fait partie des obsessions des régimes peu démocratiques. C'est aussi devenu une arme pour interférer dans le débat public des sociétés ouvertes et tenter de les influencer, voire de les déstabiliser.

La fin de l'année 2021 a tristement illustré le rapport ambigu que le régime russe entretient avec l'Histoire, notamment celle de l'Union soviétique, quand est intervenue la cessation brutale des activités de l'ONG Memorial.

Rappelons qu'il s'agit d'une organisation cofondée en 1989 par Andreï Sakharov, éminemment respectée et jouissant d'une réputation internationale considérable. Memorial avait pour raison d'être de documenter les crimes de Staline en Russie, en Ukraine et en Pologne. De plus, le Centre pour les droits de l'homme de Memorial se mobilisait en défense des dissidents russes d'aujourd'hui. Pendant longtemps, ces deux entités ont effectué un travail aussi remarquable qu'indispensable, souvent avec l'aide des archivistes de l'État russe.

Or peu à peu, elles ont commencé à sentir une chape de plomb s'abattre sur elles. En 2016, un des historiens les plus actifs de Memorial, Iouri Dmitriev, a été accusé, de manière vraisemblablement fabriquée, d'agression sexuelle sur mineur et soumis à des emprisonnements successifs. Il était l'un de ceux qui avaient mis au jour le plus grand nombre de fosses communes et de cadavres de victimes de Staline en Russie. En octobre 2021, la projection du film d'Agnieszka Holland, *Mr Jones*, qui porte sur la grande famine d'Ukraine de 1932-1933, était perturbée par des hommes cagoulés, qui gesticulèrent et traitèrent les spectateurs de fascistes et d'agents de l'étranger. À la fin de la même année, les deux structures ont été fermées, l'une par la Cour suprême, l'autre par le tribunal de la ville de Moscou. Les raisons invoquées ? La loi sur les agents étrangers, la Russie étant obsédée à l'idée qu'elle puisse faire l'objet d'ingérences étrangères sur son sol. Memorial aurait ainsi omis de préciser sur chacune de ses publications qu'il était un « agent étranger », dans la mesure où l'ONG recevait des fonds du Canada, de République tchèque, de Pologne et d'Allemagne. Le procureur n'a même pas fait semblant de croire à ce prétexte, puisqu'il a également reproché à Memorial de « créer une image fausse de l'URSS en tant qu'État terroriste et de spéculer sur le sujet de la répression politique au XXe siècle » et a assuré que « Memorial nous fait nous repentir sur le passé soviétique au lieu de nous souvenir de son histoire glorieuse ». L'avocat de l'organisation n'a pas manqué de dénoncer une « décision politique, qui rappelle les années 1930 ». Des ONG allemandes ont dénoncé le jugement en ces termes dans un communiqué commun : « L'État russe a donné une image dévastatrice de lui-même. Il combat le travail sur sa propre histoire et veut monopoliser la mémoire individuelle et collective[1]. »

Pourquoi et pourquoi maintenant ? s'interroge Galia Ackerman pour le site Desk Russie[2]. Pour elle, pas de doute. Le pouvoir russe veut un retour à l'URSS. Elle rappelle qu'en 2005, Vladimir Poutine a considéré la fin de l'URSS comme la plus grande catastrophe géopolitique du XXe siècle et qu'il lutte contre « la désintégration de la Russie historique ». Or Mémorial dérange ce projet. Déjà, en 2009, Natalia Estemirova, membre de Memorial, avait été kidnappée et assassinée alors qu'elle cherchait à documenter les atrocités commises en Tchétchénie. Déjà, la même année, la radio d'État RIA Novosti avait voulu recruter une firme suédoise de relations publiques, Kreab, afin de populariser l'idée que

Staline « n'était pas un si sale type ». Dans les cinq dernières années, le nombre de Russes qui considèrent que Staline fut un grand dirigeant a doublé pour atteindre 56 %, d'après l'institut de sondage russe Levada.

Plus largement, Vladimir Poutine lui-même a commencé, comme le rappelle Anne Applebaum[3], à repolitiser l'Histoire lorsqu'il a introduit dans la célébration de la victoire de 1945, rebaptisée « la guerre de la grande patrie », le drapeau et des uniformes soviétiques. Ensuite il a remis au goût du jour l'hymne soviétique. Peu à peu la mémoire de Staline a été blanchie. En 2014, quand la Russie a annexé la Crimée, l'argument répandu dans tous les médias était qu'il s'agissait d'une nouvelle guerre « contre le fascisme ». Cette volonté de glorifier le passé soviétique laisse à penser que Vladimir Poutine entendait étouffer la contestation sur sa présence prolongée au pouvoir par une comparaison soudain flatteuse avec un Staline réhabilité, et qu'il préparait l'opinion à la poursuite d'un aventurisme militaire russe forcément inspiré des victoires du passé. Il y avait tout lieu de s'en inquiéter.

Toujours sur l'Ukraine, on a vu le président russe écrire dans un long papier publié en juillet 2021 et intitulé « De l'unité historique entre Russes et Ukrainiens » que « Russes et Ukrainiens ne forment qu'un peuple, un seul[4] ». On sait maintenant quelles conclusions il en a tirées.

Autre champ d'action du révisionnisme historique de la Russie : les Balkans et la négation du génocide en Bosnie[5]. En septembre 2021, l'historien israélien Gideon Greif, qui a rédigé un rapport sur Srebrenica à la demande des autorités serbes de Bosnie, a contesté le verdict du

Tribunal pénal international pour l'ex-Yougoslavie de La Haye et affirmé que les crimes commis à Srebrenica ne pouvaient pas constituer un génocide. Ses conclusions ont été activement répercutées par l'Institut international pour le développement de la coopération scientifique, le MIRNaS, une organisation russe financée par l'État russe, en particulier le Fonds Gorbatchev, présidé par le ministre des Affaires étrangères Sergueï Lavrov. Tout est fait pour soutenir l'assertion du leader serbe de Bosnie, Milorad Dodik, selon qui il n'y a pas eu de génocide à Srebrenica, sachant qu'il pose comme condition pour arrêter de bloquer les institutions de Bosnie-Herzégovine et s'abstenir de faire sécession l'abrogation de la loi qui criminalise la négation de ce génocide. L'objectif de Moscou a été bien décrit, dès 2019, par Paul Stronski et Annie Himes du Carnegie Endowement for International Peace[6] : il s'agit de créer dans les Balkans des groupes locaux amicaux avec la Russie et des leviers d'influence qui permettent au Kremlin d'empêcher une intégration supplémentaire de ces pays dans l'orbite économique, politique et sécuritaire occidentale. Et d'attiser les tensions.

Les États baltes ne sont pas épargnés par la frénésie russe de reconstruction de l'Histoire : pour la Russie, Moscou a libéré les États baltes à la fin de la Seconde Guerre mondiale et ceux-ci devraient lui en être reconnaissants. Pourtant, les Baltes considèrent l'arrivée des troupes soviétiques comme le début d'une occupation nouvelle, une de plus. Moscou aime aussi décrire la période soviétique comme avantageuse pour les

Baltes, qui auraient été la « Silicon Valley » de l'URSS. L'indépendance n'aurait rien apporté de bien fameux à l'Estonie, à la Lettonie et à la Lituanie, dont les régimes sont régulièrement dépeints comme fascistes ou « héritiers d'Hitler » dans les médias russes.

Compte tenu de la présence de minorités russophones dans les États baltes, ces enjeux mémoriels y résonnent et entretiennent tensions et divisions, ce qui est naturellement l'objectif recherché. On assiste à une concurrence des mémoires, qui porte notamment sur les monuments aux morts, entre hommage aux défunts de la Seconde Guerre mondiale et recueillement devant les morts des guerres patriotiques. En 2007, le déplacement à Tallinn du monument du soldat de bronze depuis le centre de la capitale estonienne vers sa périphérie a déclenché des émeutes ainsi que des cyberattaques.

La République tchèque n'éprouve pas davantage vis-à-vis de Moscou la reconnaissance qu'attendraient les autorités russes pour les événements qui ont mis fin à la Seconde Guerre mondiale. Ce que la Russie décrit comme une libération est aujourd'hui pensé à Prague comme une occupation, donnant lieu à deux récits historiques concurrents et contradictoires. Quand les autorités de la capitale tchèque ont décidé de retirer la statue du maréchal soviétique Ivan Koniev, les médias proches du Kremlin ont qualifié le geste d'immoral, d'illégal, de criminel, de provocation contre la Russie orchestrée par les États-Unis et, bien sûr, de tentative pour réécrire l'Histoire[7]. Pas un mot sur le rôle du maréchal Koniev dans la répression du soulèvement de Budapest en 1956, ou dans la construction du mur de Berlin. Les autorités russes ont indiqué qu'elles avaient l'intention de saisir la justice.

Autre motif de l'Histoire revisitée par le Kremlin, la Pologne, constamment étiquetée comme viscéralement « russophobe », agressive et... encline à réécrire l'Histoire. Les sujets de différends historiques ne manquent pas, du pacte Molotov-Ribbentrop au massacre de Katyń. Le mois d'août 2019 a marqué le 80e anniversaire du Pacte germano-soviétique. Il s'agissait à l'évidence d'un moment compliqué pour les autorités russes. Plutôt que de saisir l'occasion pour entreprendre une réflexion approfondie sur la place de la Russie dans l'histoire du XXe siècle, les discours officiels russes ont décliné sous toutes ses formes une tentative de révision à marche forcée de ce qui s'était passé en 1939 : l'Union soviétique n'a nullement souhaité un pacte de non-agression avec l'Allemagne nazie, elle n'a en fait pas eu le choix, face à la politique d'apaisement vis-à-vis du IIIe Reich qui a conduit à la trahison de Munich et aux velléités prêtées à la Pologne de s'allier avec Hitler et d'attaquer l'URSS. De toute façon, tout, absolument tout fut la faute du Führer et de lui seul. Pourtant, les archives montrent un Staline enthousiaste à l'idée de signer le pacte de non-agression, qui a été immédiatement suivi d'un traité d'amitié germano-soviétique. Pourtant, la Pologne fut successivement attaquée par l'Allemagne nazie et l'Union soviétique. Cela n'empêche pas Vladimir Poutine lui-même de désigner la Pologne comme responsable de la Seconde

Guerre mondiale et alliée d'Hitler, engagée dans l'oubli des crimes nazis.

Tout est bon pour la récupération et le révisionnisme. Lors de la commémoration du 75e anniversaire de la libération d'Auschwitz, les autorités russes ont affirmé, contre toute réalité, que 40 % des victimes juives de la Shoah étaient des citoyens soviétiques. Elles ont également prétendu qu'il avait été impossible à l'Armée rouge d'intervenir lors du soulèvement de Varsovie, ce que les autorités polonaises ont très mal reçu. Enfin, Vladimir Poutine garde un silence obstiné sur le massacre de 22 000 officiers de l'armée polonaise par les troupes russes à Katyń, prétendant au contraire que l'occupation de l'est de la Pologne par l'URSS a « sauvé des vies ».

Pourtant, les historiens russes et polonais ont cherché depuis des années à travailler conjointement, ce qu'avait justement encouragé l'ONG Memorial. La courte présidence de Dmitri Medvedev en Russie avait permis de belles avancées, les historiens des deux pays avaient réussi à échanger sur des sujets contentieux au sein du groupe polono-russe sur les questions difficiles. Le Centre pour le dialogue et la compréhension polono-russe ouvert à Varsovie en 2010 a permis des échanges entre chercheurs et entre jeunes sur l'histoire et la culture des deux pays. Mais de telles initiatives ont aujourd'hui de plus en plus de difficultés à poursuivre leur travail.

Reste la mère de toutes les batailles historiques engagées par Vladimir Poutine : l'affirmation, maintes fois répétée, que l'Otan aurait pris l'engagement solennel de ne pas s'étendre à l'est au moment de l'effondrement de l'Union soviétique. Le président russe l'a redit tant de fois que beaucoup le croient et le répètent après lui, notamment en France, notamment ceux qui se demandent si on n'aurait pas eu tort de « provoquer la Russie ». Demandons aux historiens ce qu'il en est. Ceux qui ont épluché les comptes rendus des rencontres, les transcriptions des entretiens et les notes diplomatiques ne trouvent rien, aucun engagement formel. Ce qu'on trouve, c'est une remarque de James Baker : « Pas un pouce vers l'est. » Mais c'est... Mikhaïl Gorbatchev qui en parle le mieux, dans une interview de 2014 pour l'agence russe RIA Novosti : « Le sujet de l'expansion de l'Otan n'a pas été discuté du tout avec Baker. Un autre sujet l'a été : s'assurer que les structures militaires de l'Otan n'avanceraient pas et que des forces armées additionnelles ne seraient pas stationnées sur le territoire de l'ancienne RDA après la réunification allemande. La remarque de Baker est à prendre dans ce contexte. [...] L'accord sur l'ex-RDA a été parfaitement respecté. » Le même Gorbatchev a également reconnu, en mai 1990, au moment de la réunification allemande, « l'intention exprimée par nombre de représentants des pays d'Europe de l'Est de quitter le pacte de Varsovie et, en conséquence, de rejoindre l'Otan. »

Pour la Russie, l'Histoire n'est pas une science qu'on étudie, mais un outil qu'on manie pour atteindre des objectifs politiques. Un rapport du Stockholm Free World Forum est catégorique : « L'Histoire est utilisée par les dirigeants russes comme un instrument de légitimité nationale et de justification de ses actions internationales. C'est une politique[8]. » Dès 2015, la stratégie de sécurité nationale russe précisait que l'une des menaces à la sécurité du pays dans le domaine culturel reposait sur les « tentatives pour falsifier l'histoire de la Russie et l'histoire mondiale ». Il y aurait donc une guerre mondiale de l'Histoire et il faudrait impérativement que la Russie la gagne.

La Chine n'a rien à envier à la Russie dans la réécriture constante du passé.

Ainsi, au moment où la justice russe fermait Memorial, à Hong Kong, les universités locales ont cédé au gouvernement central de Pékin et retiré des campus les statues qui commémoraient le massacre de la place Tian'anmen de 1989.

On se souviendra du discours prononcé par Xi Jingping devant le comité central du PCC juste après son arrivée au pouvoir : « Pourquoi l'Union soviétique s'est-elle effondrée ? L'histoire de l'URSS et du Parti communiste soviétique a été complètement niée. [...] Lénine a été rejeté, tout comme Staline. [...] La confusion idéologique était partout [...] L'Union soviétique, qui avait été un grand pays socialiste, s'est effondrée. »

Aussi, rien d'étonnant à ce que la Chine ait passé une loi, en 2020, criminalisant le fait de se moquer de héros nationaux. Il n'est plus permis non plus de suggérer que l'implication de la Chine dans la guerre de Corée ait eu d'autre motif que de se défendre d'une éventuelle invasion américaine.

Chaque autocrate y va de ses discours historiques enflammés. Chaque démocrate illibéral revoit le passé à sa sauce. Le triptyque est souvent le même : un passé glorieux idéalisé, un présent de déclin et d'humiliation à combattre, un avenir radieux qui dépend de l'emprise qu'on aura sur sa nation et sur ses voisins. Tous les ingrédients d'un nationalisme revanchard, propre à nourrir des aventures militaires, sont ainsi réunis.

On rendra hommage à l'effort déployé par Alain Lamassoure pour alerter les élites européennes sur le danger de ces récits qui s'éloignent à la fois de la vérité historique et de la possibilité de vivre côte à côte en harmonie, si les générations qui viennent apprennent des visions belliqueuses et biaisées de leur histoire nationale. Il a, avec mon soutien, monté un Observatoire de l'enseignement de l'histoire en Europe, placé en 2020 auprès du Conseil de l'Europe. On souhaite un plein succès à ses travaux, et on imagine aisément qu'il a beaucoup à faire.

Quatrième partie

Et alors, qu'est-ce qu'on fait ?

1

« Pas de ça chez moi ! »
La réponse des autoritaires eux-mêmes

Mais au fait, quelle stratégie de défense emploient les plus virulents acteurs de la guerre hybride pour se protéger du feu qu'ils ont eux-mêmes déclenché ? C'est assez simple et de plus en plus vrai : les pays autoritaires contrôlent étroitement leur espace informationnel et se ferment aux publications venues de l'extérieur.

« Viktor Orbán et Carrie Lam ont deux points communs : ils ne savent pas dire non à Pékin, et ils détestent la presse libre. Reporters sans frontières vient d'ailleurs de les distinguer parmi les dirigeants mondiaux qui s'en prennent le plus aux journalistes.

« Ce n'est donc pas un hasard si le Premier ministre hongrois a volé au secours de la dirigeante de Hong Kong et empêché l'Union européenne d'ouvrir ses portes aux démocrates hongkongais qui fuient une répression devenue systématique.

« Ce n'est pas un hasard, mais c'est une honte. Vingt-six États européens étaient prêts à lancer une bouée de sauvetage aux journalistes, aux militants que les dirigeants de Hong Kong veulent réduire au silence, en les accueillant dans l'Union européenne. Mais Viktor Orbán veillait et il a dit non. Les démocrates de Hong Kong, l'Australie, le Canada et notre voisin, le Royaume-Uni, sauront les accueillir, mais pas nous.

« Il est temps de changer nos règles et d'abandonner la règle de l'unanimité en politique étrangère. Et il est temps de demander des comptes à Viktor Orbán sur son combat acharné contre les libertés. »

C'est ainsi que je m'exprimais dans l'hémicycle du Parlement européen de Strasbourg pendant la session plénière de juillet 2021, frappée qu'un pays de l'Union européenne se solidarise avec la répression qui s'était abattue sur Hong Kong. Ce pays, la Hongrie de Viktor Orbán, qui qualifie son régime de « démocratie illibérale », n'en est malheureusement pas à son coup d'essai ni au premier coup de canif contre les libertés. Qu'il s'en prenne à celle des journalistes n'est, hélas, plus une surprise. Comme beaucoup de régimes autoritaires, museler les médias et les faire passer pour des « agents de l'étranger » est la réponse la plus commode qu'il ait trouvée pour étouffer la contestation et garder le pouvoir.

Pourtant, la Hongrie d'Orbán est devenue un havre pour la désinformation russe et l'on pourrait s'y perdre entre le positionnement officiel du pays, membre de l'Otan et de l'Union européenne, qui a condamné l'agression russe de l'Ukraine et finalement accepté les sanctions, et ce que diffusent les médias proches du chef du gouvernement. On y entend que le pouvoir ukrainien a été mis en place par la CIA, qui a forcé la Russie à la guerre, que les armes ukrainiennes risquent d'être vendues à des terroristes en Europe, bref, toute une série de théories complotistes qui ne dépareraient pas dans les médias officiels russes. « Les médias publics hongrois sont le diffuseur numéro un de la propagande du Kremlin en Europe depuis que RT et Sputnik ont été fermés », estime Ágnes Urbán, une analyste au Mérték Media Monitor[1]. Or les médias publics obéissent au Fidesz, le parti majoritaire. Nous avons donc, au cœur de l'Europe, la démonstration de la façon dont la réalité devient secondaire dès qu'un régime devient autoritaire.

Le conflit ukrainien agit une fois encore comme un révélateur. À regarder les choses en surface, la Hongrie ne s'est pas opposée aux sanctions décidées par l'Union européenne, et elle accueille des réfugiés ukrainiens. À creuser davantage, Budapest s'est fait exempter de l'embargo sur le pétrole russe, et ne souhaite pas que les armes livrées à Kiev transitent sur son sol. Surtout, le gouvernement hongrois n'a pas tardé à dénoncer de supposées ingérences... ukrainiennes dans la vie politique nationale, alléguant, dans la bouche de son ministre des Affaires étrangères Péter Szijjártó, sans qu'il apporte aucune preuve, d'une « coordination en cours entre la gauche hongroise et le gouvernement ukrainien[2] ». L'ambassadeur d'Ukraine à Budapest a même été convoqué pour cela. Drôle de manière d'aider un pays en détresse et certainement plus occupé à assurer sa défense qu'à interférer avec la politique intérieure d'un de ses voisins. Avec un peu de mémoire, on se souviendra que peu avant la guerre, le régime de Viktor Orbán s'était soudainement ému du sort de la minorité hongroise d'Ukraine, affirmant que ses droits n'étaient pas respectés. Ces accusations avaient surgi à la surprise générale, les Hongrois d'Ukraine ne se plaignant de rien. Mais l'enjeu était purement national pour le Premier ministre hongrois, qui préparait alors ses élections législatives. Inventer un problème, promettre de le résoudre, quoi de mieux pour chercher à s'attacher les voix des Hongrois de l'étranger ? Beaucoup, en Europe, avaient trouvé l'initiative et les accusations déplacées. Il fallait donc faire oublier ce dérapage et défendre les biais un peu particuliers du Fidesz au pouvoir. Or chacun sait qu'il n'existe pas de meilleure défense que de passer à l'attaque. Voilà donc que la Hongrie invente une ingérence ukrainienne dans sa politique intérieure. Selon le sacro-saint principe « plus c'est gros, plus ça passe », Viktor Orbán ne pense pas forcément qu'on le croira, mais il escompte qu'on ne croira pas davantage les Ukrainiens qui se plaindront de son indélicatesse. Un partout, la balle au centre. Rares seront ceux qui prendront la peine d'examiner de près ce qui se passe entre les deux pays. Avec les régimes autoritaires, qu'il s'agisse de désinformation ou d'ingérence, la tactique est toujours la même : ils se dépeignent volontiers comme les victimes des pratiques dont ils sont les plus ardents utilisateurs.

Les médias officiels hongrois peuvent prendre des libertés avec la vérité du moment que leur ligne convient au gouvernement. En revanche, gare à ce qui contrarie les desseins de Viktor Orbán. La loi sur l'enseignement supérieur votée en 2017 vise les établissements d'origine étrangère et le premier d'entre eux, l'université d'Europe centrale financée par un enfant du pays, le milliardaire américain George Soros. Même logique pour les ONG qui, par une loi votée la même année, doivent déclarer les ressources financières qui proviennent de dons étrangers. C'est encore George Soros qui est visé, puisqu'on estime à plus de 3 milliards de dollars ses dons aux ONG hongroises. Les institutions européennes s'émeuvent des lois adoptées à Budapest et la Cour de justice de l'Union européenne dénonce la « présomption de principe » en vertu de laquelle toute donation d'origine étrangère serait contraire aux intérêts du pays. La loi sur les ONG sera finalement abrogée sur pression des institutions européennes. L'appartenance à l'Union européenne garantit l'existence de cordes de rappel quand l'État de droit est malmené, notamment quand la lutte contre les ingérences se transforme en dénonciation systématique de « la main de l'étranger ».

En dehors des frontières de l'Union, les cordes de rappel manquent en revanche cruellement.

En Turquie, le régime de l'AKP emploie lui aussi une main de fer face aux médias et aux réseaux sociaux. D'un côté, les médias officiels et proches du gouvernement ne courent aucun risque, même lorsqu'ils diffusent de fausses informations. On se souvient, par exemple, d'une interview bidon d'Armin Laschet, le candidat CDU au poste de chancelier en Allemagne, diffusée par le quotidien proche du pouvoir, *Sabah*, qui faisait dire au politicien allemand : « J'éprouve un amour immodéré pour la Turquie[3]. » C'était totalement inventé ? Aucune importance. Plus de 90 % des médias grand public sont détenus par des entreprises proches du gouvernement.

Pourtant, le président Erdoğan a fait part de sa volonté de combattre « la terreur du mensonge » et son directeur de la communication, Fahrettin Altun, d'empêcher « les activités d'une cinquième colonne » en préparant un projet de loi visant à réglementer le financement étranger des médias et la diffusion de « fausses informations ». Qu'est-ce qui leur a pris ?

En juillet 2020, les premiers coups de boutoir sont donnés contre les réseaux sociaux au moment où Recep Tayyip Erdoğan, sa fille et son gendre sont visés par des insultes sur Twitter. Sans attendre, le Parlement turc vote une loi obligeant les plateformes à avoir un représentant légal en Turquie et à se conformer aux décisions des tribunaux turcs. À première vue, rien de très différent de ce que propose l'Union européenne. À première vue seulement, car l'objectif affiché est de « mettre fin aux insultes en ligne ». Or on sait que le régime d'Ankara a le cuir exceptionnellement fin et considère toute forme de désaccord comme une insulte et toute manifestation d'opposition comme un premier pas vers le terrorisme. Immédiatement, les défenseurs des libertés en Turquie se sont émus, à l'image d'Human Rights Watch, redoutant « une période sombre de censure en ligne », d'autant plus préoccupante que la liberté de la presse est elle aussi mise en cause. En 2019, la Turquie a figuré en tête des pays où des demandes de retraits de contenus Twitter sont formulées. En 2022, le pays est classé 149e sur 180 par Reporters sans frontières en matière de liberté de la presse.

Le 25 février 2022, RTUK, l'organe turc de surveillance des médias, a annoncé qu'il aurait recours à une ordonnance du tribunal pour bloquer la diffusion de Deutsche Welle, Voice of America et Euronews. Les trois médias avaient refusé de solliciter une licence pour diffuser sur Internet, arguant qu'il s'agissait de censure déguisée et d'une volonté de restreindre les reportages des services de médias internationaux. Le risque de censure n'est pas théorique, si on en croit les statistiques de la Freedom of Expression Association : fin 2020, 467 000 sites Web, 150 000 URL, 7 500 comptes Twitter, 50 000 tweets, 12 000 vidéos YouTube, 8 000 posts Facebook et 6 800 publications Instagram ont été bloqués en vertu de la loi sur l'Internet[4]. Depuis l'élection du président Erdoğan en 2014, 100 000 personnes ont été accusées de diffamer le président. Cela, c'est la répression, pure et dure, d'un régime autoritaire dans lequel le chef de l'État a qualifié les réseaux sociaux de « pire menace pour la société » et promis « d'en finir » avec eux. On y ajoute la paranoïa supplémentaire vis-à-vis des médias étrangers et la boucle est bouclée, l'information est verrouillée et seule la désinformation officielle autorisée.

Au Mali, depuis que la Russie a table ouverte auprès de la junte et que le groupe Wagner s'y est implanté aussi bien sur le plan militaire que dans le business de l'infox, il ne fait pas bon diffuser des informations qui divergent de la ligne des putschistes de Bamako. Ainsi, le 1er avril 2022, le gouvernement malien a-t-il ordonné aux télévisions privées de ne pas utiliser de vidéos qui donneraient une image positive de l'opération Barkhane. La junte s'était en effet offusquée qu'on puisse voir des militaires français agissant en soutien de leurs homologues maliens, voire engagés en faveur des populations civiles par le biais de distributions de vivres ou de constructions d'écoles. Ces images sont jugées « inopportunes au moment où l'opinion nationale [malienne] porte un jugement des plus critiques sur l'intervention française[5] ». Bamako entend donc donner libre cours à toutes les critiques dirigées contre Barkhane, jusqu'aux plus grossières, mais ne pas prendre le risque que la population puisse en avoir une image plus nuancée et surtout reposant sur des faits. Très vite, d'autres mesures ont suivi, suspension d'émettre de RFI et de France 24 en tête. En renforçant sa coopération avec Moscou, la junte malienne en a rapidement pris les travers, notamment en matière de liberté de l'information.

Les autocrates en puissance apprennent vite à contrôler la presse, y compris les médias étrangers. Mais tout cela n'est rien, ou peu de chose, par rapport à la censure qu'exerce Pékin sur tout ce qui pourrait représenter une source d'information libre. Lorsque nous parlons en Europe de souveraineté numérique, nous abordons avec prudence la manière la plus équilibrée de réguler les plateformes et de stocker nos données. La Chine est de ce point de vue le contre-exemple le plus abouti de ce à quoi un ultra-contrôle peut conduire : serveurs, protocoles mais aussi réseaux sociaux, messageries et plateformes diverses sont tous intégralement *made in*

China et hermétiques aux influences en provenance de l'étranger. Là où l'Occident a conçu l'Internet civil comme une ouverture supplémentaire sur le monde et sur les autres, la Chine en a fait un outil additionnel d'exercice du contrôle social.

Comme le relève le *Financial Times* dans un article du 28 décembre 2021, rien n'échappe au filtre de la censure chinoise, pas même ce qui peut sembler totalement anodin. Ladite censure a ainsi supprimé les contenus d'influenceurs chinois au motif qu'ils faisaient la promotion d'un style de vie « en décalage avec les valeurs du PCC », en clair le goût du luxe. La Cyberspace Administration of China a ainsi retiré l'année dernière 20 000 comptes d'influenceurs pour avoir « disséminé du contenu dévoyé et pollué l'environnement de l'Internet ». Le gouvernement privilégie désormais des « histoires positives sur le pays » et cherche à mettre en valeur la vie à la campagne et les discours patriotiques. Anecdotique, cette reprise en main ? Pas tant que cela, car elle témoigne d'un durcissement politique qui se retrouve à tous les étages du régime chinois.

Plus généralement, la Chine est convaincue d'être victime de campagnes occidentales hostiles, en raison des critiques dont elle est l'objet de la part d'ONG et de médias européens et américains. C'est ce qui la conduit à contrôler étroitement son Internet. Aujourd'hui, cet outil qu'elle utilise très largement pour étendre son influence à l'extérieur de ses frontières représente pour Pékin une menace qui ne doit pas parvenir à influencer son opinion publique. Charité bien ordonnée commence par soi-même : comme tous les États engagés dans des campagnes d'ingérence, la Chine veille activement à en maîtriser le risque sur son propre territoire. Ainsi de la Covid : si les autorités de Pékin sont passées maîtres dans l'art de la propagande autour de la pandémie, elles n'ont autorisé aucune information libre en Chine même. Dès le 30 décembre 2019, la Commission sanitaire municipale de Wuhan a imposé le silence sur toutes les questions liées à la pandémie. Pendant tout un mois, il n'y eut aucun article sur la maladie dans les médias chinois. Une fois que le phénomène devint impossible à passer sous silence, la censure chinoise a supprimé toutes les critiques adressées à la politique de santé de Pékin. Plus de 17 000 personnes ont fait l'objet d'une enquête en raison de commentaires qu'elles auraient publiés. Pendant le confinement de Shanghai en avril 2022, les autorités chinoises ont également essayé d'empêcher la diffusion de reportages montrant les témoignages d'insatisfaction des habitants de la ville.

Tout cela, on le sait, on s'y attend et, d'une certaine manière, on n'est guère surpris. Qu'un pays aussi autoritaire que la Chine s'acharne à traquer toute information libre, qui s'en étonnera ? Qu'il profite de l'ouverture de nos sociétés tout en restant hermétique aux influences extérieures, quoi de bien nouveau, si ce n'est notre prise de conscience ? Certes. Mais il n'y a pas que cela. Ce qu'il faut aussi en dire, c'est que les grandes entreprises du numérique, les championnes de la liberté, les géants du Net rétifs à toute régulation lorsque c'est nous qui la proposons, les GAFAM pour dire vite, ont trouvé moyen de s'accommoder de la fermeté chinoise, voire de collaborer avec elle sans trop d'états d'âme. Et là, c'est un peu plus surprenant. Un exemple ? Il date de 2019, mais il y en a beaucoup d'autres ; il est édifiant. En 2019 donc, Amazon commercialisait une collection de discours et d'écrits de Xi Jinping sur son site Internet chinois, lorsque la plateforme a reçu une étrange injonction : elle devait mettre fin à l'accès aux commentaires et aux classements des acheteurs. Pensez donc, un ouvrage du président à vie venait de recevoir un classement négatif ! Comment était-ce possible ? Amazon s'est exécuté. Aujourd'hui, les commentaires ne sont pas accessibles à qui voudrait en partager concernant la prose de Xi Jinping[6].

Amazon n'en est pas à son coup d'essai en Chine et décrivait ainsi sa politique dans un document interne daté de 2018 : « Le contrôle idéologique et la propagande sont au cœur de la boîte à outils du [PCC] pour atteindre et conserver sa réussite. Nous ne portons pas de jugement pour dire si c'est une bonne ou une mauvaise chose[7]. » La remarque pourrait figurer dans les *guidelines* de nombreuses entreprises qui travaillent en Chine. Amazon est toutefois allée plus loin en acceptant de contracter avec une entreprise d'État, China International Book Trading Corp., pour ouvrir sur son portail américain un rayon « China Books » qui propose 90 000 titres. Parmi ces livres on trouve de tout, ou plutôt on traite de tout, mais d'une manière qui convient aux autorités chinoises. Vous cherchez un ouvrage sur le Xinjiang ? Vous en trouvez un, mais il s'intitule *Incroyable Xinjiang : une histoire de passion et d'héritage*. Sur la Covid ? *Récits de courage et de détermination. Wuhan pendant le confinement* vous attend. Le rayon « China Books » est un désastre financier, mais il reste disponible. Il faut dire que la Chine est un marché considérable pour Amazon, en particulier pour ses liseuses Kindle.

D'autres géants de l'Internet ont réagi différemment : Yahoo a quitté la Chine et LinkedIn a retiré une partie de ses services face aux demandes des autorités chinoises, nombreuses et pressantes. Apple, pour sa part, a conservé les données personnelles de ses clients chinois sur des serveurs propriétés de l'État, sur pression de Pékin, ainsi que le *New York Times* l'a révélé[8]. La marque à la pomme procède en outre à une censure proactive de son App Store en Chine en bloquant les applications qui pourraient déplaire aux officiels chinois. On se souvient, en outre, qu'Apple a bloqué en 2019, pendant les manifestations à Hong Kong, une application qui permettait aux manifestants d'éviter les zones de violence policière.

Face aux GAFAM, Moscou ne s'embarrasse pas plus que Pékin de précautions et n'a pas eu à s'en plaindre jusqu'à présent. Lors des élections russes de septembre 2021, les autorités sont parvenues à faire plier Apple et Google en les obligeant à retirer l'application de vote intelligent créée par l'opposant Alexeï Navalny, l'accès à des listes de candidats recommandés publiées sur Google Docs[9] ou à des vidéos sur YouTube. L'idée de l'application était simple et astucieuse : il s'agissait de mobiliser les électeurs voulant ne pas soutenir le régime en leur proposant de voter pour une candidature unique dans chaque circonscription. Les autorités russes ont considéré qu'en commercialisant l'application, les plateformes interféraient dans le processus électoral. Apple et Google ont obtempéré, à la surprise générale. Les deux géants de l'Internet ont cédé à la pression des autorités russes, qui avaient menacé de poursuivre leurs employés locaux. Le commentaire d'Alexeï Navalny fut sans aménité pour les dirigeants des deux entreprises : « C'est une chose quand les détenteurs des monopoles sur Internet sont des nerds sympathiques amoureux de la liberté et dotés de principes solides. C'est tout autre chose quand les responsables sont à la fois lâches et cupides. Debout devant des écrans géants, ils nous disent "comment bâtir un monde meilleur". Mais au fond ce sont des menteurs et des hypocrites[10]. »

Jusque-là, l'accès de la population russe à Internet était resté relativement ouvert, même si la Russie disait vouloir progresser de plus en plus vers un Internet souverain. À la différence de la Chine, l'Internet russe est construit pour être ouvert sur le monde et le contrôler complètement est une affaire difficile à mener à bien. Depuis des années toutefois, les autorités ont multiplié les pressions sur les géants de l'Internet pour les forcer à retirer des contenus dont elles ne veulent pas, à stocker les données des utilisateurs en Russie, ou protesté contre la suppression de campagnes de désinformation russes. Apple n'a pas hésité à stocker les données en Russie, d'autres de ces géants se sont montrés plus réticents.

On le sait désormais, la patronne de RT, ex-Russia Today, Margarita Simonyan, n'a pas la langue dans sa poche. On sait aussi que ce qu'elle dit est parfaitement en phase avec le Kremlin. Lisons-la donc se livrer à un long monologue à la télévision russe : « Pendant la perestroïka on avait supprimé la censure des médias. Ça s'est terminé par l'effondrement du pays. Aucune grande nation ne peut exister sans contrôle de l'information. Tous ceux qui nous ont dit qu'on ne pouvait pas être un grand pays sans un système politique ouvert et une presse libre, c'est n'importe quoi ! Vous aimez l'économie chinoise ? Moi aussi. Est-ce qu'ils ont la moindre liberté politique dans ce pays ? Et pour la presse ? Non. Et ils n'en ont jamais eu. Peut-être est-ce une bonne chose. Le moment est venu de retrouver ce qu'il y avait de meilleur dans l'Union soviétique[11]. » Une journaliste qui fait l'apologie de la censure, c'est assez rare. Mais on l'a enfin compris, RT n'est pas un média, c'est une arme politique dans les mains du Kremlin.

La loi russe sur les agents de l'étranger est utilisée depuis un moment pour poursuivre les journalistes et les ONG ; elle a abouti à la fermeture de Memorial. Quant aux médias étrangers, ils avaient la vie dure en Russie bien avant la guerre d'Ukraine. Radio Free Europe (RFE) avait ainsi reçu pas moins de 60 courriels de notification de l'agence russe officielle de surveillance des médias, Roskomnadzor, début février 2022, exigeant que des contenus relatifs à l'enquête sur Alexeï Navalny soient retirés des sites Web Radio Liberty et Current Time, les deux sites les plus importants de RFE/Radio Liberty (RL) à destination du public russe, ainsi que leur version en langue russe à destination de la Crimée annexée, du

Kazakhstan, du Tadjikistan et des sites locaux russes. Pourquoi une telle panique ? Les contenus visés touchaient aux enquêtes liées au « palais » sur la mer Noire attribué à Vladimir Poutine, à Evgueni Prigojine, au patriarche Kirill et à d'autres personnalités importantes. La législation invoquée par l'agence de contrôle russe prêterait presque à sourire, puisqu'il s'agit de la loi contre l'extrémisme et le terrorisme. Il est en réalité devenu impossible de parler de Navalny librement, puisqu'une cour russe a jugé toutes les organisations qui dépendent de lui comme « extrémistes ». Le président de RFE/RL, Jamie Fly, a refusé de se plier à l'injonction, qu'il a qualifié de « censure politique », et défendu ses journalistes pour avoir « dit la vérité ». RFE devait en outre faire face à une amende de treize millions de dollars pour n'avoir pas apposé la mention « agent de l'étranger » sur la plupart des contenus destinés à un public russe, comme la loi l'y oblige désormais.

Au moins une douzaine de médias russes ont reçu des demandes similaires début 2022. *Novaïa Gazeta* n'a eu d'autre choix que de s'exécuter et de retirer un article sur « le palais de Poutine », ainsi qu'un autre sur les affaires du gendre du Premier ministre. On se souvient qu'en 2021, Dmitri Mouratov, directeur de la rédaction de *Novaïa Gazeta*, avait reçu le prix Nobel de la paix pour « ses efforts afin de protéger la liberté d'expression ». Puis *Novaïa Gazeta* a dû fermer. Comme d'autres, notamment la chaîne de télévision Dozhd, la radio Ekho Moskvy, face aux pressions. La guerre d'Ukraine a plongé la Russie dans le noir, soumettant les médias à des législations d'exception et fermant l'accès à la plupart des plateformes étrangères. Depuis des années, les responsables politiques russes rêvaient de se rapprocher du modèle de contrôle chinois. Ils l'ont rejoint brutalement et maîtrisent aujourd'hui l'essentiel de ce que la population russe voit, lit et entend. À la télévision russe, ce qui est communiqué de « l'opération spéciale en Ukraine » n'a rien de commun avec les images que nous avons sur nos écrans. Deux réalités parallèles, deux récits inconciliables se déroulent de part et d'autre d'un nouveau rideau de fer. Pour combien de temps ? Pour le moment en tout cas, le pari des autorités russes est réussi : la population les soutient.

2

Se défendre sans se déformer

« Il est plus facile de tromper les gens que
de les convaincre qu'ils ont été trompés. »
Mark Twain

On oppose souvent lutte contre la désinformation et protection des libertés, en particulier de la liberté d'expression. L'enjeu est réel, le sujet est sérieux et mérite d'être traité sérieusement. Il est en effet hors de question d'abîmer nos valeurs démocratiques en cherchant à les protéger.

Reste une série de questions. Peut-on confondre liberté d'expression et volonté manifeste de manipuler l'opinion dans le but de nuire ? Quelles sont les conséquences d'une manipulation quand elle empêche l'accès rapide à de l'information précise et pertinente ? Qu'entraîne-t-elle comme résultat lorsqu'elle brouille les lignes entre des manifestations de colère ou d'insatisfaction citoyennes spontanées et leur instrumentalisation ? Peut-on rester indifférent au fait que la désinformation cible de manière disproportionnée les droits des femmes et des minorités ? Comment distinguer une fausse nouvelle diffusée de manière involontaire d'une campagne volontairement malveillante, *a fortiori* lorsqu'elle émane d'un État étranger ? Une chose est sûre : au moins à court terme, les sociétés démocratiques sont fondamentalement plus vulnérables aux manipulations extérieures que les sociétés autoritaires.

Autre dilemme : faut-il axer les efforts sur la prévention, travailler en priorité sur le terreau qui rend possible la désinformation et sur l'éducation des citoyens, ou bien sur la riposte, en se concentrant sur la réponse aux campagnes de manipulation malveillantes ?

Prenons l'exemple d'une manœuvre qui a échoué, celle des MacronLeaks de 2017, et essayons de savoir pourquoi. Quels antidotes ont fonctionné face à une opération pourtant sans précédent et difficile à prévoir comme à prévenir ? Reconnaissons tout d'abord que les membres de la campagne d'Emmanuel Macron ont réagi vite et bien. Les attaques informatiques de *phising* ayant commencé très tôt, l'équipe d'En Marche avait eu le temps de mettre en place certains pièges sous forme de fausses boîtes mail, de faux mots de passe ou de faux documents. Elle a ensuite communiqué très rapidement sur le piratage dont le site de campagne avait fait l'objet et pour lequel le parquet de Paris a été saisi immédiatement. La communication a été multiforme et notamment intense sur les réseaux sociaux.

Sur le plan institutionnel, la Commission nationale de contrôle de la campagne en vue de l'élection présidentielle (CNCCEP) et l'ANSSI avaient pour mission de veiller à l'intégrité de la campagne et du processus électoral lui-même. Elles ont alerté les médias, le public et les partis très en amont sur les risques de cyberattaques et de manipulations de l'information pendant la campagne. Tous les partis (sauf le RN) ont ainsi participé à un séminaire de sensibilisation de l'ANSSI. L'ANSSI s'était employée à sécuriser le processus et avait fortement déconseillé par exemple le recours au vote électronique pour les Français de l'étranger.

Quand le piratage a été découvert, la CNCCEP a appelé immédiatement les médias à un comportement responsable et a été largement entendue. *Le Monde* a ainsi mis en garde sans délai ses lecteurs contre une tentative d'ingérence électorale et les a appelés à ne pas se laisser manipuler. De son côté Facebook a supprimé un très grand nombre de comptes suspects.

Les MacronLeaks ont donc échoué à déstabiliser la campagne, parce qu'en face chacun avait choisi d'agir vite et en responsabilité. Mais aussi et avec le recul, il faut bien reconnaître que le contenu des documents fuités était largement dépourvu d'intérêt, dévoilant les blagues potaches des bénévoles de la campagne d'un candidat davantage que des secrets d'État. Pour couronner le tout, les documents piratés sont d'abord sortis... en anglais, sur des sites conspirationnistes américains, limitant leur circulation et leur impact en France, un pays dont la maîtrise des langues étrangères n'est pas l'un des principaux points forts. En résumé, les MacronLeaks ont fait *pschitt* ! Il y a naturellement lieu de s'en réjouir, mais pas d'en déduire que nous sommes préparés aux prochaines attaques.

Partout dans les démocraties occidentales, on cherche depuis plusieurs années à organiser la riposte aux ingérences sans céder sur l'état de droit et la protection des libertés. L'exercice tient parfois de la corde raide et mérite que chaque pays regarde les expériences et les réponses du voisin pour essayer de bâtir sur les meilleures pratiques.

Au Royaume-Uni, le gouvernement a mis en place une cellule interministérielle de communication stratégique et a développé l'éducation aux médias. Aux Pays-Bas, c'est un réseau qu'anime le coordonnateur de la lutte contre le terrorisme. En République tchèque, la tâche incombe au Centre de lutte contre les menaces hybrides. Tout cela est utile, mais reste institutionnel, alors même que les menaces hybrides bousculent les codes et les habitudes.

En Suède, une *task force* sur les ingérences a été montée sous l'autorité du Premier ministre. Cette réponse devient classique. Ce qui l'est moins, c'est la création d'une « autorité de défense psychologique ». Qu'est-ce que cela peut bien vouloir dire ? Tout d'abord cela a l'avantage de nommer la menace. C'est bien une guerre psychologique qui nous est menée et contre laquelle il faut essayer de prémunir toute la population. Ainsi, la Suède diffuse des outils de sensibilisation auprès des citoyens et des universités, forme des fonctionnaires, des journalistes, et met l'accent sur l'éducation aux médias. Stockholm privilégie, plutôt que d'interdire des contenus inexacts ou nuisibles, d'augmenter la résilience et le niveau d'alerte de la société, de faire en sorte que de l'information publique fiable soit disponible rapidement et de manière effective même en situation de crise, d'identifier, d'analyser et de rendre publiques les opérations d'influence. En Finlande, l'Information Influencing Network rassemble l'ensemble des ministères et le secteur privé pour identifier les ingérences étrangères.

Aux États-Unis, le Global Engagement Center du département d'État a d'abord servi à lutter contre la propagande de Daesh à travers le monde en accueillant des personnels du Pentagone, pendant que d'autres *task forces* se créaient dans les autres agences fédérales. Ce qui ressemble à une réponse classique ne l'est pas tout à fait. Ainsi, un jeu en ligne, *Harmony Square*, a été créé et diffusé pour attirer l'attention de manière ludique sur les risques de la désinformation. Le principe du jeu est simple. Le joueur doit, en franchissant quatre niveaux, parvenir à « perturber la tranquillité d'une ville en fomentant des divisions internes et en dressant ses habitants les uns contre les autres ». Le but est d'exposer au travers d'un jeu les méthodes de manipulation les plus répandues. C'est avec le soutien du Global Engagement Center du département d'État et de la Cybersecurity and Infrastructure Security Agency du département de la Sécurité intérieure qu'il a été lancé, en collaboration avec l'université de Cambridge. Testez-le, il est d'un réalisme saisissant.

Mais d'autres efforts américains se heurtent à l'absence de consensus bipartisan pour aller de l'avant. Ainsi, le Congrès, qui a proposé une série de mesures allant de l'éducation aux médias à la régulation des plateformes en passant par des efforts pour lutter contre la désinformation russe et chinoise, et souhaitait y consacrer 150 millions de dollars, a bien du mal à surmonter ses divisions. Des projets de loi consacrés à la publicité en ligne, à la régulation numérique, à l'éducation aux médias et à la protection des Américains contre les algorithmes dangereux ont été déposés, mais n'ont pas été votés. Même lorsqu'il s'est agi d'essayer de légiférer contre la désinformation relative à la Covid présente en ligne : le projet de loi présenté par deux sénateurs démocrates en juillet 2021 attend toujours d'être adopté.

À Taïwan, face aux ingérences incessantes de la Chine, c'est une approche impliquant toute la société qui a été choisie, pour à la fois repérer le plus vite possible les fausses nouvelles dès qu'elles apparaissent sur Internet, faire connaître et comprendre la menace que représente la désinformation et se protéger par la loi des ingérences chinoises. Dès 1991, Taïwan a criminalisé le fait de propager de fausses rumeurs à portée politique. En 1999, le Taiwan Media Watch a été établi pour coopérer avec le milieu universitaire, les médias et la société civile pour surveiller et évaluer les contenus en ligne. La désinformation est passible de poursuites, dans un contexte local évidemment très particulier et difficilement transposable ailleurs. Mais ce que l'expérience de Taïwan a de remarquable, c'est l'effort constant pour impliquer tous les acteurs : le dialogue entre les autorités et les plateformes est permanent, la réponse aux campagnes de désinformation est immédiate et souvent empreinte d'humour, ce qui met l'opinion publique du côté de ceux qui répondent, non de ceux qui attaquent ; les échanges avec la société civile sont incessants.

S'il faut naturellement sensibiliser l'opinion publique, le dialogue avec les médias reste essentiel. Ce dialogue est toujours délicat dans un régime démocratique, tant il est suspect de porter en germe un risque d'atteinte à la liberté d'expression. Il est en partie confié à des autorités de régulation, l'Arcom en France pour l'audiovisuel et le numérique, l'OFCOM au Royaume-Uni. On ne pourra pas reprocher au Conseil supérieur de l'audiovisuel (CSA), le prédécesseur de l'Arcom, d'avoir eu la main lourde. Il n'a longtemps prononcé qu'une seule mise en demeure de RT, en 2018, pour « manquement à l'honnêteté, à la rigueur de l'information et à la diversité des points de vue » à la suite d'un reportage consacré à la Syrie. Le régulateur allemand a choisi une autre approche vis-à-vis de RT : RT DE, la chaîne en langue allemande de RT, s'est risquée à diffuser en Allemagne par satellite, à partir de décembre 2020, sur la base d'une licence serbe à la légalité discutable. Quelques mois plus tôt, une licence similaire lui avait été refusée par le Luxembourg, au motif que la cible était le territoire allemand. Le régulateur pour Berlin, le MABB, a réagi dès le début de la diffusion de RT DE en lançant une procédure judiciaire pour défaut de licence en Allemagne. Il était important que le MABB réagisse et ne laisse pas se créer un vide juridique au cœur de l'Europe. Le risque était en effet de voir la Serbie se transformer en plaque tournante de la diffusion des médias russes vers l'Union européenne.

La guerre d'Ukraine et le positionnement combatif de RT et de Sputnik, sans plus aucun rapport avec des médias mais devenus encore plus clairement que par le passé des outils de propagande, ont conduit l'Union européenne à agir de façon beaucoup plus radicale et à en suspendre la diffusion sur l'ensemble de son territoire. La décision n'était pas évidente à prendre dans des pays attachés à la liberté d'expression. Elle l'est devenue lorsqu'il n'a plus été possible de douter que les deux médias d'État n'étaient en fait rien d'autre que des machines d'une guerre hybride. Elle a sans doute été insuffisamment expliquée et laisse la place aux critiques de ceux qui y voient la simple censure d'opinions différentes. Elle risque aussi servir de prétexte aux apprentis autocrates, qui seront tentés de prendre des mesures similaires chaque fois que des médias étrangers auront un message qui leur déplaît.

Aux États-Unis, depuis le siècle dernier et plus précisément les années 1930, le Foreign Agent Registration Act s'impose à tous les médias étrangers et contribue sans nul doute à la transparence sur les sources de financement nationaux. Mais ce type de loi n'a pas le même impact selon les mains dans lesquelles elle tombe. La Russie se sert, en effet, d'une réglementation comparable pour poursuivre et interdire un nombre toujours plus grand de médias et d'associations d'opposition ou tout simplement indépendants. De son côté, l'Ukraine agressée a dû interdire 73 chaînes russes ainsi que des sites russes. Réponse de temps de guerre, à l'évidence. Mais il devient difficile de savoir où s'arrête la paix quand la guerre de l'information fait rage en permanence.

Ces décisions institutionnelles trouveront toujours leurs limites : le soupçon d'atteinte à la liberté d'expression entache toute action officielle et s'appuie sur une défiance profondément ancrée vis-à-vis des institutions. C'est la raison pour laquelle les initiatives prises par la société civile ont une importance toute particulière.

Je voudrais saluer ici l'action courageuse et déterminée entamée par Reporters sans frontières (RSF) pour pousser à une autorégulation efficace des médias traditionnels. À leur instigation, la Journalism Trust Initiative a vu le jour, effort de la profession elle-même pour essayer de valoriser le journalisme éthique en fonction de critères très précis. Le but ? Permettre aux médias de s'évaluer et d'être évalués par rapport à une norme établie et d'obtenir s'ils le souhaitent une certification indépendante. Pour les lecteurs, un choix éclairé est rendu plus facile. Pour les annonceurs, c'est un moyen de savoir à qui ils associent leur image. Pour les algorithmes des plateformes et des moteurs de recherche, c'est un indicateur pour indexer et promouvoir des publications fiables. Les critères sont clairs : l'existence de mécanismes de correction, la transparence sur l'identité des propriétaires et les sources de revenus.

Dans la foulée RSF a lancé l'Initiative internationale sur l'information et la démocratie, dans l'idée que l'espace global de l'information et de la communication constitue un bien commun. Un Forum international sur l'information et la démocratie, créé et administré par la société civile, veille à produire des recommandations aux États. La première concerne des propositions « pour mettre fin à l'infodémie ». Elle insiste, sans surprise mais avec pertinence, sur les responsabilités des grands acteurs du numérique, réseaux sociaux, messageries et moteurs de recherche. RSF ne défausse pas pour autant les pouvoirs publics de leurs responsabilités propres : comment peut-on, par exemple, continuer à soumettre les médias audiovisuels à des règles différentes, selon qu'ils sont ou non basés sur notre territoire ? En effet, les chaînes basées à l'étranger et qui diffusent en Europe par satellite ou en ligne n'ont pas les mêmes obligations que celles qui sont basées en France. Résultat : les organes étrangers de propagande ou de manipulation les plus toxiques sont assujettis aux contraintes les plus faibles. Des règles comparables pour tous, en matière de pluralisme, d'intégrité et d'indépendance de l'information ou de respect de la dignité des personnes seraient nécessaires, comme le sont les normes européennes sur les produits que nous importons. Protéger notre espace public passerait par un accès des opérateurs étrangers proportionné à la liberté dont jouissent les médias dans leurs pays d'origine. Plus le pays d'origine serait fermé, moins ses médias auraient accès à l'espace informationnel de nos démocraties. Il s'agirait en quelque sorte d'appliquer aux médias la même logique que les « clauses miroirs » que nous cherchons à introduire dans nos accords commerciaux. L'idée n'est pas simple à mettre en œuvre, mais elle mérite examen et, surtout, elle a le mérite d'émaner de journalistes engagés dans la vie de la cité.

Je formulerai pour ma part une proposition qui s'appuie sur un constat : celui de l'absence totale de transparence en ce qui concerne le profil des experts à qui est donnée la parole, la façon dont ils sont ou non rémunérés et par qui. En quelque sorte, j'aimerais comprendre avec quels ingrédients l'information est produite et si certains de ces ingrédients sont sous influence. Je livre à votre réflexion un paradoxe qui me frappe : nous souhaitons de plus en plus savoir comment sont fabriqués les aliments que nous mangeons, les vêtements que nous portons, à juste titre. Nous jugeons normal et souhaitable de savoir s'ils sont toxiques, dans quelles conditions ils ont été fabriqués et s'ils sont importés. Quoi de plus évident ? Il y a pourtant un secteur qui échappe totalement à cette évolution vers la responsabilité sociale et environnementale des entreprises, c'est celui de la fabrique de l'information. Prenez une chaîne en continu pendant la Covid ou la guerre d'Ukraine. De l'aube à tard dans la nuit, elle doit trouver non seulement des images mais aussi des invités à convier sur ses plateaux, à qui elle donne la parole et à qui elle confère une légitimité cathodique. Qui sont-ils ? On a beaucoup glosé sur les médecins médiatiques plus empressés à courir les studios qu'à soigner les malades pendant la pandémie. Certains étaient sérieux, pas tous. Venons-en à la guerre d'Ukraine. Les chercheurs, les diplomates et les militaires ont pris le relais des blouses blanches, accompagnés d'autres experts aux profils moins évidents, avocats, criminologues et animaux médiatiques de tous les styles. Beaucoup se sont trompés et se trompent encore, certains ont une expertise précieuse, là n'est pas mon sujet. Ce qui m'interpelle, c'est qu'on ne sait souvent pas grand-chose de leur activité principale quand ils quittent les plateaux. On ignore, en particulier, s'il peut leur arriver d'être en conflit d'intérêt, lorsqu'ils abordent un sujet. Sont-ils consultants en affaires publiques ? Pour qui ? Leur arrive-t-il de représenter les intérêts d'entreprises ou d'institutions publiques, françaises ou étrangères et d'être rémunérés pour cela ? Si oui, lesquelles ? L'interview d'un expert sur la dépendance européenne au gaz russe n'a pas tout à fait la même tessiture s'il travaille par ailleurs pour Gazprom ou pour l'État du Qatar, on en conviendra aisément. Est-ce une raison pour ne pas lui donner la parole ? Certes non. Est-ce si peu important qu'il ne faille pas le dire et qu'on n'a pas besoin de le savoir ? Je ne le pense pas. C'est la raison qui me pousse à proposer qu'à la manière du magazine *60 Millions de consommateurs*, nous ayons *60 Millions de téléspectateurs*, un site et un magazine qui enquêteraient sur la manière dont l'information est fabriquée et sur ce que nous avons besoin de savoir pour rester en bonne santé démocratique.

La société civile s'intéresse déjà à d'autres aspects qui touchent à la lutte contre la désinformation. Je voudrais donner un coup de chapeau particulier à un groupe de cyberactivistes français connu des seuls initiés, mais qui ont pourtant été nominés au prix Nobel de la paix. Je veux parler de la Katiba des Narvalos, littéralement « le Bataillon des fous »[1]. Qui sont-ils ? Une armée de trolls. Que font-ils ? Ils luttent contre Daesh. En ligne. Ils ont choisi un créneau particulier, celui de tourner en ridicule la propagande djihadiste. L'idée leur est venue après les attentats contre *Charlie Hebdo* et l'Hyper Cacher, pour faire vivre l'esprit *Charlie*. Et puis ils ont commencé à voir ce qu'ils pouvaient faire des propagandistes de Daesh qu'ils attiraient dans les commentaires de leurs messages : les identifier, les cartographier, les signaler. Beaucoup des Narvalos n'avaient au départ ni compétence informatique particulière ni connaissance fine de l'État islamique. Ils se sont informés, pris au jeu du renseignement en sources ouvertes, l'OSINT, et comptent à leur actif la fermeture de dizaines de milliers de comptes, mais aussi des arrestations. C'est Éric Bothorel, député des Côtes-d'Armor et passionné de cybersécurité, qui a proposé les Narvalos au prix Nobel de la paix. Ses chances sont nulles, mais c'est une façon de rendre hommage à une action citoyenne efficace et même parfois décisive.

Une autre façon d'agir contre les méfaits de la manipulation de l'information touche au nerf de la guerre, au modèle économique des médias en ligne, donc, pour une part importante, à la publicité. Il est vrai que le Global Disinformation Index a chiffré à 235 millions de dollars annuels les revenus publicitaires engrangés par les producteurs de fausses informations. L'ONG Sleepy Giants est née des élections américaines de 2016 et du constat de la victoire de Donald Trump. Des activistes se sont penchés sur le site de Steve Bannon, le gourou républicain, créateur de Breitbart News. L'entreprise était en pleine expansion après l'élection américaine et prévoyait même d'étendre ses activités à la France et à l'Allemagne, en perspective de leurs propres scrutins. C'est là où les Sleepy Giants sont entrés en scène. Ils ont répertorié quelles entreprises, quelles institutions faisaient sans le savoir de la publicité sur Breitbart, le propre des plateformes étant qu'il est *a priori* impossible de savoir où atterrit l'annonce que l'on finance. Du fait de cette campagne, 4 000 annonceurs et trente-deux indexeurs ont supprimé Breitbart de leurs cibles publicitaires. Breitbart avait tablé sur une projection de huit millions de dollars de revenus en 2017, il a dû au contraire perdre 90 % de ses revenus escomptés en à peine trois mois – et abandonner ses projets d'expansion en Europe. L'événement a fait office de précédent : soudain, les annonceurs ont osé dire qu'ils ne voulaient pas que leurs publicités financent la haine, la désinformation ou l'ingérence électorale. Pour autant, le système ne s'est pas réformé en profondeur, et la désinformation continue de vivre des publicités qui la financent, même sans le savoir. Les plateformes refusent d'endosser une nouvelle responsabilité et reportent sur les publicitaires le soin de bloquer eux-mêmes les sites sur lesquels ils ne veulent pas voir atterrir leurs annonces, dans un système où tout est automatisé. « Mettez plus de filtres », « Fixez des règles plus précises », « Faites du contrôle plus fin, page par page », disent-elles aux annonceurs. Pourtant, aucune équipe marketing au monde n'a les moyens, l'expertise et le temps de parcourir la Toile à la recherche de pages individuelles de désinformation à éviter.

Naturellement, un nouveau marché s'est créé, celui des outils de protection des marques contre les risques d'image. Leurs algorithmes scannent chaque contenu, chaque page avant de décider s'il est suffisamment sûr pour y placer une publicité. Un progrès ? Le problème est toujours le même, celui de l'absence de transparence. Comme les autres, ces algorithmes fonctionnent comme des boîtes noires dont on ne connaît pas les paramètres et qui, comme toute intelligence artificielle, ignorent les nuances. Sleepy Giants a ainsi démontré que ces algorithmes ne faisaient pas la différence entre des contenus de désinformation et des contenus journalistiques. Un exemple : un tiers des articles du *New York Times*, dont la quasi-totalité des papiers d'un seul journaliste, spécialiste de romans policiers pour la section livres du journal, ont été étiquetés comme « peu sûrs » par une de ces entreprises de protection de marques. *Idem* pour *The Economist* (une page sur cinq réputée peu sûre), dont un article sur la biologie moléculaire en raison de l'usage du terme « *program cell death* ». À l'inverse, le site kennedy.com, à la pointe du covido-scepticisme, a été considéré par une intelligence artificielle comme sûr à 60 % tandis que townhall.com, tristement célèbre pour ses contenus racistes, atteint le score tout à fait honorable de 69 %.

Une étude réalisée en 2017 a montré que l'outil Perspective API, développé par Google Jigsaw, appliqué aux articles du *New York Times*, avait classé le terme « arabes » comme toxique dans 63 % des cas, mais n'avait alerté sur la phrase « *I love the Führer* » que dans 3 % des cas[2]. Pourtant, la technologie de protection de la réputation des marques a rapporté à ceux qui la diffusent un total de 3,2 milliards de dollars en 2019, d'après un article du *Guardian*.

Force est de reconnaître que les sites de désinformation ou ceux qui sont friands de haine en ligne ont depuis longtemps trouvé la parade pour passer entre les gouttes des modérations de contenus automatisées. Ainsi, les trolls de l'ultra-droite américaine déjouent les contrôles en utilisant un vocabulaire codé, compris de la seule communauté à laquelle ils s'adressent. Dans leur lexique de l'insulte raciste *goggles* désigne les « nègres », *skypes* est sans doute l'équivalent de « youpins », *yahoos* de « Latinos » et *skittles* un terme péjoratif pour désigner les musulmans. Pas facile de confier la modération à des algorithmes dans ces conditions. C'est donc toujours plus de moyens humains d'un côté, de mobilisation citoyenne de l'autre, qu'il faut solliciter pour empêcher la haine, la désinformation et les ingérences de prospérer en ligne.

C'est aussi la lutte pour l'indépendance, le pluralisme et la solidité financière des médias de qualité qu'il faut encourager, car ce pilier de la solidité de nos démocraties est aujourd'hui fragile et il est impératif de le renforcer. Attention, là encore : le politique ne peut prendre sa part qu'en assurant l'indépendance des médias de service public et en veillant à un cadre réglementaire attentif à lutter contre la concentration des médias. Pour le reste, c'est aux lecteurs, aux auditeurs, aux téléspectateurs, aux annonceurs, bref à tous ceux qui font vivre l'écosystème médiatique de se mobiliser pour faire vivre et grandir une information de qualité. Compte tenu de l'état financier du secteur des médias, il n'y a pas de temps à perdre.

Le foisonnement des initiatives en matière de lutte contre la manipulation de l'information, des *fact-checkers* aux spécialistes du renseignement en source ouverte, en passant par les chercheurs, les analystes de données ou les promoteurs de l'éducation aux médias, fait plaisir à voir. Il ne doit pourtant pas tromper. Il s'agit encore d'un secteur économiquement fragile, qui a besoin d'un soutien durable, de visibilité, de mise en réseau et de protection juridique. Sur ce dernier aspect, plusieurs chercheurs en témoignent : les procédures-bâillons, les attaques publiques, le risque réputationnel, les menaces pèsent lourdement sur leur travail. Il ne fait pas bon mettre au jour ce que certains aimeraient tenir caché.

Face aux ingérences et aux manipulations de l'information, Bret Schafer, de l'Alliance for Securing Democracy[3], a très bien décrit le rôle essentiel de la société civile à quatre niveaux, à la fois différents et complémentaires, pour :

- donner l'alerte sur les campagnes de désinformation lorsqu'elles émergent ;
- aider à l'éducation et à la formation aux médias ;
- faire pression sur les entreprises de la tech et les annonceurs afin qu'ils cessent d'encourager consciemment ou non la propagation d'informations fausses ou trompeuses ;
- travailler en coopération avec les pouvoirs publics et les médias afin de lutter à la source contre les causes

profondes de la défiance et de la polarisation qui sont des terreaux fertiles pour toutes les formes de manipulation.

À propos de ces causes profondes, deux chercheurs, Nina Jankowicz du Wilson Center et Michael Butter de l'université de Tübingen, auditionnés l'un et l'autre en juin 2021 au Parlement européen, n'hésitent pas à manier un concept assez provocateur : pour qu'il y ait offre de désinformation, de manipulation et d'ingérence, encore faut-il qu'il y ait une demande. À essayer de contrôler ou de tarir l'offre, on s'interroge insuffisamment sur les motifs de la demande et les moyens de les faire évoluer. Pour eux, rien de mieux que de se plonger dans l'histoire de chaque pays. L'Histoire, on l'a vu, est devenue elle-même source et matière à manipulation. Mais nos deux chercheurs nous incitent à regarder des expériences réussies et, en quelque sorte, à en prendre de la graine. Ils citent l'Estonie, pays qui a tous les handicaps *a priori* : ancienne république soviétique, flanquée d'une frontière avec la Russie, dotée d'une forte communauté nationale russophone, l'Estonie a connu une politique d'ingérence agressive de son voisin et a pu en être déstabilisée. C'était il y a quinze ans, or Tallinn en est sortie plus forte. Comment ? Le gouvernement estonien a mené une politique déterminée en direction de la communauté russophone, utilisant la langue russe pour décrypter les médias et valoriser l'identité européenne de l'Estonie. Une des universités de pointe du pays a ouvert une annexe où l'enseignement se fait en russe à Narva, au nord-est du pays, à la frontière avec la Russie. Des médias en russe concurrencent les chaînes pro-Poutine. Aujourd'hui, 86 % des russophones d'Estonie sont fiers de leur pays[4].

Or pour se plonger dans l'histoire de chaque pays, encore faut-il qu'elle soit enseignée de manière honnête, voire qu'elle soit enseignée tout court. C'est l'une des premières leçons de l'Observatoire de l'enseignement de l'histoire du Conseil de l'Europe, un projet imaginé par Alain Lamassoure que j'ai fortement appuyé lorsque j'étais membre du gouvernement d'Édouard Philippe. Depuis longtemps, le Conseil de l'Europe avertit : « L'enseignement de l'Histoire doit être conçu pour renforcer l'amitié entre les peuples et non plus pour entretenir des ressentiments du passé. » Le moins qu'on puisse dire est qu'il n'a pas été entendu partout de la même façon. On trouve en Europe les deux extrêmes : il y a ceux qui enseignent une histoire chauvine, nationaliste, revancharde et souvent réécrite pour coller à un « roman national » où l'étranger est rarement un allié ; ceux qui renoncent à l'enseignement de l'Histoire, laissant les nouvelles générations dans une forme d'amnésie collective qui les rend perméables aux affirmations identitaires les plus farfelues. Les pays du juste milieu sont les moins mal lotis, mais souffrent malgré tout d'un enseignement de l'Histoire en crise. Le moins qu'on puisse faire, c'est de parvenir, au niveau européen, à croiser les regards, à éviter la divergence inexorable de récits nationaux tout en comprenant et en respectant leur diversité. Une bonne piste, que nous aurions tous intérêt à explorer de bonne foi.

Venons-en donc au monde académique. On l'a vu dans un chapitre précédent, il est soumis à des tentatives d'ingérence très régulières et de plus en plus audacieuses de la part de pays étrangers qui cherchent soit à imposer leur vision du monde, soit à capter nos connaissances. La circulation des idées et le partage des savoirs restent cependant des objectifs intrinsèques de l'enseignement supérieur et de la recherche. Alors comment procéder ? La mission d'information du Sénat, dont André Gattolin a été le rapporteur, a émis des recommandations que je partage sans réserve[5] :

- créer un observatoire des influences étrangères et de leurs incidences sur l'enseignement supérieur et la recherche qui puisse dresser un état des lieux régulier et formuler des propositions en associant tous les acteurs ;
- mieux utiliser le dispositif existant de protection du patrimoine scientifique et technique en l'étendant aux sciences humaines et sociales ;
- augmenter le rôle et les moyens des responsables de la déontologie et de la sécurité dans les établissements d'enseignement supérieur et de recherche, non seulement pour traiter les alertes mais pour sensibiliser et former la communauté scientifique ;
- conduire des audits de sécurité et renforcer la cybersécurité des systèmes informatiques des établissements de recherche et d'enseignement supérieur ;
- mettre en place une transparence accrue sur les activités de recherche et le soutien qu'elles reçoivent

d'États ou d'établissements étrangers, qu'il s'agisse de chercheurs individuels, d'universités, de laboratoires de rechercher ou de think-tanks ;
- veiller à mettre le respect de la liberté académique au centre des conventions signées avec des établissements étrangers et exercer un meilleur contrôle sur les accords passés ;
- bâtir une politique nationale et européenne cohérente de défense de la liberté académique et de l'intégrité scientifique.

Transparence, ce maître mot mérite de s'appliquer tout autant aux think-tanks et à leurs financements.

Il en va de même pour les lobbies et leur accès aux centres de décision. La transparence a commencé à gagner des points au niveau des institutions européennes, par le biais du registre de transparence et de la publication des réunions avec des représentants d'intérêt mise en place par la Commission et le Parlement européen. À la faveur de la guerre d'Ukraine, l'Union européenne est allée un cran plus loin. Dans le sixième paquet de sanctions adopté contre la Russie, il est interdit, sur le territoire européen, d'apporter directement ou indirectement des services de gestion, de consultance ou de relations publiques au gouvernement russe ou à des personnes morales établies en Russie.

À creuser le registre de transparence de la Commission pour 2022, les activités de lobbying prorusses autodéclarées à Bruxelles atteindraient un montant de 3,5 millions d'euros. D'après Transparency International EU, six entreprises d'État russes auraient dépensé à elles seules en lobbying 2,35 millions d'euros en 2019 et en 2020. C'est moins que dans l'âge d'or du lobbying prorusse du début de l'ère Poutine, d'après Andrew Rettman[6]. G Plus tenait le flambeau du lobby prorusse, brassait plusieurs millions d'euros par an et n'hésitait pas à recruter d'anciens responsables de la Commission à son service. L'interdiction arrive tard, très. Elle épargne les avocats, au nom du droit de chacun à se défendre, un fondement de notre État de droit. On peut craindre cependant que certains cabinets d'avocats ne fassent pas une séparation claire entre la défense de leurs clients (y compris pour contester les sanctions devant la justice ou pour déclencher des procédures-bâillons contre des journalistes ou des lanceurs d'alerte dérangeants) et l'action de relations publiques et de lobbying à leur profit. La nouvelle règle risque donc de permettre de sérieux contournements.

Pour autant, le Parlement européen n'a pas attendu et a décidé de son propre chef que les lobbyistes russes accrédités ne seraient plus autorisés à accéder à ses bâtiments. La Commission européenne et le Conseil tergiversant encore, notre assemblée, pourtant soucieuse de rester ouverte et accessible à tous, a pris ses responsabilités. Car l'ouverture et l'accessibilité deviennent des vulnérabilités quand des ennemis de la démocratie veulent s'en servir. Il suffit de le comprendre pour ne pas vouloir les laisser faire.

Il est aussi temps de réagir au phénomène de capture des élites auquel se livrent des régimes antidémocratiques. Il nous faut rendre nettement plus difficile le recrutement d'anciens dirigeants politiques par des pays qui mènent des politiques hostiles à notre égard. C'est ce que nous demandons depuis le Parlement européen aux États membres de notre Union. C'est ce qu'a fait un pays comme le Canada, où les membres du gouvernement, du Parlement et de la haute administration ont l'interdiction de faire du lobbying rémunéré auprès du gouvernement pendant cinq ans après la fin de leurs fonctions. Le délai est de dix-huit mois en Australie. Dans les deux cas, ce sont des lois qui ont permis ces interdictions. Est-il nécessaire d'attendre qu'on légifère pour que l'opinion publique soit parfaitement informée des choix de carrière des politiques une fois qu'ils ont quitté leurs fonctions ? On connaît la fascination qu'exerce sur les médias la publication du patrimoine des responsables politiques au moment où ils démarrent leur mandat. On aimerait un intérêt aussi poussé pour savoir pour qui ils vont travailler une fois ce mandat achevé, surtout lorsqu'il s'agit d'intérêts étrangers, surtout de la part de pays inamicaux. Est-ce trop demander ?

Pour autant, tout ne se passe pas dans la bulle de ceux qui savent et de ceux qui décident. Les premières cibles des ingérences étrangères et, en premier lieu, de la manipulation de l'information sont les citoyens eux-mêmes, qui doivent être pris en considération et aidés pour démêler l'écheveau du vrai, du vraisemblable, du plausible, de l'incertain et du fabriqué dans le bombardement permanent d'informations vraies ou fausses auquel ils sont soumis. Centrale, la question de l'éducation aux médias, qui devrait être conçue plus largement comme un entraînement à l'esprit critique et un encouragement à s'en remettre aux faits avant de se forger une opinion, à la science avant de suivre une croyance, cette question-là est encore souvent conçue, comme tout ce qui concerne l'éducation, en direction des enfants. Les petits auraient besoin d'apprendre ce que les grands savent déjà. La réalité est tout autre, car les petits sont nés dans l'univers numérique, ont appris très tôt à y naviguer et sont prêts à entendre que tout ne s'y vaut pas, à condition qu'on leur en fasse la démonstration, ce que les écoles assument de plus en plus et de mieux en mieux. Les grands, eux, croient qu'ils savent et sont bien souvent au moins aussi crédules, voire davantage que les plus jeunes générations. Parler à des seniors de bulles de filtres, de faux comptes ou de bots malveillants est nécessaire, mais c'est rarement fait. Il faut s'y employer au plus près du terrain, au niveau local, pour que le message passe.

On ne remerciera jamais assez la cohorte des *fact-checkers*, des décodeurs de l'information qui s'efforcent de nous venir en aide pour nous permettre de trier le vrai du faux. Leur modèle économique est encore trop précaire cependant. Un site comme Fact & Furious n'a pas pu se contenter des recettes issues de la publicité, et a dû lancer un appel aux dons. Son fondateur, Antoine Daoust, constate qu'au contraire du *fact-checking*, la désinformation ne coûte pas cher et n'éprouve aucune difficulté à se financer[7]. « On aime dire que le mensonge prend l'ascenseur et que la vérité prend l'escalier. Il faut environ dix-huit heures pour qu'une information puisse être vérifiée. En plus, les infox vont générer beaucoup plus d'interactions sur les réseaux sociaux, donc d'affichages publicitaires. » Le combat est donc inégal.

De plus, qui lit les *fact-checkers*, si ce n'est ceux qui ont des doutes et cherchent à connaître les faits ? Les conspirationnistes, pour leur part, restent enfermés dans leurs certitudes, étanches à la contradiction. Comme d'une addiction, on ne sort pas facilement de la désinformation. Ce qu'on peut faire de plus utile, c'est d'éviter à certains d'y tomber.

On n'ira pas loin si l'on se contente de mettre en garde contre la désinformation des cohortes d'individus qui ont perdu confiance dans leurs institutions, dans les médias ou plus largement dans le savoir, et qui se sentent laissés pour compte. Relancer la participation des citoyens aux décisions publiques, l'inclusion de tous et la responsabilité de chacun représente un gigantesque chantier, sans doute le plus difficile mais aussi le plus efficace pour ne plus laisser des pans entiers de la société à la fois perclus de méfiance et victimes de manipulations.

3

Braquer les projecteurs

Avant la guerre d'Ukraine et pour la première fois, les États-Unis et leurs alliés ont rendu public le renseignement classifié dont ils disposaient pour tenter de contrer les projets de Vladimir Poutine. Oh, je vous vois tiquer. 2003, Colin Powell, la fiole brandie au Conseil de sécurité des Nations unies pour accuser l'Irak de développer un programme d'armes de destruction massive... Aurais-je déjà oublié ? Pas du tout, j'y étais et j'ai passé des mois, en tant que porte-parole de l'ambassade de France aux États-Unis, à débusquer les mensonges de l'administration Bush. J'y reviendrai.

Mais justement, s'il y a une similitude entre 2003 et 2022, elle tient aux efforts déployés dans les deux cas (sans succès, il faut bien l'avouer) pour empêcher un pays qui a décidé d'en attaquer un autre de le faire. Contre l'Irak, les États-Unis ont voulu diffuser des preuves « accablantes », qui n'en étaient pas. Ceux qui ont essayé de le dire, la France, l'Allemagne mais aussi certains Américains (on se souvient de l'ambassadeur Joe Wilson, qui n'a pas hésité à faire savoir qu'à l'issue d'une mission officielle, il avait acquis la certitude que l'Irak n'avait pas cherché à acquérir de l'uranium au Niger) ont échoué à être entendus. Sans doute ont-ils été trop « diplomatiques », là encore j'y reviendrai. Nous n'avons pas su démonter le mensonge sur les armes de destruction massive avec assez de force.

En 2022, le sujet est le même, mais c'est la Russie qui, coûte que coûte, a accumulé les prétextes, la désinformation et les mensonges grossiers pour agresser l'Ukraine. Et c'est là qu'il s'est passé quelque chose d'inhabituel : l'administration Biden a délibérément choisi de rendre publics les renseignements en sa possession, qui venaient non seulement contredire le narratif du Kremlin mais aussi – surtout – le décrypter à l'avance. Ce fut la première tentative connue de lutte préventive contre la désinformation. Ainsi, jour après jour, semaine après semaine, Washington s'est efforcé de dénoncer à la fois les mensonges et les projets du Kremlin. Un retrait de troupes russes ? Les images satellitaires, aujourd'hui disponibles sans être forcément classifiées, montraient le contraire. Un engagement à la désescalade ? Mais alors que faisaient ces hôpitaux de campagne déployés auprès des troupes russes et ces dispositifs lance-roquettes mis en formation de combat ? une attaque cyber contre des banques et le ministère de la Défense ukrainien ? L'empreinte du GRU fut rendue publique immédiatement. Des vidéos préparées pour faire croire à une attaque ukrainienne ? Exposées avant même leur diffusion. La tentation d'une opération camouflée, d'une provocation déclenchée pour susciter une riposte ukrainienne et donner un prétexte à la guerre ? Dénoncée jour après jour, scénario après scénario. Quand les autorités des républiques séparatistes autoproclamées du Donbass ont appelé les civils à évacuer, il a été facile à des chercheurs de démontrer que leurs vidéos avaient été tournées bien avant les événements imaginaires qu'elles dénonçaient. Dans la guerre de l'information, les tricheurs doivent désormais faire face à ceux qui les exposent. C'est la première fois, et sans doute pas la dernière.

Pour autant, la parole officielle, publique, celle des États-Unis en l'occurrence, peine à convaincre ceux qui ne veulent pas être convaincus, les complotistes de tous bords mais aussi, tout simplement, ceux qui se souviennent que les États-Unis, eux aussi, ont menti pour entrer en guerre, en Irak, en 2003. J'y reviens donc. Je suis arrivée à l'ambassade de France à Washington fin août 2002, comme porte-parole, nommée par Dominique de Villepin, qui m'avait prévenue : ça allait tanguer. Les États-Unis cherchaient un prétexte pour entrer en guerre contre l'Irak, la France de Jacques Chirac était convaincue que cette guerre allait déstabiliser pour longtemps le Moyen-Orient et faire le jeu du terrorisme ; la relation transatlantique allait sans doute entrer dans une zone de turbulence et il faudrait garder ses nerfs. Ce qu'il n'avait pas prévu, c'est que, pour étayer leurs thèses d'un Irak menaçant contre lequel seule une guerre était possible, les néoconservateurs de Washington seraient prêts à tout, au mensonge et à la calomnie en particulier. Les mensonges ont commencé à pleuvoir très vite. Saddam Hussein était ainsi accusé de poursuivre des programmes de développement clandestin d'armes de destruction massive nucléaires, bactériologiques et chimiques, et de soutenir Al-Qaïda. Rien ne le prouvait, nous avons donc contesté les allégations américaines, mais nous n'avons pas osé dire clairement qu'ils mentaient. Nous étions juste après le 11-Septembre, l'Amérique vivait un traumatisme sans précédent, c'était impossible. Malgré tout, nous nous sommes mis en travers du récit des autorités américaines. C'est là que la calomnie a commencé. Tous les jours, dans la presse conservatrice d'abord (*Washington Times*, Fox News), puis plus largement dans la presse *mainstream*, des accusations ont commencé à circuler contre la France. Nous aurions vendu des biens à double usage à l'Irak, préparé des passeports français pour Saddam Hussein et sa famille, la classe politique française aurait été corrompue par le dictateur de Bagdad, tout, absolument tout y est passé. Ce qu'on a appelé le *French bashing* pouvait commencer, dans une Amérique enfiévrée et prête à croire que le monde entier lui en voulait après le choc de la destruction des tours du World Trade Center.

Que faire ? Face à une attaque sans précédent, il fallait une réponse sans précédent. Les bonnes manières de la diplomatie ne pouvaient suffire. J'ai longtemps cherché et j'ai imaginé une lettre ouverte, qui appellerait un chat un chat et dirait clairement ce que nous savions : que les néoconservateurs de l'administration Bush s'étaient engagés dans une gigantesque campagne de désinformation contre le plus ancien allié des États-Unis, la France. Au début, j'ai testé l'idée auprès de plusieurs journalistes américains dont j'étais proche, persuadée que montrer des dirigeants capables de mentir aurait un impact dans un pays attaché à la vérité comme le sont les États-Unis. Dans un premier temps, aucun ne fut convaincu. L'atmosphère post-11-Septembre et le début des opérations militaires en Irak se prêtaient mal à dénoncer les turpitudes d'une administration qui commandait à des soldats de risquer leur vie pour le bien du pays. Puis l'idée a fait son chemin, jusqu'à ce qu'une journaliste du *Washington Post* m'appelle :

« Ta lettre ouverte sur la désinformation contre la France, tu veux toujours la publier ?

– Bien sûr ! [En réalité, au Quai d'Orsay, personne n'en voulait, l'idée n'étant pas précisément diplomatique.]

– Elle est prête ?

– Bien sûr. [En réalité j'avais couché quelques lignes sur le papier et surtout listé les mensonges dont nous avions fait l'objet.]

– Alors envoie-la-moi tout de suite, je te réserve la une du *Post* de demain matin. »

En quelques heures, il fallut écrire la lettre, la faire valider par l'ambassadeur de l'époque, Jean-David Levitte, convaincre Paris, où le feu vert vint directement de Jacques Chirac, qui jugea avec raison qu'au point où nous en étions de la guerre de propagande que nous menait l'administration Bush, nous n'avions plus rien à perdre. À tous les échelons intermédiaires, on tint à me préciser que « cela ne se faisait pas » et que je tentais ma chance à mes risques et périls.

Puis la lettre est sortie, dénonçant une campagne de désinformation organisée contre la France. Les auteurs de la campagne ne furent pas désignés par leur nom, mais tout le monde comprit que l'administration Bush était visée. Le secrétaire à la Défense Donald Rumsfeld crut d'ailleurs utile de répondre tout de suite et avec une touchante maladresse : « En tous cas ce n'est pas moi. » Membres du cabinet, élus du Congrès, journalistes, think-tankers, tout Washington fut médusé. Ainsi que le résuma un *congressman* républicain qui appela l'ambassade dans la journée : « Vous n'oseriez pas protester de manière si véhémente et si... inhabituelle si vous ne disiez pas la vérité. On nous a donc menti sur vous. » Au-delà de l'effet de sidération, le message est passé : les accusations dont la France était l'objet étaient de pures inventions, tout comme les armes de destruction massive de Saddam Hussein. On ne pouvait pas traiter comme cela un pays allié. La campagne de désinformation, une fois exposée et comprise comme telle, s'est arrêtée.

Aujourd'hui, une réplique de cet ordre serait-elle possible ? Je n'en suis pas certaine. Ou du moins je ne suis pas certaine de son efficacité, tant la parole publique, officielle, est désormais sujette à caution. Le complotisme, la société de défiance, le relativisme ont porté atteinte à la crédibilité des dirigeants politiques, des journalistes professionnels, des scientifiques et de toutes les institutions. Aujourd'hui, c'est d'abord à la société civile de se mobiliser, de s'organiser, et aux institutions de l'aider à se mettre en réseau pour démasquer les manipulations et les ingérences qui frappent nos démocraties.

Partout à travers le monde, heureusement, on trouve des ONG, des start-up, des chercheurs et des journalistes d'investigation occupés à débusquer les fausses informations, à mettre en lumière les manipulateurs et à porter le fer dans la plaie des auteurs d'ingérence. J'aimerais saluer le travail de quelques-uns d'entre eux, en regrettant de ne pouvoir les citer tous. Ce travail m'est précieux dans mon mandat de parlementaire ; il m'a aidé à préparer ce livre.

Commençons par Bellingcat, groupe international indépendant de chercheurs, d'enquêteurs et de journalistes citoyens spécialisés dans la vérification des faits et le renseignement de source ouverte. Bellingcat tient son titre d'une fable de La Fontaine, « Conseil tenu par les Rats », ce qui dénote à la fois une certaine érudition et un humour certain de la part de son créateur, un journaliste britannique, Eliot Higgins. La plateforme est depuis longtemps dans le collimateur des autorités russes. Il faut dire que Moscou est en quelque sorte un « bon client » pour Bellingcat, qui a travaillé sur les tentatives de négation des attaques chimiques commises par le régime de Bachar el-Assad contre son peuple, celles consistant à dénigrer les Casques blancs syriens et, plus largement, l'implication russe dans la guerre en Syrie. Le groupe est aussi actif pour mettre en lumière les manipulations de l'information en Ukraine, la vérité sur le crash du vol MH17, les activités du groupe Wagner à travers le monde ou l'empoisonnement de la famille Skripal et d'Alexeï Navalny. Ce qui est intéressant dans la démarche de Bellingcat, au-delà des faits qu'il met en lumière, c'est le fonctionnement en réseau de volontaires intéressés, mais aussi, voire surtout, le fait que la plateforme partage ses méthodes d'enquête en source ouverte. Libre à qui le souhaite d'apprendre à débusquer les manipulations, d'où qu'elles viennent. Chaque document trouvé sur Internet doit être passé au crible pour savoir qui l'a posté le premier, quand et où, et ce que le document représente vraiment. Les méthodes employées sont à la portée de tout un chacun, à condition d'être prêt à un travail minutieux qui ne peut se faire qu'à plusieurs. La plateforme communique ses « recettes » aux internautes intéressés. Elle partage aussi ses questionnements sur les réseaux sociaux de manière à rassembler le travail de tous les types d'experts possibles. En quelque sorte, Bellingcat propose aux utilisateurs d'Internet de devenir des détectives du Web.

Sur la base plus classique du German Marshall Fund des États-Unis, le projet Alliance for Securing Democracy (ASD) s'est spécialisé, depuis 2000, dans la traque des ingérences en provenance de régimes autoritaires, pour l'essentiel russe et chinois, dans une quarantaine de pays de part et d'autre de l'Atlantique. La démarche est non-partisane et l'objectif simple : mettre en lumière les ingérences, qu'il s'agisse de manipulation de l'information, de cyberattaques, de financements clandestins, d'intrusions dans les sociétés civiles ou de coercition économique. ASD reçoit des dons privés, mais ne dépend ni des gouvernements ni des plateformes.

Un rapide coup d'œil à son analyse de la campagne électorale française de 2022 mérite qu'on s'y arrête : depuis le début de l'année, RT et Sputnik en français consacrent près de 90 % de leur contenu vu sur YouTube, Twitter ou Facebook à la défiance vaccinale et aux protestations anti-pass. La situation est, en février, comparable à ce qui a été observé depuis les médias de propagande russes pendant la campagne électorale allemande. On notera que ce traitement spécial est réservé aux publics occidentaux de RT et de Sputnik. Les médias d'État russes ne diffusent pas du tout le même message aux populations russes s'agissant de la pandémie et des vaccins.

ASD démontre aussi la diffusion rapide d'arguments russes concernant l'Ukraine dans les médias français. De décembre à février, neuf des dix tweets les plus retwittés au sujet de l'Ukraine en France reprenaient les éléments de langage russes. Les premiers à y avoir contribué ? Deux hommes politiques ultra-marginaux, Florian Philippot et François Asselineau. Pourtant, le message de Philippot affirmant que la France devait « à tout prix sortir de cette guerre menée par l'Atlanticisme et l'Otan » a été le message politique le plus retwitté sur l'Ukraine.

S'agissant de RT, ASD rappelle que son audience en France est équivalente à celle de CNews ou de France Inter. Voilà le genre de données brutes qu'ASD rend accessibles au plus grand nombre.

À une moindre échelle mais sur le sol européen, EU DisinfoLab se présente comme une jeune ONG attachée à exposer des campagnes de manipulation de l'information qui visent plus particulièrement l'Union européenne et ses États membres. On lui doit des découvertes étonnantes, comme la récupération par des ultranationalistes indiens à leur profit d'un site Web du Parlement européen. On a lu avec intérêt leur travail sur les élections allemandes ou sur la Covid. On sait peu que les chercheurs qui travaillent sur ce type de sujets dans ce type de structures font l'objet d'intimidations et de menaces car leur curiosité dérange. Il faut non seulement le dire, mais veiller à la protection de tous ceux qui s'essaient à protéger nos démocraties en exposant ceux qui s'efforcent de les affaiblir.

Autre exemple, Graphika, centre de recherche fondé en 2013 aux États-Unis et spécialiste de l'analyse des contenus en ligne. C'est sans doute la plus connue des entreprises de ce type, qui existent aussi en Europe (comme Bloom Social Analytics en France). L'essentiel du travail de ces chercheurs consiste à cartographier les réseaux sociaux, à s'appuyer sur l'intelligence artificielle comme sur l'expertise humaine pour analyser les flux d'information en ligne. En 2020, les chercheurs de Graphika publient un rapport, intitulé « Exposing Secondary Infektion », en référence à l'opération de propagande soviétique lancée dans les années 1980 et présentant le Sida comme le produit d'un laboratoire américain. Ce qu'ils dénoncent, c'est la mise en place d'une nouvelle entreprise de manipulation systématique de l'information par la Russie depuis 2014, différente des actions de l'IRA et du GRU, et tirant profit de la caisse de résonance sans précédent des réseaux sociaux. L'alerte est d'abord donnée par Facebook qui, une fois n'est pas coutume, détecte, en mai 2019, vingt et un faux comptes engagés dans une action d'influence et localisés en Russie.

Graphika fait le choix de collaborer avec les plateformes, qu'il s'agisse de Facebook, de Reddit ou de beaucoup d'autres, plus petites, pour tenter de cartographier l'étendue d'une campagne de manipulation, qui vise des opposants russes, l'Ukraine une fois encore, l'Otan et l'Union européenne au travers d'infox savamment distillées (fausses lettres, déclarations officielles inventées, accusations infondées), et essaye de passer sous le radar de la modération classique en utilisant des blogs, des forums de discussion ou des sites Internet éphémères. Graphika a détecté ainsi des milliers de faux comptes sur plus de 300 plateformes.

Graphika ne s'en tient pas à l'analyse de la désinformation russe. En juillet 2021, l'entreprise, car c'en est une, publie un rapport dénonçant les tentatives du pouvoir algérien de s'en prendre sur les réseaux sociaux aux dissidents et aux soutiens du mouvement du Hirak[1]. Ce rapport est suffisamment précis et détaillé pour que Facebook décide de retirer 130 profils, 221 pages, trente-cinq groupes et vingt-neuf comptes Instagram. Graphika dénonce des tentatives de manipulation, de distorsion et de polarisation du débat politique en ligne. Vous pensez sans doute que nous sommes loin des ingérences étrangères puisqu'il s'agit d'un régime qui s'en prend à son opposition. Vous avez naturellement raison. Sauf que... le même régime accuse alors Graphika... d'ingérence étrangère pour avoir dénoncé les pratiques auxquelles il se serait livré. Voici donc un nouveau concept, fondamentalement discutable : seuls les ressortissants d'un pays donné pourraient s'exprimer sur la désinformation qui le vise. Une forme de protectionnisme, en somme. L'argument est évidemment ridicule, mais il montre la difficulté que rencontrent tous ceux qui s'efforcent d'exposer les manipulations de l'information.

La même difficulté, Avaaz y est régulièrement confrontée. ONG internationale de cybermilitantisme, elle s'investit dans des causes nobles (environnement, droits de l'homme, lutte contre la corruption), et s'est intéressée à la lutte contre la désinformation en 2019. Si l'ONG revendique plus de 40 millions de sympathisants dans le monde, elle souffre d'un handicap qui porte atteinte à son crédit : son lien trop marqué avec le Parti démocrate américain. Sans compter que le « clicktivisme », ou activisme sur la Toile, donne parfois un peu vite à ceux qui signent une pétition en ligne le sentiment d'avoir agi dans la vraie vie. Or, en matière d'ingérences, dénoncer ne suffit pas.

Autre difficulté, et elle est majeure : à partir de quand et sur quelle base peut-on attribuer avec certitude une ingérence, qu'il s'agisse d'une cyberattaque ou d'une manipulation de l'information ? Dans son rapport « Exposing Secondary Infektion », Graphika s'est attaché à souligner, en plus d'éléments techniques, des approximations linguistiques dans les contenus diffusés qui permettent de regarder vers la Russie. Cependant, le centre de recherche le reconnaît, l'attribution stricte d'une campagne d'ingérence est difficile.

Il y a, dans les faits, une marge significative entre déceler l'origine géographique d'une opération et en déduire qu'elle a été entreprise par l'État qui en abrite les auteurs.

Les plateformes se montrent particulièrement prudentes, pour ne pas dire plus, dans ce domaine. Pendant longtemps, les démocraties l'ont été tout autant. Pour être en mesure d'attribuer une opération d'ingérence, il faut en effet partir de la manière dont un récit est construit, de modèles caractéristiques de comportement, de caractéristiques techniques des cibles visées et des objectifs recherchés. En outre, le marché de l'ingérence et en pleine expansion pour des mercenaires qui, dans les profondeurs de l'économie grise, proposent leurs services à des acteurs étatiques pour conduire des opérations sans que les commanditaires apparaissent au grand jour.

De leur côté, des associations, des chercheurs, des groupements de journalistes, des start-up s'organisent pour traquer et démonter des opérations de désinformation parfois insoupçonnées. Ils sont de plus en plus nombreux, actifs et professionnels. J'ai eu l'occasion d'en rencontrer plusieurs, je ne pourrai pas les citer tous et j'en suis contrite, mais tous m'ont impressionnée. Ils tentent de travailler en réseau, pour plus d'efficacité mais aussi parce que leurs moyens individuels sont parfois limités.

Ainsi, en décembre 2021, EU DisinfoLab a fait équipe avec Organisation Development Support (ODS), un cabinet de conseil spécialisé, et la fondation allemande Friedrich-Naumann pour la liberté pour repérer les acteurs de la lutte contre la désinformation dans l'Union européenne et mesurer leurs besoins, dans une étude intitulée « The Many Faces Fighting Disinformation »[2], qu'ils soient journalistes, éducateurs, psychologues ou professionnels de la publicité. Cette cartographie dessine un paysage éclaté et met en lumière le besoin criant de soutien et d'organisation d'un secteur dont l'éclosion et le développement sont pourtant vitaux pour la protection de nos démocraties.

Grâce à leur travail, on peut avoir une idée générale de la galaxie bigarrée et disparate des acteurs qui contrent la désinformation. Premier constat : on trouve de tout chez les chevaliers de la lutte contre la désinformation, de l'individu vivant sa passion seul au département d'une grande entreprise commerciale.

Dans la première catégorie, l'étude évoque Michelangelo Coltelli qui, en Italie, s'est spécialisé dans le *fact-checking* au travers de son projet BUTAC (« Bufale Un Tanto Al Chilo », qu'on pourrait traduire par « Bobards au kilo »). Il a traversé des moments difficiles, a été poursuivi en justice, a connu des problèmes techniques sérieux mais a acquis sa crédibilité. Il faut aussi mentionner ici les jeunes bénévoles polonais de Pravda.

Ces différentes catégories d'acteurs s'efforcent de pratiquer l'analyse de données, l'OSINT[3], la recherche, la formation aux médias, la vérification des informations, l'analyse des réseaux sociaux, le journalisme, le plaidoyer... Autant d'activités diverses réparties entre acteurs souvent peu outillés ou peu armés.

De plus, être *fact-checker* ou lutter contre la désinformation n'est pas de tout repos. Cela expose, très vite, aux attitudes hostiles de ceux dont on dénonce les manipulations : attaque de trolls, invasion de complotistes sur les pages ou les fils des activistes anti-désinformation, signalement abusif des contenus qu'ils publient sont monnaie courante. Les tentatives d'intimidation peuvent aller plus loin. Ainsi, pour l'organisation slovène Danes je nov dan, la publication d'une enquête a eu pour conséquence qu'un parti politique local a publié les adresses personnelles des chercheurs sur Twitter...

Pour autant, des succès indéniables sont au rendez-vous de ces efforts quasi artisanaux : ce sont des journalistes d'investigation polonais qui ont mis au jour les campagnes de désinformation russes en Pologne et démontré que Moscou était derrière des attaques dirigées contre des activistes. En République tchèque et en Slovaquie, konspiratori.sk publie des listes de sites de désinformation et vient ainsi en aide aux annonceurs pour les alerter sur le risque réputationnel qu'ils courent lorsque leurs publicités les financent de tels sites.

Parfois, une « jeune pousse » parvient à développer son activité au-delà de ses espérances. C'est le cas de Lie Detectors, qui s'adresse aux adolescents pour leur apprendre à repérer et à résister aux manipulations présentes sur les réseaux sociaux, et qui opère désormais en Belgique, en Allemagne, en Suisse et en Autriche.

Plus simple, plus convivial et moins sujet à controverse, le développement des sites et des pages de *fact-checking* dans les principaux médias *mainstream* est un phénomène récent en France. Il est né aux États-Unis au milieu des années 2000, à la suite du traumatisme des mensonges de la guerre d'Irak. Aujourd'hui, il a essaimé et fait naturellement beaucoup de bien.

Aider au financement et à l'organisation en réseau de *fact-checkers* de qualité ne peut que contribuer à lutter contre les manipulations de l'information. C'est sans doute une piste, mais comme d'autres, elle a malheureusement ses limites. Définir un *fact-checking* objectif et neutre n'est pas aussi simple qu'il y paraît. Un biais, un angle, et la vérification des faits est elle-même sujette à interprétation. J'ai le souvenir mi-amusé, mi-agacé d'une *fact-checker* qui voulait absolument vérifier que j'avais écrit quelque part que quelqu'un que j'avais rencontré était « visiblement malien ». Pour elle, le propos était par essence scandaleux. Pour moi, cela n'avait pas de sens : pour tous ceux qui ont vécu et voyagé pendant des années en Afrique de l'Ouest, supposer qu'un homme est malien est aussi anodin qu'imaginer que telle femme est suédoise ou grecque lorsqu'on est assis à une terrasse de café. De surcroît, j'avais dressé de l'homme que j'avais croisé un portrait plutôt flatteur. Pour ma *fact-checker* toutefois, deviner la nationalité d'un inconnu était le début du racisme. Je ne suis pas certaine qu'elle travaillait vraiment à la vérification des faits. J'ai eu plutôt le sentiment d'un procès d'intention qui en disait long sur les préjugés dont mon intervieweuse était elle-même encombrée. Autre souvenir mi-amusé, mi-agacé : lorsque je conduisis la liste de la majorité présidentielle aux élections européennes de 2018, j'ai été amenée à débattre avec Jordan Bardella. J'exigeai de la chaîne qui nous accueillait de mettre en place un dispositif de *fact-checking* des affirmations de l'un comme de l'autre. La demande agaça. Le dispositif mis en place consista à confier à quelques malheureux stagiaires la tâche de vérifier nos dires en recherchant en temps réel sur leur smartphone. Ce qui devait arriver arriva : alors que le candidat du RN débitait des contrevérités en rafale avec l'aplomb de la jeunesse et un entraînement aux médias hors pair sans être contredit, la journaliste se fit un plaisir de ne reprendre qu'une de mes affirmations, qui était juste mais imprécise. J'étais l'arroseuse arrosée. La recherche de la vérité était, quant à elle, enterrée sans fleurs ni couronnes. Surtout, les moyens accordés au *fact-checking* ne ressemblaient à rien.

Il y a heureusement des expériences beaucoup plus convaincantes. Trop souvent néanmoins, il s'agit d'initiatives isolées qui peinent à se mettre en réseau. On peut saluer la création de l'ODIL, observatoire francophone des initiatives contre la désinformation, mais cet effort est encore trop peu répliqué.

Tous réclament plus de visibilité pour se faire connaître et faire connaître leur travail, une capacité financière accrue afin de pouvoir s'inscrire dans une démarche durable, et un soutien juridique de manière à faire face aux procédures-bâillons auxquelles ils sont particulièrement exposés. Si l'État ou l'Union européenne veulent aider ces acteurs de la société civile, il faut avoir à l'esprit que, sans financements pérennes, ils épuisent un temps précieux à traquer et à répondre à des appels à projets. Tous se disent intimidés et découragés par le caractère procédurier, paperassier, foisonnant et mal adapté des procédures de financement européennes, qui réclament de connaître à l'avance un an de plan de charge de la part de chercheurs qui doivent constamment s'adapter à l'évolution de leur objet de recherche. Les dons fournis par les ambassades ou les fondations privées américaines sont jugés plus souples et mieux adaptés. On se prend à rêver d'un Transparency International contre la désinformation qui fédérerait les efforts et comparerait les situations pays par pays.

Attention toutefois ! institutionnaliser le soutien aux *fact-checkers* peut leur faire courir le risque de les discréditer, au moins en partie, tant la société de défiance dans laquelle nous évoluons soupçonne les institutions de vouloir imposer leur vérité plutôt que d'œuvrer pour l'intérêt général. Un *fact-checker* financé par l'État ne devient-il pas automatiquement un porte-parole d'une vérité officielle ? On comprend qu'il soit difficile, pas impossible mais délicat, de répondre à la question.

Ajoutons à cela qu'en dépit de louables efforts, le boom du *fact-checking* et le foisonnement d'initiatives pour dénoncer la désinformation n'ont pas réussi à endiguer le phénomène le moins du monde. L'audience des *fact-checkers* reste faible et concentrée sur un public qui a envie de savoir et de comprendre, qui n'est pas forcément celui que la désinformation vise et qu'elle atteint. Dénoncer les mensonges d'un candidat, d'un mouvement citoyen ou d'un État étranger ne suffit malheureusement pas à lui faire perdre son soutien. Pire, les sites de désinformation eux-mêmes prétendent faire du *fact-checking* et de la « réinformation » pour battre en brèche une parole officielle ou savante forcément suspecte. Le combat est donc inégal et il est difficile d'en prédire la fin.

Il reste malgré tout à l'État et aux institutions à continuer vaille que vaille, quel que soit le discrédit dont on veut les affubler, à jouer tout leur rôle dans la mise en lumière des tentatives d'ingérence étrangères. Certains le font depuis longtemps. Ainsi, en Lettonie comme en Ukraine, la télévision diffuse un programme en *prime time* pour « débunker » la désinformation russe. On comprend que pour ces deux pays, la démarche relève d'un besoin quasi existentiel.

Le 20 janvier 2022, le département d'État américain a décidé de prendre ses responsabilités et de publier une notice sur « les cinq récits persistants de désinformation russe ». Critiquable ? Sûrement, car on imagine mal la diplomatie américaine faire autre chose que d'accuser le Kremlin de mensonges, dans cette guerre fraîche que Washington et Moscou ont reprise depuis plusieurs mois. Le papier de Foggy Bottom[4] risque donc de ne convaincre que les convaincus. Dommage, parce qu'il met l'accent sur certains éléments intéressants. Le premier d'entre eux est sans doute la description globale de la matrice de la manipulation russe, telle qu'elle apparaît depuis de nombreuses années : opérations malveillantes sur les réseaux sociaux, utilisation ouverte et clandestine de médias relais en ligne, injection d'éléments de désinformation dans des médias audiovisuels *mainstream*, conférences destinées à influencer les décideurs, cyberattaques… Toute la panoplie est décrite, de même que les cinq thèmes favoris du récit russe :

- la Russie est la victime innocente d'une russophobie systématique ;

- le révisionnisme historique pour que l'Histoire réécrite soit au service des objectifs du pouvoir russe ;
- l'effondrement imminent de la civilisation occidentale ;
- la responsabilité de la CIA dans les « révolutions de couleur » ;
- il n'y a pas de réalité démontrée en dehors des affirmations du Kremlin, tout le reste étant sujet à caution.

Le département d'État n'a pas tort et, pour avoir débattu souvent avec des opposants politiques, je ne peux qu'être frappée qu'ils aient systématiquement utilisé non pas un seul mais bien tous les cinq items du récit russe pour tenter de contredire mes arguments en matière de politique étrangère. La matrice de ce récit est donc bien établie et largement distribuée auprès de ceux qui doivent le défendre.

Au niveau de l'Union européenne, la pandémie de Covid et ses vagues de désinformation massive ont donné un début de visibilité à une démarche encore trop peu connue, celle de la cellule de communication stratégique du Service européen d'action extérieure. Ça y est, en écrivant tout cela, je vous ai perdus, chers lecteurs. Alors allons à l'essentiel et faisons un tour sur leur site Web, très justement appelé EUvsDisinfo, ce qui est tout de même plus clair. Le programme existe depuis 2015. Là comme ailleurs, l'objectif recherché a été d'informer le public sur la nature et l'ampleur des campagnes de désinformation russes, mais aussi chinoises. Bases de données, analyses, interviews, infographies : le site est vivant, pédagogique, facile et agréable à lire. Il a donné des indications très précises sur les manipulations de l'information liées à la Covid, aux masques et aux vaccins depuis deux ans. Mais qui connaît ce site, en dehors des initiés déjà convaincus ? Et qui voudra croire ce que dit l'Union européenne, s'il a préféré croire jusque-là les complotistes de tout poil ?

Quant au site du nouveau service français Viginum, service de vigilance et de protection contre les ingérences numériques étrangères[5], c'est peu dire qu'il n'incite pas à la visite. On le trouve à l'intérieur des pages du secrétariat général de la Défense et de la Sécurité nationale (SGDSN), donc des services du Premier ministre. C'est juridiquement imparable mais visuellement plutôt rébarbatif. On n'y trouve surtout aucune information, juste la description du service, de ses missions et le fait qu'il recrute. Le service est tout neuf, il faut lui laisser le temps de monter en puissance ? Il a été créé en juillet 2021. Du temps, il y en a eu. L'objectif ne paraît donc pas être d'informer le grand public. C'est dommage et certainement une occasion manquée. Le coordinateur national du renseignement, Laurent Nunez, le décrit ainsi dans une interview au *Journal du dimanche* : le service est « placé sous l'autorité du SGDSN dans le but de renforcer le lien entre tous les acteurs concernés, dont les services de renseignement, au premier chef la DGSE et la DGSI, chargés de lutter contre les ingérences étrangères[6] ». C'est donc le monde du renseignement qui mène le jeu, c'est évidemment nécessaire. Mais les effectifs – une trentaine de personnes à ce jour, soixante prévus fin 2022 – restent limités. Surtout, la dimension de communication au grand public est aujourd'hui totalement absente est c'est, de mon point de vue, franchement une erreur. Pourtant, dans la même interview, Laurent Nunez partage une information qui mériterait d'être diffusée et illustrée plus largement, lorsqu'il affirme : « À l'automne 2020, lors du débat autour du projet de loi confortant les principes de la République, une campagne a été menée sur les réseaux sociaux et dans certains médias en ligne pour dénoncer une France structurellement islamophobe, voire encourager les divisions internes en dirigeant cette propagande vers des communautés religieuses. » Le coordinateur national du renseignement évoque « des États étrangers ou des entités non étatiques étrangères ». Il en dit ou bien trop, ou bien pas assez.

Le travail de Viginum vise uniquement à observer et à rassembler de l'information sur les activités d'ingérence étrangères numériques. Il faut quatre critères pour que Viginum agisse :

- le contenu douteux pose un risque pour les intérêts fondamentaux du pays, qu'il s'agisse de l'intégrité de ses institutions, de sa politique étrangère ou de l'organisation de ses élections ;
- le contenu diffusé est manifestement inexact ou trompeur ;
- il fait l'objet d'une amplification délibérée ;
- il provient d'un acteur étranger.

Viginum n'est ni un service de police ni un service de renseignement. Il observe, rassemble de l'information, émet des recommandations aux responsables politiques, entretient le dialogue avec les chercheurs et les responsables des plateformes.

Sur l'élection présidentielle de 2022, Viginum s'est donné quatre axes de travail :

- la manipulation de l'information par les candidats eux-mêmes ;
- l'intégrité du processus électoral ;
- l'influence idéologique et les ingérences d'acteurs étrangers ;
- le rôle des médias traditionnels.

Bien que plusieurs candidats aient puissamment relayé des thèses et des désinformations russes sur la guerre d'Ukraine, Viginum est resté obstinément silencieux.

Il est donc possible de mieux faire. Parfois, il s'agit simplement d'appliquer la loi. C'est le choix qu'a fait l'Allemagne vis-à-vis de RT en allemand avant la décision européenne de suspension liée à la guerre d'Ukraine. Pas de licence allemande ? Alors pas de diffusion. D'une manière très simple, les autorités de régulation des médias et des moyens de communication doivent, de façon proactive, s'assurer qu'il n'y a pas d'infraction à la loi. C'est ce que l'Arcom devrait systématiquement faire et ce qu'on attend d'elle.

Il est aussi urgent d'accentuer la politique d'éducation aux médias, comme l'a fait avec succès la Finlande, que son voisinage avec la Russie a certainement incitée à prendre le sujet à bras le corps.

Il importe évidemment d'éviter que l'État, ou l'Union européenne lorsqu'elle est concernée, participe d'une manière ou d'une autre à la légitimation des organes de propagande ou de manipulation de l'information. Une attention plus grande devrait être portée à l'attribution de bourses, aux accréditations et aux invitations à des conférences à l'égard de pseudo-journalistes qui font leur commerce de ces signaux de reconnaissance malvenus.

De leur côté, les médias publics et privés européens feraient bien de revoir les partenariats qu'ils entretiennent avec des outils de propagande et de désinformation étrangers. On est parfois surpris de l'insertion de certaines pages de publireportage dans des journaux dits sérieux. Qu'elles soient clairement identifiées n'y change rien : accepter la dépendance financière d'un fournisseur de désinformation est par essence dangereux.

Cela paraît évident ? Pourtant, cela bouscule des habitudes. Trop souvent, nous ouvrons nous-mêmes les portes de nos démocraties à ceux dont la mission est de leur porter atteinte.

4

Dompter les fauves

« Les réseaux sociaux ont amplifié les pires instincts de l'humanité. L'une des causes majeures de l'affaiblissement des démocraties tient au profond changement dans nos façons de communiquer et de nous informer. »

Barack Obama,
Université Stanford, 21 avril 2022.

Comme il paraît loin le temps où nous pensions, tous, qu'Internet nous rendrait plus ouverts, mieux informés, moins susceptibles de rester enfermés dans nos certitudes et davantage capables d'exercer notre esprit critique... Tout cela, Internet le permet toujours, mais le contraire est aussi vrai. Pire encore, le fonctionnement intrinsèque des plateformes, la configuration de leurs algorithmes, la façon dont leur modèle économique repose sur l'engagement et l'émotion des utilisateurs les incite à nous garder prisonniers de bulles informationnelles, à trier les informations qui nous parviennent en fonction de ce qu'elles savent de nos préférences et de nos préjugés, et à nous faire entrer dans des communautés plutôt que de respecter notre libre arbitre individuel. Parce que c'est profitable à court terme aux grands acteurs de l'Internet, nous voici transformés en chair à manipulation de l'information.

Longtemps, les grandes plateformes ont refusé toute forme de régulation de leurs activités de la part des pouvoirs publics, qu'ils soient nationaux, européens ou internationaux. De même que la loi du marché devait spontanément assurer une concurrence pure et parfaite (ce que rien n'a confirmé, les grands groupes devenant des verrous à l'accès au marché des nouveaux venus), elle devait faire le tri entre les différentes productions en ligne et assurer presque naturellement l'émergence de contenus de qualité, un peu comme si la Toile dans son ensemble avait une chance de devenir une sorte de gigantesque Wikipédia où, avec beaucoup de contributeurs et un minimum de modération, le meilleur du savoir devait l'emporter et être mis à disposition du plus grand nombre. Autant dire que rien ne s'est passé comme prévu et que ce dogme du laisser-faire a surtout laissé passer tous les apprentis manipulateurs possibles.

En 2018, le patron de Twitter a pourtant dressé un constat sans complaisance : « Nous avons été témoins d'abus, de harcèlements, d'armées de trolls, de manipulations aussi bien par des bots que coordonnées par des humains, de campagnes de mésinformation et de plus en plus de caisses de résonance conflictuelles. Nous ne sommes pas fiers de la manière dont certains ont tiré profit de notre service ni de notre incapacité à réagir assez vite. Nous avons concentré la plupart de nos efforts sur le retrait de contenus qui violaient nos propres règles, au lieu de bâtir un cadre systémique pour aider à encourager un débat plus sain, des conversations et une pensée critique. C'est l'approche dont nous avons besoin maintenant[1]. »

Près de cinquante pays dans le monde ont récemment adopté des législations visant à réguler les plateformes. L'Australie a annoncé vouloir se doter d'un nouvel arsenal législatif d'ici à la fin de l'année 2022 pour permettre à l'autorité de régulation des médias, l'ACMA, d'imposer aux entreprises du Net de communiquer la manière dont elles gèrent la désinformation. En France, la prise de conscience date de 2018. Cette année-là est votée la loi contre les manipulations de l'information qui permet de déclencher des poursuites judiciaires en cas de diffusion massive d'informations manifestement fausses, destinée à troubler l'ordre public ou la sincérité d'un scrutin. Le SGDSN a très rapidement produit une revue stratégique de cyberdéfense, le ministère des Armées une nouvelle doctrine de cyberdéfense en 2019 et s'est doté d'un commandement de la cyberdéfense (Comcyber). Au ministère des Affaires étrangères coexistent un ambassadeur pour le numérique et une *task force* chargée de traquer les manipulations de l'information. On peut aussi saluer le rôle du Service pour l'information du gouvernement dans la conception et la diffusion de la campagne « Stop djihadisme ». Au niveau interministériel, la tâche revient à Viginum, placée sous l'autorité du SGDSN, dont la création est récente et les débuts discrets.

Tout cela donne l'image d'un paysage national en pleine transformation, mais profondément morcelé, doté de moyens médiocres et d'une visibilité insuffisante.

S'agissant de la régulation des plateformes, c'est d'abord l'échelon européen qu'il faut viser pour peser. Des progrès substantiels sont en cours, en dépit de la résistance acharnée des acteurs de l'Internet eux-mêmes.

En octobre 2020, alors que les plateformes continuaient à vanter leurs « efforts » de modération et leur « adhésion à un code de bonnes pratiques » européen uniquement fondé sur leur bonne volonté, j'interrogeais ainsi la commissaire européenne Věra Jourová[2] :

« Aujourd'hui les algorithmes des plateformes ont privatisé le débat public. Nous ne décidons plus par nous-mêmes ce que nous lisons ni avec qui nous débattons. Vous parlez de coopération et de co-construction réglementaire avec les plateformes. Mais lorsque l'objectif même des réseaux sociaux est de segmenter l'opinion et de créer des phénomènes quasiment tribaux, quelle co-construction peut-on imaginer ?

« Nous avons besoin d'une prise de conscience et surtout d'une action forte de l'Union européenne. Nous sommes aujourd'hui conscients que l'autorégulation n'est pas suffisante et, en outre, qu'elle est arbitraire.

« Mais nous devons prêter attention au risque que la volonté de réguler se transforme en envie de censurer. Nous avons d'abord besoin d'exposer les comportements et les contenus pour permettre aux internautes de se faire une opinion éclairée et ne recourir au retrait des contenus que dans des circonstances et des conditions très claires.

« Pouvez-vous nous dire quelles plateformes ne sont pas partie au code de bonnes pratiques ?

« Les plateformes ont chacune leurs propres règles de communauté. Sont-elles communes ou diverses, quelles certitudes avons-nous que ces règles sont appliquées et sont-elles suffisantes ?

« Vous avez souligné que la pandémie de la Covid a conduit les plateformes à être plus ouvertes à la lutte contre la désinformation. Mais y a-t-il des résistances et lesquelles ?

« Quel accès des chercheurs peuvent-ils avoir aux IPI[3] et aux archives des contenus retirés ? Quelle est la fiabilité des statistiques affichées par les plateformes et peut-on les vérifier ? Je comprends de votre intervention qu'elles sont insuffisamment précises. Qui peut imaginer que les plateformes, dont c'est précisément la base de leur modèle économique, ne disposent pas de statistiques précises et extrêmement segmentées ?

« Quelles procédures d'appel peuvent avoir des internautes dont les contenus sont retirés ?

« Une question enfin sur les relations des plateformes avec la recherche. Doit-on laisser les plateformes choisir qui elles financent en tant que chercheurs ou *fact-checkers* ? Ne doit-on pas garantir leur indépendance et n'est-ce pas une piste pour l'Union européenne ? »

Décidées à empêcher l'émergence d'une régulation européenne, les plateformes ont multiplié les déclarations rassurantes et les interventions auprès des législateurs européens. Après les avoir auditionnées (ou du moins leurs représentants, car aucun patron des géants de l'Internet n'a accepté d'être questionné au Parlement européen, ce qui interroge sur leur sens de la démocratie), voici comment je résumerais leurs éléments de langage. Toutes affirment avoir déjà œuvré, sans qu'on le leur demande, à :

- améliorer la modération de leurs contenus ;
- retirer les contenus illégaux ;
- lutter contre les faux comptes ;
- alerter les utilisateurs ;
- collaborer avec les médias sérieux et les chercheurs ;
- appliquer un code de bonnes pratiques.

Reconnaissons aussi que face à la pandémie de Covid, les plateformes ont mesuré le risque auquel elles s'exposaient en n'agissant pas face à des fausses informations préjudiciables à la santé. Elles ont donc pris des mesures, à la fois pour rendre accessibles et visibles les informations fiables, et pour retirer les contenus allant à l'encontre des règles spécifiques qu'elles ont édictées en raison du contexte. On doit saluer cet effort, relever que les plateformes étaient en capacité de le fournir et remarquer qu'il n'a pas permis pour autant d'éradiquer complètement les infox dangereuses qui ont continué à tourner sur la Covid-19 et les vaccins.

Toutes n'ont, par ailleurs, pas agi spontanément. En septembre 2021, le réseau social américain Reddit a ainsi commencé par refuser de retirer un forum de discussion, NoNewNormal, qui répandait de la désinformation sur les vaccins auprès de 124 000 abonnés. C'est face à la révolte de ses utilisateurs qu'il a fini par s'y résoudre. Encore ne l'a-t-il pas fait en raison de la dangerosité des contenus diffusés, mais au motif que les membres de NoNewNormal s'en prenaient en ligne aux abonnés d'autres forums de discussion, ce que les règles de Reddit interdisent. Un point à relever et qui nous intéresse : NoNewNormal était hébergé sur Reddit mais se présentait comme « une coalition internationale diverse partageant l'objectif de restauration des anciennes mœurs avant que le monde ne tombe entre les griffes de la peur et de l'hystérie ». Rappelons qu'une recherche conduite par le Center for Countering Digital Hate, en mars 2021, a mis en lumière que la plupart des éléments de mésinformation et de théorie du complot contre le vaccin répandus aux États-Unis ont émané d'une douzaine de personnes avec une audience combinée de 59 millions d'internautes sur l'ensemble des réseaux sociaux, Facebook ayant l'impact le plus large, dont Robert F. Kennedy Jr., le neveu de l'ancien président des États-Unis.

Facebook, pour sa part, assure avoir investi treize milliards de dollars et employer 40 000 personnes pour rendre ses plateformes plus sûres. Or, quels que soient les interlocuteurs interrogés – régulateurs nationaux, juristes, chercheurs –, tous le disent, Facebook est sans doute la plateforme la plus réticente à coopérer et la moins encline à s'autoréguler.

Le 8 novembre 2021, Frances Haugen est venue témoigner devant le Parlement européen. Cette ancienne employée de Facebook, ingénieure, scientifique et gestionnaire de projet, avait rejoint le groupe pour lutter contre la désinformation au sein de l'unité pour l'intégrité civique. Elle est devenue lanceuse d'alerte, a copié des dizaines de milliers de pages de recherches internes à Facebook, et ne mâche pas ses mots. Pour elle, l'entreprise ment délibérément au public et aux autorités sur ses efforts pour lutter contre la désinformation, les contenus haineux et la violence en ligne. Ella a confié les documents qu'elle avait mis de côté à la Securities and Exchange Commission et au *Wall Street Journal*.

Ayant participé à son audition, je voudrais reprendre quelques-unes des phrases qu'elle a prononcées, avec autant de clarté que de courage :

« J'ai rejoint Facebook parce qu'un de mes amis s'était radicalisé en ligne. Je voulais travailler à améliorer le système. »

« Facebook sait parfaitement comment faire pour rendre l'Internet plus sûr. S'il ne le fait pas, c'est simplement par appât du gain. »

« Les choix opérés par Facebook sont très problématiques pour l'équilibre des enfants, pour la sécurité et pour la démocratie. »

« Le système en lui-même encourage la polarisation, la division et l'extrémisme. La recherche interne à Facebook l'a très bien mesuré, mais l'entreprise en cache les résultats. »

« Facebook ne peut pas rester celui qui décide et qui juge. Il faut exiger la transparence et l'accès des experts aux algorithmes, aux données, aux contenus supprimés.

L'invocation du secret des affaires ne peut pas être une excuse valable. »

« Les États-Unis ont réussi à lutter contre le lobbying de l'industrie du tabac. Avec les plateformes, c'est encore plus difficile, car on ne sait absolument pas comment elles fonctionnent. On n'a aujourd'hui aucun audit indépendant. C'est le combat d'une génération. Et c'est l'Europe qui doit inspirer le reste du monde en mettant en place une véritable régulation. »

Dans ce qu'a publié le *Wall Street Journal*, on apprend notamment que Facebook aurait parfaitement décelé les discours haineux et d'appels à la violence qui circulaient sur la plateforme dans certains pays. Ainsi de la glorification de la violence au Cachemire (bien que très peu de comptes indiens s'y livrant aient été bloqués) et plus largement dans les pays en développement. 87 % du budget de modération est, en effet, concentré sur les contenus américains, ce qui fait des utilisateurs du reste du monde des utilisateurs de deuxième zone. S'agissant des élections en particulier, Facebook classerait les différents pays selon différents niveaux, afin de déterminer les ressources que l'entreprise allouerait à la recherche d'éventuelles manipulations. Le groupe ne fournit aucune assistance dans les pays de niveau inférieur, sauf à ce qu'un contenu spécifique lié aux élections ne fasse l'objet d'un signalement.

Un exemple, un seul : l'Éthiopie. Le pays connaît une guerre civile sanglante qui oppose l'armée à des groupes rebelles. Les Tigréens sont pris pour cible. Sur Facebook, les appels au meurtre des Tigréens ont proliféré[4]. Dans leur tonalité, ils rappellent les appels au génocide des Tutsis du Rwanda proférés par la Radio des Mille Collines. Ils proviennent de personnalités connues et suivies par des centaines de milliers d'abonnés. Des documents internes à Facebook ont fuité en 2020 : ils démontrent que l'entreprise était parfaitement consciente de ne pas avoir déployé suffisamment de modérateurs parlant l'amharique pour veiller aux contenus diffusés en Éthiopie. Sa réaction n'a manifestement pas été à la hauteur. Les publications appelant à la violence ont cru de façon exponentielle et contribué à l'aggravation des affrontements sur le terrain. Dans l'un des documents internes qui ont été rendus publics, un employé de Facebook estime qu'entre le moment où un pays est considéré comme vulnérable à la violence en ligne et celui où l'entreprise agit concrètement, il peut se passer une année entière.

Même aux États-Unis, Facebook serait loin d'appliquer les principes de lutte contre les discours de haine qu'il met en avant. Ainsi, les thèses conspirationnistes des QAnon seraient très insuffisamment modérées. *Idem* quant aux commentaires hostiles aux vaccins, très mal modérés en anglais, encore plus mal dans les autres langues.

S'agissant du fonctionnement de l'algorithme, à la suite de l'introduction d'autres boutons que le *like* en 2015 (rire, joie, surprise, tristesse, colère), ont été promus les contenus entraînant la réaction « colère » qui, sur la base d'analyses internes, entraînerait jusqu'à cinq fois plus d'engagements de la part des utilisateurs.

Autre révélation, la docilité supposée de Facebook vis-à-vis des régimes autoritaires. Ainsi, menacé d'être interdit au Vietnam en 2020, Facebook, sur instruction directe de Mark Zuckerberg, a accepté de collaborer avec le régime vietnamien pour assurer la censure désirée.

Frances Haugen concluait ainsi son audition : « L'Union européenne a une occasion historique de réguler les plateformes. Elle doit s'en saisir et ne pas la gâcher. »

Entre-temps et après l'élection présidentielle américaine de 2020, Facebook annonçait qu'il allait diminuer la visibilité des contenus politiques sur les murs d'actualités de ses utilisateurs et limiter le nombre de ces contenus dans les interactions entre utilisateurs. Une bonne idée pour purifier l'atmosphère des réseaux sociaux et lutter contre la désinformation ? Pas vraiment. Dans certaines démocraties illibérales, les réseaux sont sans doute le dernier espace médiatique que les gouvernements ne contrôlent pas. Comme le remarque la députée européenne d'opposition hongroise Anna Donáth[5], dans un pays comme la Hongrie où le pluralisme des médias n'est plus que de façade, le débat politique sur les réseaux sociaux demeure vital. Elle pose aussi une question particulièrement pertinente : qui va décider ce qu'est un contenu politique et comment ? Facebook ne s'engage-t-il pas dans une forme de censure d'entreprise ? Est-ce à une entreprise privée de décider ce que peuvent ou ne peuvent pas voir des citoyens ?

Heureusement, les institutions européennes sont parvenues à un accord sur le Digital Services Act, un règlement destiné à réguler pour la première fois les grands acteurs d'Internet. Il était temps. Toutefois, quand bien même les efforts consentis sont louables et le résultat positif, il paraît tardif et encore insuffisant.

Saluons tout de même l'avancée que représente ce Digital Services Act, qui entend imposer aux plateformes la transparence sur leurs méthodes et la responsabilité sur les contenus qu'elles hébergent. Les très grands acteurs (réseaux sociaux, moteurs de recherche, places de marché), ceux qui ont au moins 45 millions d'utilisateurs dans l'Union européenne, devront expliquer le fonctionnement de leurs algorithmes, faire connaître la manière dont des contenus sont recommandés aux utilisateurs, les efforts qu'ils déploient pour modérer ces contenus et lutter contre la désinformation, et remédier aux risques qu'ils présentent pour la société, sous peine d'amendes pouvant aller jusqu'à 6 % de leur chiffre d'affaires mondial. Parmi ces risques, les grandes plateformes doivent prêter attention aux contenus illégaux comme aux contenus trompeurs qui, bien que légaux, contribuent à des risques systémiques. En cas de crise, du type de la guerre d'Ukraine, la Commission européenne peut exiger des actions spécifiques, par exemple contre la propagande de guerre russe. Il leur revient d'assurer la transparence sur les publicités, de traquer les faux comptes, de sanctionner les comportements malveillants. Elles doivent lutter contre les *deepfakes*, notamment en les rendant identifiables. Le ciblage publicitaire est interdit lorsqu'il vise des mineurs ou qu'il est fondé sur des données personnelles sensibles, comme la religion ou l'orientation sexuelle. La Commission européenne reçoit le mandat de surveiller les très grandes plateformes, qui devront lui verser des frais de supervision.

Un mot sur la meilleure répartition des efforts de modération par pays et par langue. On le sait, une publication mensongère sera mieux repérée et plus vite traitée si elle est rédigée en anglais que dans une autre langue. On ne mesure pas toujours à quel point les disparités dans l'attitude des plateformes varient en fonction de la langue. L'ONG Avaaz a réalisé, en septembre 2021, un graphique éloquent concernant Facebook et le pourcentage de contenus relatifs à la Covid-19 qui n'ont pas fait l'objet d'un traitement après *fact-checking* en fonction des langues dans lesquelles ils ont été publiés. En espagnol comme en allemand, on tourne autour de 20 %. En français, on monte à 47 %. En italien, le total des contenus laissés en jachère atteint 84 %.

Voilà donc pour le progrès. Mais, car il y a un, ou plusieurs mais. Mais, donc, le Digital Services Act n'entrera en application que six mois après son adoption pour les géants de l'Internet, quinze mois pour les autres. Mais il ne s'applique pas aux petits acteurs, or on sait que la désinformation malveillante passe aussi par des kyrielles de petites plateformes. Mais surtout, la liberté laissée aux plateformes de choisir comment elles traitent les contenus *lawful but awful*[6] n'est pas un carcan bien sévère : elles peuvent, s'agissant de contenus de propagande russe par exemple, décider de les retirer purement et simplement, ou bien de les étiqueter, de fournir des informations de *fact-checking* en complément, de les « désamplifier » ou de cesser de les recommander. Le choix est large et laissé à la main des plateformes. Si on lit les projets d'Elon Musk, lorsqu'il souhaitait acquérir Twitter, libertarien assumé et adversaire de la modération, on voit qu'il serait difficile de l'amener à une autorégulation responsable.

Ce sur quoi il me paraît essentiel d'insister, c'est que les plateformes doivent être véritablement responsabilisées pour ce qu'elles font, mais aussi pour ce qu'elles ne font pas. Lorsqu'une plateforme retire un contenu, il est logique que son auteur puisse exiger des explications, voire la poursuivre en justice. Le Digital Services Act le prévoit, tant mieux. Mais il en va de même lorsqu'une plateforme faillit à agir face à un contenu illégal ou nuisible. Des personnes ou des personnalités morales lésées doivent être en mesure de poursuivre l'entreprise en justice en raison de son inaction. Sans quoi les plateformes risquent de préférer maintenir des contenus nuisibles en ligne plutôt que les retirer.

D'une manière générale, la transparence est le maître mot. Transparence des algorithmes, face à laquelle il n'est pas acceptable de se voir opposer le secret des affaires, si l'algorithme lui-même contribue à la polarisation et à une valorisation artificielle des contenus extrêmes. Transparence sur la nature, le nombre et la répartition (par pays, par langue, par thème, par auteur) des contenus retirés, sur la manière dont les règles d'utilisation des plateformes sont mises en œuvre. Statistiques détaillées par pays et par langue sur la modération (on sait qu'aujourd'hui, les plateformes agissent beaucoup plus et beaucoup plus vite sur les contenus en anglais que sur les autres). Accès des chercheurs aux archives des contenus supprimés. Transparence sur la publicité ciblée : montant dépensé par annonceur, cible de la publicité, public visé par l'annonceur.

Il est urgent de laisser travailler les chercheurs, les *fact-checkers* et les journalistes, de les aider à s'organiser en réseau pour augmenter leur puissance de frappe et de garantir leur indépendance financière par rapport aux plateformes, qui ont commencé à subventionner « leurs » chercheurs...

Il est indispensable qu'une agence de contrôle européenne indépendante et dotée de ressources suffisantes soit mise en place. Il serait bienvenu que des agences de notation éclairent les utilisateurs sur les pratiques de chaque plateforme s'agissant de la lutte contre la manipulation de leurs cerveaux, tant les pratiques diffèrent d'une entreprise à l'autre, d'un pays à l'autre. Une agence de notation n'empêche pas une entreprise d'Internet de chercher à s'établir et à se développer. Elle permet seulement d'informer ceux qui l'utilisent des bénéfices qu'ils peuvent en retirer et des risques auxquels ils sont exposés.

L'urgence d'une régulation européenne est donc plus pressante encore aujourd'hui. Jamais les réseaux sociaux ne se réguleront d'eux-mêmes d'une manière satisfaisante et conforme à l'intérêt général. Aussi indispensable soit-elle, l'adoption du Digital Services Act ne résoudra pas tout. Tout ne passe donc pas par la réglementation qui commence à se mettre en place.

L'encadrement des publicités politiques est désormais également au menu de l'Union européenne, qui prépare un règlement sur leur transparence et leur ciblage. Le but ? Remédier aux dérives que le scandale de Cambridge Analytica a suscité. Mais aussi mettre de la cohérence entre les règles qui s'appliquent aux diffuseurs audiovisuels et celles qui ne s'appliquent pas encore à Internet. Un des objectifs affichés par le rapporteur de ce projet au Parlement européen, l'Italien Sandro Gozi, est clair : interdire le financement des publicités politiques par des pays extérieurs à l'Union européenne. Les élections européennes de 2024 devraient être le premier champ d'application de la nouvelle réglementation.

Mais, car il y a toujours un mais : si le périmètre de la prochaine réglementation inclut les publicités sponsorisées par des partis politiques et des associations dont le but est d'influencer une élection ou une procédure législative, la définition, très large, risque de porter atteinte à l'action des ONG, en la qualifiant de politique, sans pour autant traiter de manière efficace la question des ingérences étrangères. L'objectif de la Commission européenne est cependant légitime : il s'agit d'abord de forcer les plateformes à la transparence, de leur faire publier qui finance une publicité politique, quel est son coût et comment elle cible son public. Il serait également interdit d'utiliser les données personnelles sensibles des utilisateurs (race, opinions politiques, croyances religieuses, orientation sexuelle, état de santé, etc.) pour des publicités politiques, sauf à avoir recueilli leur consentement. Un progrès, sans aucun doute, dont la mise en œuvre serait confiée à chaque État européen.

Une autre piste passera par l'utilisation de la technologie de la *blockchain* dans le but d'améliorer la traçabilité de l'information. On le sait, cette technologie de stockage et de transmission de données est transparente, sécurisée et décentralisée. Elle renvoie à une base de données qui contient l'historique de tous les échanges entre ses utilisateurs dès l'origine. Appliquée à l'information, elle permet de déceler qui a posté quoi et quand, donc de remonter le fil de l'information fiable comme de la manipulation volontaire de l'opinion.

À observer comment la Chine exploite les *data voids* pour saturer les moteurs de recherche de contenus compatibles avec ses intérêts, que ce soit sur les Ouïghours ou sur les origines de la Covid, il y a également matière à trouver une parade qui évite que la diffusion du savoir se transforme en déversement de propagande et de fausses informations. Il pourrait être suggéré aux moteurs de recherche de prêter davantage d'attention au phénomène de syndication de contenus[7], sachant que les accords passés entre des médias d'État chinois et de très nombreux médias internationaux pour la reprise de leurs articles gonflent artificiellement la visibilité de la propagande officielle de Pékin, y compris les textes à tendance complotiste ou comportant de fausses informations. Il est, de toute façon, nécessaire d'étendre la pratique de l'étiquetage des pages Web des médias et des agences d'État, ainsi que des responsables gouvernementaux s'agissant des résultats des recherches effectuées via les moteurs de recherche, de manière que les internautes sachent ce qu'ils ont sous les yeux. Il serait sans doute encore plus utile que lesdits moteurs prennent l'initiative de prévenir les internautes du caractère douteux de certains contenus, ce qui impliquerait de leur part l'acceptation d'une forme de responsabilité à laquelle ils cherchent malheureusement à se soustraire.

Après la Covid, la guerre d'Ukraine oblige une fois encore les plateformes à agir dans l'urgence et à assumer sans véritable contrôle une responsabilité qu'elles ont longtemps niée, d'autant qu'elles sont elles-mêmes la cible d'attaques et d'interdictions prononcées par l'État russe. Une fois de plus, elles réagissent selon leurs choix propres, en ordre dispersé.

Facebook a ainsi commencé par refuser de modérer les propos violemment antirusses exprimés par des internautes ukrainiens, évidemment dévastés par l'invasion russe et les atrocités qui l'ont suivie. On peut le comprendre. Nous avons tous constaté que les photos des crimes de guerre commis à Boutcha sont restées disponibles sur tous les réseaux sociaux. La réponse de la Russie n'a pas tardé, qui a suspendu l'accès à Facebook sur son territoire. Pourtant, Alexandre Douguine[8], l'idéologue du « national-bolchevisme » et l'un des propagandistes en chef de la haine anti-ukrainienne, continue à vomir sa désinformation sur Facebook. Pourtant, les discours de Vladimir Poutine et de responsables russes niant les crimes commis en Ukraine continuent à être recommandés sur YouTube. Meta a fait un choix, celui de laisser couler, puisque tout cela provoque de l'engagement, donc du profit. Comme la Covid, la guerre rapporte aux réseaux sociaux. Mi-mai 2022, Meta, la maison mère de Facebook, a retiré une requête qu'elle avait elle-même déposée auprès de son conseil de surveillance sollicitant une recommandation sur la façon dont l'entreprise devrait modérer les contenus liés à la guerre d'Ukraine. Pourquoi ne pas avoir cherché à affiner sa démarche ? Meta a une réponse toute prête : par crainte que les autorités russes ne se vengent sur ses employés en Russie. Le même argument a été employé en 2021 par des entreprises de la Silicon Valley pour justifier le retrait de l'application de vote intelligent lancée par l'opposant Alexeï Navalny en amont de l'élection présidentielle russe. Ce faisant, les plateformes ont rendu un service objectif au Kremlin. Bret Schafer, chef de l'équipe sur la manipulation de l'information à l'Alliance for Securing Democracy, alerte : « Aussi justifiables soient-elles, ces décisions posent un problème majeur, tant elles risquent d'encourager les autocrates à se servir des employés locaux des réseaux sociaux comme monnaie d'échange pour influencer des décisions relatives à la modération des contenus. »

De son côté, Twitter dit vouloir faire monter la visibilité des informations fiables. En réalité, la plateforme s'engage surtout à ne pas amplifier les messages trompeurs, ce qui est assez différent. Si un contenu est contraire aux règles de Twitter, le tweet peut être retiré ou le compte suspendu. Oui, mais voilà, les règles de Twitter sont floues, leur interprétation est faite par une intelligence artificielle, et elles ne sont que des conditions d'utilisation imposées à ses utilisateurs par une entreprise privée. On parle pourtant d'un conflit armé déclenché par un État contre un autre, dans lequel la désinformation est une arme depuis l'origine. Il faut malgré tout reconnaître que l'attribution de contenus par étiquetage aux autorités russes (ou biélorusses) et à leurs médias officiels a progressé. Ceux-ci ne sont plus recommandés ni amplifiés sur Twitter, ce qui n'est pas forcément le cas sur d'autres plateformes. D'une manière générale, Twitter a davantage mobilisé ses moyens de modération, puisque, dit l'entreprise, il s'agit d'un « événement mondial majeur ». 75 000 comptes ont été suspendus, 50 000 contenus retirés entre le début de la guerre et la mi-mars 2022. Les contenus qui mentionnent la guerre d'Ukraine ne peuvent être monétisés. Twitter a aussi décidé, début avril 2022, de stopper les recommandations de 300 comptes officiels russes, y compris celui de Vladimir Poutine. L'origine de la décision ne vient pas de la désinformation dont ces comptes se rendent coupables, mais des restrictions dont Twitter lui-même est l'objet en Russie. Ce ne sont donc pas les attaques russes contre les démocraties qui ont déclenché la réaction de Twitter, mais « un déséquilibre nuisible » entre les droits reconnus aux contenus russes et le traitement de la plateforme en Russie en période de conflit armé.

On doit saluer l'effort, mais on peut s'étonner que pour des événements qui paraissent de moindre importance à Twitter (des conflits en germe ou en apparence plus locaux), les mêmes moyens ne soient pas déployés et les mêmes résultats ne soient ni recherchés ni obtenus. On peut aussi regretter que ces mesures n'aient commencé à être mises en place qu'une fois l'agression militaire commencée et non pendant la montée des tensions.

Au bout du compte, ce que nous lisons, ce que nous apprenons et ce que nous savons dépend de moins en moins de notre libre arbitre et de plus en plus d'algorithmes de recommandation dont nous savons peu de choses. Le temps doit venir, vite, où nous pourrons débattre de la manière dont ces algorithmes sont conçus et décider si nous souhaitons vraiment qu'ils continuent, par leur design même, à encourager les extrêmes, les émotions et la polarisation, plutôt qu'à mettre en avant les faits, la science et la nuance dans les propos et les idées. Si nous voulons rassembler des sociétés fracturées et retrouver un débat public courtois, sensé et respectueux, tout ne sera pas réglé par un changement profond du mode de fonctionnement des réseaux sociaux, mais rien ne sera possible tant qu'il ne sera pas intervenu.

Conclusion

> « Ceux qui peuvent vous faire croire à des absurdités peuvent vous faire commettre des atrocités. »

On pourra trouver sombre le panorama dressé par cet ouvrage : ingérences partout, réponses nulle part ou presque. On pourra aussi s'en désintéresser, lever les épaules, se dire que « cela a toujours existé », et ne représente que l'écume des choses.

Si j'ai voulu écrire ce livre, c'est que je ne suis pas de ceux qui haussent les épaules. Je suis entrée en politique parce que je crois dans notre modèle démocratique et que je sais, pour avoir parcouru le monde, combien de milliards d'individus y aspirent. Et je mesure aussi combien ce modèle est fragile et à quel point il est attaqué, non seulement au bout du monde, mais aussi au coin de la rue.

Par la désinformation, la manipulation, des régimes autoritaires ou des groupes haineux s'acharnent à polariser nos sociétés, pourtant pacifiques, et rencontrent un incontestable succès. Sur tous les sujets, il y a les pour et les contre, radicalement pour, radicalement contre, toujours, tout le temps et partout. Et une masse grandissante de sans opinion, sans avis, sans envie aussi, parce que les faits sont devenus plus instables que les certitudes que nous avons à leur égard.

Nous voici entrés dans une ère où plus rien n'est immuable : ni le passé, puisque certains réécrivent l'Histoire au gré de leurs préférences idéologiques, ni la science, puisque les « platistes » s'enorgueillissent de leur niaiserie et que chacun s'improvise virologue, ni les images, puisque les *deepfakes* peuvent faire dire n'importe quoi à n'importe qui. Plus vite l'information s'échange, moins elle est fiable.

Alors il faut lutter, lutter encore, protéger nos démocraties contre ceux qui les attaquent, ne pas laisser faire, riposter. Oui, bien sûr. Partout, tout le temps.

Or ces attaques n'ont un impact que parce qu'elles touchent un point sensible. Si l'on peut nous manipuler, c'est bien que nous sommes manipulables. Notre vulnérabilité, notre incertitude face au savoir, notre rapport de plus en plus trouble à la connaissance ne peuvent être exploités que parce que nous traversons une crise politique et culturelle profonde. Les plus machiavéliques des manipulateurs, les techniques d'influence les plus sophistiquées seraient de peu d'effet si elles ne rencontraient pas nos points faibles. La vérité, s'il y en a une, c'est que nos systèmes politiques, économiques, l'organisation de notre société elle-même ne se sont pas suffisamment adaptés aux grands bouleversements de notre temps, technologiques, démographiques, environnementaux, identitaires et culturels. Au creux de cette tension entre ce que nous vivons et la manière dont nous sommes organisés, la frontière entre le vrai et le faux est devenue plus floue, les fractures et les contradictions entre nous et à l'intérieur de chacun d'entre nous plus fortes. Certains ont décidé d'exploiter ces fractures à notre détriment et à leur profit. Au fond ils n'ont rien inventé.

« Mais on prend pour des conspirations ce qui n'est que le malaise de tous, le produit du siècle, la lutte de l'ancienne société avec la nouvelle, le combat de la décrépitude des vieilles institutions contre l'énergie des jeunes générations », a écrit Chateaubriand dans le livre XIII de la troisième partie de ses *Mémoires d'outre-tombe*.

Notes de fin

Introduction

1. Valeri Guerassimov, « Les nouveaux défis nous obligent à repenser la nature et les méthodes de la guerre », *Military-Industrial Courier*, 27 février 2013 (www.vpk-news.ru/).

Première partie
Covid, guerre en Ukraine, fous de Dieu : les fauves sont lâchés

1. La Russie

1. *Conversations avec Monsieur Poutine*, documentaire réalisé entre juillet 2015 et février 2017 par Oliver Stone, sorti en 2017.
2. « Breakfast with Frost », BBC, 5 mars 2000.
3. Henry Kissinger, *Diplomatie*, Paris, Fayard, 1996.
4. Mikhaïl Gorbatchev, *Perestroïka*, Paris, Flammarion, 1987.
5. « RT, la chaîne russe qui bouscule les médias français », *Vanity Fair*, 19 juin 2019.
6. Samantha Bradshaw et Philip N. Howard, « The Global Disinformation Order: 2019 Global Inventory of Organized Social Media Manipulation », Oxford, University of Oxford, septembre 2019.

7. Bien lui en a pris car des lots défectueux ont été livrés par la Russie à la Slovaquie en avril 2021, obligeant Moscou à racheter 160 000 doses inutilisées par Bratislava.
8. *Mardi politique*, RFI-France 24, 23 mars 2021.
9. France Inter, mars 2021
10. *L'Express*, 30 mars 2021.
11. Sondage de l'institut Morning Consult réalisé chaque semaine, la Russie étant en tête des pays sondés pour la défiance vaccinale.
12. graphics.reuters.com
13. Un rançongiciel est un programme malveillant reçu par courriel ou mis à disposition sur un site Internet, qui provoque le chiffrement de tous les fichiers d'un ordinateur (et des fichiers accessibles en écriture sur les dossiers partagés si votre ordinateur est connecté à un réseau informatique).
14. Élie Guckert, « De la Syrie à l'Ukraine : 10 ans de complotisme russe », conspiracywatch.info, 14 mars 2022.
15. Chris Bort, « Why the Kremlin Lies: Understanding its Loose Relationship With the Truth », Carnegie Endowement for International Peace, 6 janvier 2022.
16. Interview de Natalia Turine sur BFMTV, 18 mars 2022.
17. Marc Nexon, « Le propagandiste en chef de Vladimir Poutine », *Le Point*, 4 janvier 2022.
18. Rudy Reichstadt, « Russia Today et Sputnik, c'est fini : dix ans de propagande », *Franc-Tireur*, 9 mars 2022.
19. *Ibid.*
20. Nicolas Tenzer, « Le régime russe tente d'appliquer dans les démocraties ses pratiques intimidantes », *Le Monde*, 17 septembre 2021.
21. Catherine Belton, *Les Hommes de Poutine. Comment le KGB s'est emparé de la Russie avant de s'attaquer à l'Ouest*, Paris, Talent Éditions, 2022.
22. Conspiracy Watch.

23. Interview donnée à la revue *Kommersant*, 7 avril 2012.

24. « Wagner, une multinationale de la terreur », 28 novembre 2021 ; nathalieloiseau.medium.com

25. Maxime Audinet et Colin Gérard, « Les “Libérateurs” : Comment la “galaxie Prigojine” raconte la chevauchée du groupe Wagner au Sahel », *Le Rubicon*, 15 février 2022.

26. Benoît Vitkine, « Une officine d'influence russe s'intéresse aux violences policières en France », *Le Monde*, 14 septembre 2021.

27. Nicolas Quénel, « Comment des Russes veulent pourrir la campagne », *Marianne*, 17 mars 2022.

2. La Chine

1. George Calhoun, « Beijng is Intentionally Underreporting Chinas Covid Death Rate », *Forbes*, 2 et 5 janvier 2022.

2. Paul Charon et Jean-Baptiste Jeangène Vilmer, *Les Opérations d'influence chinoise. Un moment machiavélien*, Paris, IRSEM, septembre 2021.

3. Erika Kinetz, « Army of Fake Fans Boosts Chinas Messaging on Twitter », Associated Press, 28 mai 2021.

4. David Shambaugh, « China Goes Global. The Partial Power », New York, Oxford University Press, 2013.

5. Digital Forensic Center : projet mis en œuvre par l'Atlantic Council au Monténégro pour exposer les entreprises de désinformation dans les Balkans.

6. « The impact of disinformation on democratic processes and human rights in the world », étude réalisée pour le Parlement européen par Carme Colomina, Héctor Sánchez Margalef et Richard Youngs, avril 2021.

7. Joshua Merservey, « Government Buildings in Africa Are a Likely Vector for Chinese Spying », Heritage Foundation, avril 2021.

8. Ghalia Kadiri et Joan Tilouine, « À Addis-Abeba, le siège de l'Union africaine espionné par Pékin », *Le Monde Afrique*, 26 janvier 2018.
9. Interview pour le site d'information américain *Axios*, 20 juin 2021.
10. Anne Applebaum, « The Bad Guys Are Winning », *The Atlantist*, 15 novembre 2021.
11. Lorenzo Arvanitis et Kendrick McDonald, « Comment les pages Facebook de médias d'État chinois servent de porte-voix à la désinformation sur la guerre en Ukraine », *Newsguard*, mars 2022.

3. La Turquie

1. Le traité de Sèvres a été conclu le 10 août 1920 entre les Alliés victorieux et l'Empire ottoman.
2. Le mouvement Gülen est un groupe musulman qui s'est constitué autour de Fethullah Gülen, ancien prédicateur en Turquie, vivant depuis 1999 aux États-Unis et qui intervient en Turquie et à l'étranger dans le domaine éducatif. Ancien allié de Erdogan, Fethullah Gülen est accusé par le président turc d'être l'instigateur du coup d'État avorté de 2016. Depuis, son mouvement essuie une répression féroce en Turquie et se voit pourchassé à l'étranger.
3. Dissous par le ministère de l'Intérieur après l'assassinat de Samuel Paty.
4. Organisation de l'islam turc en Turquie et à l'étranger. En France la Diyanet contrôle environ 250 mosquées, auxquelles il faut ajouter 70 mosquées contrôlées par le Millî Görüş proche des Frères musulmans.
5. Départ du musulman vers une terre où il peut pratiquer un islam « sain ».

6. Le titre complet de la conférence était : « Contradictions et décalage entre les valeurs européennes et la loi confortant le respect des principes de la République française ».
7. Déclaration du gouvernement bulgare, jeudi 18 novembre 2021.
8. France 5, 23 mars 2021.
9. Hamit Bozarslan, *L'Anti-démocratie au XXIe siècle. Iran, Russie, Turquie*, Paris, CNRS éditions, 2021.
10. « L'anti-démocratie au XXIe siècle », entretien avec Hamit Bozarslan mené par Anne-Lorraine Bujon, *Esprit*, 19 novembre 2021.

4. Les dieux sont tombés sur la tête

1. Charles Homas, « A Crusade to Challenge the 2020 Election, Blessed by Church Leaders », *The New York Times*, 24 avril 2022.
2. « La désinformation, une arme redoutable utilisée contre les femmes de pouvoir », komitid.fr, 4 janvier 2022.
3. « Deutschlands Desinformations-Dilemma 2021 », Avaaz, 6 septembre 2021.
4. CRRC Georgia, « Public Attitudes in Georgia: Results of December 2020 Telephone Survey », ndi.org, 2021.
5. Nino Lejava, « Georgias Unfinished Search for its Place in Europe », 6 avril 2021 ; carnegieeurope.eu
6. Rapport du Global Project Against Hate and Extremism, « Conversion Therapy Online: The Ecosystem ».
7. Khatondi Soita Wepukhulu, « Google, Facebook and Amazon Turn Blind Eye to Anti-Gay Disinformation », opendemocracy.net, 18 janvier 2022.
8. Christina Schori Liang, « Cyber Jihad: Understanding and Countering Islamic State Propaganda », *GSCP Policy Paper*, février 2015.

9. Emna Ben Arab, « Social Media and Jihadism: The Shaping of a New Discourse », European Neighbourhood Council, 11 mai 2022.

10. Christian Chesnot et Georges Malbrunot, *Qatar Papers. Comment l'émirat finance l'islam de France et d'Europe*, Paris, Michel Lafon, 2019.

11. Erwan Seznec, « François Burgat, l'islamogauchiste assumé », *Marianne*, 3 janvier 2022.

12. Jean-Louis Adenor et Hadrien Brachet, « FEMYSO, ces jeunes Européens qui gravitent dans la galaxie des Frères musulmans », *Marianne*, 1er novembre 2021.

13. Clément Pétreault, « L'Union européenne aime-t-elle trop les Frères musulmans ? », *Le Point*, 24 janvier 2022.

14. Florence Bergeaud Blackler, « L'Europe de la recherche et le financement des Frères musulmans », *Le Point*, 18 novembre 2020.

5. Quand l'Occident s'en mêle et s'emmêle

1. Étude de Laure de Rochegonde et d'Elie Tenenbaum pour l'IFRI.

Deuxième partie
Haro sur les démocraties !

1. Personne ne sera épargné

1. Conférence de presse de Sergueï Lavrov, 31 octobre 2017.

2. John Harkinson, « Inside Marine Le Pen's "Foreign Legion" of American Alt-Right Trolls », *MotherJones*, 3 mai 2017.

3. Ou « hameçonnage » : technique consistant à récupérer des données personnelles suite à l'envoi d'un mail frauduleux.

4. « RT, la chaîne qui diffuse ce que lui murmure le Kremlin », *Vanity Fair*, 19 juin 2019.

5. Ria Novosti, 19 septembre 2021.

6. Message publié sur Telegram le 26 juillet 2021.

7. Livia Codarin, Laura Harth et Jichang Lulu, « Une proie facile : l'influence du PCC dans la politique italienne », rapport du comité mondial Marco-Pannella pour l'État de droit, 20 novembre 2021.

8. Il est notamment cosignataire d'un invraisemblable « rapport » intitulé « Le Xinjiang. Comprendre la complexité, construire la paix », promu par le CESEM avec Eurispes et l'Institut diplomatique international et publié en mai 2021.

9. Discours prononcé à Londres le 13 novembre 2021.

2. La nuit est tombée à l'est

1. Robert Szwed, « Framing of the Ukraine-Russia conflict in online and social media », NATO Center of Excellence on strategic communication, 18 mai 2016.

2. Christopher Bort, « Why The Kremlin Lies: Understanding its Loose Relationship With the Truth », art. cit.

3. Conférence de presse à Antalya, 10 mars 2022.

4. « Comment les théories du complot envahissent le rap », repris par Bibliothèque vigilante, 25 mars 2022.

5. « Don't let Putin's disinformation distract from his war crimes », *Financial Times*, 18 mars 2022.

6. Sondage IPSOS publié le 21 avril 2022.

7. « Globsec Trends 2021: Central and Eastern Europe one year into the pandemic », 3 juin 2021.

8. Elise Thomas et Albert Zhang, « Snapshot of a shadow war », Australian Strategic Policy Institute.

9. Laure de Rochegonde et Élie Tenenbaum, « Les opérations de cyber influence », Observatoire des conflits futurs de l'IFRI.

10. Stratégie de communication dont la source réelle est occultée et qui prétend à tort être d'origine citoyenne.

3. Si loin, si proches : Taïwan et l'Australie

1. Joshua Kurlantzich, Australia, « New Zealand face China's influence », Council on Foreign Relations.

2. Nick Bisley, « Australia's engagement with China: From fear to greed and back again », La Trobe University Melbourne, 2018.

3. « The misuse of social media platforms and other communication channels by authoritarian regimes », étude commandée par le Parlement européen, décembre 2021.

4. Main basse sur l'Afrique

1. Torinmo Salau, « How Twitter failed Africa », *Foreign Policy*, 19 janvier 2022.

2. Maxime Audinet, « Le lion, l'ours et les hyènes : acteurs, pratiques et récits de l'influence informationnelle russe en Afrique subsaharienne francophone », IRSEM, juillet 2021.

3. Jessica Brandt et Amber Frankland, « Leaks, lies and altered tapes: Russia's maturing information manipulation playbook », German Marshall Fund, 14 octobre 2020.

4. Tours, 14 janvier 2007.

5. Julie Hervé, « La petite musique de Wagner », *Franc-Tireur*, 9 mars 2022.

6. Bakari Sangaré, « Mali : Ben le Cerveau, l'homme qui veut voir les Russes à Bamako », *Jeune Afrique*, 29 octobre 2021.

7. *Ibid.*
8. Nicolas Barrotte, « Sur Internet, la campagne de Wagner a commencé », *Le Figaro*, 5 décembre 2021.
9. AFP Factuel ; https://factuel.afp.com
10. Morgane Le Cam, « Au Burkina Faso, l'armée française face à la colère des habitants », *Le Monde*, 22 novembre 2021.
11. Philip Obalji Jr., « How these Mali coup plotters staged a false flag pro-Russian march », *The Daily Beast*, 2 juin 2021.
12. *Ibid.*
13. *Ibid.*
14. Wassim Nasr, « Mali : l'armée française affirme avoir filmé des mercenaires russes en train d'enterrer des corps », France 24, 22 avril 2022.
15. Maxime Audinet, « Le lion, l'ours et les hyènes », art. cit.
16. « Mali – Interview exclusive d'un spécialiste militaire Russe sur les activités des SMP et Wagner au Mali », *Mali Actu*, 5 octobre 2021.
17. Fatoumata Diallo et Bokar Sangare, « Russie-Mali : quels sont les ressorts du soft power de Moscou à Bamako ? », *Jeune Afrique*, 22 novembre 2021.
18. Clarissa Ward, Katie Polglase, Sebastian Shukla, Gianluca Mezzofiore et Tim Lister, « Russian election meddling is back – via Ghana and Nigeria – and in your feeds », CNN, 11 avril 2020.
19. Kevin Limonier, Frédéric Douzet, Selma Mihoubi et Élodie René, « Cartographier la propagation des contenus russes et chinois sur le Web africain francophone », *Hérodote* 2020/2-3 (n° 177-178).

Troisième partie
Des méthodes de voyous : cas concrets

1. Les manipulations de l'information

1. « RT, la chaîne russe qui diffuse ce que lui murmure le Kremlin », art. cit.
2. D. A. Martin, J. N. Shapiro et J. G. Ilhardt, « Tracking Online Influence Efforts », 1er novembre 2020.
3. Adrian Shabaz, « The Rise of Digital Authoritarianism », Freedom House, octobre 2018.
4. William Audureau, « Désinformation russe : on a réagi trop tard, les discours du Kremlin sont déjà bien trop implantés en France », entretien avec Marie Peltier, Les Décodeurs et *Le Monde*, 4 avril 2022.
5. Veronika Dorman, « Le Kremlin invente l'usine à trolls », *Libération*, 16 avril 2015.
6. Ben Propken et Kelly Cobiella, « Russian troll describes work in the infamous misinformation factory », NBC News, 16 novembre 2017.
7. L'affaire Skripal désigne la tentative d'empoisonnement d'un ex-agent du KGB et de sa fille réfugiés au Royaume-Uni.
8. « Russian disinformation in the time of Covid-19 », *The Conversation*, 8 juillet 2020.
9. Merci à EU DisinfoLab pour ses recherches.
10. Sam Cooper, « Coronavirus conspiracies pushed by Russia, amplified by Chinese officials: experts », Global News Canada, 8 avril 2020.
11. Sondage effectué par Sandra Evert pour l'université Carleton (Canada), juillet 2020.
12. « How two information portals hide their ties to the Russian News Agency Inforos », EU DisinfoLab, juin 2020.

13. Edward Lucas, Ben Dubow, James Lamond, Jake Morris, Corina Rebegea et Vera Zakem, « Post-Mortem: Russian and Chinese COVID-19 Information Operations », Centrer for European Policy Analysis, 26 mai 2022.

14. « Throwing coronavirus disinformation at the wall to see what sticks », EUvsDisinformation, 3 avril 2020.

15. William J. Broad, « Putin's long war against American science », *The New York Times*, 13 Avril 2020.

16. Liz Alderman, « Influencers say they were urged to criticize Pfizer vaccines », *The New York Times*, 18 mai 2021.

17. Ron Qi, « Chinese, Russian media have a role in virus fight », *China Daily*, 19 décembre 2020.

18. David Gilbert, « Inside Cyber Front Z, the "People's Movement" Spreading Russian Propaganda », *Vice News*, 4 avril 2022.

19. « Analysis of the pro-China propaganda targeting international narratives », Center for Information Resilience, 5 aout 2021.

20. Paul Charon et Jean-Baptiste Jeangène Vilmer, « Les opérations d'influence chinoises, un moment machiavélien », IRSEM, septembre 2021.

21. Muyi Xiao, Paul Mozur, Gray Beltran, « Buying influence: how China manipulates Facebook and Twitter », *The New York Times*, 20 décembre 2021.

22. Pauline Croquet, Martin Untersinger et Damien Leloup, « Guerre en Ukraine : comment les agents d'influence russes ont perdu de leur efficacité sur les réseaux sociaux », *Le Monde*, 11 mars 2022.

23. Elen Aghekian et Bret Schafer, « Deep in the data void, China COVID19 disinformation dominates search engines results », German Marshall Fund.

24. Élie Guckert pour Conspiracy Watch.

25. *Ibid.*
26. Robin Andraca, « Le fondateur de la chaîne Thinkerview était-il un membre actif du forum ReOpen911 ? », CheckNews, *Libération*, 27 novembre 2019.
27. *Hôtel du Temps*, où il interviewe des célébrités défuntes.
28. « High profile western media outlets repeatedly infiltrated by pro Kremlin trolls », Cardiff University, 6 septembre 2021.

2. La cyberguerre est déclarée

1. Le défacement est une forme de piratage qui consiste à modifier la présentation d'un site Web.
2. Louis Pétiniaud et Kevin Limonier, « Cartographier le cyberespace : le cas des actions informationnelles russes en France », *Les Champs de Mars*, 2018.
3. Nicole Penroth, *This is how They Tell Me the World Ends: The Cyber Weapons Arms Race*, Londres, Bloomsburry Publishing PLC, 2021.
4. Sue Gordon et Eric Rosenbach, « America's Cyber-Reckoning, How to Fix a Failing Strategy », *Foreign Affairs*, janvier-février 2022.
5. Laure de Rochegonde et Élie Tenenbaum, « Cyber-influence : les nouveaux enjeux de la lutte informationnelle », IFRI, mars 2021.
6. Stiftung Wissenschaft und Politik, un centre d'études internationales basé à Berlin.
7. « How the Dutch foiled Russian "cyber-attack" on OPCW », BBC, 4 octobre 2018.
8. « Les pirates de Cozy Bear à l'origine d'une attaque informatique de grande ampleur aux États-Unis », *Journal du Geek*, 19 décembre 2020.

9. Discours de Christopher Wray au Boston College, 1er juin 2022.

10. Notamment la déclaration du haut représentant, au nom de l'Union européenne, demandant instamment aux autorités chinoises de prendre des mesures contre les actes de cybermalveillance commis depuis leur territoire, 19 juillet 2021.

11. Déclaration du secrétaire d'État américain Anthony Blinken, 19 juillet 2021.

12. Sue Gordon et Eric Rosenbach, « America's Cyber-Reckoning, How to Fix a Failing Strategy », art. cit.

13. Déclaration du haut représentant, au nom de l'Union européenne, demandant instamment aux autorités chinoises de prendre des mesures contre les actes de cybermalveillance commis depuis leur territoire, 19 juillet 2021.

14. « La Croix-Rouge victime d'une vaste cyber attaque », AFP, 19 janvier 2022.

15. Lettre ouverte de Robert Mardini, directeur général du CICR, « Cyberattaque contre le CICR : notre analyse », 16 février 2022.

16. Tim Maurer, *Cyber Mercenaries: The State, Hackers and Power*, Cambridge, Cambridge University Press, 2018.

17. American Cyber Reckoning.

18. Kate Conger et David E. Sanger, « US says it secretly removed malware worldwide, preempting Russian cyber attacks », *The New York Times*, 6 Avril 2022.

19. Ronen Bergman et Kate Conger, « Chinese hackers tried do steal Russian defense data, report says », *The New York Times*, 19 mai 2022.

3. Qui veut truquer les élections ?

1. Opérations psychologiques destinées à manipuler un opposant ou un adversaire.

2. Carole Cadwalladr, « AggregateIQ: the obscure Canadian tech firm and the Brexit data riddle », *The Guardian*, 31 mars 2018.

3. Ashley Parker et David E. Sanger, « Donald Trump Calls on Russia to Find Hillary Clinton's Missing Emails », *The New York Times*, 27 juillet 2016.

4. John Bowden, « Clinton fires back at Trump: "You asked Russia to hack me on national television" », The Hill, 10 novembre 2018.

5. Richard Gunther, Paul A. Beck et Erik C. Nisbet, « Fake News Did Have a Significant Impact on the Vote in the 2016 Election », Ohio State University, 2018.

6. Erik Burnett, « Pokemon GO used in Russian-linked meddling effort », CNN.

7. Felicia Sonmez, « Intelligence chief Daniel Coats stands by findings on Russian election interference », *The Washington Post*, 16 juillet 2018.

8. Severin Carrell, « Russian cyber-activists "tried to discredit Scottish independence vote" », *The Guardian*, 13 décembre 2017.

9. Marco T. Bastos et Dan Mercea, « The Brexit Botnet and User-Generated Hyperpartisan News », City University, 10 octobre 2017.

10. Robert Booth, Matthew Weaver, Alex Hern, Stacee Smith et Shaun Walker, « Russia used hundreds of fake accounts to tweet about Brexit, data shows », *The Guardian*, 14 novembre 2017.

11. Carol Cadwalladr, « Aaron Banks met Russian officials multiple times before Brexit vote », *The Guardian*, 9 juin 2018.

12. Stephanie Kirchgaessner, Nick Hopkins et Luke Harding, « Nigel Farage is "person of interest" in FBI investigation into Trump and Russia », *The Guardian*, 1er juin 2017.

13. Frédérique Michalak, « Catalogne : Comment les Russes ont tenté de peser sur le référendum de 2017 », *L'Indépendant*, 20 septembre 2019.

14. Antonio Baquero (OCCRP), Kevin G. Hall (OCCRP), Alina Tsogoeva (OCCRP ID), Jesús G. Albalat (El Periódico), Christo Grozev (Bellingcat), Lorenzo Bagnoli (IRPI), IStories, Stefano Vergine (Il Fatto Quotidiano), « Fueling Secession, Promising Bitcoins: How a Russian Operator Urged Catalonian Leaders to Break With Madrid ».

15. Michael Schwirtz et José Bautista, « Married Kremlin Spies, a Shadowy Mission to Moscow and Unrest in Catalonia », 3 septembre 2021.

16. *Ibid.*

17. *Ibid.*

18. Grégoire Poussielgue, « Macron accuse la Russie de piratage, le Kremlin dément », *Les Échos*, 14 février 2017.

19. Paul Moreira, *Guerre de l'info : au cœur de la machine russe*, Arte, 2017.

20. « Far right networks of deception », Avaaz Report, 22 mai 2019.

21. « Cyber-enabled foreign interference in elections and referendums », ASPI, 2017.

22. « French election: Misinformation targets candidates and voting system », BBC, 22 avril 2022.

23. Interview de Nicolas Dupont-Aignan dans l'émission *Question de confiance*, BFMTV, 31 mars 2022.

24. Alexandre Horn, « Salah Abdeslam a-t-il appelé à voter Emmanuel Macron ? », Checknews, *Libération*, 18 avril 2022.

25. Nathan Gallaud, « Non, 22 500 gilets jaunes n'ont pas été privés de leur droit de vote », AFP Factuel, 21 avril 2022.

26. *Ibid.*

27. « Twitter change ses règles avant la présidentielle : "totalement contreproductif" », propos recueillis par Mathilde Karsenti, *Marianne*, 18 mars 2022.
28. Arthur Carpentier, Marceau Bretonnier, Adrien Sahli, Élise Bellanger et Émile Costard, « Comment des militants d'Éric Zemmour gonflent artificiellement la présence de leur candidat sur Twitter », *Le Monde*, 2 février 2022.
29. Louis Petiniaud et Kevin Limonnier, « Cartographier le cyber espace : le cas des actions informationnelles russes en France », art. cit.
30. Kimberley Tower et Lucas Dolan, « Election conspiracy theories grow after Macron victory », *Foreign Policy*, 28 avril 2022.
31. « Observatoire reboot de l'information et du raisonnement critique - Volet 2 : l'élection présidentielle et les pratiques des Français en matière d'information et de raisonnement critique », 19 avril 2022.

4. Les idiots utiles sont parmi nous

1. Marie-Christine Tabet et Séverine Cazes, « Guerre en Ukraine : comment le Kremlin infiltre le Parlement français », *Le Parisien*, 3 avril 2022.
2. Il a été arrêté par l'armée ukrainienne le 12 avril 2022 et échangé contre des soldats ukrainiens détenus par l'armée russe.
3. Élie Guckert, « Yves Pozzo Di Borgo, un sénateur complotiste au service de la propagande russe », Conspiracy Watch, 11 avril 2022.
4. 13 novembre 2014.
5. Anton Shekhovtsov, « Moscow using far right to infiltrate EU parliament, Anton Shekhovtsov », *EU Observer*, 5 mai 2021.
6. Interview de Marine Le Pen, *Kommersant*, 13 octobre 2011.

7. Communiqué de Marine Le Pen sur la tragédie du vol de la Malaysia Airlines en Ukraine, 18 juillet 2014.

8. « Réactions sur la toile à l'assassinat de Boris Nemtsov », *Journal du web*, RTBF, 2 mars 2015.

9. « Skripal. Marine Le Pen "s'étonne" que la Grande-Bretagne soit "aussi affirmative" », *Ouest-France*, 23 mars 2018.

10. Jean-Louis Missika et Thierry Pesch, « Marine Le Pen, candidate du parti de l'étranger », Terra Nova, 4 avril 2022.

11. Agathe Duparf, Anton Rouget et Marine Turchi, « La vraie histoire du financement russe de Le Pen », *Mediapart*, 2 mai 2017.

12. *Spécial investigation*, Canal+, novembre 2015.

13. « Les livres que Marine Le Pen exhibe », Europe 1, 5 avril 2013.

14. « Quand les Russes choisissent Zemmour », *Le Journal du dimanche*, 6 mars 2022.

15. Interview d'Éric Zemmour à *C dans l'air*, janvier 2022.

16. Interview d'Éric Zemmour sur RTL, 28 février 2022.

17. Cécile Alduy, « Zemmour-Poutine : une idylle à mots découverts », *L'Obs*, 22 février 2022.

18. « Guerre en Ukraine : quand Zemmour affirmait que l'Ukraine "n'existait pas" », RTL, 24 février 2022.

19. Ève Kaufman, « Quand Éric Zemmour fantasmait un Vladimir Poutine à la française », *Vanity Fair*, 24 février 2022.

20. Florent Zephir, « "Je suis pour l'alliance russe" : Éric Zemmour estime que la Russie serait un allié plus fiable que les USA », Sputnik News, 10 septembre 2020.

21. Charles Bremner, « Éric Zemmour, Macron's far-right rival, wins backing from Russia », *The Times*, 2 novembre 2021.

22. « Poutine, "un patriote et un chef d'État qui défend le bien commun de son pays" », interview de Philippe de Villiers par Jean-Jacques Bourdin, BFMTV, 2014.

23. François Clemenceau, « Philippe de Villiers, un europhobe aux amitiés russes », *Le Journal du dimanche*, 2 octobre 2019.
24. « "J'échangerais volontiers Hollande et Sarkozy contre Poutine", dit De Villiers », RTL, 16 août 2014.
25. Paul-Marie Couteaux, sur Twitter, aout 2014.
26. Marion Maréchal à l'Assemblée nationale, février 2013.
27. Meeting de Jean-Luc Mélenchon à Rouen, mars 2012.
28. Blog de Jean-Luc Mélenchon, 15 mars 2014, http://www.jean-luc-melenchon.fr/2014/03/15/au-debut-des-magnolias/#article2
29. *Questions politiques*, décembre 2021.
30. « Situation en Ukraine », explication de vote de Jean-Luc Mélenchon, 14 janvier 2015.
31. « Accord de coopération scientifique avec l'Ukraine », explication de vote de Jean-Luc Mélenchon sur le rapport Buzek, 2014.
32. Explication de vote de Jean-Luc Mélenchon sur le rapport de Gabrielus Lansbergis, 2015.
33. Ksenia Kirilova, « Switch to Mute on Kremlin Blackmail », CEPA, 26 février 2022.
34. Édouard de Mareschal, « À tort, Jean-Luc Mélenchon traite un opposant politique russe d'antisémite », *Le Figaro*, 4 février 2017.
35. « Poutine a-t-il tué le cacique eltsinien Boris Nemtsov ? », blog de Jean-Luc Mélenchon, mars 2015.
36. « Interdiction de l'association "Memorial" en Russie », résolution du Parlement européen, explication de vote de Jean-Luc Mélenchon, 2014.
37. Assemblée nationale, 29 novembre 2021.
38. Maxime Vivas, « Le Xinjiang tel que nos médias ne nous le raconteront pas », *Le Grand Soir*, 7 juin 2016.

39. « Les Trois Bifurcations : le défi de la politique dans un monde multipolaire », discours prononcé par Jean-Luc Mélenchon à Buenos Aires et repris sur son blog le 12 octobre 2012.
40. Interview avec Jean-Pierre Elkabbach, Europe 1, 9 avril 2008.
41. La résolution dénonçait les arrestations et demandait la libération des détenus.
42. Yann Barte, « Jean Lassalle : Le non-sens paysan », *Franc-Tireur*, 12 janvier 2022.
43. « François Fillon s'exprime sur l'Ukraine et est critiqué pour sa proximité avec la Russie », *Le Monde*, 24 février 2022.
44. Tweet de Matteo Salvini, 18 octobre 2014.
45. Matteo Salvini a été contesté pour les éloges de Poutine lors de sa visite en Pologne, Reuters, 8 mars 2022.
46. Giovanni Tizian et Stefano Vergine, « Quei 3 milioni russi per Matteo Salvini: ecco l'inchiesta che fa tremare la Lega », *L'Espresso*, 21 février 2019.
47. Holger Roonemaa, Martin Lainé et Michael Weiss, « Russia backs European far right », *Newsline Magazine*, 24 mars 2022.
48. *Ibid.*
49. « The invasion of Ukraine is making life difficult for right wing populists », *The Economist*, 21 mars 2022.
50. Clément Daniez, « Fillon-Schröder : ces ex-dirigeants dans la poche de Poutine », *L'Express*, 18 janvier 2022.
51. Anton Shekhovtsov, « The Rise and Fall of a Polish Agent of the Kremlin Influence: The Case of Janusz Niedźwiecki », EPDE, 4 novembre 2021, https://www.epde.org/en/news/details/the-rise-and-fall-of-a-polish-agent-of-the-kremlin-influence-the-case-of-janusz-niedzwiecki.html
52. « Boris Johnson's Russian crony Evgueni Lebedev got peerage after spies dropped warning », *The Times*, 6 mars 2022.

53. Boris Johnson, « Let's deal with the devil – We should work with Vladimir Putin and Bachar Al Assad in Syria », *Daily Telegraph*, 6 décembre 2015.

54. Catherine Bennet, « The PM and her posse for £ 135 000 ? Bargain », *The Guardian*, 4 mai 2019.

55. Lubov Chernukhin siège au conseil des donateurs du Parti conservateur.

56. Isabelle Chaperon, « Le tory, le milliardaire et l'oligarque », *Les Échos*, 24 octobre 2008.

57. « The UK's kleptocracy problem. How servicing post-Soviet elites weakens the rule of law », Chatham House, décembre 2021.

58. « Hawley, Havenhand and Robinson: Red carpet for dirty money », 2011.

59. Krassen Nikolov, « Bulgaria issued golden passports to Russia top bankers », Euractiv, 14 février 2022.

60. Ke Ryan, Jonathan Bucks et Holly Bancroft, « Leaked files expose mass infiltration of UK firms by Chinese Communist Party including AstraZeneca, Rolls-Royce, HSBC and Jaguar Land Rover », *Mail on Sunday*, 12 décembre 2020.

61. Craig *Unger, House of Trump, House of Putin: The Untold Story of Donald Trump and the Russian Mafia*, Ealing, Bantam Press, 2018.

62. Craig Unger, *American Kompromat: How the KGB Cultivated Donald Trump, and Related Tales of Sex, Greed, Power, and Treachery*, Boston, Dutton, 2021.

63. Michael Hirsch, « How Russian Money Helped Save Trump's Business », *Foreign Policy*, 21 décembre 2018.

64. Michael Willner, « Criticizes Biden in Ukraine crisis », *Kansas City Star*, 22 février 2022.

65. Propos cités par Anne Applebaum, « The False Romance of Russia », *The Atlantic*, 12 septembre 2019.

66. Dean Obeidallah, « Whose side is Tucker Carlson on? », CNN, 16 mars 2022.

67. « Eliot Higgins Tulsi Gabbard's Reports on Chemical Attacks in Syria - A Self-Contradictory Error Filled Mess », Bellingcat, 4 août 2019.

68. David Gilbert, « Russian Tik Tok influencers are being paid to spread Kremlin propaganda », *Vice News*, 11 mars 2022.

69. Brian Whitaker, « The Echo Chamber of Syrian Chemical Weapons Conspiracy Theorists », *New Lines Magazine*, 4 novembre 2021.

70. Vincent Ni, « China hires western tiktokers to polish its image during 2021 Winter Olympics », *The Guardian*, 22 janvier 2022.

71. Paul Mozur, Raymond Zhong, Aaron Krolik, Alizia Aufrichtig et Nallah Morgan, « How Beijing influences the influencers », *The New York Times*, 13 décembre 2021.

72. « L'ambassadeur chinois en pleine revision », *Le Canard enchaîné*, novembre 2021.

73. Matthew Foresta, « Meet the sneakiest defenders of Putin's invasion of Ukraine », *The Daily Beast*, 29 avril 2022.

74. Rene Bigey et Alex Joske, « The tea leaf prince: Chinese communist party networks in French politics », *Sinopsis*, 2 mars 2022.

75. Paul Benkimoun, Marie Bourreau et Frédéric Lemaître, « Les liaisons dangereuses entre l'OMS et la Chine ont marqué la crise du coronavirus », *Le Monde*, 27 avril 2020.

5. Les universités et les chercheurs

1. « Outsourced to China: Confucius institutes and soft power in American higher education ».

2. 4e conférence des instituts Confucius, 14 décembre 2009.

3. Paul Charon et Jean-Baptiste Jeangène Vilmer, « Les opérations d'influence chinoise », art. cit.

4. Stefan Aust et Adrain Geiges, *Xi Jinping, der mächtigste Mann der Welt: Biografie. Ein neuer Blick auf China*, Munich, Piper Verlag GmbH, 2021. Non traduit. Le titre signifie : « Xi Jinping, l'homme le plus puissant du monde : biographie. Un nouveau regard sur la Chine ».

5. Mission d'information du Sénat sur les « influences étatiques extra-européennes dans le monde universitaire et académique français et leurs incidences ».

6. Alex Joske, « Hunting the Phoenix », ASPI, 20 août 2020.

7. Matt Darhan, « Hundreds of UK academics investigated over weapons links to China », *The Times*, 8 février 2021.

8. Clément Le Foll et Matthieu Suc, « Une étudiante chinoise espionnait des laboratoires français », *Mediapart*, 14 février 2022.

9. « Nous demandons aux chercheurs de ne pas participer aux activités du centre de recherche Huawei à Paris », *Le Monde*, 18 mai 2021.

10. « Denmark accuses Russia, China, Iran of espionage threat », Reuters, 13 janvier 2022.

11. « Chinese "espionage" fears over research scheme linked to Siemens Gamesa and Vestas », *Recharge News*, 12 mai 2021.

12. Jacob Dirnhuber et Ben Ellery, « Top English private schools put Chinese communists on board », *The Times*, 18 octobre 2021.

13. « Britain's rules-based system is under threat », *Reaction*, 8 novembre 2019.

14. Rapport du Sénat, « Mieux protéger notre patrimoine scientifique et nos libertés académiques et leurs incidences », 29 septembre 2021.

15. Vincent Geny, « Ingérence à l'université : la Chine et la Turquie dans le viseur du Sénat », *Marianne*, 25 octobre 2021.

16. « La négation du génocide arménien peut être dénoncée, confirme la justice », *Ouest-France*, 28 mars 2019.

17. Rapport du Sénat, « Mieux protéger notre patrimoine scientifique et nos libertés académiques et leurs incidences », 29 septembre 2021.

6. L'instrumentalisation de l'Histoire

1. « Russia orders closure of human rights group Memorial », DW, 28 décembre 2021.

2. Galia Ackerman, « La liquidation de Memorial : pourquoi maintenant ? », *Desk Russie*, 3 janvier 2022.

3. Anne Applebaum, « Falsifying Russia's history is a step towards more violence », *The Atlantic*, 8 décembre 2021.

4. Essai publié le 12 juillet 2021 sur le site du gouvernement russe.

5. Nermina Kuloglija, « How Russian state funds promote genocide denial in Bosnia », *Balkan Insight*, 16 décembre 2021.

6. Paul Stronski et Annie Humes, « Russia's game in the Balkans », Carnegie Endowment for International Peace, 2019.

7. « In the shadow of revised history », EUvsDisinfo, 11 mai 2020.

8. Dr. Gudrun Persson, « Controlling the past », Stockholm Free World Forum, 8 mai 2020.

Quatrième partie
Et alors, qu'est-ce qu'on fait ?

1. « Pas de ça chez moi ! »
La réponse des autoritaires eux-mêmes

1. Lili Bayer, « Hungary has become the EU home of Kremlin talking points », *Politico*, 9 mars 2022.
2. Justin Spike, « Hungary accuses Ukraine of interfering in upcoming election », AP, 30 mars 2022.
3. Le chef du parti allemand CDU, Armin Laschet, a démenti l'interview publiée dans le journal *Sabah*, Euronews, 6 août 2021.
4. Arzu Gbullayeva, « Turquie : l'organe de surveillance des médias se sert des licences de diffusion pour tenter de censurer la presse étrangère », *Global Voices*, 27 avril 2022.
5. « Les autorités maliennes ordonnent aux TV de refuser de diffuser des spots de Barkhane », AFP, 1er avril 2022.
6. Steve Stecklow et Jeffrey Dastin, « Special report: Amazon partnered with China's propaganda arm », Reuters, 18 décembre 2021.
7. Steve Stecklow et Jeffrey Dastin, « Special Report: Amazon partnered with China propaganda arm », Reuters, 18 décembre 2021.
8. Jack Nicas, Raymond Zhong et Daisuke Wakabayashi, « Censorship, surveillance and profit: a hard bargain for Apple in China », *The New York Times*, 17 juin 2021.
9. Steven Feldstein et Andrew S. Weiss, « Sideswiped: Apple, Google and the Kremlin's make believe elections », Carnegie Endowment for International Peace, 23 septembre 2021.
10. Tweet d'Alexeï Navalny, 23 septembre 2021.
11. Repris sur Twitter par Julia Davis de Russian Media Monitor, 13 avril 2022.

2. Se défendre sans se déformer

1. Mathieu Molard, « Des cyberactivistes français nominés au prix Nobel de la paix pour leur combat contre Daesh », *Streetpress*, 12 mars 2022.

2. Binns *et al.*

3. « A democratic response to digital disinformation: the role of civil society », American Institute for Contemporary German studies, Johns Hopkins University.

4. Sondage réalisé par le ministère estonien de la Culture en 2017.

5. http://www.senat.fr/notice-rapport/2020/r20-873-notice.html

6. « EU to clean house of Russia lobbyists », *EU Observer*, 5 mai 2022.

7. Sophie Malibehax et Grégory Genévrier, « Le fact-checking face à la désinformation : une lutte asymétrique », RFI, 24 décembre 2021.

3. Braquer les projecteurs

1. Ira Hubert et C. Shawn Eib – Graphika, « Hammering Hirak », 22 juillet 2021.

2. « The many faces fighting disinformation », EU Disinfolab, 2021, www.disinfo.eu/manyfaces/

3. Le renseignement et l'analyse se font à partir de sources ouvertes, donc publiques et accessibles.

4. Appellation métonymique du département d'État américain, l'équivalent du « Quai d'Orsay » français.

5. http://www.sgdsn.gouv.fr/le-sgdsn/fonctionnement/le-service-de-vigilance-et-de-protection-contre-les-ingerences-numeriques-etrangeres-viginum/

6. Interview de Laurent Nuñez, « Tous les candidats ont été vus pour les cyberattaques », *Le Journal du dimanche*, 6 mars 2022.

4. Dompter les fauves

1. Thread publié sur Twitter par Jack Dorsey, 1er mars 2018.
2. Audition de Vera Jourova au Parlement européen, octobre 2020.
3. Secrétariat général à la Défense et à la sécurité nationales, placé sous l'autorité du Premier ministre et à compétence interministérielle.
4. Zecharias Zelalem et Peter Guest, « Why Facebook keeps failing in Ethiopia », 13 novembre 2021.
5. Anna Donáth, « Facebook's plan to cut back on political content sets up Orban for re-election », Euractiv, 10 septembre 2021.
6. Littéralement « Licites mais atroces ».
7. Phénomène grâce auquel une partie d'un site web est accessible depuis d'autres sites. Ce principe permet à plusieurs diffuseurs de reprendre le même contenu.
8. On rappelle la proximité d'Alexandre Douguine avec le négationniste français Alain Soral et de nombreux partis d'extrême droite européens.

Remerciements

Ce livre est le fruit d'années de vie internationale, de nombreuses recherches et du dialogue nourri que j'ai entretenu avec tous ceux, universitaires, journalistes, experts, politiques, diplomates et militaires, français et étrangers qui partagent mon attention vigilante aux risques que comportent les guerres invisibles auxquelles nous sommes exposés. Je ne pourrai remercier tous ceux qui m'ont consacré du temps, car ils sont nombreux et qu'il importe de ne pas les exposer aux attaques de ceux dont ils traquent les activités malveillantes à l'encontre de nos démocraties. Certains sont cités au fil de ce livre et, à eux comme à ceux qui resteront anonymes, je voudrais exprimer ma gratitude.

Je tiens à remercier particulièrement Raphaël Glucksmann, qui préside depuis deux ans la commission spéciale du Parlement européen consacrée aux ingérences étrangères dans nos démocraties, ainsi que les coordinateurs des groupes politiques qui, comme je le fais pour Renew Europe, contribuent à animer et à faire avancer les travaux de cette commission spéciale, afin d'éclairer le grand public et de formuler des recommandations. Nous poursuivons avec engagement ce travail collectif et démontrons qu'il est possible, en dehors des extrêmes (extrême droite et extrême gauche ont systématiquement contesté le bien-fondé de notre travail), de surmonter nos divergences politiques pour protéger nos démocraties.

J'exprime ma reconnaissance à Muriel Beyer, qui a cru à ce livre et à Laurent N., qui m'a accompagnée pour le mener à bien.

Enfin et surtout, tout mon amour et mes remerciements vont à ma famille, B., T., S., B. et G., qui ont accepté de bonne grâce de me voir rivée à mon clavier le soir et le week-end et partie constamment en voyage pour accomplir mon mandat et écrire ce livre.

Table

TROISIÈME PARTIE
Des méthodes de voyous : cas concrets

QUATRIÈME PARTIE
Et alors, qu'est-ce qu'on fait ?

Composition et mise en pages
Nord Compo à Villeneuve-d'Ascq

Achevé d'imprimer en septembre 2022
sur les presses de Normandie Roto Impression s.a.s.
61250 Lonrai
N° d'impression : 2204471

Imprimé en France

PEFC
10-31-2541

Certifié PEFC

Ce produit est issu de forêts gérées durablement et de sources contrôlées

www.pefc-france.org